LE
LUXEMBOURG

SON HISTOIRE

DOMANIALE, ARCHITECTURALE, DÉCORATIVE
ET ANECDOTIQUE

PAR

A. HUSTIN
SECRÉTAIRE GÉNÉRAL DE LA QUESTURE DU SÉNAT

DES PREMIERS SIÈCLES A L'ANNÉE 1611

PARIS
IMPRIMERIE DU SÉNAT
PALAIS DU LUXEMBOURG

1910

LE

LUXEMBOURG

SON HISTOIRE

LE
LUXEMBOURG

SON HISTOIRE

DOMANIALE, ARCHITECTURALE, DÉCORATIVE
ET ANECDOTIQUE

PAR

A. HUSTIN

SECRÉTAIRE GÉNÉRAL DE LA QUESTURE DU SÉNAT

DES PREMIERS SIÈCLES A L'ANNÉE 1911

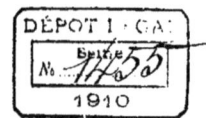

PARIS
IMPRIMERIE DU SÉNAT
PALAIS DU LUXEMBOURG
—
1910

IMPRIMÉ
Par autorisation de MM. les Questeurs du Sénat

Louis TILLAYE
Théodore GIRARD
Georges BONNEFOY-SIBOUR

15 Janvier 1910

IL A ÉTÉ TIRÉ

CENT EXEMPLAIRES SUR PAPIER TEINTÉ

NUMÉROTÉS DE 1 A 100

Exemplaire N°

 ECI est un chapitre de l'Histoire du Palais du Luxembourg.

Il fait connaître la physionomie immobilière de son îlot depuis la période gallo-romaine jusqu'en l'année 1611, au moment où Marie de Médicis a décidé d'en faire l'acquisition.

Il nous a paru qu'avant de raconter comment la Reine a constitué son domaine morcelé plus tard par le comte de Provence, accru à la fin du XVIIIe siècle, puis définitivement circonscrit sous le second Empire; — comment le Palais lui-même a été édifié, transformé, prolongé; — comment et par qui il a été décoré; — quels événements ont marqué le séjour de ses hôtes ou ses affectations successives, — il était nécessaire de noter les traces du passage de ses plus lointains occupants, d'étudier ensuite le parcellaire de l'emplacement choisi par la veuve d'Henri IV pour y élever une somptueuse résidence.

Complétée par la désignation des seigneurs de censive dont relevaient les diverses parcelles, cette étude nous permettra de mieux faire connaissance avec les vendeurs, de suivre avec plus de sûreté les négociations engagées avec eux, les difficultés et les résistances rencontrées; de mieux saisir les stipulations des contrats eux-mêmes qui, réunis pour la première fois et à grand'-peine, constituent les titres de propriété du Palais affecté au Sénat.

Six documents graphiques contemporains, des plus précieux, qui précisent les énonciations des pièces manuscrites, nous ont guidé dans ce dernier travail.

Le premier est fort connu. C'est un plan dressé par François Quesnel et Claude Vellefaux (1) pour l'instruction du Grand Conseil, saisi d'une contestation entre l'abbaye de Saint-Germain-des-Prés et la Grande Confrérie aux Bourgeois au sujet de leurs droits seigneuriaux sur la partie de l'îlot du Luxembourg qui va de la rue de Condé actuelle à l'École des Mines, en bordure des rues de Vaugirard, des Fossés et d'Enfer, pour reprendre les désignations du temps.

François Quesnel, dont nous reproduisons le portrait, était un peintre réputé. Il était le fils de Pierre Quesnel, peintre également, attaché au service de Marie de Lorraine qu'il avait suivie en Écosse à l'époque de son mariage avec Jacques V. Il y avait épousé Madeleine Digby et de cette union était né, au château d'Holy-Rood près d'Édimbourg, vers 1543, l'auteur de notre plan. Peintre d'Henri III, d'Henri IV et de Louis XIII, François Quesnel s'était fait connaître par de nombreux portraits, des cartons de tapisserie, de grandes compositions pour l'entrée de Marie de Médicis à Paris, le sacre du Roi, son fils, à Reims, etc. (2).

En 1609, il avait publié un plan de Paris en douze feuilles, gravé par Pierre Valet, dont nous nous occuperons plus loin et s'était, ainsi, affirmé en même temps géomètre.

Claude Vellefaux était à la fois architecte et géomètre. En 1607, il avait dirigé, d'après les plans de Chastillon, la construction de l'Hôpital Saint-Louis, ce qui a valu son nom, de notre temps, à la rue qui part de la place du Combat pour aboutir à l'avenue Parmentier après avoir longé l'Hôpital. Juré du roi en l'office de maçonnerie, il était aussi voyer-général de la terre et seigneurie de Saint-Germain-des-Prés. Il habitait rue de Seine une maison à l'image du Lion Noir et de l'Autruche.

---

(1) On appelle généralement ce plan le plan de Quesnel, bien qu'il porte les signatures de Quesnel et de Vellefaux. Cette appellation est la conséquence d'une erreur de lecture de la mention placée au haut du plan, mention dans laquelle le nom de Vellefaux ne figure pas, mais où un renvoi à une note marginale, au-dessus de la première ligne, indique l'intercalation à faire de ce nom.

(2) Il a fait les portraits, gravés par Thomas de Leu, d'Henri IV, de Marie de Médicis, de Jeanne de Coesme, princesse de Conti; de Louise-Marguerite de Lorraine, autre princesse de Conti. On en trouve des épreuves dans la collection Clairambault.

QVESNEL, tu nous fais voir les traits de ton visage
Par un trait de ta main.
Mais ta rare vertu, et ton esprit si sage
Se cache à l'œil humain.

Il naquit dans le Palais Royal d'Edimbourg, d'un François issu d'Ancienne noblesse Escossoise, dont les belles qualités méritèrent l'estime et la protection de Marie de Lorraine, qui le donna à Jacques V. Roy d'Escosse son Mary. François fut chéri du Roy Henry 3.e et de toute sa Cour, et sur tout du Chancelier de Chiverny qui ne pût jamais le faire consentir à son agrandissement. Ses portraits sont souvent confondus avec ceux de Janet, auquel il succeda. Il composoit fort bien l'histoire, et donna le 1.er Plan de Paris en 24. feuilles. Son desintéressement luy fit également mépriser l'acquisition et la perte des biens de fortune, et sa modestie se fit voir à dire de S.t Michel sous Henry 4.e Il joignit à une vertu vrayement chrestienne beaucoup d'experience et des lectures, et mourut l'an 1619. après avoir reçu ses sacrements, qu'il demanda en santé, 10. ou 12. heures avant sa mort.

PEINT PAR LUY MEME.   GRAVÉ PAR MICHEL L'AÎNÉ.

— x —

Le plan de ces deux artistes présente un intérêt de premier ordre.

Il est signé par ses auteurs. Il porte une date certaine, mars 1615 ; mais bien que cette date soit postérieure de quatre années à l'époque où nous procédons à notre reconstitution, on peut dire qu'il a été levé antérieurement, à la suite d'un premier arrêt intervenu le 31 septembre 1611 sur la contestation en raison de laquelle il fut ordonné. Il est d'ailleurs corroboré par un autre plan manuscrit du même territoire, tel qu'il était avant la construction du Palais, dont la première pierre fut posée le 11 avril 1615.

Il ne se borne pas à donner la configuration des parcelles dont la censive fait l'objet du débat. Il précise en même temps, par des vues cavalières, la physionomie des constructions, avec leur architecture, leurs ouvertures, le nombre de leurs étages et leur assise.

Le nom de chaque possesseur est mentionné au droit de chaque immeuble. Pour plus de sûreté, un répertoire de ces possesseurs est répété en légende dans la partie du parchemin restée libre.

Le tout est complété par une notice explicative et une double certification, toutes choses qu'a négligées le calque reproduit par Berty (1).

Voici au surplus la transcription de cette notice, dont la réduction photographique du plan que nous reproduisons, rend la lecture difficile :

> Rapport faict par nous François Quesnel, maistre peintre, bourgeois de Paris, et Claude Velefos (2), commis pour ce faire par Monsieur maistre Nicollas Guynet, conseiller du Roy nostre sire en son Grand Conseil, commissaire en cette partye de la figure sy représentée, suivant le feuillet par nous faict par devant ledict sieur maistre Guynet des lieux et places qui nous ont été démonstrées par icelluy sieur contentieuses entre les abbé, doyen et confrères de la Confrairie aux Bourgeois de Paris et les abbé, prieur du (3) convent de l'abbaye Monsieur Sainct Germain des Préz lèz Paris au procès pendant entr'eux audict Grand Conseil, distribué et prest à juger, au rapport dudict sieur Guynet, à quoy faire avons vacqué après le serment par nous prestéz (sic) au cas requis et accoustumé

---

(1) Topographie Historique du Vieux Paris, t. III, p. 292.
(2) Ces trois mots en renvoi placé au-dessus de la première ligne.
(3) Sic. Du pour et.

tant en la présence d'icelluy sieur Guynet, desdictes partyes ou de leurs procureurs pour elles que en nom (sic) particulliers ainsy qu'il apert par le plan de ladicte veue cy-dessus (sic), que en toute équité avons faict et dressé sur ce qui nous a esté désigné tant les jours cottées (sic) au procès-verbal faict d'icelle qu'en autres jours consécutifs et suivants, asisté de plusieurs notables personnes estant asistant et discourant par les lieux, par laquelle figure avons représenté le plus exactement qu'il nous a esté possible, nous estantz transportéz un plusieurs jours sur lesdicts lieux, représentant le plant du terrouer avec la levée des maisons et les nombres d'icelles avec les closteures et muraille (sic) avec la plus grande fidélité qu'il nous a esté posyble, tesmoing nos seings cy-dessoubz mis. Et, en tesmoing de ce, nous sommes soubzsigné en présence dudict sieur Guynet et des procureurs des partyes, comme il est contenu au procès-verbal dudict sieur.

FRANÇOIS QUESNEL, C. VELLEFAUX.

Au-dessous on lit :

Ce jour d'huy (*blanc*) mars MVI^e quinze la présente figure a été apportée et mise entre nos mains par lesdicts Quesnel et Vellefaux, expers susdictz, et accordée par lesdictes partye (sic), ainsy estant faict et protestations contenues en nostre procès-verbal ledict jour, et ont lesdicts procureurs desdictes partye (sic) signé le présent acte avec nous.

REYNEL (?), CANNE (?), LESCURON.

A gauche est la légende des noms des possesseurs :

A. La ferme de l'Hostel Dieu.
B. M. Letourneau.
C. M. Pajot.
D. M. de Vallées.
   M^{ade} Bailly.
E. M. Gautier.
F. M. Coignet à présent à Dargenton.
G. M. Gouin.
H. M. Guiot.
I. M. Collot.
K. M. Petrit.
L. M. Bellart.
M. M. Courtin.
N. Madame Bufet.
O. M. Patru.
P. M. Argnault.
Q. Corbye.
R. La Porte Sainct Michel.
S. Le Fossé de la Ville.
T. Le moulin de l'Hostel Dieu.
V. Les Chartreux.
X. Luxembourg.

Enfin, au bas du plan, se trouve, à droite, la mention suivante :

Parafée par nous *ne varietur* le XVIIIe mars MVI^e quinze.

GUYNET.

A gauche est indiquée la porte Saint-Michel, vue de l'intérieur de la ville. C'est le seul croquis qu'on connaisse de sa façade intra-muros.

Bâtie en 1220, à l'extrémité de la rue de La Harpe, la porte Saint-Michel s'appelait au treizième siècle Hostium ferti, Hostium Ferri, Porta Inferni, Porte d'Enfer, *puis, au quatorzième siècle,* Porte Gibart. *Réparée en 1394, à l'époque de la naissance de la* fille de *Charles VI, Michelle*, on lui en avait donné le nom. Elle fut démolie en *1679*.

Elle était assez banale. Le passage, en plein cintre, sans décoration sculpturale, était surmonté d'un étage couvert en tuiles, éclairé du côté de la ville par une seule ouverture, dans l'axe. Elle était flanquée de deux tours rondes, terminées en terrasse. Chacune de ces tours contenait au rez-de-chaussée une salle basse. L'une servait de corps de garde et de dépôt d'armes. Dans l'autre logeait le portier. La grande salle du premier, à feu, était destinée au logement des gens d'armes.

Pernot a tenté une reconstitution de la façade extérieure d'après les plans de la Tapisserie et de Belleforest. Mais si l'on retrouve bien, sur la contrescarpe, la silhouette des maisons que Quesnel et Vellefaux mentionnent à la tête du pont, à gauche et à droite, sa lithographie coiffe de poivrières les deux tours que le plan de Truschet et Hoyau (*1552*) comme celui de *1615* montrent, au contraire, non couvertes.

Fait sur parchemin, colorié, le plan de Quesnel et Vellefaux présente, au point de vue de la reproduction photographique, quelque difficulté. Le parchemin a jauni; il est couvert de plis et de cassures; les toits des maisons sont teintés en rouge. Et l'on sait que le rouge et le jaune, couleurs antiphotogéniques, viennent en noir au tirage de l'épreuve positive, malgré l'emploi de plaques et d'écrans spéciaux. Il nous a paru que, malgré cette transposition, mieux valait pour notre reproduction l'authenticité photographique. Nous avons donc renoncé au système préféré par Berty et Tisserand qui, dans la Topographie Historique du Vieux Paris, ont donné de ce plan un simple calque, sans les mentions manuscrites qui donnent son véritable caractère à ce document d'une importance exceptionnelle pour l'histoire de l'îlot du Luxembourg. Nos lecteurs, nous l'espérons, partageront nos scrupules et feront la part des apparences charbonneuses de notre planche que n'a point l'original *(1)*.

Le plan de Quesnel et Vellefaux n'a pas d'échelle. Par contre, les archives de l'abbaye de Sainte-Geneviève *(2)* nous

---

(*1*) Archives Nationales, *S. 869*.
(*2*) Id., *S. 1513*.

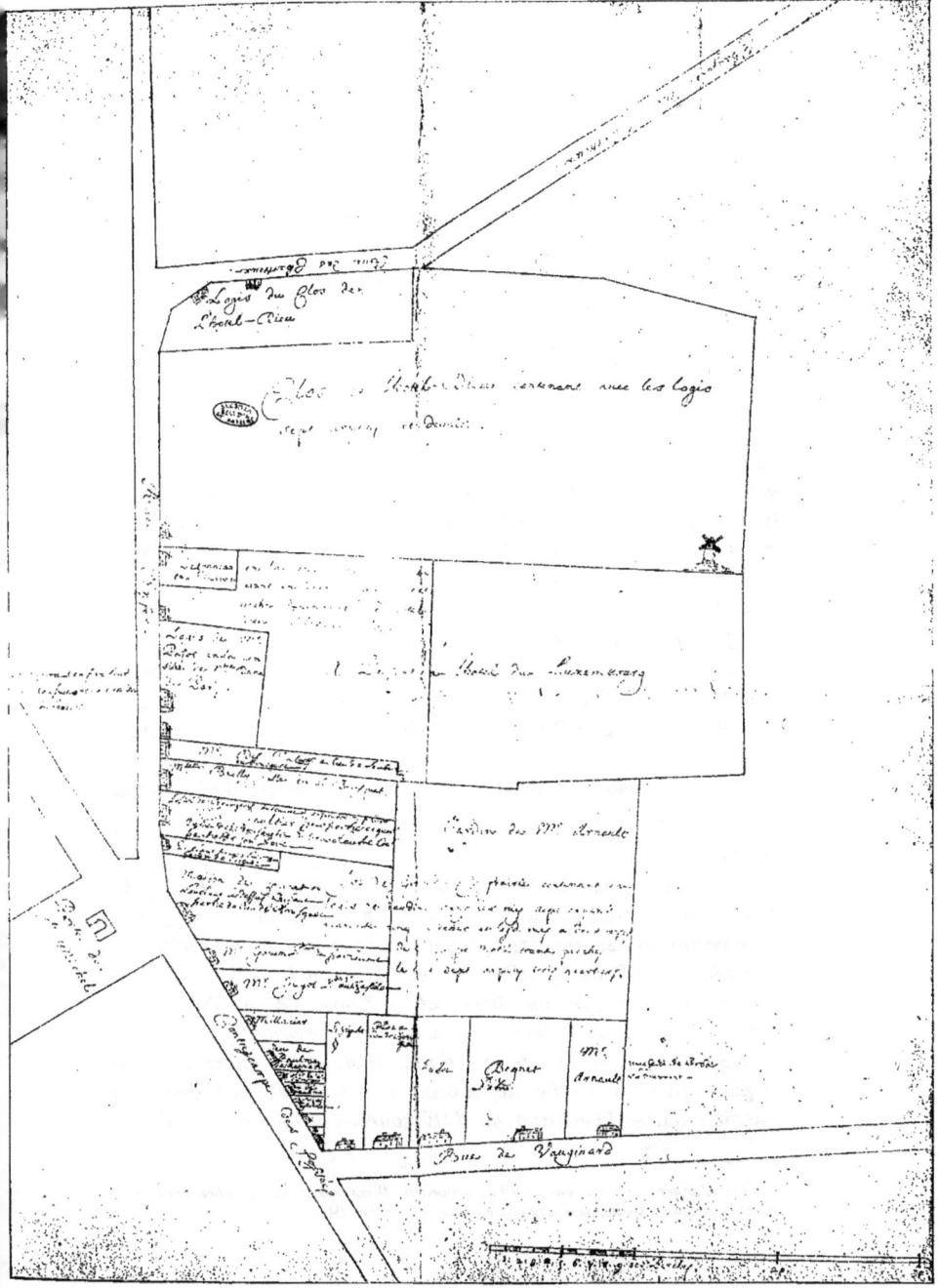

PLAN DU FIEF DE LA GRANDE CONFRÉRIE AUX BOURGEOIS. Tiré des Archives de Sainte-Geneviève.

en fournissent un autre qui en est muni et qui peut lui servir de contrôle.

Ce plan, non signé, porte au dos la mention suivante : « Plan du clos aux Bourgeois avant que le Luxembourg fût bâti. » C'est un plan d'arpentage sur papier. Il ne figure que la délimitation des parcelles; mais il indique qu'elles comportent ou non des constructions; il désigne les propriétaires et, parfois, la contenance. Il n'a jamais, que nous sachions, été reproduit.

Voici ses désignations, en commençant à droite pour la rue de Vaugirard :

M^{adlle} de Corbie. La Verrerie. — M. Arnault et, au-dessus, Jardin de M. Arnault. Dans le carré figuratif de ce jardin est la mention suivante : « Clos de la grande Confrairie contenant en logis et jardins sans les rues sept arpens quarante cinq perches et lesdictes rues a deux toises de large par moitié trente perches, le tout sept arpens trois quartiers » (1). — Begnet, Patru. — Bufet. — Collot au lieu de Brusquet. — Le Peintre.

De l'angle de la rue de Vaugirard et de la contrescarpe des Fossés, à l'angle de l'îlot faisant face à la Porte-Saint-Michel : Jeu de Paulme à Rollet. — Jeu de Paulme. — Collo et ses héritages. — J. de Paulme des Rasbattus. — Millacier. — M. Guyot, procureur au Chastelet. — M. Gouin, procureur en Parlement. — Maison de Coignet ou l'enclave cy-dessus faisant hache du lieu de Brusquet.

De ce point à la rue des Chartreux, en bordure de la rue d'Enfer :

Enclave pour aller au Jardin de Coignet. — Hostel des Bourgeois contenant 4 arpens et plus. M. Gaultier pour partie acquéreur du lieu des Brusquet et pour l'autre comme héritier de son père. — Mlle Bailly, fille du sieur Brusquet. — M. des Valées, au lieu de Lombart ou Brusquet. — Logis de M. Pajot en la censive de Notre-Dame de Paris. — A présent à l'hôtel du Luxembourg. En la censive dudit Hôtel-Dieu étant en deux arpens faisant hache dépendant dudit Hôtel-Dieu contre le susdit clos. — Letouneau ou L'Estourneau. — Clos de l'Hôtel-

---

(1) L'arpent de Paris valait 33 ares environ. Il contenait cent perches carrées. La perche contenait trois toises laquelle représente 1 mètre 949.

Dieu *contenant avec les logis sept arpens et demie.* — *Logis du clos de l'Hôtel-Dieu.*

En bordure du clos de l'Hôtel-Dieu, au midi, s'amorçant rue d'Enfer, un chemin conduisait à l'entrée du monastère des Chartreux et joignait l'ancienne route de Vanves supprimée. Le 7 septembre 1617, les religieux demandèrent au Roi l'autorisation de renfermer ce chemin dans leur clos, qui deviendrait alors contigu à celui de l'Hôtel-Dieu, pour le reporter un peu au-dessus, perpendiculairement entre l'entrée du monastère et la rue d'Enfer, presque en face le passage Saint-Jacques-du-Haut-Pas, — aujourd'hui rue de l'Abbé-de-l'Épée. A l'appui de cette requête, qui fut accueillie par lettre patente du Roi de février 1618 (*1*), un plan fut dressé, qui nous donne la configuration exacte du domaine des Chartreux.

(*1*) *La requête fut soumise au Conseil du Roi, pour avis. Après placet, elle fut renvoyée aux Présidents et Trésoriers généraux de France à Paris, aux prévôt des marchands et échevins de la ville de Paris. Le 14 octobre, sur ordonnance des présidents et trésoriers, les maîtres maçons et charpentiers des Bâtiments du Roi se trouvèrent sur les lieux pour les visiter en compagnie du procureur du Roi et de la justice du Trésor. Voici le procès-verbal de cette visite :*

« *Pour aquoy satisfaire se sont de ladicte maison à l'instant transporter avec nous et les prieur et procureur de ladite église en la rue Denfer proche et attenant lencloz desdicts religieux qui conduict de la porte Saint-Michel à la faulce porte proche des Carmélites au milieu de laquelle est la rue conduisant à l'église desdicts religieux faisant séparation du grand au petit encloz à eux appartenant depuis le coing duquel les maistres ont trouvé y avoir six vingt une thoise jusques à lentrée de la porte dicelluy et dudict lieu à la muraille qui ferme le bout de ladicte rue 38 thoises de long sur trois de large, laquelle rue encore qu'il plaise au roy de leur en faire don il est besoing fermer et clore par le bout et pour joindre ledict petit cloz à ladite maison conviendra faire une muraille attenant la ferme de l'Hostel Dieu de Paris à laquelle maison pour l'embellissement et décoration sera faicte une autre advenue de droicte ligne et largeur convenable depuis la porte dicelle au travers du petit cloz jusques à la rue Denfer quil conviendra paver pour éviter à l'incommodité du public. Ce faict, nous nous sommes transportés vers les champs de l'aultre costé du mur faisant séparation de ladicte rue et qui bousche icelle proche l'église desdicts religieux ou estant lesdicts maistres ont en présence que dessus suivant le commandement par nous à eulx faict visité ung vieil chemin sans aucun pavé et non frequente le long du mur de lencloz desdicts religieux à prendre depuis le mur qui ferme ladicte rue jusques à lencoignure dicelluy cloz quils ont trouvé contenir sept vingt seize thoises de long sur six thoises de large hors laquelle largeur sont les terres appartenant ausdicts religieux que lon poura grandement accomoder et en obtenant le don de Sa Majesté conviendra laisser ung aultre chemin au dehors de leur closture qui coupera pour aller joindre la rue Denfer audevant la porte des Carmélites desquels lieux avons ordonné ausdicts maistres d'en faire ung plan et dessain avec leur devis et de tout mettre en nos mains affin d'en estre faict rapport au bureau de ladicte généralité pour donner advis au Roy.* »

A ce procès-verbal fut annexée une déclaration de Rémy Collin, maistre général des

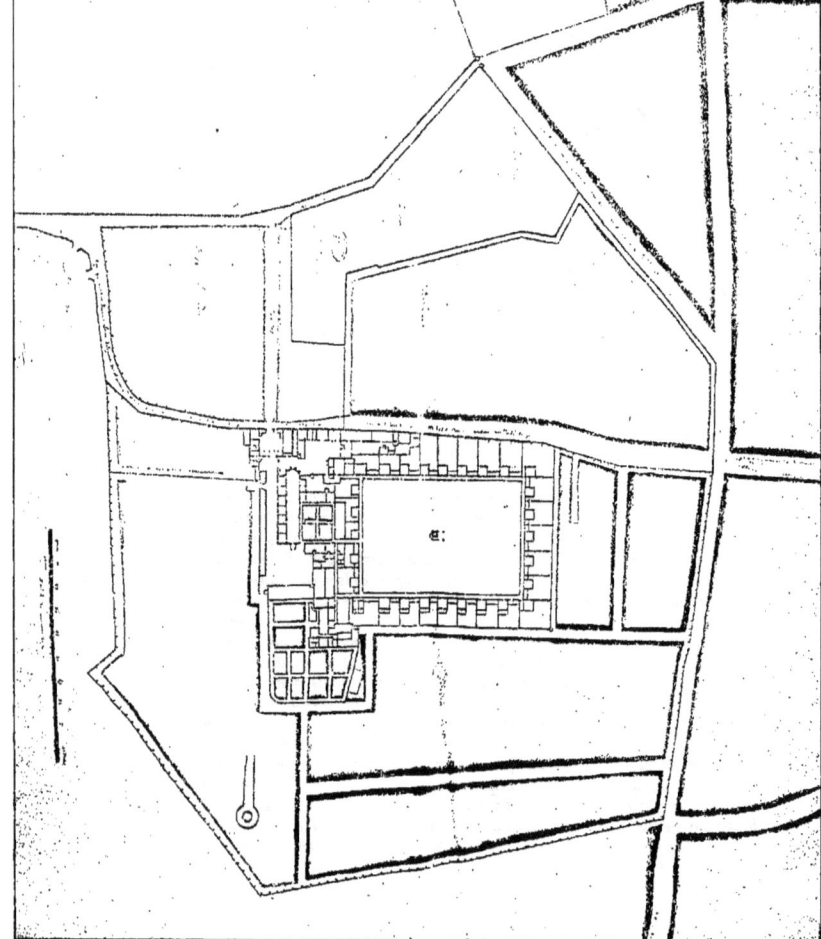

PLAN DU DOMAINE DES CHARTREUX EN 1617

Ce plan, sur parchemin, à échelle, est l'œuvre de Remy Collin et de Claude Amanoy, comme l'indique le procès-verbal ci-dessous. Il porte, outre leurs mentions générales, des annotations de la main de celui qui fut chargé d'instruire l'affaire. Il existe à la Bibliothèque Nationale (1) un autre plan semblable, dressé sans doute par Augustin Guillain, maître des œuvres de la ville de Paris, à l'appui de son rapport au prévôt des marchands. Nous reproduisons le premier parce qu'à côté des désignations de lieu il contient des annotations explicatives.

Voici la traduction des unes et des autres, les annotations étant reproduites en caractères italiques, en commençant par le bas, à gauche :

œuvres de maçonnerie des Bâtiments du Roi, de Claude Amanoy, maître des œuvres de charpenterie des Bâtiments du Roi, que l'opération ne générait pas le public. De son côté, Augustin Guillain, maître des œuvres de la ville de Paris, qui s'était joint aux enquêteurs au nom du Prévôt des marchands et des échevins, conclut à l'acceptation de la requête des Chartreux. Le Prévôt contresigna ces conclusions. Dans son avis, daté du 16 janvier 1618, il est dit que des deux côtés du chemin, il n'y a aucune construction en dehors de celles de l'Hôtel-Dieu ; « que le chemin demandé est effondré si avant auprès de la maison des religieux qu'il y a un cloaque qui empesche le passage tant de pied que de cheval, plus encore des charettes et carosses qui y sont demourées plusieurs fois et ont causé des blasphèmes et excitations avecq beaucoup de désordre contraire à la dévotion du lieu. » (Arch. Nat., S. 3960.)

Le 16 juin 1618, les lettres patentes du Roi qui accueillaient la requête des Chartreux étaient enregistrées par le Parlement. Voici l'extrait des Registres de ce dernier qu'en donne Félibien (Preuves just. de l'Histoire de Paris, T. V., p. 66) :

« Du samedi 16 juin 1618. — Veu par la Cour les lettres patentes du roy données à Paris au mois de febvrier 1618, par lesquelles ledict Seigneur donne et octroye aux religieux, prieur et couvent de la Chartreuse de cette ville de Paris, pour la commodité publique et décorance de leur maison, la rue conduisant à leur église, faisant séparation du grand et petit clos à eux appartenant, contenant depuis icelluy 121 thoises jusques à l'entrée de la porte, et d'icelle à la muraille fermant le bout de ladicte rue 38 thoises de long sur trois de large ; comme aussi le chemin non pavé ny fréquenté estant le long du mur de leur grand clos, à prendre depuis celluy qui ferme ladicte rue, jusques à l'encogneure dudict grand clos, contenant 153 toises de long sur six de large ; aux charges et conditions de le clorre et fermer par le bout à leurs dépens, et de faire un mur attenant la ferme de l'Hostel-Dieu, pour joindre ledict petit clos à leurdicte maison, selon et comme plus au long le contiennent lesdictes lettres. L'arrest du Conseil d'Estat du 24 septembre 1617. Procès-verbal de descente faicte sur les lieux par les trésoriers de France suivant ledict arrest. Rapport de visitation fuict par le maistre des eaux et forests. Ledict advis donné par lesdicts trésoriers et par les prévost des marchands et eschevins de cette ville en conséquence dudict arrest. Requeste présentée à ladicte cour par lesdicts religieux, prieur et couvent des Chartreux, affin de vérification desdictes lettres, les autres pièces attachées sous le contre-scel. Conclusions du procureur général du roy. Tout considéré, LADICTE COUR a ordonné et ordonne que lesdictes lettres seront registrées ès registres d'icelles ; ouy le procureur général du roy, pour jouir par lesdits impétrants de l'effect en contenu en icelles, aux charges et conditions y mentionnées. »

(1) Topographie de la France, Va. 667.

Ferme de l'Hôtel-Dieu.
Rue qui contient jusques à l'entrée de la porte des Chartreux de présent + Rue que l'on veult boucher + VIII° thoises + XXXVIII thoises + Les champs au le long du mur de l'enclos desdicts relligieux contenant VII° bI thoises
Petit cloz des Chartreux.
L° thoyses.
Jardin de M. Bollet.
Jardin de M. de Nangeville.
Jardin de M. Piettre.

Au-dessus, dans une voie transversale, partant de la rue d'Enfer pour gagner au midi l'ancien chemin de Vanves, qui conduit à Montrouge, on lit :

« C'est le chemin qu'ils donneront dans leurs terres pour gaigner ledict grand chemin... » (Et ici un trait de plume conduit au chemin menant à Montrouge).

Cette dernière légende est accompagnée d'une indication manuscrite qu'il a été impossible de déchiffrer.

Un autre plan parcellaire, provenant des archives de Saint-Germain-des-Prés (1) permet de suivre, à l'ouest, au delà des Chartreux, la configuration de l'îlot du Luxembourg, jusqu'à sa rencontre avec la rue de Vaugirard. Il est sur papier, à échelle, et donne, avec les parcelles, la désignation de leurs propriétaires. Il ne porte aucune indication. Il se trouve, sans se rapporter plus particulièrement à une pièce manuscrite qui y renvoie, dans une liasse portant la mention suivante : « Réformes à faire au plan de la censive ». Il est manifestement du milieu du dix-septième siècle. Mais bien que postérieur à l'époque où se place la présente étude, nous croyons devoir le retenir ici et le reproduire parce qu'il donne le profil du Chemin Herbu ou des Chartreux, qu'on venait de dénommer rue Neufve-Notre-Dame, ou rue Notre-Dame-des-Champs, et ceux des rues transversales de Vanves, de Montrouge au faubourg Saint-Germain et enfin de Vaugirard, à la hauteur du carrefour des rues actuelles de Notre-Dame-des-Champs, de Rennes, du Regard et Saint-Placide.

De ce point extrême de la rue de Vaugirard à la première borne du clos aux Bourgeois, à l'est, un tableau explicatif des héritages, dans l'ordre de contiguité, nous est fourni par les

---

(1) Archives Nationales, S. 2857.

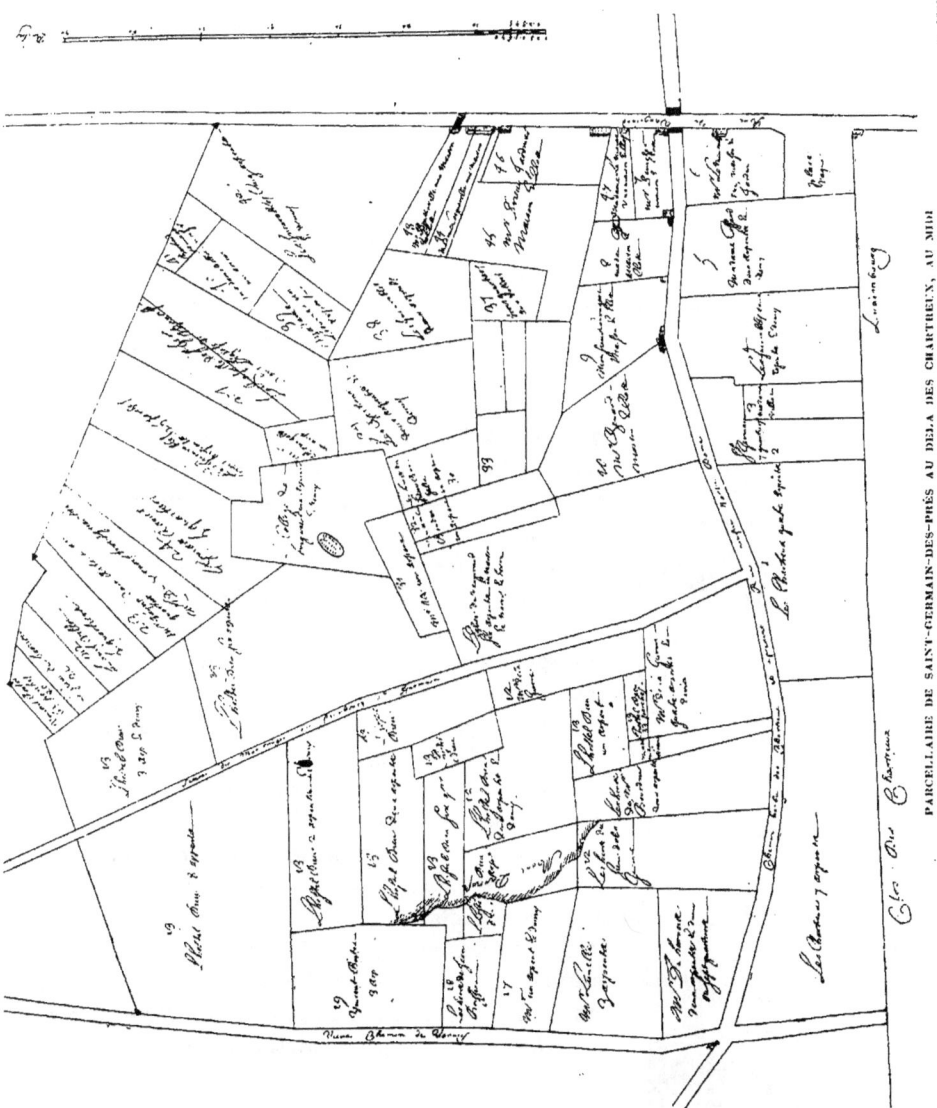

archives de Sainte-Geneviève (1). Nous en donnons ci-contre la disposition figurative.

Comme on le voit, cette note est un classement des héritages dans leur succession contiguë, mais sans contenance. Elle a été vraisemblablement établie par l'agent domanial de l'abbaye de Sainte-Geneviève qui constituait le dossier de l'avocat chargé de faire valoir les droits seigneuriaux de l'abbaye sur les terrains du Luxembourg. Elle est accompagnée d'une légende explicative que nous estimons inutile de reproduire. D'abord parce qu'elle se réfère à un ordre d'idées différent de celui que nous suivons en ce moment. D'autre part parce que ses énonciations sont en partie incorrectes; qu'elles exigeraient des rectifications et des explications de nature à jeter une certaine confusion dans l'étude toute spéciale que nous poursuivons en ce moment.

Le dernier document est postérieur à 1611. C'est un plan, sur papier, à échelle, établi pour être annexé à une transaction intervenue le 22 novembre 1691 entre les abbayes de Sainte-Geneviève et de Saint-Germain-des-Prés pour délimiter leurs censives respectives dans l'îlot du Luxembourg (2).

Avec ces six documents graphiques, nous avons les éléments certains de la configuration et de la composition parcellaire de l'îlot du Luxembourg au commencement du dix-septième siècle.

On en trouvera la synthèse dans le plan d'ensemble que nous avons dressé, en le superposant au plan actuel du Luxembourg. Cette superposition permettra la comparaison immédiate

1	2	3	4	5	6	7	8	9	10
Deux maisons à Marie Corbie vendues à la Reine		M. Stornat, Venait de Gazetti. 1er juin 1615.	M. Louis Lambert, 11 février 1617, tenant derrière aux jardins de Champrenard.	Maison Clopin, 60,000 l. Tient de toutes parts à la Reine à cause de ses acquests, d'autres aux jardins de Campsillon par devant sur la rue de Vaugirard étant vis-à-vis la rue Neuve où est M. le prince de Condé.	Hôtel Champrenard. Philippe Biencourt avait cette maison du S. Dardres. 3 arp. pour 27.000 l.	Maison Dambourg vendue à la reine par le même contrat que ci-après.	Grand Hôtel de Luxembourg 1612 tenant au sieur Dambourg et d'autre part au sieur Pellerin.	Pierre de Cossy, tuteur de ses enfants heritiers de Denise Mangin, donataire de Guillaume Pellerin par échange.	Le petit calvaire ou Montherbu.
Savoir : 1re maison le 21 janvier 162[illegible], tenant à dame Damboise d'autre à la maison voisine par derrière à ladite dame et par devant sur la rue de Vaugirard.	2e maison de mad. de Corbie tenant d'un côté à Laurent Stornat, par derrière à la Reine.								

(1) Archives Nationales, *S. 1513.*

(2) *Ce plan est reproduit page 51.*

de la topographie de 1611 avec les aménagements présents.

Ce plan d'ensemble est d'autant plus indispensable que les plans de Paris, antérieurs à 1611, ne nous renseignent que d'une façon fort empirique et fantaisiste sur la configuration et les particularités de notre îlot.

Écartant ceux de Braun (1530) et de la Tapisserie (1537) qui, à tort, n'y font figurer que le Pressoir de l'Hôtel-Dieu et la Chartreuse, nous ferons d'abord état du plan publié vers 1552 par deux libraires de Paris, Olivier Truschet et Germain Hoyau, gravé sur bois en huit planches, donnant à l'assemblage 1.33 de largeur sur 0.96 de hauteur (1). M. Jules Cousin estime qu'il fut établi sur un plan officiel manuscrit levé en vertu d'un édit de Henri II, du 8 septembre 1550, ordonnant, dit Corrozet, « de faire le portrait et dessin de la closture et fortification de tout Paris, compris les faubourgs, tant de l'Université que de la Ville, avec permission de bastir et édifier maisons dedans cette closture. »

Nous reproduisons, avec une très légère réduction, la moitié de la huitième et dernière feuille, comme le premier document du genre permettant de se rendre compte de l'importance qu'avait alors la propriété bâtie dans notre îlot.

Vers 1555 parut un autre plan en 4 feuilles, de 0.82 sur 0.68, gravé à l'eau-forte, dont on a retrouvé un exemplaire provenant de l'abbaye de Saint-Victor et que, pour cette raison, on appelle aussi le Plan de Saint-Victor. Ce plan, attribué à Jacques Androuet du Cerceau, le célèbre architecte, est manifestement inspiré des mêmes documents que celui de Truschet et Hoyau, s'il n'est pas une copie de ce dernier, rectifiée et mise à jour. Il n'accuse, dans notre îlot, que des différences d'un intérêt trop médiocre pour justifier sa reproduction. Il suffit de noter qu'il place en face de la rue de Tournon une maison à tourelle que le plan de Truschet avait mise devant la rue Garancière.

Nous ne reproduirons pas davantage le plan de Belleforest

---

(1) L'exemplaire unique de ce plan a été découvert à la Bibliothèque de l'Université de Bâle en 1873, en inventoriant d'anciennes liasses de pièces non classées. Photographié pour la Société de l'Histoire de Paris, il a été reproduit par elle, à grandeur d'exécution et réuni en un atlas qu'accompagne une notice de M. Jules Cousin.

(1575), copie modernisée du plan de du Cerceau, et pour les mêmes raisons. Nous nous bornerons à donner un extrait de deux plans de 1609, c'est-à-dire contemporains de l'époque que nous étudions.

Le premier, composé de douze feuilles ayant chacune 0.49 sur 0.37, est de François Quesnel, l'auteur avec Claude Vellefaux du parcellaire dont nous avons parlé plus haut. C'est dans la septième feuille que se trouve le Luxembourg.

Le second, comportant quatre feuilles de 0.50 sur 0.39, est de Vassalieu, dit Nicolay, topographe et ingénieur ordinaire de l'artillerie de France.

On ne doit pas faire grand état de ces deux plans, levés par des procédés arbitraires, à l'échelle..... des pas de l'autheur, dans lesquels la figuration des constructions est souvent de pure fantaisie. Seuls les édifices, les hôtels sont notés avec quelque préoccupation de la réalité. Nous montrerons cependant plus loin qu'en ce qui concerne l'Hôtel de François de Luxembourg, ils donnent chacun une silhouette différente, absolument opposée et que ni l'une ni l'autre n'ont pu être inspirées par la construction existante en 1609 et dont, quoi qu'on en ait dit, l'ossature subsiste encore aujourd'hui.

Malgré ces inexactitudes, ces incorrections et ces contradictions, ces deux plans sont à retenir ici. Ils contiennent des détails, assurément présentés avec trop de licence, mais qu'on peut accepter dans leur ensemble lorsqu'ils correspondent aux énonciations des actes d'acquisition.

Il nous a paru que l'identité des parcelles et le nom des propriétaires ainsi déterminés, en 1611, à l'aide de ces divers éléments, il n'était pas superflu de faire connaître les possesseurs antérieurs, que nous révèlent les registres dans lesquels ceux qui avaient la directe seigneurie sur le Luxembourg ont noté les mutations foncières : registres d'ensaisinements (1), des

---

(1) L'ensaisinement était un acte par lequel le seigneur censier mettait en possession l'acquéreur d'un héritage et le reconnaissait pour son nouveau tenancier.

Il était nécessaire pour autoriser le vendeur à se dessaisir et l'acquéreur à prendre possession. — Mais cette obligation ne fut imposée que jusqu'en 1387. A partir du quinzième siècle, l'ensaisinement ne se pratiqua plus que par ce double intérêt : qu'il limitait à une année de sa date l'exercice du droit de retrait lignager, lequel sans ensaisinement pouvait être invoqué pendant trente ans ; que d'autre part, le seigneur ayant conservé

cens acquittés par les immeubles (censiers) et de dénombrement des censitaires, avec le détail de leurs redevances (terriers).

Nous n'avons pas manqué d'interroger ces registres.

Nous avons pensé ensuite que ce retour en arrière ne suffirait pas à la légitime curiosité du lecteur. Nous sommes remonté jusqu'à la période gallo-romaine, de façon à présenter de notre îlot un tableau complet. Négliger sa physionomie aux premiers siècles, c'eût été négliger les nombreuses découvertes faites dans son sol au fur et à mesure des travaux qui y ont été exécutés. On nous pardonnera de nous être arrêté à dresser une sorte d'inventaire de ces découvertes, en groupant des indications éparses un peu partout. Il aura, pensons-nous, l'avantage d'appeler un peu plus l'attention sur les vestiges du passé que les appropriations ultérieures pourraient mettre à jour et cette considération excusera l'importance que nous avons donnée à l'évocation de ce passé lointain que l'érudition moderne s'essaie à dégager des légendes.

VASE GALLO-ROMAIN EN TERRE ROUGE, trouvé dans le jardin du Luxembourg.
Réduction aux deux tiers de la grandeur naturelle, d'après Grivaud.

---

le droit de se faire représenter le contrat d'acquisition pour être payé des lods et ventes, mieux valait faire ensaisiner ce dernier spontanément.

Le droit de retrait n'était autre chose que le droit de prendre le marché d'un autre et de se rendre acheteur à sa place.

Il y en avait trois espèces principales : le lignager, le seigneurial et le conventionnel.

Le retrait lignager était accordé aux parents du vendeur d'un héritage, lorsqu'il était vendu à un étranger. Il était appelé lignager parce qu'il était réservé aux parents de la ligne ou famille dont l'héritage était advenu au vendeur. Celui qui l'exerçait se rendait acheteur à la place de l'étranger. Il l'obligeait à lui délaisser l'immeuble à la charge de le rembourser et de l'indemniser des prix et loyaux coûts du contrat.

— XXII —

(1575), copie modernisée du plan de du Cerceau, et pour les mêmes raisons. Nous nous bornerons à donner un extrait de deux plans de 1609, c'est-à-dire contemporains de l'époque que nous étudions.

Le premier, composé de douze feuilles ayant chacune 0.49 sur 0.37, est de François Quesnel, l'auteur avec Claude Vellefaux du parcellaire dont nous avons parlé plus haut. C'est dans la septième feuille que se trouve le Luxembourg.

Le second, comportant quatre feuilles de 0.50 sur 0.39, est de Vassalieu, dit Nicolay, topographe et ingénieur ordinaire de l'artillerie de France.

On ne doit pas faire grand état de ces deux plans, levés par des procédés arbitraires, à l'échelle..... des pas de l'autheur, dans lesquels la figuration des constructions est souvent de pure fantaisie. Seuls les édifices, les hôtels sont notés avec quelque préoccupation de la réalité. Nous montrerons cependant plus loin qu'en ce qui concerne l'Hôtel de François de Luxembourg, ils donnent chacun une silhouette différente, absolument opposée et que ni l'une ni l'autre n'ont pu être inspirées par la construction existante en 1609 et dont, quoi qu'on en ait dit, l'ossature subsiste encore aujourd'hui.

Malgré ces inexactitudes, ces incorrections et ces contradictions, ces deux plans sont à retenir ici. Ils contiennent des détails, assurément présentés avec trop de licence, mais qu'on peut accepter dans leur ensemble lorsqu'ils correspondent aux énonciations des actes d'acquisition.

Il nous a paru que l'identité des parcelles et le nom des propriétaires ainsi déterminés, en 1611, à l'aide de ces divers éléments, il n'était pas superflu de faire connaître les possesseurs antérieurs, que nous révèlent les registres dans lesquels ceux qui avaient la directe seigneurie sur le Luxembourg ont noté les mutations foncières : registres d'ensaisinements (1), des

---

(1) L'ensaisinement était un acte par lequel le seigneur censier mettait en possession l'acquéreur d'un héritage et le reconnaissait pour son nouveau tenancier.

Il était nécessaire pour autoriser le vendeur à se dessaisir et l'acquéreur à prendre possession. — Mais cette obligation ne fut imposée que jusqu'en 1387. A partir du quinzième siècle, l'ensaisinement ne se pratiqua plus que par ce double intérêt : qu'il limitait à une année de sa date l'exercice du droit de retrait lignager, lequel sans ensaisinement pouvait être invoqué pendant trente ans ; que d'autre part, le seigneur ayant conservé

cens acquittés par les immeubles (censiers) et de dénombrement des censitaires, avec le détail de leurs redevances (terriers).

Nous n'avons pas manqué d'interroger ces registres.

Nous avons pensé ensuite que ce retour en arrière ne suffirait pas à la légitime curiosité du lecteur. Nous sommes remonté jusqu'à la période gallo-romaine, de façon à présenter de notre îlot un tableau complet. Négliger sa physionomie aux premiers siècles, c'eût été négliger les nombreuses découvertes faites dans son sol au fur et à mesure des travaux qui y ont été exécutés. On nous pardonnera de nous être arrêté à dresser une sorte d'inventaire de ces découvertes, en groupant des indications éparses un peu partout. Il aura, pensons-nous, l'avantage d'appeler un peu plus l'attention sur les vestiges du passé que les appropriations ultérieures pourraient mettre à jour et cette considération excusera l'importance que nous avons donnée à l'évocation de ce passé lointain que l'érudition moderne s'essaie à dégager des légendes.

VASE GALLO-ROMAIN EN TERRE ROUGE, trouvé dans le jardin du Luxembourg.
Réduction aux deux tiers de la grandeur naturelle, d'après Grivaud.

---

le droit de se faire représenter le contrat d'acquisition pour être payé des lods et ventes, mieux valait faire ensaisiner ce dernier spontanément.

Le droit de retrait n'était autre chose que le droit de prendre le marché d'un autre et de se rendre acheteur à sa place.

Il y en avait trois espèces principales : le lignager, le seigneurial et le conventionnel.

Le retrait lignager était accordé aux parents du vendeur d'un héritage, lorsqu'il était vendu à un étranger. Il était appelé lignager parce qu'il était réservé aux parents de la ligne ou famille dont l'héritage était advenu au vendeur. Celui qui l'exerçait se rendait acheteur à la place de l'étranger. Il l'obligeait à lui délaisser l'immeuble à la charge de le rembourser et de l'indemniser des prix et loyaux coûts du contrat.

CHAPITRE PREMIER

L'îlot du Luxembourg pendant la période gallo-romaine.

CAYLUS, DULAURE, JOLLOIS, Y PLACENT UN CAMP ROMAIN. — LES ÉDIFICES DES RUES SOUFFLOT ET GAY-LUSSAC. — CASERNE, MAGASIN MILITAIRE, QUARTIER DE CAVALERIE OU TEMPLE ? — LE CHAMP DE MANŒUVRES MENTIONNÉ DANS LE RÉCIT QUE FAIT AMMIEN MARCELLIN DE LA PROCLAMATION DE JULIEN COMME AUGUSTE. — CH. LE BEAU PLACE CE CHAMP DE MANŒUVRES RUE SAINT-VICTOR. — CE QUE NOUS APPRENNENT LES FOUILLES. — SENTIERS ROMAINS. — MURS, MOSAÏQUES, VASES, POTERIES, OBJETS DOMESTIQUES ET D'ÉQUIPEMENT. — FIGURINES. — LES MÉDAILLES ET LES TRÉSORS. — LES DÉPOTS D'IMMONDICES. — UN EMPLACEMENT PRÉDESTINÉ.

'ILOT dont nous nous proposons d'analyser les éléments au début du xviiᵉ siècle, s'étendait sur le versant occidental de la montagne Sainte-Geneviève. Il avait la forme d'un triangle dont les rues d'Enfer et des Francs-Bourgeois à l'est, la rue de Vaugirard, de sa naissance à sa rencontre avec celles du Regard et de Notre-Dame-des-Champs, au nord, la rue Notre-Dame-des-Champs dite alors chemin Herbu, au nord-ouest, constituaient les trois côtés.

L'un de ses angles était formé par le croisement de deux voies romaines secondaires : l'une venant de Vaugirard, l'autre descendant de Vanves vers la Seine et doublant la rue Saint-Jacques, tronçon parisien de la grande route d'Orléans à Senlis qui traversait la Cité.

Sa situation stratégique, la pente du terrain qui facilitait la surveillance pour les chefs militaires, sa proximité de tous les édifices publics du chef-lieu des *Parisii* : théâtre, thermes, arènes, joints à la découverte de poteries contemporaines, d'ustensiles domestiques, d'objets d'équipement militaire et de harnachement, amenèrent à

— 2 —

penser qu'un camp permanent, *castrum stativum*, y avait été installé entre le grand bassin du jardin actuel du Luxembourg et les amorces des rues Soufflot, Gay-Lussac et Royer-Collard.

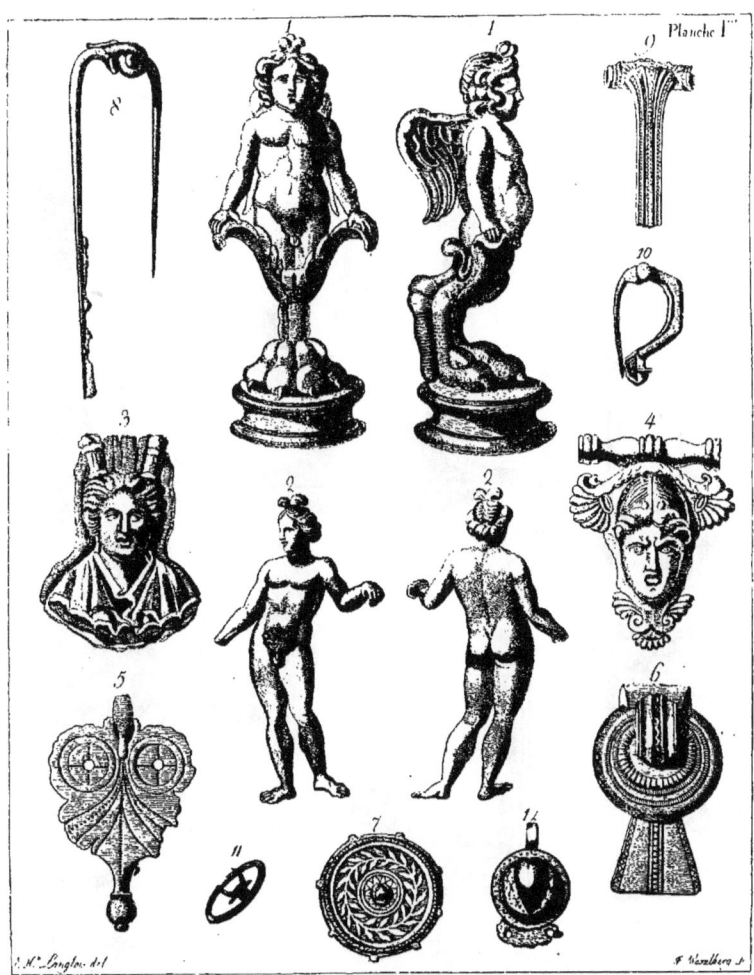

OBJETS TROUVÉS DANS LE JARDIN DU LUXEMBOURG, DE 1801 A 1807, D'APRÈS GRIVAUD

1. Support de face et de profil. — 2. Apollon. Une rainure dans la main gauche indique que celle-ci tenait une lyre. — 3. Buste de Cybèle dont les Romains avaient apporté le culte en Gaule. — 4. Tête de Mercure trouvée dans l'ancienne Cour des Fontaines, près l'Odéon. — 5. Crochet. — 6 à 10. Agrafes. — 11. Anneau avec ornement en forme de croissant. — 12. Plaque pour l'équipement des chevaux. — *Bronzes.*

Caylus au xviiie siècle (1). Dulaure (2) au commencement du xixe, Jollois, ingénieur en chef et directeur des Ponts-et-Chaussées

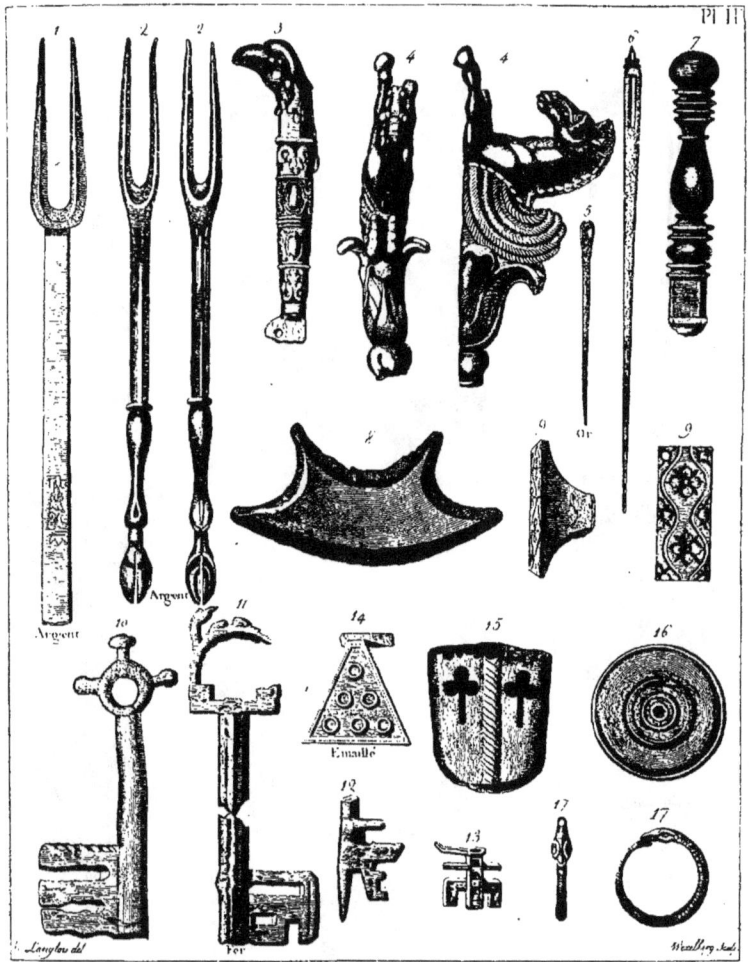

1 et 2. Fourchettes d'argent trouvées dans le Jardin de l'Hôtel Vendôme (École des Mines). — 3. Manche de couteau. — 4. Pégase sortant d'une fleur, anse de vase. — 5. Cure-oreille en or. — 6. Aiguille en ivoire. — 10 à 13. Clefs. — 14. ? — 15. Bout de fourreau d'épée. — 16. Tessère ou plaque servant d'entrée dans les spectacles. — 17. Anneau de cuivre mis à l'oreille.

(1) *Recueil d'antiquités*, t. II, p. 376.
(2) *Histoire de Paris*, t. I, p. 150.

du département de la Seine, en 1843, conclurent à son existence.

Dans un mémoire étendu et fort documenté sur l'ensemble des antiquités romaines et gallo-romaines de Paris(1), ce dernier rappelait à

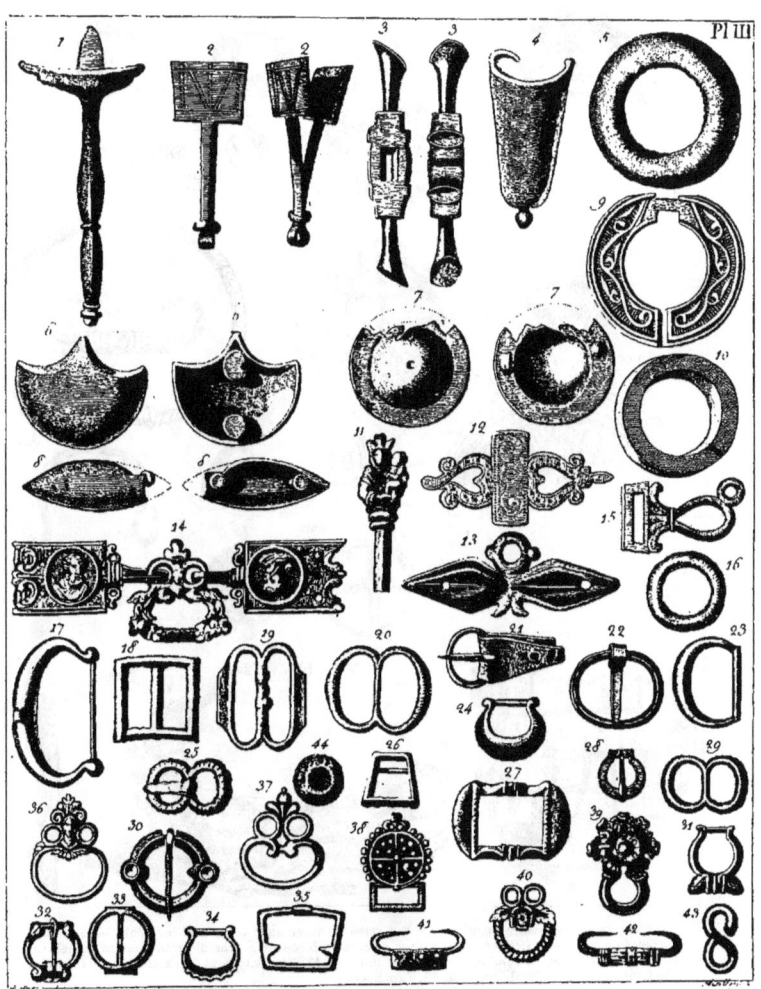

BRONZES

1. Manche de Miroir. — 2. Pince. — 6, 7, 8, Boutons. — 11. Tête d'épingle. — Entrée de serrure.

(1) Inséré dans les *Mémoires de l'Académie des inscriptions et belles-lettres*, 2ᵉ série, Antiquités de la France, t. I, p. 1-177.

l'appui de sa thèse les récits d'Ammien Marcellin et de Zosime. « Ammien Marcellin, disait-il, historien de Julien, rendant compte de tout ce qui

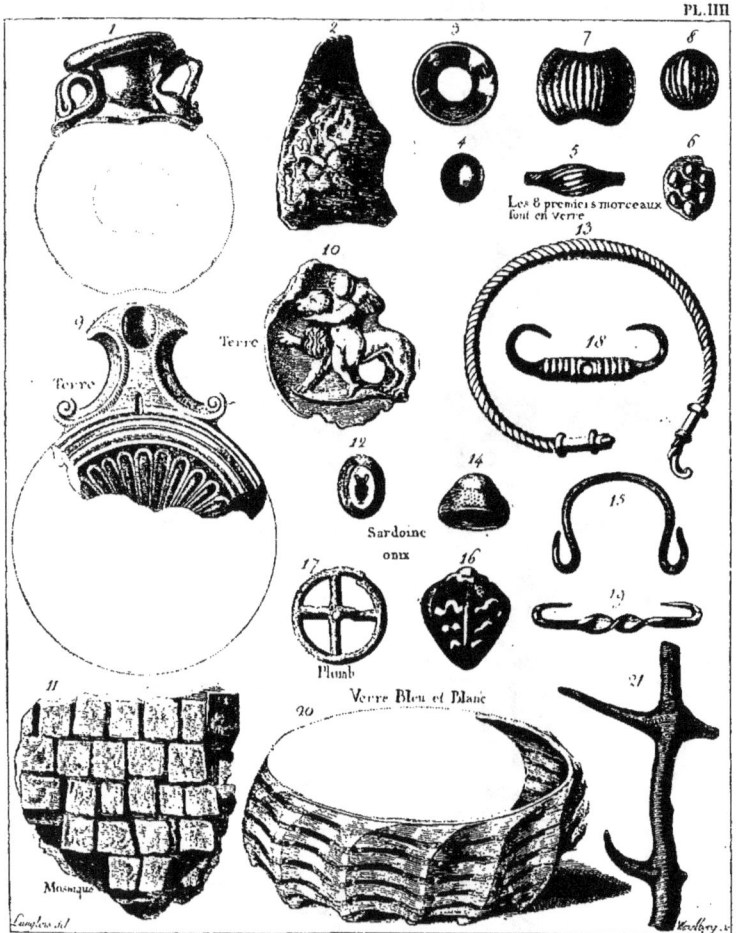

1. Fragment de vase en verre blanc. — 4 à 8. Grains de verre pour colliers et bracelets. — 9 et 10. Lampes antiques en terre. — 11. Pavé de mosaïque circulaire découverte près du grand bassin actuel, brisée par les ouvriers et jetée au remblais. — 12. Sardonix. — 13. Bracelet. — 14. Dé à coudre. — 16. Amulette. — 17. Roue votive en plomb. — 18 et 19. Crochets.

s'était passé dans Lutèce à l'occasion de l'exaltation de son héros au titre d'Auguste par les troupes auxiliaires venues des bords du Rhin, ne laisse aucun doute sur l'existence d'un quartier des soldats, d'un camp à demeure, aux environs du palais des Thermes... Le témoignage de Zosime (1) nous paraît bien plus explicite en rapportant que les soldats

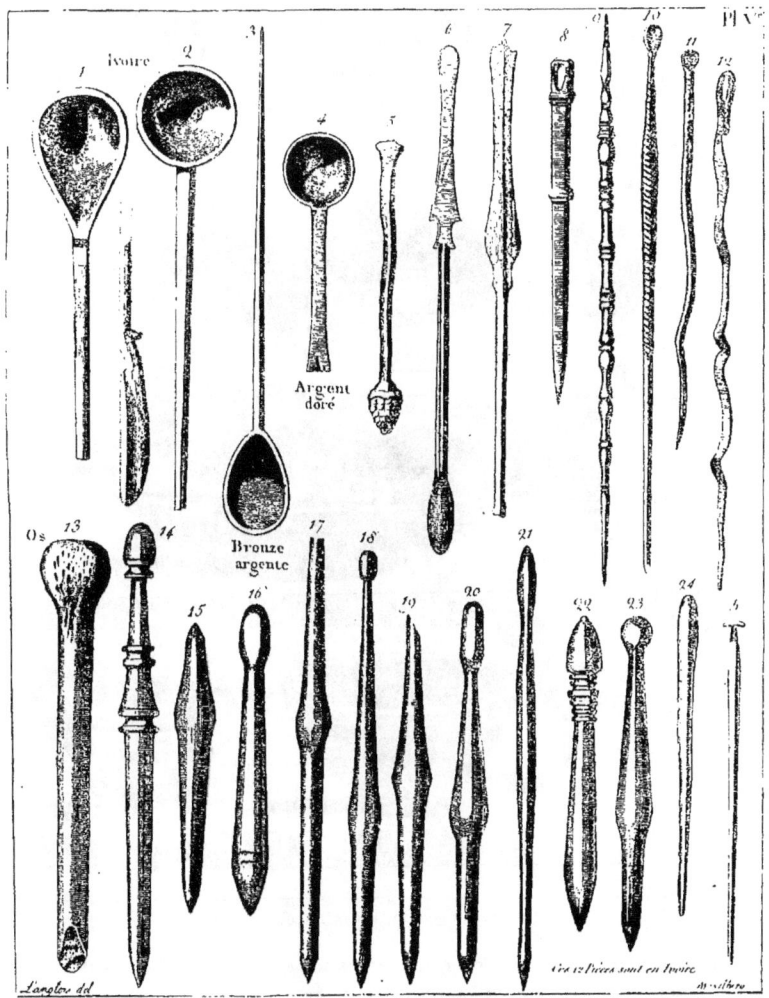

1 à 4. Cuillères. — 6 et 7. Sondes chirurgicales. — 8 et 11. Styles à écrire et à modeler. — 25. Épingle de tête.

(1) L. III.

quittent leur repas, la coupe encore à la main, pour courir au palais...
Il est évident que, si les soldats quittent le camp, le gobelet à la main,

VASES DE TERRE ROUGE

pour courir au palais, c'est que la distance qui les sépare est peu considérable. La situation du camp qui nous paraît le plus probable se trouverait dans l'angle formé par la voie romaine qui suivait la rue des

Francs-Bourgeois-Saint-Michel et la rue de Vaugirard, et dont nous avons retrouvé une amorce sur la voie romaine, que les fouilles d'un

VASES DE TERRE ROUGE ET NOIRE (QUART DE GRANDEUR)

égout récemment construit dans la partie supérieure de la rue de la Harpe jusque sur la place Saint-Michel, ont mis entièrement à découvert... D'ailleurs, l'emplacement que nous assignons au camp nous paraît complètement justifié par les faits archéologiques consignés par

Pl. VIII

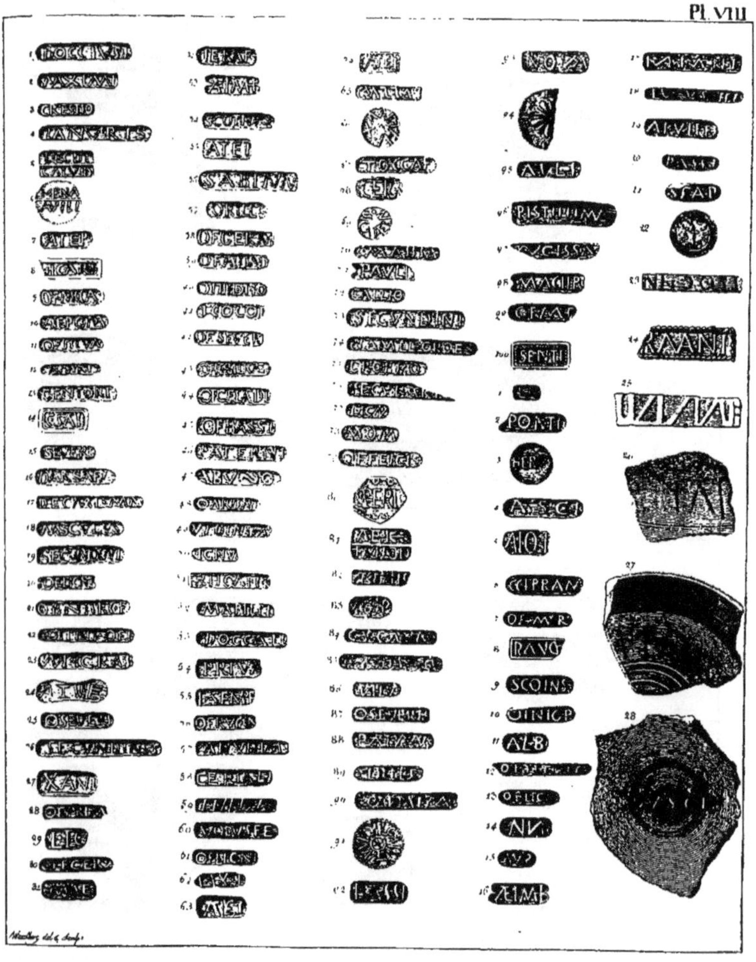

NOMS DES POTIERS IMPRIMÉS SUR LES FONDS DES VASES DE TERRE ROUGE

Grivaut de la Vincelle, dans son excellent ouvrage sur les Antiquités gauloises et romaines recueillies dans les jardins du palais du Sénat. Tous les objets, en effet, qui ont été le résultat des fouilles entreprises

— 10 —

pour refaire les jardins de ce palais, semblent annoncer par la disposition qu'ils avaient sur le sol, et sans que rien constate l'existence de

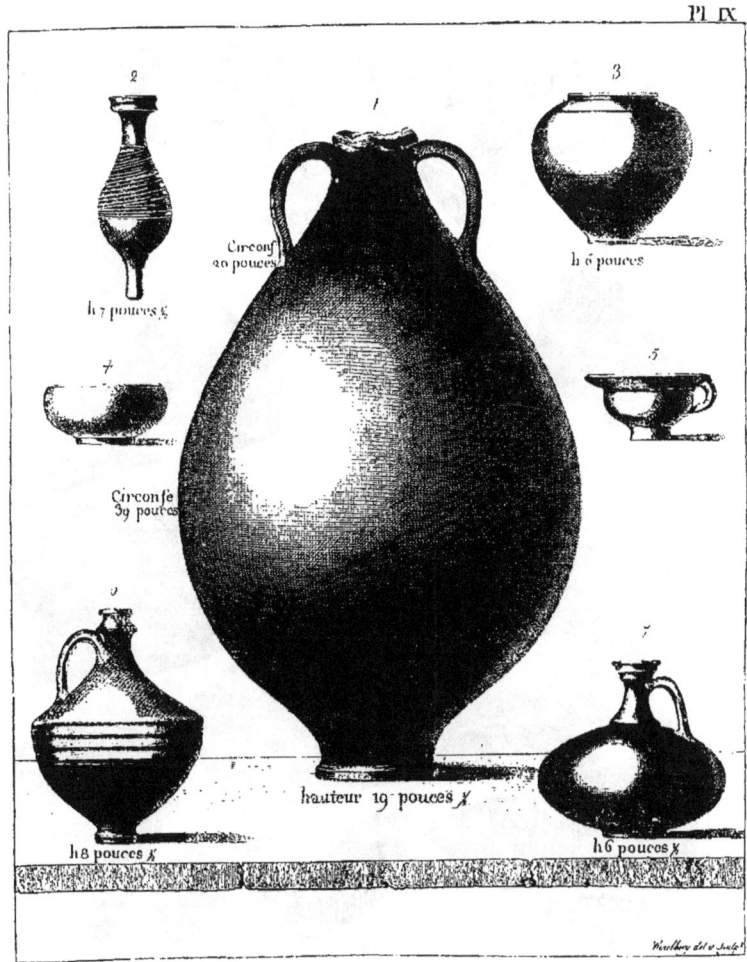

VASES DE TERRE COMMUNE

maisons et d'habitations fixes, qu'ils étaient à la surface d'un camp.
« On sait que souvent les camps des Romains devenaient permanents. Quelquefois même ils finissaient par devenir des villages ou des

villes. Nous pensons que le camp romain, les *stativa solita* d'Ammien Marcellin, était un camp de cette dernière espèce. On conçoit que Paris,

FRAGMENTS DE VASES DE TERRE ROUGE, RÉDUCTION AUX DEUX TIERS

qui avait acquis sous les Romains une grande importance, qui sous le César Julien pouvait montrer avec orgueil de vastes établissements publics, tels que son palais des Thermes et ses Arènes, et qui le disputait aux villes les plus importantes de la Gaule, devait avoir un camp

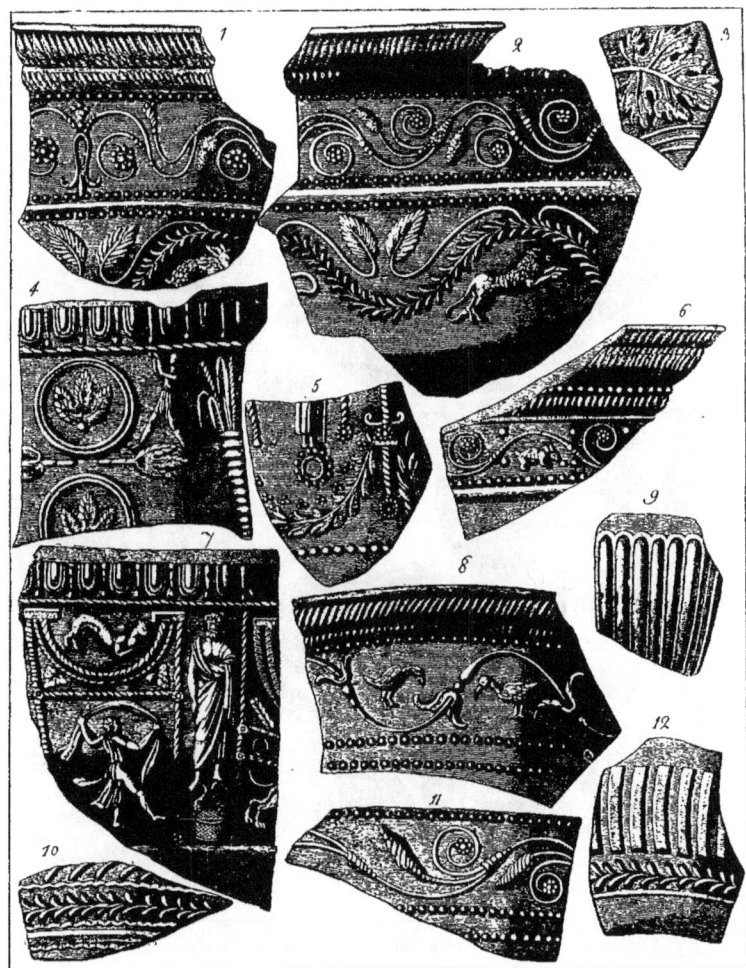

FRAGMENTS DE VASES DE TERRE ROUGE, RÉDUCTION AUX DEUX TIERS

permanent pour servir de logement aux troupes à qui les déplacements du service militaire faisaient traverser le pays. »

Les travaux considérables entrepris postérieurement à cette étude par l'édilité parisienne pour l'établissement du boulevard Saint-Michel,

FRAGMENTS DE VASES DE TERRE ROUGE, RÉDUCTION AUX DEUX TIERS

le percement des rues Soufflot, Gay-Lussac et Royer-Collard, amenèrent la découverte dans le sous-sol de cette région de vestiges d'un grand édifice, de constructions importantes, de villas, de puits, de poteries et

— 14 —

de trésors qui appuyèrent aux yeux d'Albert Lenoir (1) l'hypothèse de

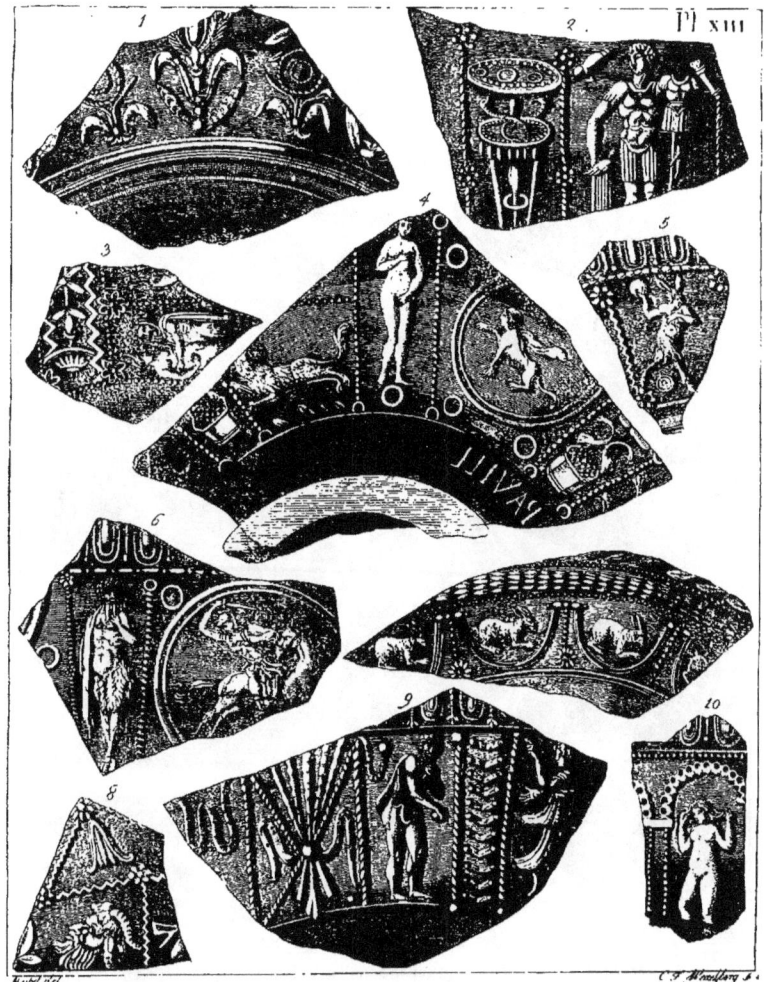

FRAGMENTS DE VASES DE TERRE ROUGE, RÉDUCTION AUX DEUX TIERS

(1) Albert Lenoir, fils d'Alexandre Lenoir, le fondateur du musée des monuments français, était à la fois un habile architecte et un savant archéologue. Il avait passé deux années en Italie. On lui doit l'aménagement en musée de l'Hôtel de Cluny et des Thermes réunis. Il a publié une *Statistique monumentale de Paris*, œuvre de reconstitution du plus haut intérêt.

l'existence d'un camp romain établi à demeure non plus dans le jardin du Luxembourg, mais bien rue Soufflot.

FRAGMENTS DE VASES DE TERRE ROUGE, RÉDUCTION AUX DEUX TIERS

Dans un rapport lu au Comité de la langue, de l'histoire et des arts de la France (1), à la séance du 4 juillet 1853, il disait : « Les mouve-

---

(1) *Bulletin du comité*, t. I, p. 413-421, B. N. L¹⁵ 73ᵉ.

ments de terre nécessités par quelques changements apportés à l'ancienne disposition du jardin du Luxembourg ont amené la découverte

VASE ET FRAGMENTS DE VASES DE TERRE ROUGE, RÉDUCTION AUX DEUX TIERS

de plusieurs constructions romaines, puis d'un vaste bassin ou réservoir de la même époque. »

Parlant de l'édifice dont on avait retrouvé les assises à l'est du jardin, il précisait ainsi sa physionomie :

FRAGMENTS DE VASES DE TERRE ROUGE, RÉDUCTION AUX DEUX TIERS

« Un immense édifice romain paraît avoir occupé tout l'espace compris entre les deux voies antiques, représentées aujourd'hui par les rues Saint-Jacques et d'Enfer. L'enceinte de Philippe-Auguste l'aurait coupé diagonalement, car on en a trouvé une partie dans le terrain

VASES EN TERRE ROUGE
Réduction aux deux tiers de la grandeur naturelle.

— 19 —

occupé autrefois par le couvent des Jacobins. Le reste s'est montré en dehors de la ville du xiii⁰ siècle, au coin de la rue Saint-Hyacinthe (1) ; puis, au delà, dans les rues d'Enfer et Sainte-Catherine. Sur ces trois

FRAGMENTS DE VASES DE TERRE ROUGE, RÉDUCTION AUX DEUX TIERS

---

(1) Aujourd'hui rue Gay-Lussac.

derniers points, les constructions antiques présentaient trois murailles épaisses et parallèles aux voies romaines ; deux d'entre elles étaient

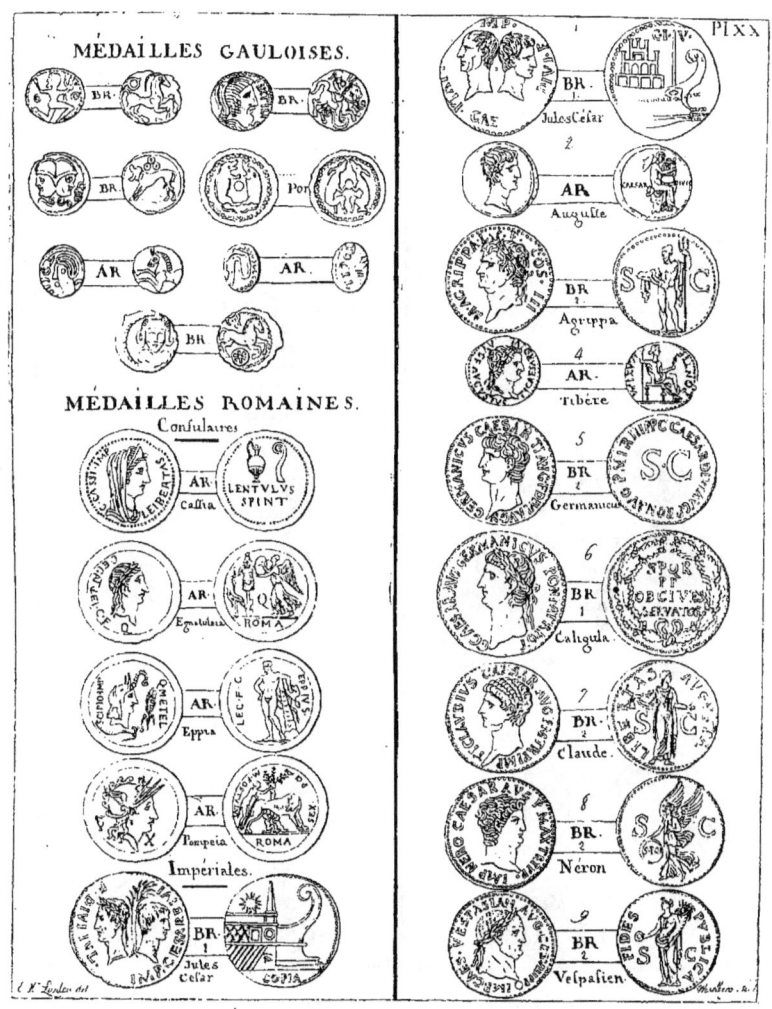

RÉDUCTION AUX DEUX TIERS

reliées par des murs moins forts, divisant le sol en cases égales…; la troisième muraille, qui était extérieure, ou plus rapprochée de la voie, laissait, entre elle et le mur qui lui était voisin, un chemin étroit, sur lequel on a trouvé un pavage en brique. Des fragments de marbre de

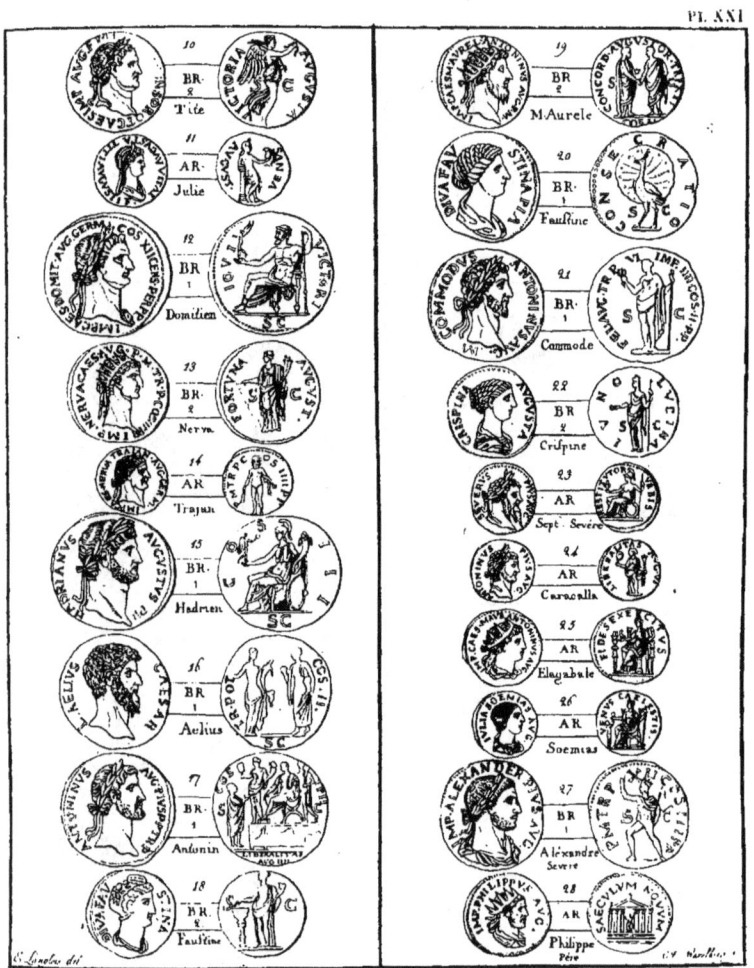

RÉDUCTION AUX DEUX TIERS

diverses natures ont été recueillis dans les ruines, au coin de la rue Saint-Hyacinthe, et des antéfixes en terre cuite vers la rue Saint-Jacques. »

C'est à la fin de l'année 1847, en faisant les fouilles nécessaires aux fondations de la maison de M. Bernard-Million, que les substructions

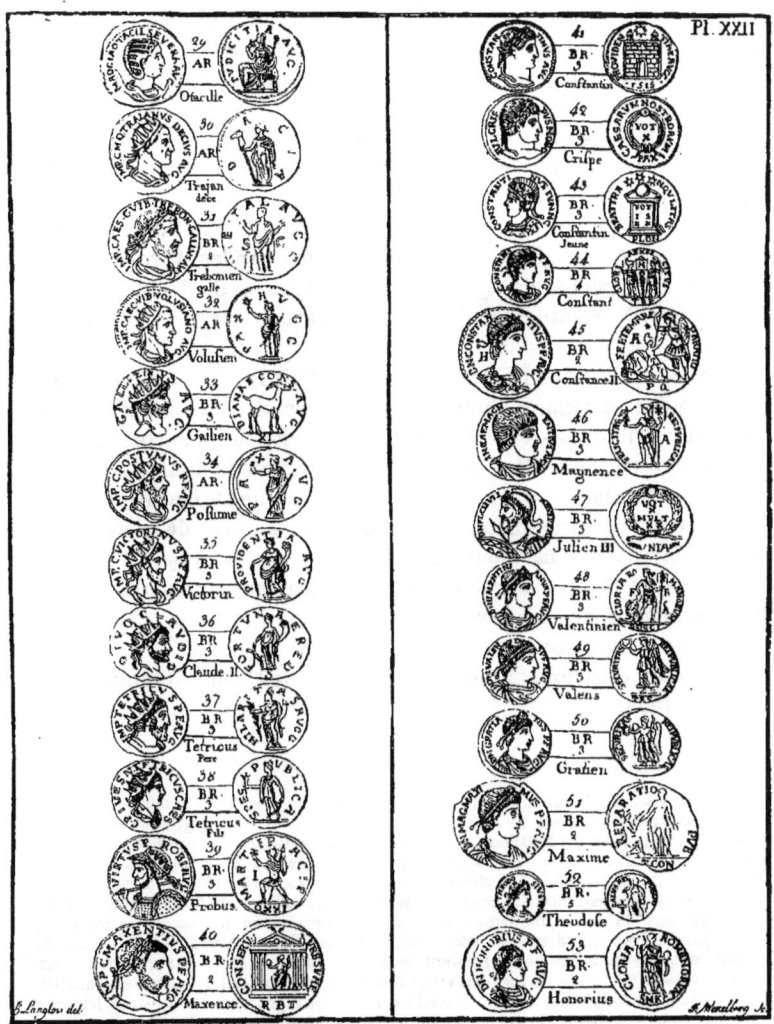

RÉDUCTION AUX DEUX TIERS

de cet édifice avaient été rencontrées, comme elles l'avaient déjà été, du reste, au moyen âge, lorsqu'on avait établi l'enceinte de Philippe-Auguste.

M. Vacquer (1) qui en fit des relevés repérés au cours de fouilles ultérieures, constata que les fondements, en moellons, étaient posés sur une terre vierge et il en conclut que l'édifice était plus ancien que les Thermes, bâtis partiellement sur des constructions antérieures. Le reste était en pierre de taille. Aucun vestige de système de chauffage n'y ayant été découvert, M. Vacquer en inférait qu'il n'avait pu servir à l'habitation.

Ce qui se voyait très nettement, c'étaient, avec des amas de cendres, les traces d'un incendie et la transformation de la cour centrale en un véritable chantier pour la taille des pierres.

A quelle époque remontait l'incendie? Était-il le fait d'un accident ou du fanatisme religieux? Avait-il été allumé par les Normands, lors de leurs incursions dans les domaines ruraux de Saint-Germain-des-Prés ou de Sainte-Geneviève? Nous n'avons sur ce point aucune indication.

En ce qui concerne le chantier, il était le fait de l'utilisation sur place des matériaux susceptibles d'entrer dans la confection de l'enceinte de Philippe-Auguste. En recoupant les murs encore debout, son passage entraînait la démolition du reste dans le double intérêt de la défense et de la sécurité générale. On y trouva une foule de fragments de moulures, de cannelures, de colonnes, de feuilles de chapiteaux, déchets des parties façonnées et employées. Le tout gisait sur des décombres de même nature, attestant l'utilisation de matériaux ayant déjà servi et non de matériaux neufs.

Quelle était la destination de cet édifice?

A cette question, Albert Lenoir répondait par un autre point d'interrogation.

---

(1) Entre tous, M. Vacquer a contribué, à fournir les éléments détaillés d'un inventaire des découvertes faites dans le sous-sol parisien. Attaché dès l'origine au service des travaux historiques et des fouilles de la Ville, il suivait assidûment toutes les fouilles. Il en notait les résultats au jour le jour, relevant les cotes, repérant les appareils exhumés, mentionnant les inscriptions des pierres, des poteries, des médailles, des figurines, etc. avec une inlassable patience. Il prenait ses notations sur n'importe quel bout de papier, sans faire part de ses conclusions aux archéologues, sans les formuler dans un travail personnel méthodique et coordonné. Les feuillets épars de cette longue et patiente enquête ont été heureusement mis en ordre, classés, par quartiers, par matières, assemblés, reliés. Ils forment vingt-huit volumes in-folio. L'inventaire sommaire en a été dressé par MM. de Pachtere et Sellier. Ils constituent une des sources les plus précieuses pour l'étude de l'histoire de Paris aux premiers âges. M. Hochereau, ancien conservateur du plan de Paris, a dressé, avec ces relevés, un grand plan archéologique du Paris gallo-romain, qui a figuré à l'Exposition universelle de Paris et qui est, présentement, dans le grand escalier de l'Hôtel Lepelletier-Saint-Fargeau. C'est d'après les indications de ce plan qu'a été établi celui que nous donnons de la région du Luxembourg.

« L'emplacement occupé par ces vastes constructions, sur un point élevé, entre deux voies romaines, et ces ruines, offrant des divisions de cases égales, puis un chemin de ronde, ne conviennent-ils pas, disait-il en forme de conclusion, au camp placé par Ammien Marcellin précisément dans cette partie méridionale de Lutèce? »

Dans sa grande étude sur « Lutèce » placée en tête du *Paris à travers les âges*, publié en 1882, Albert Lenoir devint affirmatif. L'édifice relevé rue Soufflot présentait à ses yeux, « dans l'ensemble du plan, des dispositions parfaitement analogues à celles des casernes... conservées en tout ou en partie à Pompéi, à Rome, à la villa Hadrienne. Il formait un vaste quadrilatère entouré de murailles continues derrière lesquelles était un chemin de ronde. Au delà de celui-ci s'élevait de très nombreuses cellules, en tout semblables entre elles, et entourant une grande cour centrale ; elles n'avaient pu être destinées qu'à recevoir des hommes divisés en fractions égales comme le sont les troupes. La clôture générale ainsi que le chemin de ronde indiquent bien d'ailleurs que l'édifice n'était pas livré au public, et n'avait pu être réservé qu'au service spécial d'une garnison. Au milieu d'une des grandes faces du parallélogramme qui forme l'ensemble du plan général, les fouilles ont fait voir des murailles formant de nombreuses pièces qui pourraient indiquer l'entrée de la caserne, la place des salles nécessaires pour la surveillance confiée à des sentinelles ou à des officiers. Dans la cour centrale on a découvert un bassin ou citerne qui devait recevoir l'eau indispensable aux besoins d'une nombreuse réunion d'hommes » (1).

D'autres hypothèses étaient envisagées.

Les dispositions particulières, surtout la multiplicité des cases de l'édifice ne caractérisaient-elles pas un magasin militaire? (2) Ou bien un véritable quartier de cavalerie, avec un étage pour le logement des hommes ?

Pour le corps d'occupation, on avait très certainement créé des dépôts de vivres, comme des dépôts d'armes; on avait pourvu au logement des chevaux des cohortes montées qui servaient d'éclaireurs et de courriers.

---

(1) M. Jules Quicherat estime également que cet édifice était une caserne. Voir dans ses *Mélanges d'Archéologie et d'Histoire*, ses études sur la « Rue et le château Hautefeuille à Paris », p. 440-459 ; et sur « les Vestiges romains de la Rive gauche », p. 460-467.

(2) Ammien Marcellin qui, contrairement à ce que parait dire Albert Lenoir, n'a désigné nulle part l'emplacement des casernes de l'ancien Paris, signale l'existence des magasins militaires de la Gaule, incendiés, puis reconstruits par Julien, pour y recevoir les envois de grains de la Grande-Bretagne. L. XVIII. 1. — Voir sur l'organisation des magasins et sur leurs dispositions architecturales, CAGNAT, *L'armée romaine d'Afrique*, p. 378 et suiv.

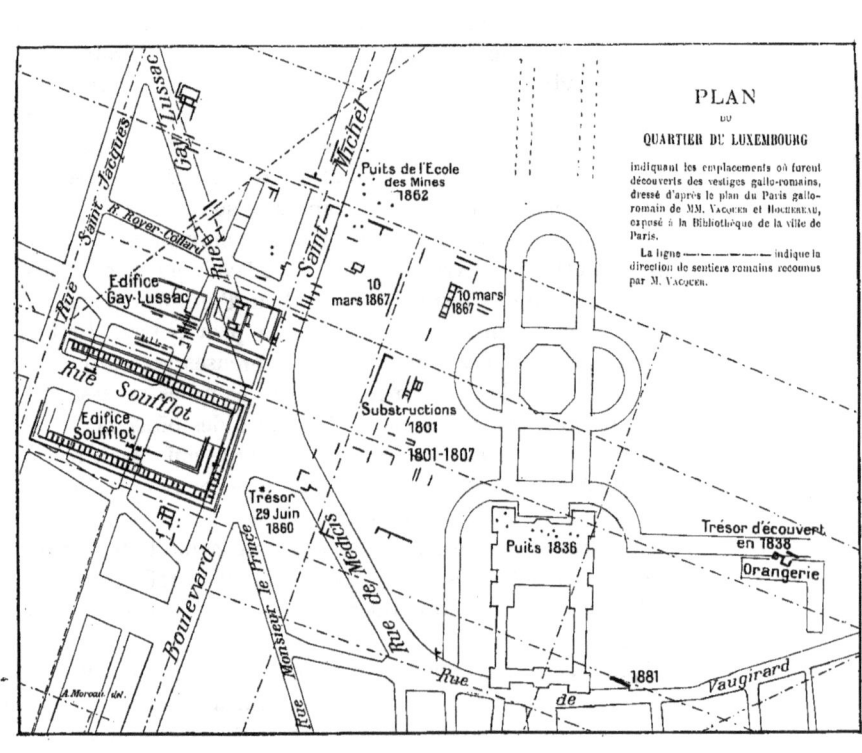

Peut-être l'édifice de la rue Soufflot avait reçu cette double destination.

L'érudition contemporaine n'accepte pas ces hypothèses. Elle les écarte.

Pour M. Camille Jullian, professeur au Collège de France, le savant historien de la Gaule Romaine; pour M. de Pachtere, ancien élève de l'école de Rome qui a consacré à l'étude du Paris gallo-romain une étude dont la Commission des travaux historiques de la Ville a voté l'impression, le monument de la rue Soufflot est un temple ou portique religieux, de la fin du Ier siècle, dominant, du haut de la montagne Sainte-Geneviève, la ville romaine (1). Le monument rencontré au débouché de la rue Gay-Lussac et du boulevard Saint-Michel, et comprenant une vingtaine de salles, avec atrium de 14 mètres sur 9, piscine, calorifère, alimentation d'eau, décorations murales, leur apparaît comme une villa pouvant donner l'idée des somptueuses résidences de la haute époque gallo-romaine (2).

Les vestiges de constructions, retrouvés à la suite, dans le jardin du Luxembourg, donnent à penser que le casernement de la garnison romaine était ailleurs. Tout au plus pourrait-on admettre que plus à l'Ouest, au delà du bassin, se trouvait le champ de manœuvres dont parle Ammien Marcellin, quand il raconte les événements qui entourèrent la proclamation de Julien comme Auguste (an 361) (3).

Ce récit indique qu'avant cette proclamation, le commandement militaire avait tenu compte des rigueurs de notre climat, l'hiver, en donnant aux troupes une hospitalisation plus clémente que celle d'un camp permanent. Les dispositions matérielles qui avaient alors prévalu, y sont notées avec la précision d'un écrivain qui avait servi dans l'armée romaine.

A dessein, n'y figure pas le mot *castrum* pour désigner l'habitat militaire contemporain.

D'après ce récit, les soldats logeaient l'hiver dans des *stationes*.

Il y avait des postes, *stativa*; un quartier général, *comitatus*; un champ de manœuvres, *campus*, qui servait en même temps, comme le Champ de Mars de l'ancienne Rome, aux assemblées populaires.

En reprenant ce récit, nous trouverons toutes ces indications dans leur cadre naturel.

---

(1) Marcel Poëte, l'*Enfance de Paris*, p. 48.
(2) *Ibid.*, p. 42.
(3) L. XX, p. 4, 5, 9.

Après avoir exposé le mécontentement provoqué dans l'armée par l'ordre de l'empereur Constance d'envoyer, en Orient, les troupes auxiliaires gauloises, rejoindre le corps opérant contre les Perses, Ammien raconte que pour couper court à cette agitation, Julien résolut de presser leur départ. Son ordre parvint au moment où elles étaient sorties du casernement où elles passaient l'hiver : *Via solemni* CUNCTOS E STATIONIBUS EGRESSOS IN QUIBUS HIEMABANT, *maturare disposuit*.

« Au moment où on publiait l'ordre, ajoute-t-il, un pamphlet fut jeté au pied des enseignes des Pétulants... Cette pièce fut portée au quartier général, — *ad comitatum*, — et lue par Julien, qui, reconnaissant quelque justesse dans la plainte, permit aux femmes et aux enfants des soldats de les suivre en Orient et mit à leur disposition les transports publics, *clavularis cursus facultate permissa*.

« Comme on hésitait sur la route qu'on leur ferait prendre, le notaire Ducentius (l'envoyé de Constance) proposa de leur faire traverser Paris que Julien n'avait pas encore quitté, *placuit notario suggerente Ducentio*, PER PARISIOS HOMINES TRANSIRE, UBI MORABATUR ADHUC CAESAR.

« Cet avis prévalut.

« Suivant l'habitude (1), Julien se porta au-devant des troupes qui arrivaient dans les faubourgs : *iisdemque* ADVENTANTIBUS IN SUBURBANIS *princeps occurrit* EX MORE... (2) »

Ammien continue en mentionnant les postes de la cité et le champ de manœuvres.

« Pour mieux honorer, dit-il, ceux qui devaient partir, Julien réunit leurs chefs dans un dîner d'adieux. La bienveillance de son accueil augmenta l'amertume de leurs regrets et c'est l'esprit plein d'angoisse qu'ils regagnèrent leurs postes respectifs, *in stativa solita recesserunt.* »

Vers le milieu de la nuit, les esprits s'échauffent. On court au palais. On proclame Julien Auguste. Julien résiste, se cache. On répand le bruit qu'on l'a assassiné. Aussitôt on revient au palais pour ne le quitter qu'après avoir vu le nouvel Auguste, en costume impérial, dans la salle du Conseil.

---

(1) Dans son manifeste aux Athéniens, Julien dit au contraire qu'on « avait exigé de lui qu'il se portât au-devant des légions » pour les empêcher d'exciter des troubles.

L'effectif de la légion était de 5.500 hommes. Celui des auxiliaires de chaque légion était sensiblement égal. (Voy. CAGNAT, *L'armée romaine*, p. 94, note 2.) Le chiffre des troupes qui devaient traverser Paris était donc considérable.

(2) Ces indications si précises ne sauraient s'appliquer à des troupes rassemblées sur la rive gauche, à l'extrémité des faubourgs, à quelques mètres de la route d'Orléans par laquelle elles doivent rejoindre. Elles se réfèrent bien plutôt à un cantonnement formé, par exemple, sur la rive droite.

A cette nouvelle, les auxiliaires qui avaient déjà pris les devants sous la direction de Sentula, rétrogradent et rentrent dans Paris. Julien, de son côté, convoque les troupes dans le Champ de Mars pour le lendemain, *edictoque, ut futura luce cuncti convenirent in* CAMPO.

« Et déployant lui-même, en cette occasion, plus de solennité que de coutume, il monta pour la haranguer, sur son tribunal décoré d'aigles et d'étendards et environné de tous côtés de cohortes bien armées... »

C'est encore dans ce même champ de manœuvres, et monté sur ce même tribunal qu'il voulut recevoir de Léonas, l'envoyé de Constance, la lettre par laquelle l'empereur lui conseillait de se contenter du rang de César. *Ingressus itaque Parisios Leonas... postridie principi progresso in* CAMPUM *cum multitudine armata pariter et plebeia quam de industria convocaret, e tribunali, ut emineret altius, superstanti, scripta jubetur offerre*. Ainsi, dans ce champ de manœuvres, il n'y avait pas seulement l'armée. Le peuple lui-même avait été convoqué et il ne se fit pas faute d'accourir pour ratifier l'initiative de la première qui lui donnait, pour l'avenir, une garantie contre l'invasion des barbares.

Ce champ de manœuvres était-il aménagé, comme le prétend Le Beau (1) dans le quartier Saint-Victor, entre les rues de ce nom et d'Assas ? Ou bien, comme le suppose Albert Lenoir entre la caserne qu'il voit rue Soufflot et le Palais impérial ? S'étendait-il au contraire dans la partie occidentale de l'îlot du Luxembourg où Albert Lenoir place un champ de foire, un *forum nundinarium* transporté plus tard plus au nord, pour constituer la foire Saint-Germain ?

C'est une question à laquelle on ne saurait répondre actuellement de façon péremptoire.

Ce qu'il convient en l'état présent de notre documentation, c'est de dresser une sorte de bilan des découvertes faites à diverses époques

---

(1) Ch. Le Beau, dans son *Histoire du Bas-Empire* (T. II, p. 10, édition de 1819), dit que le Champ de Mars se trouvait « vers l'endroit où fut bâtie depuis la porte de Saint-Victor, » c'est-à-dire au-dessous de la rencontre des rues d'Arras et Saint-Victor, près du Square Monge. Le Beau n'a pas indiqué sur quoi il étayait cette affirmation. Etait-ce une tradition ? En tous cas Corrozet (édition de 1586, p. 5), dit que Jules-César, — ou plutôt Labienus —) « venant du costé de Melun et de Corbeil, vers le Heurepois, assist son camp du costé des Marests où à présent est bastie l'abbaye S. Victor ».

Dans son *Histoire de Jules César* (T. II, p. 247), Napoléon III soutient au contraire que Labienus prit position vers l'endroit où est aujourd'hui Saint-Germain-l'Auxerrois, alors que Camulogène, revenu à Lutèce, campait sur la rive gauche, dans les parages de Cluny.

dans notre îlot, en groupant celles qui intéressent les voies publiques, les substructions, les mosaïques, les poteries, vases, objets de toilette et d'équipement, les figurines, les médailles, les trésors et les voiries.

En ce qui concerne les voies publiques, nous avons déjà indiqué comme étant d'origine romaine celles de Vaugirard et de la rue d'Enfer qui limitent notre région.

Vacquer en a signalé deux transversales. L'une, par lui reconnue le 20 novembre 1866, longeait au sud l'édifice Gay-Lussac, traversait tout le jardin du Luxembourg en recoupant l'allée des Platanes vers l'Orangerie pour aboutir au n° 31 de la rue de Vaugirard.

La seconde, partant de l'École des mines, traversait le jardin, dans le parterre au-dessus du bassin, et suivait une direction parallèle.

Des substructions furent rencontrées, en 1801, du côté de la terrasse parallèle au boulevard Saint-Michel actuel. Elles comportaient des pierres de taille d'un très gros volume. Près d'elles, on trouva deux puits qu'on n'a malheureusement pas fouillés et cinq bassins profonds de deux mètres environ, de forme irrégulière, très rapprochés les uns des autres, qui servaient sans doute à la préparation des terres rougeâtres amoncelées dans le voisinage, et avec lesquelles on fabriquait les poteries dont les innombrables fragments couvraient le sol primitif. Très vraisemblablement, c'étaient les vestiges d'un atelier céramique semblable à ceux de la Montagne Sainte-Geneviève. Il s'étendait sur l'emplacement de l'École des mines, car, en 1862, on y a également rencontré une quarantaine de puits dont le plus profond avait, d'après l'architecte, M. Vallez, 28 m. 50 (1). C'était un puits à eau. La profondeur des autres variait de 5 à 22 m. 83 avec 0 m. 93 à 1 m. 70 de diamètre. Les uns avaient servi à l'extraction de la terre. Les autres, d'après M. Brunet de Presle, étaient des puits d'absorption, ou funéraires d'après M. Quicherat. Ils avaient été comblés. On y rencontrait des meules, des fourneaux en terre, des vases intacts, des fragments de poteries sigillées, les premiers assez grossiers, les secondes très fines, puis des défenses de sangliers, des bois de cerfs débités à la scie, des têtes entières de bœufs, comme près de la Tour

---

(1) La carte dressée en 1897 par le service des Carrières mentionne l'existence dans cette région de 6 puits à eau, 7 d'exploitation et 2 de service, au total 15 puits en communication avec les carrières qui la sillonnent. D'après le nivellement général de la France, le niveau moyen des eaux de la Seine au Pont Notre-Dame, est de 27 m. 2. Il y a environ 5 mètres d'eau au milieu du fleuve. L'altitude de l'école des mines sur le boulevard Saint-Michel est de 52 m. 257. Pour le Luxembourg, le point le plus élevé est à l'angle de ce boulevard et de la rue Auguste-Comte; il est à 53 m. 213. Le point le plus bas est rue du Luxembourg près du pavillon voisin de la rue de Vaugirard; il est à 40 m. 624. L'entrée principale du Palais est à 41 m. 688.

Saint-Jacques la Boucherie. Dans les fouilles de l'aile droite, on trouva dans un terrain non encore remué, un squelette de femme avec celui d'un enfant, qui furent transportés au Muséum d'histoire naturelle.

Outre une arcade donnant sur la rue d'Enfer, on mit à découvert, le 10 mars 1867, un mur romain faisant prolongement vers le nord du mur qui supporte la grille séparative du jardin de l'École avec celui du Luxembourg, près du poste d'eau où s'alimentent les tonneaux d'arrosage. Quelques jours après, divers marbres et des substructions, dans l'allée Royer-Collard, vers la balustrade de la Terrasse, étaient mis au jour.

Un peu plus tard, le 10 mai, on rencontra à 40 centimètres de profondeur, dans l'allée Est des platanes, — devant le 8° arbre à l'Ouest, — d'autres vestiges de construction romaine.

A peu près dans l'axe de la contre-allée Nord de l'avenue Soufflot, on retrouva également plusieurs murs et, dans le prolongement au sud de la grille, boulevard Saint-Michel, des fragments d'enduits rouges, des marbres, des tuiles, des aires en béton brûlé qui attestaient l'existence d'un ancien hypocauste.

Devant l'Odéon fut relevé un vestige de mur.

Rue de Vaugirard, lorsqu'on fit les fouilles nécessaires à la construction du bâtiment qui réunit le Palais du Luxembourg au Petit

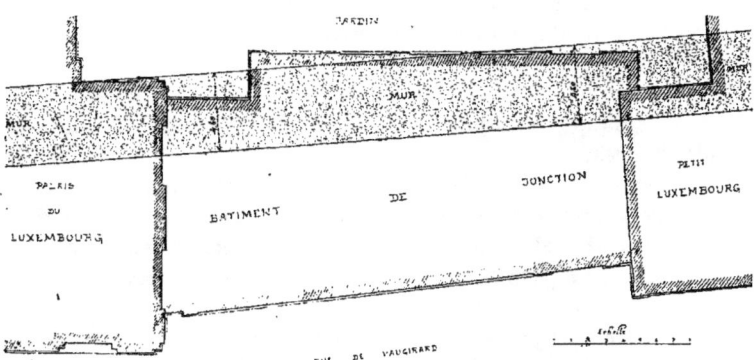

Luxembourg, on rencontra à un mètre de profondeur, et à neuf mètres en arrière de l'alignement actuel, un mur parallèle à la voie publique, déjà recoupé à l'ouest par le Petit Luxembourg et à l'Est par le Palais.

Le relevé en fut fait par M. Scellier de Gisors, qui lui attribua une origine romaine.

Le plan général, que nous reproduisons d'après le projet d'exécution du bâtiment — dit de jonction — précise sa position. Le plan en élévation en indique la physionomie.

Il avait 4 m. 60 d'épaisseur et quatre mètres de profondeur. D'après

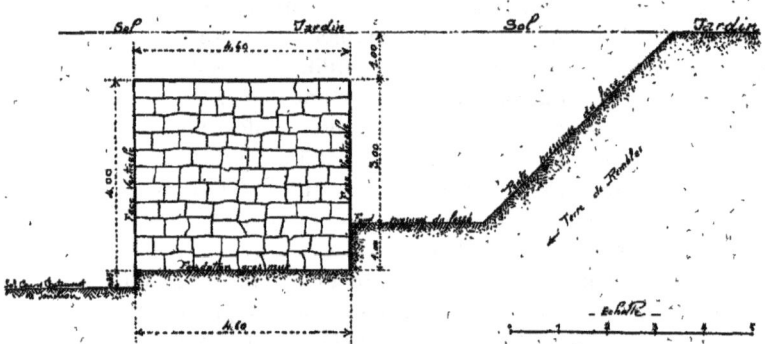

PROFILS DU MUR ROMAIN RENCONTRÉ DANS LES FONDATIONS DU BATIMENT DE JONCTION

le croquis de M. Scellier, il était appareillé. Il avait les apparences d'une fortification, isolée par un fossé dont le talus était formé de remblais.

Quelle était sa destination ? A quelle construction était-il relié ?
On ne sait.

Il n'en reste aucun vestige. Car il dut être démoli pour asseoir la construction actuelle, le niveau des caves étant inférieur de trente-cinq centimètres à celui des fondations.

Enfin autour du bassin, on recueillit de nombreux fragments de tuiles, de briques, d'enduits, de cols de vases brisés et des écailles de grandes huîtres.

C'est en cet endroit, près du grand bassin et de la terrasse qui conduisait aux Chartreux, qu'au commencement du xixe siècle, Grivaud de la Vincelle, sous-chef de la Trésorerie du Sénat Conservateur, recueillit les fragments d'un pavé circulaire en mosaïque, dans lequel on a voulu voir à l'époque l'aire du tribunal de Julien.

Grivaud n'était pas à Paris au moment où avaient commencé les travaux d'embellissement du jardin. Il était en Corse. A son retour, il vit chez M. d'Hinnisdal, neveu du célèbre naturaliste Dolomieu, quantité d'objets découverts dans les déblais (1). Une médaille de Germanicus,

---

(1) Claude-Magdeleine Grivaud était né à Châlon-sur-Saône, le 3 septembre 1762. Ses études terminées, son père, officier du Point d'honneur, l'envoya à Lyon pour y apprendre le commerce. En 1793, il vint à Paris et s'occupa d'histoire et d'archéologie. Il entra plus tard dans l'administration du Sénat Conservateur et, au retour d'un voyage

trouvée dans les démolitions du cloître des Chartreux, lui donna l'idée de suivre pas à pas les ouvriers. Il sauva ainsi beaucoup de choses de la destruction. Il fit une enquête sur la mosaïque, sans réussir à établir ses dimensions. « J'ai su seulement, dit-il (1), que cette mosaïque était parfaitement conservée. Il est fâcheux de convenir qu'elle fut impitoyablement brisée, et que les débris en furent ensevelis dans les remblais de la nouvelle chaussée; je pris des ouvriers qui avaient travaillé à cette destruction tous les renseignements possibles; je fis même creuser dans différents endroits où ces ouvriers m'assuraient que les morceaux fracturés avaient été déposés, mais mes recherches furent inutiles; ce ne fut que longtemps après que je me procurai par hasard trois fragments de cette mosaïque, qui avaient été ramassés par un curieux. J'en ai fait dessiner un sous le numéro 11 de cette planche (2). Elle était composée de cubes inégaux et le pavé était entouré dans toute sa circonférence par une bordure de différentes couleurs. Au surplus, cette mosaïque était des plus communes; les cubes étaient enchâssés dans un ciment composé de chaux, de sable et de briques pilées. J'ai aussi trouvé dans différentes parties des fouilles plusieurs morceaux de ce ciment, recouvert d'une couche de plâtre, et enduit à sa surface d'une couleur rouge; j'ai comparé ces fragments avec des enduits de même nature envoyés d'Herculanum, et je n'y ai trouvé aucune différence. »

Par la négligence des uns, la cupidité des autres, plusieurs pièces curieuses furent perdues. Une petite figure en bronze de la Victoire, fut vendue chez un chaudronnier de la place Maubert; une médaille d'or d'Auguste fut cédée à N. Sander, orfèvre, quai de la Monnaie. Un petit vase d'argent, avec des pieds de biche, fut fondu rue de Thionville. Enfin plusieurs objets furent donnés aux conducteurs des travaux.

---

en Corse et dans l'île d'Elbe, suivit les fouilles dont nous parlons ici et en publia le résultat dans un livre qui a pour titre : *Antiquités romaines et gauloises recueillies dans le jardin du Palais du Sénat*, pendant les travaux d'embellissement qui y ont été exécutés depuis l'an IX jusqu'à ce jour. 2 vol. in 4° dont un de planches, Paris 1807. Il avait formé une collection assez importante, qui fut vendue après sa mort (4 décembre 1819) à son domicile, 16, rue du Cherche-Midi, par les soins de M® Gendron, commissaire-priseur.

Grivaud avait épousé en 1795 M¹¹ᵉ de la Vincelle, qui mourut avant lui. Il était passé du Sénat Conservateur au service de la Chambre des Pairs, près de laquelle il remplissait les fonctions de garde du Livre de la Pairie.

Outre son travail sur les antiquités découvertes au Luxembourg, il avait publié un *Recueil des monuments antiques découverts dans l'ancienne Gaule*, pour faire suite aux recueils de Caylus et de la Sauvagère. Il avait collaboré également à plusieurs recueils et donné divers catalogues de collections dont il avait dirigé la vente.

Le catalogue de sa vente après décès fut dressé par L. J. J. Dubois (*Bibliothèque Nationale*. V, 40.810.)

(1) P. 114.
(2) Pl. IV.

Grivaud a fait graver les objets et les médailles (300) qu'il put réunir. On en trouvera l'ensemble dans les vingt-deux planches que nous reproduisons, d'après celles dont il a accompagné son texte.

Comme monument sculpté, on trouva en 1867, près du bassin, la base d'un cippe antique et un fragment de chapiteau ionique en terre cuite, à côté d'une tête de femme du xiii° siècle, d'une hache en silex poli, de monnaies de bronze de Trajan, Gordien, Henri IV, Louis XIV, et de deux jetons de fabrication allemande.

En ce qui concerne les figurines, la première fut trouvée en 1614, au cours des fouilles faites pour la construction du Palais. C'était une statuette de Mercure « n'ayant pas plus, dit Sauval (1), de cinq à six pouces de haut : à l'ordinaire il étoit nud, délibéré, et un pied en l'air, ou pour marcher ou pour voler. Mais contre la coutume, il n'avait point de bonnet : les ailes lui sortoient de la tête, et sur la paulme de la main droite, il sortait une bourse toute pleine.

« Qui voudra en savoir davantage, n'a qu'à lire le livre d'Epigrammes qu'en fit alors Favereau, conseiller de la Cour des Aides, sous le nom de *Mercurius Redivivus.* »

Cette statuette qui fut longtemps au Garde-Meubles, est aujourd'hui au Louvre (2).

En 1867, « à l'angle d'une construction romaine (3) située dans la partie voisine de la rue de Médicis », on trouva une autre statuette de Mercure en argent massif (4).

Trois trésors furent découverts de 1836 à 1867 dans le périmètre du Luxembourg. Le premier et le troisième, dans le jardin même, le second dans les fouilles d'une maison qui en faisait partie avant l'ouverture de la rue de Médicis.

M. Alphonse de Gisors a fait en ces termes la relation des trouvailles (5) de 1836 et 1838.

---

(1) *Antiquités de Paris*, t. II, p. 345.

(2) Voici comment la présente A. de Longpérier, dans son catalogue des bronzes antiques du Musée du Louvre, p. 50.

« — N° 220. — *Figurine de Mercure.*

« Cette figurine pourrait être celle qui fut trouvée en creusant les fondations du Palais du Luxembourg, au commencement du xvii° siècle. — Voir la gravure de Léonard Gautier, insérée dans les poésies de Jacques Favereau, 1613, et *Bulletin de la Société impériale des Antiquaires de France*, 1859, p. 105 et 127. »

Voir sur la même figurine la note parue dans le tome I°", p. 71, du *Bulletin de la Société de l'histoire de Paris.*

(3) *Bulletin de la Société des Antiquaires*, 1867, p. 75.

(4) Cette statuette fut présentée à la Société des antiquaires de France par M. Read, puis remise par celui-ci à M. Ferdinand Barrot, grand référendaire du Sénat, qui en a fait don au musée Carnavalet où elle est exposée dans la salle gallo-romaine, vitrine centrale.

(5) *Le Palais du Luxembourg*, in-8°, 1847, p. 14, 15.

« En 1836, alors que je faisais pratiquer les fouilles nécessaires aux constructions additionnelles du Palais de la Chambre des Pairs, je découvris deux figurines en pierre très frustes, une assez grande quantité de poteries romaines, des fragments nombreux d'amphores, de jattes en terre commune, de tuiles, des coupes et soucoupes en terre rouge vernies et recouvertes de bas-reliefs d'un goût délicat, des meules à bras, un petit masque en cuivre, des boucles de ceinturon et quelques autres fragments. Pendant l'année 1838, en jetant les fondations de la nouvelle Orangerie, située à l'ouest du Palais, je découvris encore, dans des terres rapportées, des fragments de tuiles et de stucs peints dont les couleurs avaient conservé un éclat assez vif; enfin les ouvriers mirent à découvert une cachette formée par cinq briques romaines, et ayant pour couvercle une feuille d'argent très mince et toute bosselée; cette cachette renfermait 700 médailles grand-bronze de Galba, Vespasien, Titus, Domitien, Nerva, Trajan, Hadrien, Sabine, Ælius César, Antonin le Pieux, Faustine I, Vérus, Lucille, Commode, Crispine, Didia-Clara, Septime-Sévère, Julia Domna, Albin, Mæsa, Soæmias, Marc-Aurèle, Faustine II, Alexandre-Sévère, Mamée.

A LA ROINE REGENTE,
Sur le Mercure trouué en ses Iardins de Luxembourg.

L'œuure immortel et les riches façons
De vos Palais naissent sous bon augure,
Desseins des Dieux, puis-que desia Mercuré
La bource en main, vient payer les maçons.
L. D. S. Marthe.
(Au Musée du Louvre.)

« Dans le même dépôt se trouvaient aussi 200 petites médailles en argent qui avaient été probablement enveloppées de toile, car l'on apercevait encore sur l'oxyde, au moment où elles furent trouvées, des fragments d'un assez beau tissu presque consumé par le temps, et qui cependant avait conservé sa blancheur ; elles sont d'Auguste, Trajan, Hadrien, Antonin le Pieux, Septime-Sévère, Julia Domna, Caracalla, Géta, Plautille, Macrin, Elagabale, Alexandre-Sévère, Mamée, Maximin, Mæsa, Sœmias, Gordien, Philippe père, Otacilie, Trajan Dèce, Etruscille, Trebonien Galle et Volusien. »

En 1867, dans le jardin, on mit au jour une autre cachette contenant 66 pièces, — des grands et moyens bronzes d'Hadrien, d'Antonin, des deux Faustine et de Marc-Aurèle. Plusieurs de ces pièces sont exposées au musée Carnavalet.

Le trésor de la maison située à l'angle de la rue de Médicis et du boulevard Saint-Michel était autrement important. Il fut découvert le 29 juin 1860, dans les fouilles faites pour la construction de l'immeuble bâti sur l'emplacement de l'ancien collège du Mans.

A 4 m. 50 de profondeur, on trouva 1.600 *aurei* dont M. Poey d'Avant, qui était parvenu à les voir presque en totalité, fixe la valeur à 30.000 francs (1).

STATUETTE DE MERCURE TROUVÉE EN 1867
(Musée Carnavalet.)

Les huit dixièmes étaient à l'effigie de Néron, généralement frustes. Il y avait aussi des pièces de Hirtius et de divers empereurs, jusqu'à Commode et Crispine.

---

(1) *Revue num.*, 1860, p. 311-344. — R. Mowat, *Trésor de Monaco*, 1880. — *Mémoires de la Société des Antiquaires de France*, t. XL, 1879, p. 164. — Blanchet, *Les Trésors de monnaies romaines*, p. 182.

Le partage, raconte Vacquer (1) s'en effectua entre 29 individus, dont deux charretiers dont on voulait obtenir le silence. L'ouvrier, nommé Didier, qui avait trouvé la cachette, resté seul sur le chantier pendant l'heure du repas du matin, en avait, avant tout partage, emporté tout ce dont il avait pu se charger. Ce qui ne l'empêcha pas de participer à l'ultième répartition.

M. Rollin, marchand d'antiquités, en acheta un grand nombre. Un Titus fut vendu à Adolphe Berty. Beaucoup furent fondues.

Il nous reste à parler d'exhumations d'un autre ordre, celles des objets jetés avec des gravois, des immondices et des ordures ménagères sur des dépôts nivelés ou traversés par des travaux de terrassement. Constitués d'abord hors du Paris naissant, puis englobés dans son enceinte par l'établissement du mur de défense, ils jalonnaient en quelque sorte celui-ci. On les appelait des *buttes*. Butte des Moulins, butte Saint-Roch, butte des Coupeaux, rue de la Butte. Ils s'élevaient souvent assez haut, quelquefois plus haut que le rempart. Aussi, en 1512 avait-on décidé de les niveler et d'interdire leur reconstitution.

On porta gravois, ordures, immondices, hors les murs, aux abords des portes, sur le rebord du fossé. Le quartier du Luxembourg eut sa part dans cette distribution quotidienne des voisins de la porte Saint-Michel et lors de tranchées faites en 1854 dans la cour d'honneur du Palais, pour l'écoulement des eaux, puis en 1903 pour la pose d'une canalisation principale, comportant le tout-à-l'égout, de l'ancien perron de Brosse à la rue de Tournon, on rencontra, la voirie des XVe et XVIe siècles, comme on avait dû la rencontrer en 1615 en creusant les fondations du Palais.

La coupe du terrain donnait, dans la tranchée, les cotes suivantes sensiblement les mêmes en 1854 : remblai de carrière, 0,70 ; forme en sable de rivière, 0,20 ; couche de terre végétale, 0,60 ; remblais et débris, 2,50 ; sol résistant ensuite, formé de sable et de marne.

Le niveau du sol, avant la voirie, était donc à 4 mètres au-dessous du niveau actuel de la cour d'honneur et on peut calculer, avec cette donnée, jusqu'à quel point de la rue de Tournon, en descendant, elle s'étendait.

La couche fort mince de terre végétale rencontrée à 0,90 de pro-

---

(1) Dans une note du dossier concernant le Trésor trouvé en 1867 (770 pièces représentant 36.585 francs), dans les fouilles du lycée Napoléon, aujourd'hui Henri IV.

— 37 —

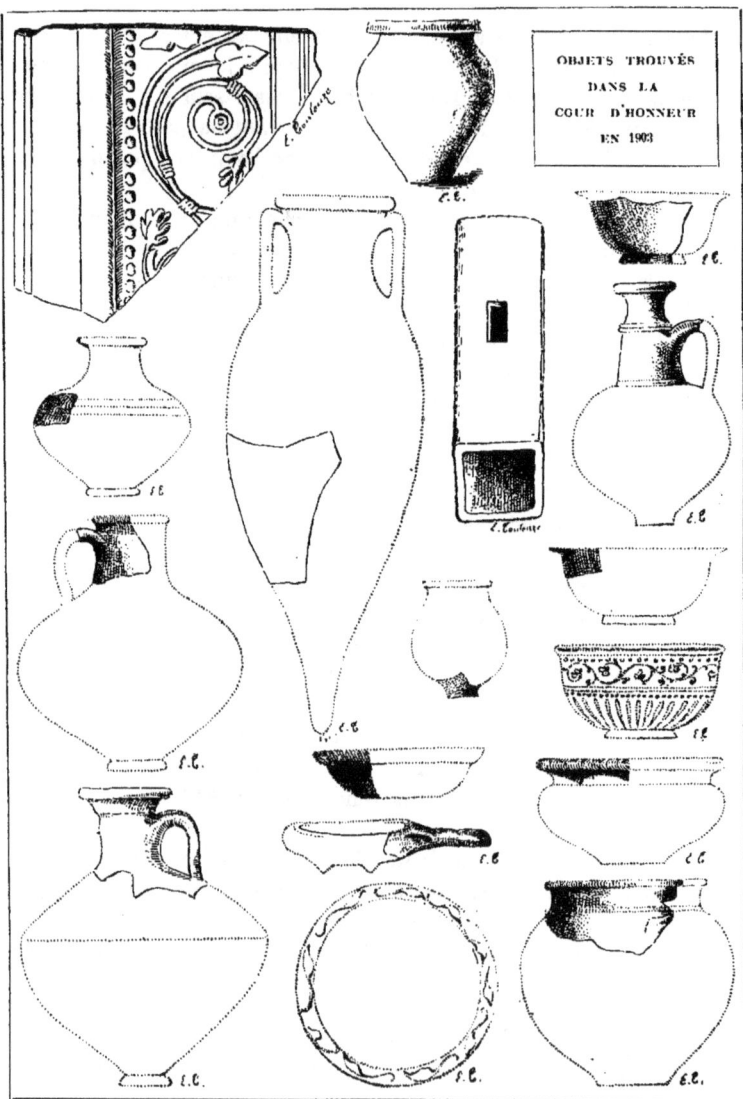

Fragment de Poterie rouge. — *Cortina* de petite dimension. — Fragment de vase à couverte noire. — Fragment d'amphore. — Brique creuse servant de conduit de chaleur pour les hypocaustes. — *Calix* de forme circulaire. — Goulot d'*urna* à long col. — Partie supérieure d'*urna*. — Fragment d'ustensile de cuisine en poterie noire. — Fragment de *catinam* à couverte gris-bleu. — *Patina* décorée de rinceaux. — Goulot d'*urna*. — Ustensile de cuisine. — Bord de *catinum*. — Coupe de forme circulaire (*calix*). — Bord de *cortina* en terre rouge-brique.

fondeur, constituait le niveau des jardins en bordure de la rue de Vaugirard vers le milieu du xvi° siècle, c'est-à-dire à l'époque où commencèrent à s'y élever des maisons. Elle avait été formée sur le remblai pour la culture de la vigne qui était, avant, la culture générale de la région.

Les objets trouvés dans le remblai n'offrent aucun intérêt artistique et n'apportent d'autre élément à l'histoire topographique de l'endroit que celui que nous avons indiqué tout à l'heure. Ce sont des ossements d'animaux, des débris de poterie commune rouge et noire, un vase en terre noire, un tube quadrangulaire en poterie grossière percé de deux trous, des goulots et anses de vases, quelques débris de poterie fine, avec ornementation florale et géométrique, dont une porte une estampille (1).

LARAIRE TROUVÉ EN 1866
(Musée Carnavalet.)

Que sont devenus tous ces vestiges des premiers occupants de notre îlot du Luxembourg? Notre enquête n'a pu élucider d'une façon complète le problème.

On n'en rencontre aucun au Cabinet des médailles de la Bibliothèque nationale où nous espérions retrouver une partie du Trésor monétaire de l'Orangerie (1838), ni au musée de Saint-Germain (pierres et poteries gallo-romaines).

Le Louvre a gardé le Mercure de 1614; Carnavalet celui de 1862. Carnavalet possède encore une partie du Trésor monétaire de 1867, un

---

(1) Sous ce titre : *Au palais du Luxembourg, quelques témoins des âges antiques*, M. Eug. Toulouze a publié une étude explicative avec figures de ces divers débris, conservés par la Société historique du VI° arrondissement.

Voir du même auteur dans la *Revue archéologique*, année 1890, p. 351, une curieuse étude avec figures sur la *découverte d'une voirie romaine*, rue Gay-Lussac, à la rencontre de la rue Royer-Collard.

laraire en pierre trouvé dans le jardin en 1866, un fragment de tuile avec empreinte de patte d'animal, et diverses poteries fines à couverte rouge lustrée, qui ont fait partie d'une collection de M. le Dr Eug. Robert (1), et figuré à l'Exposition universelle de 1867, comme provenant du jardin et trouvées très probablement en 1862. Adrien de Longpérier les a identifiées dans son *Histoire du travail* (2). Elles ont été données par M. Robert lui-même au musée Carnavalet avec d'autres, de la même provenance, identifiées par M. Robert Mowat (3).

Enfin, au Musée céramique de Sèvres, figurent les fragments de vases romains trouvés en 1836 par M. de Gisors et par lui donnés à la Manufacture.

L'ensemble de ces découvertes jette quelque lumière sur la destination lointaine du terrain où elles ont été faites. Mais nous n'y trouvons aucune preuve bien concluante d'une affectation militaire déterminée.

Il se peut qu'au temps de la conquête romaine, les légions aient campé provisoirement dans le Luxembourg. Mais rien ne prouve de manière certaine l'existence en ce même lieu d'un casernement général des forces militaires qui protégeaient Lutèce au IVe siècle.

FRAGMENT DE TUILE AVEC EMPREINTE DE PATTE D'ANIMAL

Ancienne collection du Dr Eug. Robert (Musée Carnavalet).

---

(1) Le Dr Louis-Eugène Robert, était né à Meudon le 6 décembre 1806. Il avait fait divers voyages scientifiques dans l'Amérique centrale, en Islande, au Groenland, en Scandinavie et en Laponie comme attaché à la mission Tréhouard. On lui doit d'importants travaux sur les monuments primitifs des Celtes et des Gaulois, sur les poteries gallo-romaines. Il possédait une riche collection.

(2) Page 74, n° 1039.

(3) *Remarques sur les inscriptions antiques de Paris*, in-8°, 1883, p. 73 à 77.

Tout au plus la présence sur le sol contemporain d'objets d'équipement et de harnachement militaires autoriserait-elle à admettre qu'il y eut, sur cet emplacement, un champ de manœuvres servant en même temps, comme le Champ de Mars à Rome, de lieu de réunion pour les assemblées populaires. Ce champ de manœuvres se serait alors développé, dans la direction de l'ouest, à partir des jardins qui encadraient les villas gallo-romaines en bordure de la voie inférieure de Vanves à la Seine (boulevard Saint-Michel), et entre les rues actuelles de Vaugirard et Auguste-Comte. Si l'on concède que la mosaïque trouvée près du bassin central, au temps de Grivaud, formait l'aire du tribunal de Julien, on se rendra compte de la position de cette sorte d'estrade du haut de laquelle ce dernier haranguait à l'occasion l'armée et le peuple.

On pourrait dire, au cas où cette hypothèse correspondrait aux réalités, que cet emplacement est prédestiné.

Une fête triomphale y fut organisée en l'honneur de la Grande Armée.

Les Alliés y campèrent.

La garde nationale s'y exerça.

On y revit des campements aux sombres jours du Siège de 1870-71.

Aujourd'hui la Garde Républicaine y manœuvre sans songer que le sol qu'elle foule conserve encore mille témoins du haut degré de civilisation d'un peuple dont Rome avait apprécié la bravoure, l'endurance et le clair génie.

CHAPITRE II

Du V° siècle à la fin du XVI°. — Les seigneurs ecclésiastiques.

LES INVASIONS. — LA CULTURE DE LA VIGNE ET DU FIGUIER. — LE VIN DU CLOS DE L'HOTEL-DIEU AU QUINZIÈME SIÈCLE. — LE CLOS VIGNERAY. — LE MANOIR DE VAUVERT. — LES CHARTREUX. — LES SEIGNEURS ECCLÉSIASTIQUES ET LEURS ACCENSEMENTS. — LA GRANDE CONFRÉRIE DE NOTRE-DAME AUX PRÊTRES ET BOURGEOIS DE PARIS. — LE BORNAGE DU 17 NOVEMBRE 1616. — CONTESTATIONS ENTRE LES ABBAYES DE SAINT-GERMAIN-DES-PRÉS ET DE SAINTE-GENEVIÈVE. — TRANSACTION DE 1691. — TRANSACTION DE 1700 AVEC LE CHAPITRE DE SAINT-BENOIT. — RÈGLEMENT DES DROITS ARRIÉRÉS ET DES INDEMNITÉS POUR SUPPRESSION DES DIRECTES. — LA CENSIVE DU CHAPITRE DE NOTRE-DAME DE PARIS.

A L'ÉPOQUE des invasions l'îlot du Luxembourg ne fut pas épargné. Les villas que les Gallo-Romains y avaient construites furent pillées, incendiées. Les ruines s'amoncelèrent et à la villégiature, puis à la friche, succéda la culture.

Ce fut spécialement, et pendant des siècles, la culture de la vigne qui prévalut, avec celle tout à fait accessoire du figuier. Julien, dans son *Misopogon* spécifie qu'on avait pris les précautions nécessaires pour garantir ce dernier contre la gelée. « L'hiver, dit-il dans le passage qu'il consacre à Lutèce, n'y est pas rude, ce que ses habitants attribuent à l'Océan dont ils ne sont qu'à neuf cents stades, et qui peut envoyer jusque-là des exhalaisons propres à tempérer le climat... Ils ont de bonnes vignes et des figuiers même, depuis qu'on prend soin de les revêtir de paille et de ce qui peut garantir les arbres des injures de l'air » (1).

---

(1) La figue était fort appréciée de Julien. Il la considérait comme « le plus doux assortiment des délectables festins ». Il lui a consacré une lettre entière, qu'il écrivait

La culture de la vigne se développa. Elle devint une source de richesse en raison du prix assez élevé du vin, qui était au moyen âge la boisson courante des Français (1). Quand la récolte manqua, quand on ne put vendanger, on le nota comme un désastre local.

C'est ce qui advint en 1410, lorsque les Armagnacs bloquaient la porte Saint-Michel. « Ceux de devers Berry, lisons-nous dans le *Journal d'un bourgeois de Paris* (2) tindrent si court ceulx de devers Paris, par devers la porte Saint-Michel, que les vignes demeurèrent à vendanger et les semailles. »

Et cependant le vin récolté à Paris, spécialement celui de notre îlot, n'était pas bon. Le raisin n'arrivait qu'à une maturité imparfaite. Il contenait peu de sucre ; sa fermentation était vite terminée. Comme les bouteilles coûtaient fort cher, on le prenait au tonneau et il devenait rapidement acide et malodorant. Nous le savons de façon pertinente par un mémoire des administrateurs de l'Hôtel-Dieu de Paris, écrit dans la première partie du quinzième siècle, sur le rendement du vignoble par lui possédé en bordure de la rue d'Enfer (3).

Ce vignoble, d'un hectare et demi, souffrait périodiquement de la gelée. « Les vignes, dit ce mémoire, sont merveilleusement sujéttes à la gelée. Car il ne s'est venu si peu de gellée en la saison des bourgeons qu'elles nen soient ateintes. » Cinq fois de suite elles avaient été attaquées : en 1423, 1427, 1428, 1429 et le 14 mai 1430.

D'autre part, elles produisaient peu. En 1432, l'année où le vin fut supérieur partout et où le clos de l'Hôtel-Dieu fit sa plus belle récolte, elles fournirent 72 hectolitres. En 1423, elles ne produisirent que dix hectolitres, en 1427 et 1428 vingt; en 1429, seize et en 1430 six !

Si encore le vin de ce clos avait été bon ! Mais c'était de la piquette. Il était plus que léger et ne se gardait pas. On lui trouvait « moult

---

de Damas à Sarapion, accompagnant la description des variétés du fruit de détails sur la manière de soigner et de multiplier l'arbre. Il y dit, entre autres choses, que le figuier ne « peut croître autre part que dans sa contrée ». On s'explique que, plus tard, résidant à Lutèce, il y note, comme une chose exceptionnelle, l'acclimatation du figuier.

Il existe encore dans le 4e arrondissement, quartier de l'Hôtel-de-Ville, une *rue du Figuier*, dont il est fait mention avant le treizième siècle. Elle devait son nom à un figuier célèbre que les habitants soignaient et qui ne fut abattu qu'en 1605, parce qu'il gênait la circulation.

(1) D'après M. G. d'Avenel (*Histoire économique de la Propriété, des Salaires, des Denrées*..... T. II), le prix du vin de l'Ile de France, à Paris, a varié de 6 fr. 08 l'hectolitre en 1202, à 21 francs (1317), 54 fr. 85 (1359), 40 francs (1594), 37 francs (1606).

(2) Ed. TUETEY, p. 8.

(3) ARCHIVES DE L'ASSISTANCE PUBLIQUE, *Hôtel-Dieu*, Layette 76, liasse 432, n° 2065 de l'inventaire. Voir aux *Pièces justificatives*.

estrange gout ». Lorsqu'il était trop longtemps en vidange, il devenait « puant et le failloit tantôst boire et despenser. »

C'était du reste une loi commune pour tous les vins de Paris. Leur consommation immédiate et sur place s'imposait et c'est ce qui explique pourquoi, à cette époque, le vin nouveau s'y vendait plus cher que l'ancien.

La conséquence, c'est que le vin du clos de l'Hôtel-Dieu se vendait fort mal. « Où une queue de vin (1) commun vauldra X ou XII sols, le vin desdites vignes ne sera pas prisé VI. »

« Et nest pas merveille, ajoutent mélancoliquement les auteurs du mémoire, car lesdites vignes sont sur les fossez de Paris. Ny a que le chemin entre deux où na que gravois qui ne pourroient pas apporter moult bon vin. »

Cependant on avait tout tenté pour améliorer le vignoble. On l'avait fait « labourer et cultiver de toutes façons et en saison » comme l'Hôtel-Dieu l'avait fait pour ses « meilleurs héritaiges ».

L'îlot du Luxembourg avait déjà, à cette époque, reçu son nom de cette culture de la vigne. On l'appelait le *clos Vigneray*. Plus tard, avec les partages, les morcellements, on distingua, dans le clos *Vigneray*, les parties distraites, par les noms des nouveaux propriétaires. Il y eut à l'est le clos de l'Hôtel-Dieu et le Clos-aux-Bourgeois, au nord-ouest, sur la rue de Vaugirard, le clos Saint-Sulpice. De l'autre côté de la rue de Vaugirard, entre la rue de Tournon et la route de Vanves à la Seine, était le clos Bruneau.

Au onzième siècle, une construction s'éleva au midi de l'îlot. Le roi Robert-le-Pieux (996-1031) qui l'édifia, en fit une maison de plaisance. On l'appela le château de *Vauvert*, à raison de la vallée de verdure qui l'entourait, *Vallis viridis*. Les successeurs de Robert la négligèrent. Des malandrins s'y installèrent. Pour s'en assurer la tranquille possession, ils semèrent la terreur dans le quartier en y organisant de diaboliques charivaris et en répandant le bruit qu'elle était hantée. La chronique amplifia. On ne se risqua plus à aller au *Diable Vauvert* et la langue s'enrichit, grâce aux procédés de ces apaches, d'une nouvelle locution.

Les Chartreux, que saint Louis venait d'installer à Gentilly, tirèrent de cette histoire un meilleur parti. Ils persuadèrent au roi qu'ils étaient trop éloignés de la capitale et du centre intellectuel; qu'ils seraient beaucoup mieux au château de Vauvert, et que, par surcroît, ils en

---

(1) La *queue* contenait 402 litres.

chasseraient le Diable. Saint Louis se laissa convaincre. Il leur donna le château en 1257.

La nouvelle colonie religieuse ramena, en l'accroissant, le mouvement de la population parisienne vers Vauvert. Mais bien que le monastère confinât à l'enceinte de Philippe-Auguste (1) on ne commença

LA PORTE SAINT-MICHEL, lithographie de Pernot.

(1) De l'angle de la rue de Vaugirard à sa naissance jusqu'à l'enceinte, il n'y avait que quarante mètres. De cet angle à la porte Gibart ou Saint-Michel, la distance en ligne droite était de quatre-vingt-dix mètres. La rue Monsieur-le-Prince suit la direction de l'enceinte qui se trouvait à sept mètres environ en arrière de son alignement oriental. Les maisons sur ce rang (numéros impairs) furent élevées à la fin du dix-septième siècle sur le rebord du Fossé. De la porte Saint-Michel à la porte Saint-Germain, rue de l'École-de-Médecine, il y avait six tours murales circulaires, indiquées sur les plans de Braun, Du Cerceau, Quesnel, etc., voûtées, crénelées, d'abord sans toiture, communiquant à l'intérieur par d'étroites archères, avec l'allée ou plate-forme du mur. La première de ces tours se trouvait à gauche en allant vers la porte Saint-Germain. D'après Félibien, on l'appelait la Tour de Brique. Elle figure dans le plan de Verniquet (1791). Elle était alors enclavée dans les cuisines du collège d'Harcourt. Suivant la tradition, Pascal y avait composé les *Provinciales*. Elle dut être abattue en 1840 quand on rebâtit le collège, aujourd'hui lycée Saint-Louis. — Voir BONNARDOT, *Dissertations archéologiques sur les anciennes enceintes de Paris*, p. 46 et 47.

Le plan de Quesnel et Vellefaux (1615) reproduit plus haut, la fait figurer en face de la maison du savetier Belliard qui faisait l'angle des rues de Vaugirard et des Francs-Bourgeois. Cette maison porte, dans la rue de Vaugirard, le numéro 1.

guère à y élever des constructions qu'au seizième siècle, lorsque les places à bâtir à l'intérieur des murailles se firent rares et que la sécurité fut relativement assurée dans les faubourgs. L'arpentage du domaine rural de l'abbaye de Saint-Germain-des-Prés, qui s'étendait jusqu'à notre îlot, fait en 1529, par Jean Lecuyer, arpenteur juré du Roi, ne nous apprend rien à cet égard dans les dixième, onzième, douzième et treizième triages, qui se réfèrent plus particulièrement à notre région. Mais nous constatons par les registres d'ensaisinement de l'abbaye de Sainte-Geneviève qu'à dater de cette époque, les terrains libres de l'îlot du Luxembourg font l'objet de spéculations très actives. Jean Daveau, Etienne Férou, Jean Dilbec, Michel Rimbault achètent des terrains qu'ils lotissent ensuite, en imposant aux acquéreurs l'obligation d'y construire dans l'année et cette obligation, les vendeurs la veulent rigoureuse. On retrouve dans les mutations foncières, analysées dans ces registres, mention de clauses imposant aux acquéreurs de seconde main l'achèvement des maisons commencées et interrompues faute de fonds.

Le résultat de cette fièvre immobilière apparait dans le plan de Truschet et Hoyau, publié vers 1552. De l'entrée des Chartreux, sur la rue d'Enfer, à la naissance de la rue de Vaugirard, sur les Fossés, on ne compte pas moins de 14 constructions. Rue de Vaugirard, jusqu'à la rue Notre-Dame-des-Champs, on en compte 23.

C'est le résultat de l'exode qui a suivi, sous François Ier, l'ouverture de la porte de Buci et que Corrozet (1) résume en ces termes : « A cette occasion les grands Seigneurs, mesme ceux de la justice, et les Bourgeois, firent bastir hors d'icelle porte, et en tout le fauxbourg Saint-Germain de prez, grand nombre de beaux hostels et riches maisons : et non seulement en ce lieu, mais ès fauxbourgs Sainct-Victor, depuis Copeaux jusques à Sainct-Marceau et fauxbourg S. Jacques et Sainct-Michel : tellement qu'ils sont augmentez de moitié. »

L'édit de 1548 (2) par lequel Henri II interdisait de bâtir dans les faubourgs, dont certaines maisons servaient de « retraites à gens mal vivans, taverniers, jeux et bourdeaux », qui consommaient « la ruine de grand nombre de jeunes gens » n'eut pas d'effet immédiat sur notre îlot, dont la vogue alla s'augmentant.

Les abbayes dont relève son territoire aidaient d'ailleurs au dévelop-

---

(1) Édit de 1550, p. 163. Dans l'édition de 1586, p. 161, on retrouve la même indication et dans les mêmes termes.
(2) ISAMBERT, *Recueil des anciennes lois françaises*, t. XIII, p. 63-65.

pement du nouveau quartier en facilitant des accensements dont les premiers paraissent remonter au milieu du quatorzième siècle.

Nous nous trouvons ainsi amené à parler des seigneurs qui avaient la directe seigneurie (1) sur l'îlot et y percevaient en conséquence des redevances.

Ils étaient au nombre de six : les abbayes de Saint-Germain-des-Prés et de Sainte-Geneviève, les chapitres de Saint-Benoît et de Notre-Dame de Paris, l'Hôtel-Dieu et la Grande Confrérie aux Prêtres et Bourgeois de Paris.

La délimitation de leurs censives respectives était assez confuse et cette incertitude sur leurs limites dans l'îlot donna naissance à des contestations qui ne se terminèrent qu'au dix-septième siècle, par des arrêts et des transactions suivis de bornages dont nous devons dire ici quelques mots, bien qu'ils soient postérieurs à la date à laquelle s'applique notre description.

Le premier de ces bornages fut opéré en 1616, par la Grande Confrérie aux Bourgeois, à la suite d'une instance engagée dès 1611 contre Saint-Germain-des-Prés (2).

La Grande Confrérie Notre-Dame aux Prêtres et Bourgeois de la ville de Paris, prétendait avoir été instituée par Saint-Denis, à la fin du deuxième siècle. Elle constituait l'une des plus célèbres associations religieuses de la capitale (3). Elle avait pour but d'assurer à chacun de ses

---

(1) Pour préciser l'état des choses dont il est ici question, il y a lieu de rappeler qu'à cette époque, les immeubles se divisaient, par rapport à la manière dont ils étaient tenus, en *féodaux*, *censuels* et *allodiaux*.

Les immeubles féodaux ou *fiefs* étaient ceux qui étaient tenus à la charge de la foi et hommage.

Les *allodiaux* ou franc-aleux étaient ceux qui n'étaient d'aucun seigneur.

Les *censuels* étaient ceux qui étaient tenus à la charge d'une redevance pécuniaire, en reconnaissance de la seigneurie du seigneur de qui ils étaient tenus.

Le contrat de bail à cens était un contrat par lequel le propriétaire d'un héritage ou d'un autre droit immobilier l'aliénait, sous la réserve qu'il faisait de la seigneurie directe, et d'une redevance annuelle en argent ou en fruits, qui devait lui être payée par le preneur ou ses successeurs, en reconnaissance de ladite seigneurie. Cette redevance annuelle s'appelait *cens*.

L'héritage chargé de cette redevance, à la charge de laquelle il avait été concédé, s'appelait un héritage *censuel*.

Le possesseur de cet héritage s'appelait *censitaire*.

Celui à qui était due cette redevance recognitive de la seigneurie directe qui était par devers lui, était appelé le *seigneur de censive*.

Enfin on appelait *censive* le droit de seigneurie directe qu'avait le seigneur sur les héritages donnés à titre de cens. La *censive* désignait l'ensemble du territoire sur lequel le cens était dû à un même seigneur.

(2) Archives Nationales. — Q¹ 1291-2.

(3) Voir du Breul, *Théâtre des antiquitez de Paris*, p. 105. — Le Maire, *Paris ancien et nouveau*, t. II, p. 78. — Sauval, *Antiquités de la ville de Paris*, t. II, p. 495. — Piganiol de la

membres un secours matériel et spirituel. Composée de cent soixante-trois personnes, cinquante prêtres et cinquante bourgeois nés à Paris, sept prêtres et six bourgeois nés à Saint-Denis et cinquante femmes, elle était gouvernée par six membres élus : un abbé, un doyen, un prévôt, un greffier, un receveur et un clerc. De Philippe-Auguste à Louis XV, tous les rois, toutes les reines en firent partie. Les personnages les plus importants tenaient à y figurer à côté des curés de Paris, qui étaient, au fond, l'âme de l'association. Il faut citer parmi ses membres les plus connus, Simon de Bucy, premier président du Parlement (1360), Claude de Corbie, chancelier de France (1392), Charles d'Albret, Jean Gerson (1402), Louis Séguier, conseiller au Parlement (1413), Guillaume, évêque de Paris (1466), Jean de Dormans, évêque de Beauvais (1528), Michel de l'Hôpital (1538), de Thou, premier président au Parlement (1567), François Miron (1600). En 1613, le doyen était Chrétien de Lamoignon, président à mortier; l'abbé était Jean-François de Gondy, archevêque de Paris.

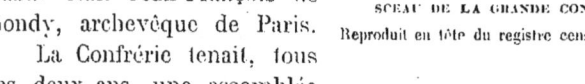

SCEAU DE LA GRANDE CONFRÉRIE
Reproduit en tête du registre censier de 1757.
S. 887.

La Confrérie tenait, tous les deux ans, une assemblée générale, suivie d'un banquet. « L'ordonnance de ce repas, dit Leroux de Lincy, était ingénieusement disposée de manière à ce que la plus grande part put revenir aux pauvres de la capitale. Il y avait six tables : celle du haut bout où étaient assis les grands seigneurs, comme archevêques ou abbés, ducs ou comtes, bourgeois appartenant à une cour souve-

---

FORCE, *Description de la ville de Paris*, t. I, p. 505. — LEBEUF, *Histoire de la Ville et de tout le Diocèse de Paris*, t. I, p. 348 (édition de 1754). — *Mercure de France*, année 1728, p. 1886. — *Société des Antiquaires de France*, t. XVII, p. 200. Notice par LEROUX DE LINCY. — *Mémoires de la Société de l'Histoire de Paris*, t. XXXII, p. 1-88. Documents nouveaux sur la Grande Confrérie Notre-Dame aux Prêtres et Bourgeois de Paris, par H. OMONT. — ARCHIVES NATIONALES. S. 855-888. — Enfin on trouvera au MUSÉE DE CLUNY, dans la série 7.534, le méreau ou jeton de présence de la Grande Confrérie.

raine ; celles de droite et de gauche qui étaient destinées aux autres confrères ; une quatrième, plus petite, destinée aux aumôniers, afin qu'ils pussent vaquer à leurs fonctions ; une cinquième au bas bout de la salle réservée aux confrères de Saint-Denis, et enfin une sixième placée au milieu, sans sièges, sur laquelle on déposait une part de tous les mets qui, servis soi-disant aux confrères morts pendant les deux années, étaient distribués aux pauvres avec tous les restes du repas... »

Un « confrère » était-il gravement malade ? Le doyen, prévenu par le curé de la paroisse se rendait chez lui accompagné du plus grand nombre de frères possible. Si le malade était pauvre, la Confrérie fournissait ce qui lui était nécessaire. Avis de la maladie était donné aux adhérents qui se réunissaient le lendemain en l'église de la Madeleine (1), où une messe solennelle était chantée. Le malade venait-il à succomber ? Le clerc prévenait chaque membre à son domicile et, le jour des obsèques, accompagnait le corps jusqu'au cimetière, un cierge à la main. Quelques jours après, un service solennel était célébré en la même église.

Lorsqu'une vacance se produisait, il y était pourvu par voie d'élection au second degré. Tous les frères étaient assemblés à la Madeleine ou au Palais. L'abbé choisissait un électeur parmi les laïques ; le doyen, un autre parmi les prêtres ; les laïques un troisième parmi les prêtres et ces derniers un quatrième parmi les bourgeois. Ces quatre électeurs s'appelaient *Miseurs*. Ils recevaient du greffier la liste des candidats et procédaient au choix des nouveaux membres.

Fondée pour soulager et défendre les bourgeois de Paris, la Grande Confrérie fut parfois mêlée aux événements politiques. En 1306, elle fut avec le peuple contre Philippe le Bel, qui avait affaibli le titre des monnaies. Nombre de confrères prirent, en 1358, le parti d'Étienne Marcel. En 1403, ils cherchèrent à mettre leurs propriétés en sûreté. Ils obtinrent du roi qu'elles fussent sous sa protection et que, sur toutes, fussent placés des pennonceaux ou bâtons royaux. Leur censive s'étendait de la rue de la Harpe à la rue de Vaugirard. Ils durent en abandonner une partie pour l'établissement de l'enceinte. Ce qui leur restait, un peu plus de deux hectares, occupait une partie de la place actuelle de l'Odéon et du Jardin du Luxembourg, de la rue de Condé au boulevard Saint-Michel. Ils possédaient des maisons à la Grève, rue de la Cossonnerie, des rentes qui, au dix-huitième siècle, atteignaient 25,000 livres.

---

(1) Cette église était située dans l'île Notre-Dame, au coin de la rue de la Juiverie et des Marmousets. Elle fut supprimée par l'Assemblée Constituante le 11 février 1791. Elle était le siège de la Confrérie.

A la suite de contestations avec Saint-Germain-des-Prés sur l'étendue de sa censive, la Grande Confrérie plaida devant le Grand Conseil (1). Un arrêt du 30 septembre 1611 lui adjugea les directe seigneurie et censive sur le Clos aux Bourgeois où s'élevaient les maisons que nous décrivons plus loin. Un autre arrêt du 12 septembre 1616, en vue duquel fut dressé le plan de Quesnel et de Vellefaux reproduit plus haut, commit maître Nicolas Guynet, membre du Conseil, au « plantement de bornes ». L'opération eut lieu le 17 novembre suivant et on en trouvera le procès-verbal aux *Pièces justificatives*. Ce que nous en retiendrons ici, c'est que la réunion du personnel requis à cet effet, eut lieu à deux heures, dans une maison construite sur le fossé de la ville, hors la porte Saint-Michel, et occupée par maître Antoine Collot, secrétaire de la Chambre du Roi. Deux heures étant sonnées depuis quelque temps, le procureur de la Confrérie, Fauvre, assisté du prévôt Guyot, du greffier Ruellé, de Collot, du savetier Belliard, qui occupait la maison faisant l'angle des rues de Vaugirard et des Francs-Bourgeois, et enfin d'Antoine Marie, maître maçon, constata que Saint-Germain n'avait pas répondu à la convocation. Il requit défaut contre lui. Ce qui lui fut adjugé. On sortit. On se dirigea vers la porte d'un jardin qui appartenait à Antoine Arnauld (2), et devant laquelle on avait apporté trois bornes en pierre de lied, de sept pieds de long sur un demi de large, sur lesquelles Pierre de France, imagier et graveur, avait taillé les armes de la Confrérie, les lettres G.C. et la date. Antoine Marie, assisté de six « manouvriers », planta la première borne à la limite occidentale du jardin. Pour celle qui, d'après l'arrêt de 1611, devait être plantée à l'extrémité méridionale de ce jardin, on éprouva quelque embarras. L'état des lieux était modifié ; le fond du jardin était enclavé dans le parc de Marie de Médicis ; on ne pouvait y pénétrer. Si on parvenait cependant à la placer, elle pourrait être enlevée. On se contenta de la planter « figurativement » !

La deuxième fut scellée à l'encoignure de la maison du savetier Belliard. La troisième, enfin, fut plantée rue d'Enfer, entre les maisons

---

(1) Le Grand Conseil jugeait toutes les affaires ecclésiastiques et les procès concernant les archevêchés, évêchés, abbayes, hôpitaux et maladreries.

(2) Sur ce jardin, a été construite, au siècle dernier, la maison qui porte aujourd'hui le n° 15, sur la rue de Vaugirard, et le n° 1 rue de Médicis, après le percement de cette dernière rue. Elle remplace le premier hôtel de la Trémoille, qui était contigu au Luxembourg. Cet hôtel fut adjugé le 26 août 1713, à M. Jean-Baptiste de Noyel de Parange, conseiller à la Cour des Aides. En mai 1734, il passa, à titre d'héritier, au fils de ce dernier, capitaine-ingénieur. L'acteur Lekain y demeura et une plaque commémorative de sa résidence fut plus tard apposée sur l'immeuble. (Voir sur ce dernier point le *Bulletin de la Société Historique du VIe Arrondissement*, année 1899, p. 110).

des Vallées et Pajot (1), dont la ligne séparative marquait la limite de la censive de la Confrérie au sud-ouest.

On procéda ensuite à la liquidation des frais.

12 livres furent taxées pour le graveur de France, 44 pour le maître-maçon et ses six manœuvres, ses bornes, son plâtre, ses fouilles et scellements.

Le conseiller Guynet s'octroya six écus et quart. A Fauvre, il n'alloua que 12 livres.

« Ainsi que de raison », la Grande Confrérie en fit l'avance, sauf son recours sur Saint-Germain.

C'était d'ailleurs un fort mauvais plaideur que l'abbé de Saint-Germain. A défaut de titres, — par suite des invasions, ses archives contiennent de fortes lacunes, — il invoquait la tradition contre des abbayes rivales, dont les actes et les registres étaient en meilleur état de conservation. Et il se faisait battre.

Contre l'abbaye de Sainte-Geneviève, il prétendit à la fin du dix-septième siècle avoir de temps immémorial, droit de censive sur le Luxembourg. Sainte-Geneviève résista, compulsa ses titres, ses censiers, ses registres d'ensaisinement et soutint que depuis le quatorzième siècle, elle percevait les droits à chaque mutation foncière intéressant la majeure partie de l'îlot, exception faite, toutefois, du Grand et du Petit-Luxembourg, pour la censive desquels tout était incertitude et confusion.

A la date du 12 juillet 1688, Sainte-Geneviève assigna au Châtelet plusieurs propriétaires, en production de leurs contrats d'acquisition et en paiement de droits arriérés. Une sentence du 15 décembre 1688 lui adjugea ses conclusions.

Saint-Germain-des-Prés s'émut. Il prit fait et cause pour les propriétaires et, par requête du 22 janvier 1689, évoqua l'affaire au Grand Conseil en se fondant sur ce que les propriétés visées relevaient de sa censive. Chacune des parties en présence voulut profiter de l'instance pour trancher la question au regard du Grand et du Petit-Luxembourg. Il y eut échange de mémoires. Mais avant qu'un arrêt intervînt, les abbayes rivales se mirent d'accord sur les termes d'une transaction qui fut signée les 2 et 5 novembre 1691.

Elle plaça le Grand et le Petit-Luxembourg dans la censive des deux abbayes, indivisément et pour moitié, ce qui entraînait pour chacune le droit à la moitié de toutes les redevances dont ce domaine était chargé.

---

(1) Ces deux maisons ont été démolies pour le percement du boulevard Saint-Michel et de la rue de Médicis.

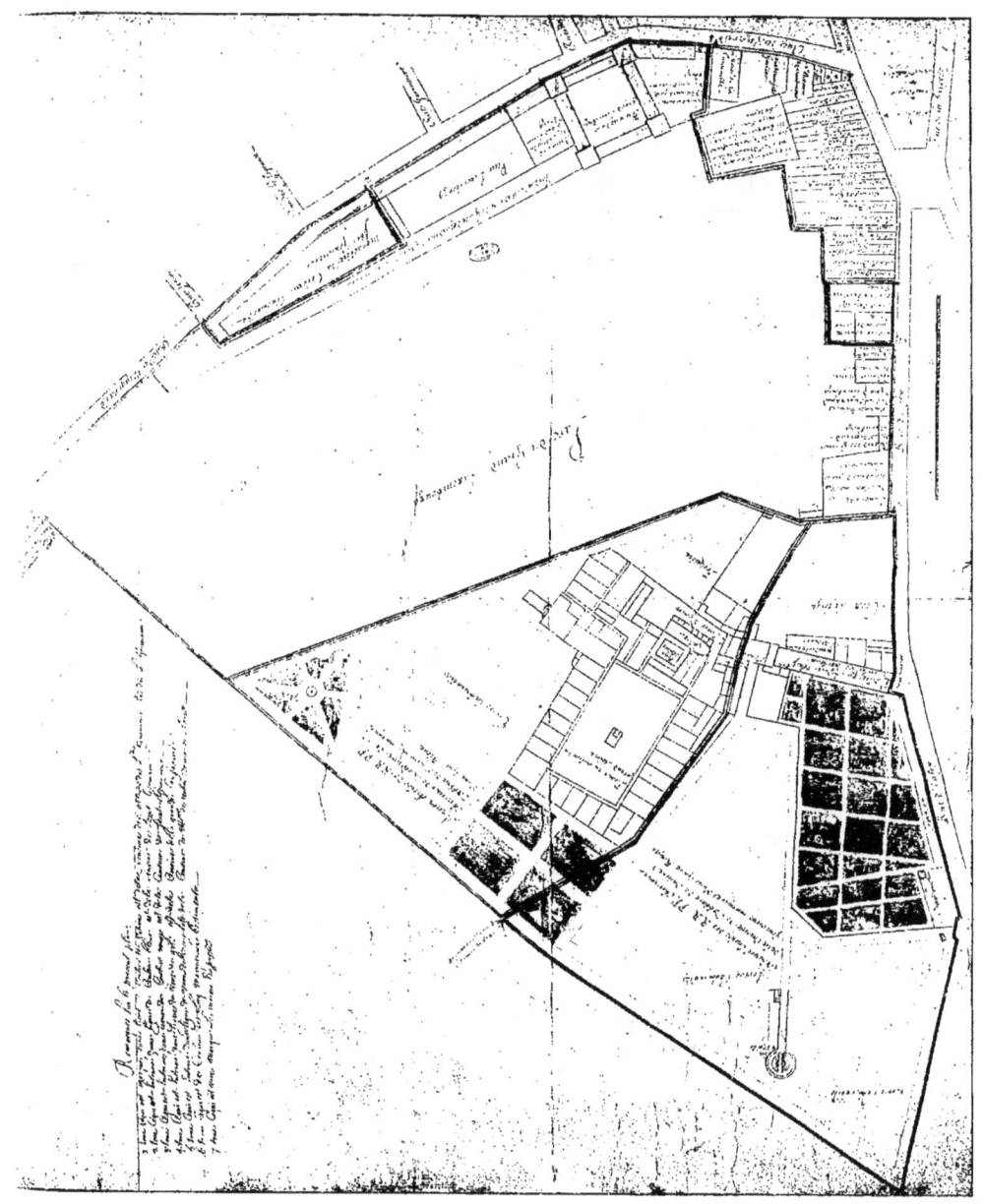

PLAN DE DÉLIMITATION DES CENSIVES DU LUXEMBOURG
Arrêtée par transaction des 2 et 3 novembre 1691.

Le monastère des Filles-du-Calvaire resta, comme précédemment, de la censive exclusive de Sainte-Geneviève.

Les héritages en arrière du Luxembourg et des Chartreux furent placés dans la censive de Saint-Germain, à charge par celui-ci de donner une compensation vers Grenelle à Sainte-Geneviève.

Le monastère des Chartreux fut départagé entre les deux abbayes, seigneurs de censive. L'ancien enclos fut attribué à Saint-Germain et le nouveau, de l'ancien chemin de Vanves à la rue d'Enfer, à Sainte-Geneviève (1).

En exécution de cette transaction, il fut, le 22 novembre 1691, procédé contradictoirement à un bornage.

La première borne, aux armes assemblées des deux abbayes, pour marquer l'indivision de leur censive, fut plantée près celle de la Grande Confrérie aux Bourgeois, à l'angle de l'hôtel de la Trémoille et des écuries de Madame de Guise ; la seconde à la naissance du monastère des Filles-du-Calvaire, avec les armes des deux abbayes sur la face regardant la rue, les armes de Sainte-Geneviève seulement sur la face à droite ; la troisième, à l'extrémité du monastère, aux armes de Sainte-Geneviève à gauche, aux armes des deux abbayes, face à la rue et à droite ; la quatrième, à l'extrémité du jardin du Luxembourg, aux armes des deux abbayes, à gauche et face à la rue ; aux armes de Saint-Germain à droite. Et ainsi de suite.

De la première borne à la seconde, on nota 57 perches ; de la seconde à la troisième, 32 ; et de la troisième à la quatrième, 45 ; soit 134 perches de l'hôtel de la Trémoille à l'extrémité du jardin du Luxembourg, tel qu'il était alors conformé (784 mètres).

Le chapitre de Saint-Benoît, qui percevait quelques droits de cens sur des parcelles de l'îlot, en bordure de la rue de Vaugirard, n'avait pas été mêlé à la querelle qui se terminait ainsi amiablement. Après la transaction de 1691, entre Saint-Germain et Sainte-Geneviève, ses prétentions seigneuriales furent contestées. Mais les circonstances mirent vite, par un accord qu'elles imposaient, un terme au conflit.

Les acquisitions de Marie de Médicis, la dévolution de son palais à ses héritiers, l'édit de février 1674, par lequel le Roi supprimait les justices des seigneurs ecclésiastiques de la prévôté et vicomté de Paris pour les réunir, avec celle du bailliage de Paris, au siège présidial tenu au Châtelet, moyennant une indemnité aux dépossédés (2) ; enfin, la do-

---

(1) La carte dressée à l'époque et que nous reproduisons d'après l'original (ARCHIVES NATIONALES, Seine. M. III. 108), donne une idée très nette de cet arrangement.

(2) ISAMBERT, *Recueil des anciennes lois françaises*, t. XIX, p. 129.

nation du Luxembourg à Louis XIV par la duchesse de Guise (16 mai 1694), avaient créé une situation difficile aux co-seigneurs ecclésiastiques. La Reine ne leur avait payé aucun droit de lods et ventes (1). Ses héritiers et les héritiers de ceux-ci n'en n'avaient pas payé davantage, en dépit des placets adressés à Richelieu, au duc d'Orléans, à sa fille, à Fouquet, à Breteuil, Colbert et Pontchartrain.

D'autre part, il y avait à fixer l'importance de l'indemnité, consentie en principe par Louis XIV, à raison de la suppression des justices.

Et ce n'était pas chose aisée ni négligeable. L'abbaye de Sainte-Geneviève, pour ne parler que d'un des co-seigneurs, avait, dans son bourg, droit de haute, moyenne et basse justice, de maîtrises en toutes sortes de métiers, d'arrivage sur la rivière, étalonnage, mesurage, forage, rouage et chantelage pour les vins qui se consommaient ou circulaient sur son territoire, droit de boucherie, de banalité de four, de voirie, bastardise, deshérence dans le ressort de sa justice, d'aubaine. La justice de Sainte-Geneviève s'étendait dans trente rues de la ville et trente-six des faubourgs. L'office de bailly se donnait à un ancien avocat en la Cour, à la charge de plaider, écrire, consulter dans toutes les affaires de l'abbaye. Il produisait 3.000 livres. M° Issalier fut le dernier titulaire. L'office de lieutenant, donné ordinairement à un procureur au Parlement qui occupait gratuitement pour l'abbaye, produisait 1.500 livres. M° Jean Pioger le conserva jusqu'en 1674. Il en était de même de l'office de procureur fiscal, lequel plaidait dans toutes les causes intéressant l'abbaye, allait aux assises dans les villages, dirigeait la police et assistait aux jurandes des maîtrises de tous les métiers. Le dernier en fonction fut M° Pierre Guyeux, procureur au Châtelet. Le greffe était affermé 500 livres. Le greffier devait délivrer à l'abbaye copie de tous les actes, sentences la concernant, expédier pour la Cour les grosses de tous les procès criminels et aller aux assises des villages.

Sainte-Geneviève évaluait à 7.000 livres environ par an la perte que lui faisait subir la suppression de cet organisme par la réunion de sa justice au Châtelet. Louis XIII, qui voulait retirer la justice et les droits qui en découlaient à l'abbaye, lui avait offert 200.000 livres. Mais l'abbé, le cardinal de La Rochefoucauld, avait décliné ce marché en disant que « cette justice était le plus bel ornement de son abbaye, conservé pendant le règne de tant de Roys et plus de onze cents ans de possession ».

---

(1) Les *lods et ventes* étaient un droit de mutation exigible pour chaque acte translatif de propriété. Il devait être acquitté en argent par tout acquéreur, entre les mains du seigneur dont relevait l'héritage, en considération de la permission — le mot *lods* signifiait agrément, approbation, — que le seigneur donnait à son vassal d'aliéner son bien.

Pour déterminer le chiffre de l'indemnité à payer aux co-seigneurs pour le retrait de leurs directes, il fallait procéder devant le Conseil d'État. Avant d'engager l'affaire, on causa avec le contrôleur général des domaines du Roi. Ravière conseilla aux co-seigneurs de se mettre d'accord entre eux sur l'étendue de leurs droits sur le Luxembourg, de façon à débarrasser le débat de leurs propres compétitions. Saint-Germain et Sainte-Geneviève s'abouchèrent donc avec le chapitre de Saint-Benoît et arrêtèrent entre eux, le 24 mars 1700, les termes d'une transaction réglant ainsi la part de chacun dans la liquidation de leurs droits sur le Luxembourg et de l'indemnité pour la suppression des directes. A Saint-Germain furent attribués deux sixièmes et demi. Sainte-Geneviève en eut autant. Le dernier sixième fut réservé à Saint-Benoît.

Cet accord établi, et en vertu d'une convention dont nous retrouvons la trace dans ses archives (1), Sainte-Geneviève engagea une première instance en paiement des droits arriérés de lods et ventes dus pour les mutations successives du Luxembourg, depuis la première acquisition de Marie de Médicis jusqu'à la prise de possession du palais par Louis XIV en 1697. Par arrêt du 6 octobre 1703, le Conseil d'État lui accorda, pour elle et les co-seigneurs, 12.962 livres 9 sols 5 deniers pour la cession faite par Marie-Louise d'Orléans à la duchesse de Guise de la moitié du Luxembourg (1er mai 1673), et pareille somme pour la donation du palais à Louis XIV en 1694.

Le règlement de l'indemnité pour la suppression des directes dura fort longtemps. Il ne se termina qu'en 1728, par un arrêt du Conseil d'État du 12 juin, qui prit pour base l'estimation faite du palais par Pierre Levé, juré-expert par lui commis et agréé des parties, les 20 et 22 septembre 1700.

Levé avait évalué le Luxembourg à 1.140.000 livres.

La portion dans la directe de la Grande Confrérie figurait dans ce total pour 90.000 livres.

En exécution de l'édit d'avril 1667 (2), portant règlement pour les droits prétendus par les seigneurs sur les biens acquis par le Roi dans leurs mouvances et censives, l'indemnité accordée à chaque co-seigneur fut convertie en soixante annuités la représentant.

Les 7.500 livres attribuées à la Grande Confrérie furent décidées payables en 60 annuités de 125 livres chacune. Les 120.833 livres 6 sols 8 deniers, attribuées à Saint-Germain, Sainte-Geneviève et Saint-

---

(1) Archives Nationales, S. 1513.
(2) Isambert, Recueil des anciennes lois françaises, t. XVIII, p. 181.

Benoît furent converties en 60 annuités de 2.013 livres 17 sols 9 deniers, à partager entre eux, conformément à la transaction du 24 mars 1700.

Ces règlements et ces accords laissaient en dehors un cinquième seigneur ayant droit de justice et censive sur notre îlot : le chapitre de Notre-Dame. Cela tenait à ce que la totalité de son terrain (1), en bordure de la rue d'Enfer, n'avait pas été réuni au Luxembourg. Il y faisait enclave à l'est, entre le parc et la censive de la Grande Confrérie, comme l'indique notre plan. Les chanoines l'avaient acquis de Sainte-Geneviève, en 1224. Ils y avaient planté des vignes. Plus tard, ils y firent construire une maison. Un acte du 28 juin 1571 (2) indique qu'elle était en mauvais état. Le chapitre en avait abandonné la jouissance à l'un de ses prêtres, Dumesnil. Mais son entretien devenant fort onéreux, il la vendit aux enchères. Elle échut à Olivier Gautier (3).

Nous retrouverons plus loin son successeur.

La censive du chapitre de Notre-Dame se trouvait limitée au midi par celle de l'Hôtel-Dieu de Paris qui, depuis le treizième siècle, possédait dans l'îlot du Luxembourg, en bordure de la rue d'Enfer, plusieurs hectares de vignes.

Comment en avait-il été investi ? A quelle date exactement et quelle était son étendue ? Autant de questions auxquelles nous ne pouvons répondre avec quelque précision. Le censier de 1294 (4) ne fait mention d'aucun censitaire dans cette région ; ce qui prouverait que l'Hôtel-Dieu exploitait directement ce qu'il y possédait. Un acte de février 1257 (5), nous fait connaître que partie de ses droits seigneuriaux avaient appartenu à l'abbaye de Saint-Victor. L'Hôtel-Dieu ne manque pas de les exercer et dans la vente d'un arpent et demi de terre qu'il fera le 18 mars 1588 à François de Luxembourg, il stipulera que cette vente est faite à charge par l'acquéreur de lui payer annuellement douze deniers parisis de cens. Le plan tiré des archives de Sainte-Geneviève, que nous avons reproduit page xv, confirme d'ailleurs cette indication en mentionnant, comme dépendant de la censive de l'Hôtel-Dieu, la partie du parc de l'Hôtel de Luxembourg qui aboutit à la rue d'Enfer.

Passons maintenant au parcellaire, en commençant par la rue de Vaugirard.

---

(1) 27 mètres de façade sur 30 environ de profondeur.
(2) Archives Nationales, S. 849.
(3) La justice du chapitre de Notre-Dame s'étendait sur 38 rues. Celle de Saint-Germain, en dehors de son domaine rural, s'exerçait sur 30 rues ; celle de Sainte-Geneviève sur 66.
(4) L. Brièle, *Archives de l'Hôtel-Dieu de Paris*, p. 473.
(5) Archives de l'Assistance Publique, *Hôtel-Dieu*, Layette 76, Liasse 432, n° 2059.

CHAPITRE III

La rue de Vaugirard et les rues adjacentes.

UN BOUT DE LA RUE DE VAUGIRARD, D'APRÈS UN DESSIN DE MARTELLANGE. — LES RUES DU POT-DE-FER, FÉROU, DES FOSSOYEURS ET GARANCIÈRE. — LE MARCHÉ AUX CHEVAUX DU *Pré-Crotté*. — LA RUE DE TOURNON, SES HOTELS, SES HABITANTS EN 1581, LEUR PROTESTATION CONTRE LE PROJET D'EN DIMINUER LA LARGEUR. — LA REQUÊTE AU PARLEMENT DU CARDINAL DE BOURBON. — UN PLAN DE 1581. — L'HOTEL DE GONDI, RUE DE CONDÉ. — CE QU'ON VOIT DE LA CONTRESCARPE.

A rue de Vaugirard, qui limite au nord l'îlot du Luxembourg, commençait, depuis la construction de l'enceinte, à la contrescarpe des fossés. Simple chemin rural, non pavé, elle conduisait au village qu'en 1258 on appelait encore *Valboîtron* et qui, depuis, s'est appelé *Vaugirard*. On l'avait successivement désigné « la rue qui va de la porte d'Enfer à Saint-Sulpice » (1289), le « chemin des Ruelles » (XIV° et XV° siècles), puis « rue de la Verrerie » (XVI° siècle), à raison de l'industrie qui s'y était développée et dont nous parlerons plus loin. Bordée de haies, de murs avec portes s'ouvrant sur les divers clos qui s'y succédaient, elle avait un aspect champêtre que la construction au seizième siècle de maisons peu importantes ne modifia pas sensiblement. Un dessin de Martellange (1), daté de 1634, postérieur

---

(1) BIBL. NAT. *Estampes.* ub. 9a. — Martellange était, au XVII° siècle, l'architecte des jésuites, de leur rentrée à la mort de Louis XIII. Né à Lyon en 1568, du peintre Étienne Martellange, il entra dans l'ordre des jésuites à Avignon en 1590. Il construisit pour eux huit collèges et éleva, à Paris, le Noviciat que l'on aperçoit dans la gravure que nous reproduisons. Il fit, au cours de ses voyages, des croquis réunis en deux volumes qui ont appartenu au duc de Chaulnes, puis à sir Ed. Astle et à M. Hénin, par qui ils arrivèrent, en 1840, à la Bibliothèque Nationale. (Voir CHARVET, *Biographies d'architectes*, Étienne Martellange, 1569-1641, Lyon 1874. — H. BOUCHOT, *Notice sur Martellange* dans la

LA RUE DE VAUGIRARD A L'OUEST, A DROITE, LE NOVICIAT DES JÉSUITES. (Dessin de Martellange, 1634).

par conséquent à la construction du Palais du Luxembourg, à l'établissement des Filles du Calvaire et des Carmes, la montre, dans la partie comprise entre les rues Férou et du Pot-de-Fer (Bonaparte), comme une voie de village, fort étroite, sans trottoirs, courant entre des murailles protégées par des bornes espacées. Les jardins, à droite, étaient mal plantés et encore plus mal entretenus.

Les rues qui venaient y déboucher offraient une physionomie analogue. Celle du Pot-de-Fer était bordée de jardins et de maisons. La rue Férou, qui devait son nom à Étienne Férou, sieur de Frétoiseau, procureur au Parlement, dont nous avons précédemment noté les opérations immobilières dans le quartier, était de date récente. On y voyait l'Hôtel de Plancy et la maison de Jean de Brion, président de la Cour des Aides. Les sinuosités de la rue des Fossoyeurs (Servandoni) disaient assez qu'elle était plus ancienne. Son nom marquait qui l'habitait. Elle menait au cimetière Saint-Sulpice. Des jardins, à droite, faisant suite aux hôtels de la rue de Tournon, des maisons, à gauche, dont deux avaient appartenu à Ambroise Paré, un hôtel, l'hôtel Garancière, caractérisaient la rue de ce nom, qui s'amorçait devant l'entrée de l'hôtel de François de Luxembourg.

La rue de Tournon conduisait à la foire Saint-Germain, qui se tenait sur l'emplacement du marché actuel. Elle avait été ouverte à travers le marché aux chevaux qu'on appelait, à la fin du quinzième siècle, le *Pré-Crotté*, et qui fut supprimé vers le milieu du siècle suivant lorsque le cardinal de Tournon (1489-1562), abbé de Saint-Germain, fit don à Jean Gautier, son tailleur et valet de chambre, de deux hectares de terre contigus au clos Bruneau. Gautier avait, comme Étienne Férou, comme Jean Daveau, comme Dilbec et Michel Rimbault, loti son terrain et imposé aux acquéreurs l'obligation d'y construire dans un délai de deux ans. Aussi les maisons et les hôtels s'y élevèrent rapidement. On y remarquait ceux de Savoie, de Ventadour, d'Entragues et de Pecquigny. Ce dernier était, de tous, le plus fréquenté en 1611, car c'est là qu'habitaient Concini et la Galigaï. Il avait été construit en 1539 par Ambroise Boileau, maître brodeur; vendu à Louis de Lestoille, grand rapporteur de la chancellerie (1543), puis à Mme de Pecquigny (1580) et à Charles du Plessis de Liancourt, qui fut gouverneur de Paris de 1607 à 1617 (1595). La Galigaï, qui désirait un logis à elle, en dehors du Louvre, le prit à loyer. Vers 1607, elle l'acheta 14.000 écus et le fit raser pour reconstruire, sur les plans d'un architecte italien qui était en même temps sculp-

---

Bibliothèque de l'École des Chartes, année 1886, t. LXVII, p. 17 et 208. — Du même, Notice dans le *Bulletin de la Société Historique du VIe arrondissement*, année 1898, p. 31-35.

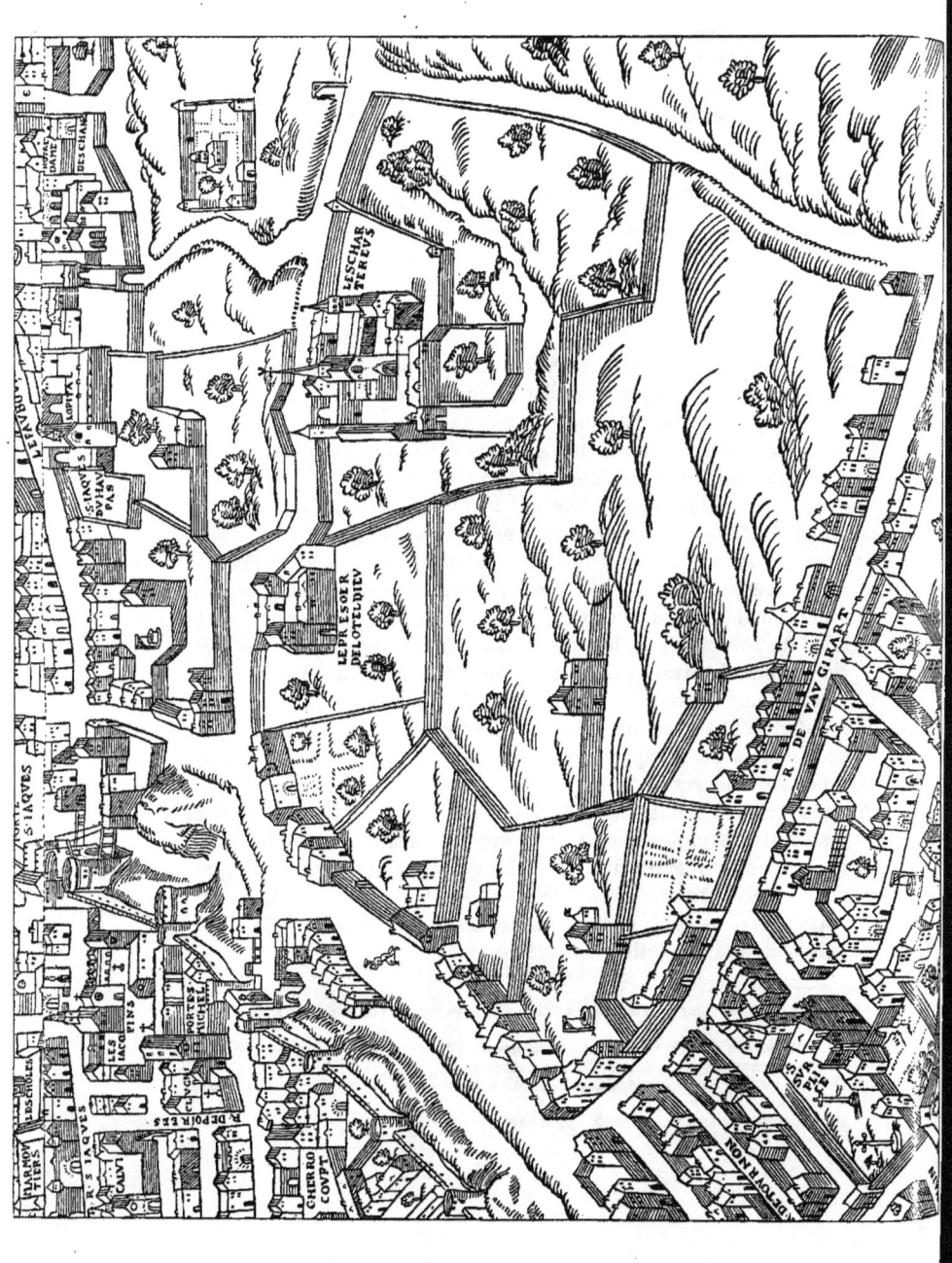

teur, Francesco Bordoni (1), une demeure somptueuse, qu'elle emplit de meubles rares et d'objets précieux. C'est là qu'elle offrait à Marie de Médicis et au roi des dîners, des concerts auxquels elle conviait la duchesse de Guise, la princesse de Conti, le banquier Zamet, sans oublier l'alchimiste Arnauld Marens, qui distillait des parfums dans un local aménagé *ad hoc*. C'est là aussi qu'elle serrait ses bijoux, ses traites et son or. Pillé en 1616, donné par le roi à Charles d'Albert, duc de Luynes, il fut revendu au souverain pour y loger les ambassadeurs extraordinaires. Reconstruit en 1748, par le duc de Nivernais, il appartient aujourd'hui à la Ville de Paris, qui l'a transformé en une caserne pour la Garde Républicaine. (2)

Par en bas, la rue de Tournon avait dix mètres, c'est-à-dire quatre de plus que la moyenne des rues de Paris du moyen âge (3) où la circulation n'était pas intense et où les véhicules étaient légers et peu volumineux. Par en haut, elle mesurait vingt-six mètres. Son alignement à l'ouest était perpendiculaire à la rue de Vaugirard et à celle « pour aller à Saint-Sulpice »; à l'est il s'infléchissait de bas en haut et cette particularité s'explique sans doute par ce fait que le marché aux chevaux, qui se tenait en haut, ne fut supprimé que progressivement à partir de 1538. Le *Pré-Crotté* fut plus fort que la spéculation immobilière et l'espace qu'il ménagea, les riverains entendirent qu'il fût conservé en dépit des revendications tardives du cardinal de Bourbon, qui avait remplacé le cardinal de Tournon à la tête de l'abbaye de Saint-Germain-des-Prés.

Saint-Germain avait fait à la fin du seizième siècle d'assez fortes dépenses. Deux grosses cloches avaient été fondues pour l'abbaye. Pour s'acquitter, l'abbé avait décidé de vendre les places restées inoccupées de son domaine rural. Spécialement rue de Tournon, il se proposait de ramener à dix mètres sa largeur en haut, d'en fixer sur ces bases l'alignement oriental et de réaliser les terrains au delà. Mais les propriétaires protestèrent énergiquement. L'abbé évoqua l'affaire devant le Parlement, avec une requête de juillet 1581 (4) que nous croyons devoir reproduire ici en son entier, parce qu'elle expose très clairement les raisons des parties et nous fait connaître, par les noms des opposants, les habitants intéressés au maintien du *statu quo*.

---

(1) Voir dans les *Cinq cents de Colbert*, 221, f. 279, la déposition de son cuisinier Étienne Chapelet.
(2) Voir dans le *Bulletin de la Société historique du VIe Arrondissement*, année 1899, p. 90-93, l'étude consacrée à cet hôtel par M. Félix Herbet.
(3) Voir dans la *Revue archéologique*, année 1857, 1re partie, p. 257, *Les rues de l'ancien Paris* d'A. Berty.
(4) ARCHIVES NATIONALES, S. 2850. Copie papier.

La voici :

A nosseigneurs de Parlement,

Supplient humblement le cardinal de Bourbon, abbé et les relligieulx et couvent de St-Germain des Prés lez Paris. Comme les-dits suppliant soient (1) et hault justiciers et fonciers de tout ledit bourg St Germain des Prés et à eulx apartient privativement à tous autres de bailler à toutes personnes toutes les places vagues et autres moiennant censives et redebvances et selon qu'il leur est baillé et délivré par le voyer desdits suppliants sans que oncques ils y ayent estez troublés ny empeschés et parce que èsdits faulxbourgs en plusieurs endroictz y a plusieurs places vagues qui méritent estre employées en édifices, jardins et autres choses à la décoration dudit faulxbourg et conséquemment de ceste ville de Paris, pour ces causes ledit sr cardinal, voulant récompenser lesdits relligieux et couvent des grandz fraiz qu'ils ont faictz pour avoir par eulx faict faire deux grosses cloches en ladite abbaye pour l'honneur et révérence de Dieu et des sainctz en ladite église, comme il est notoire à ung chacun auroit permis ausdit suppliant bailler à perpétuité à telz cens et rentes qu'ilz adviseroient toutes les places vagues qui sont à l'entour, dedans la closture de la foyre dudit St Germain et encore celles qui se trouveroient devant les maisons de la rue de Tournon, suyvant lequel don lesdits suppliant ont fait bail aux personnes qui ont héritaiges respondans sur ladite rue de Tournon du costé de main gaulche en montant au chemyn de Vaulgirard lesdites places vagues chacun selon son héberge et qu'ilz tiennent à cens et rentes desdits suppliant qui est tousjours pour l'augmentation biens et proffict de ladite église, toutesfois Dominicle Muraille, consierge de madame la duchesse de Montpensier, Françoise de Warty, dame de Piganni, Léonard de Champregnard, escuier, pour et au nom de dame Loyse de Heluin, dame de Sipierre, Lucresse de Cavalcantz, l'une des dames d'honneur de la royne mère du roy, vefve de feu messire Albisse d'Albeyne, Alexandre d'Albeyne, sieur de l'Espine en Brye, Estienne de la Rivière, argentier de l'escuyrie, Jacques de Combnietz, gentilhome florentin, précepteur de mademoiselle de Vaudemont, Jacques Guyon, sieur de la Tronche, gentilhome servant de ladite royne mère et Françoys de la Robye auroient présenté requête audit sieur cardinal de Bourbon, dysant qu'ilz ont leur maison en ladite grand rue de Tournon dont ilz ont icy mesmes de l'espace, grandeur et largeur de la rue et qu'ilz estoient advertiz que l'on vouloit retrancher et innover ladite rue à l'endroit de leurs maisons et pour ces causes s'auroient requis estre conservés en leur possession et que ladite rue demeureroit en l'estat qu'elle est, laquelle requeste ledit sr cardinal auroit renvoyée à son bailly dudit St Germain, lequel auroit faict appeler pardevant luy les dessusdits, ensemble le procureur fiscal de la seigneurie et les dessusdits qui auroient présenté ladite requeste et causes et lesquels auroient convenu de Pierre Martin, juré du roy en l'office de maçonnerye et voyer dudit St Germain et Loys Gourgouron, aussi juré du roy audit office qui auroient fait leur rapport par escript par lequel apart que après avoir veu et visité, baillé les mesures et allignement, auroient trouvé ladite rue avoir et contenir en l'encoigneure et entrée d'icelle, et l'endroit et encoigneure des maisons de Monsieur Loppin, conseiller de ladite court, et de Daniel Hamonyn, cinq toises deux piedz de large et au bout d'en hault de ladite rue tirant au chemyn de Vaugirard ladite rue auroit et contenir treize toises et quatre piedz de largeur et ouverture qui est excessive pour une rue joinct que la pluspart d'icelle est inutile et de nul service, ne servant seullement que d'une voyrie et terre perdue en laquelle l'on jecte ordinairement ordures et immondices. Par quoy ont esté d'advis que pour l'aisance et commodité du public, beaulté et décoration d'icelle rue, ladite rue se doibt allignier d'un droict allignement sans ply ny coulde à prendre depuis l'encoigneure de la maison dudit Hamonyn jusques au bout d'icelle tendant au chemyn dudit Vaugirard de six toises de largeur et ouverture de l'encoigneure d'icelle rue du costé de l'hostel de Luxembours et en ce faisant demeureroient sept toises quatre pieds de large audit endroit de terré vague et inutile sans apporter aulcune incommodité à ceulx qui le vouloient empescher et combien que promptement la chose deust estre expédiée, toutesfoys elle a esté remise par plusieurs et à diverses foys et doubtoient les-dits suppliant que

---

(1) Espace laissé en blanc. Il y a une trace d'S. Le copiste n'aura peut-être pas su lire le mot : seigneur. L'expression seigneur hault justicier est une expression courante.

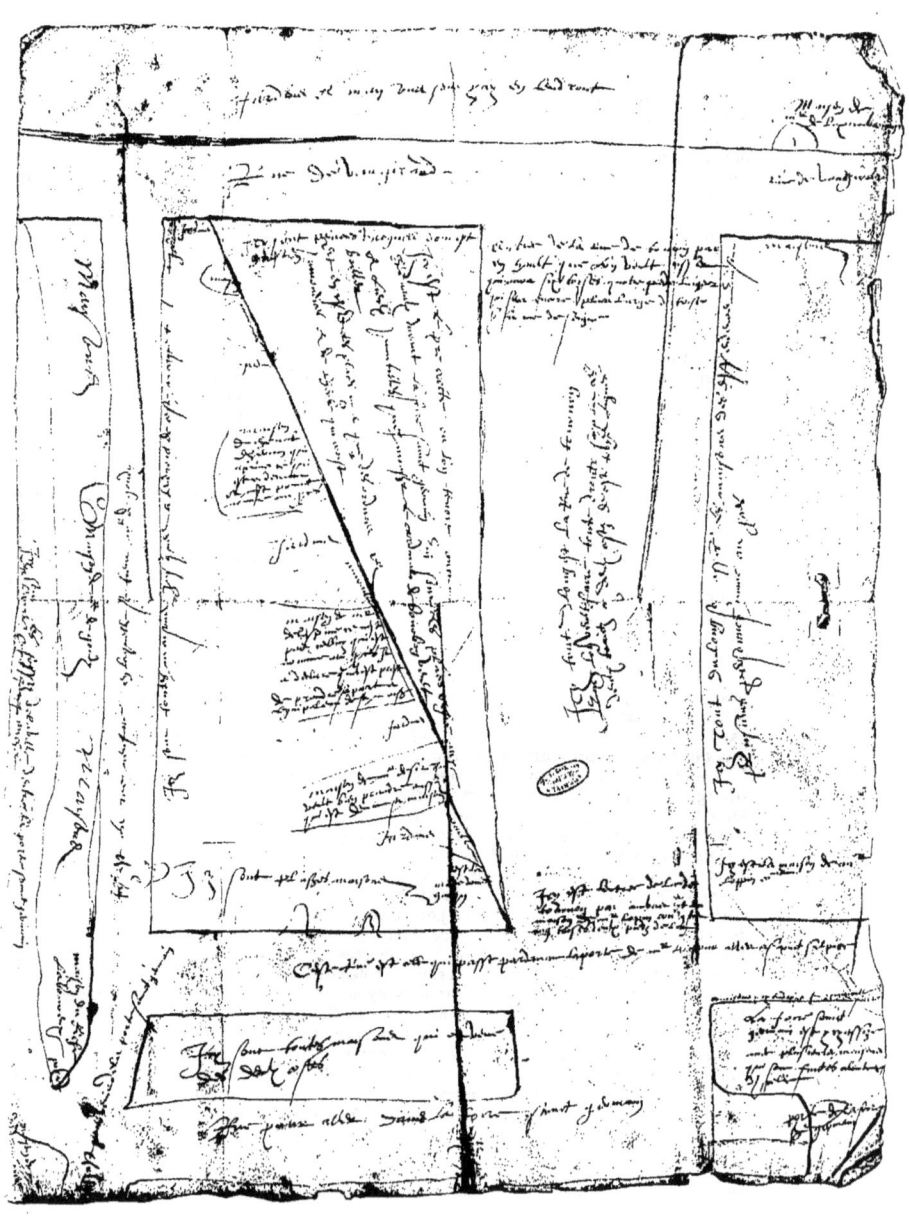

PLAN A L'APPUI DE LA REQUÊTE DE L'ABBÉ DE SAINT-GERMAIN POUR LA RECTIFICATION DE L'ALIGNEMENT DE LA RUE DE TOURNON (1581)

les dessusdits qui l'empeschent la pluspart desquels n'y sont que simples locataires et estrangers, se couvrant du manteau de leurs maistres et maistresses qui sont grandz seigneurs et après qu'ilz auront long temps plaidé pardevant ledit bailly de St Germain, ilz les pourront récuser soubz umbre qu'il est bailly et pensionnaire desdits suppliant ou aultrement faire déclarer le tout nul, ce qui viendroit au grand dommage desdits suppliant si par ladite court n'y est promptement pourveu. Ce considéré, nossieurs, et qu'il est question d'un droit de police et du prouffit utilité et augmentation de ladite église, d'autant que les places sont baillées à cens et rente à perpétuité et que c'est la décoration dudit bourg et conséquamment de ladite ville et affin d'éviter à tous les délais fuittes appellations ou oppositions qui se pourroient esmouvoir et atendu que ladite abbaye est de fondation royalle et que promptément que ledit suppliant puisse avoir justice par la seule veue et inspection qui se pourra faire en présence de deux de messieurs de ladite court, il vous plaise, en esvoquant ladite instance pendant par devant le bailly dudit St Germain ordonner que le rapport ja faict sera enthériné et en ce faisant l'alignement entretenue ou bien que de nouveau deulx de vous nossieurs se transportent sur lesdits lieux pour ce appellez deux bourgeois le voyer du roi de la ville de Paris et dudit Sainct Germain et deux maistres jurez massons en présence desdites parties dont elles conviendront et en deffault d'en convenir en sera nommé d'office pour estre ladite rue veue et visitée pour le tout faict et rapporté par devers ladite court estre faict droict ausdites parties comme de raison, et vous ferez bien.

Soit monstré au procureur général du roy. Fait en parlement le XIXe juillet M Vc IIIxx 1. Les partyes oyés en leur requête auquel je requiers pour le roy estre enjoint venir communiquer au parquet au premier jour ce que de raison sera, de laquelle au premier jour ce pendant communiqué au procureur général du roy. Fait en Parlement le premier aoust MVcIIIIxx1.

Le deuxième jour desdits moys et an contenu cy dessus, fut l'original dont copie est cy dessus transcripte monstré et signifié à François de la Robbye en parlant à (1) en son domicile et à luy donné assignation à comparoir demain en la cour de Parlement pour sur le contenu en ladite requête.

A cette requête était joint un plan explicatif, à la plume, que nous reproduisons en fac-similé. Vaine précaution! Le Parlement donna raison aux opposants et la rue de Tournon conserva ses alignements (2).

La rue de Condé, qui lui était parallèle, et qui s'appela rue *Neuve*, puis rue *Neuve-Saint-Lambert*, était, d'après le plan de 1581, entièrement bâtie. Beaucoup d'Italiens y résidaient. Côté ouest, il n'y avait de jardin sans bâtisse que dans la partie occupée aujourd'hui par le restaurant Foyot. Côté est, elle comportait au nord une maison à l'enseigne du *Riche Laboureur*; au midi d'autres maisons; entre deux, un hôtel récemment bâti par Hieronimo Gondi, fils de François

---

(1) Espace laissé en blanc.

(2) Les Jurés des parties avaient reconnu à la rue de Tournon une largeur de 10 et de 26 mètres. Cette largeur est restée jusqu'aujourd'hui la même. Elle est exactement de 13.50, en bas et de 26.70 en haut.

De Brosse a tenu compte de cette situation dans la plantation du Palais de la Reine. Il a placé le pavillon du Dôme central dans l'axe de la rue de Tournon, que Marie de Médicis avait rêvé de prolonger en ligne droite jusqu'au Louvre. Moins ambitieux, les conseillers du Comte de Provence proposaient de dégager le Palais du Luxembourg en créant en avant une place circulaire semblable à celle qui fait face à l'Odéon. Il est regrettable que ce projet n'ait pas été réalisé. Dans l'intérêt du Palais, on aurait pu le reprendre récemment, avant la construction d'angle qui porte le n° 31.

Ajoutons que l'alignement présent, qui prévoit pour les immeubles du bas, côté des numéros pairs, un simple retranchement de deux mètres est notoirement insuffisant.

Marie Gondi et d'Anne de Velez y Guevarra. C'était un financier fort entreprenant, qui devait remplir à la cour de multiples fonctions (1), spécialement celle d'introducteur des ambassadeurs. Son hôtel remplaçait celui que son oncle, Jean-Baptiste Gondi, avait, le 8 mars 1568, vendu à Catherine de Médicis qui le lui avait rendu gratuitement six mois après. Il était de proportions plus vastes. Il tenta encore Catherine de Médicis qui désirait l'acheter pour son plus jeune fils, le duc d'Anjou.

« Environ ce temps, écrit L'Estoile dans son journal (2), à la date de mars 1584, la Roine, mère du Roy, fit marché avec Hiérome de Gondi, de la maison nouvellement par lui bastie aux fauxbourgs Saint-Germain-des-Près, pour la somme de Deux cens mil livres, et l'achetoit pour M. le Duc son fils, desseingnant l'agrandir et accomoder de la maison contigue de Corbie, qui fut à l'italien Baptiste Tireloy ; mais le marché ne sortist à son effait, à cause de la mort dudit Seingneur Duc peu après survenue. »

Le 15 juin 1599, lendemain de la Saint-Jean, Henry IV y était venu coucher « parceque, dit Bassompierre (3) Madame d'Antragues logeait à l'Hostel de Lion », qui était proche.

Marie de Médicis y coucha à son tour le vendredi 9 février 1601, en arrivant de Lyon où le Roi était allé la recevoir, car ses appartements du Louvre n'étaient pas encore prêts (4). C'est là qu'elle avait vu pour la première fois la marquise de Verneuil, que le roi lui avait présentée et « à quy elle fit bonne chère. »

En 1610, la reine acheta 40.000 écus cet hôtel (5), devenu propriété du fils de Hiérome, et sur lui saisi à la suite de sa déconfiture. Elle le donna au prince de Condé, lorsqu'il revint de Milan à Paris, en passant par Bruxelles (6) et la rue Neuve-Saint-Lambert devint dès lors la rue de Condé.

Cent cinquante mètres plus loin se trouvait le chemin de la contrescarpe. On avait devant soi le fossé, la première tour du mur d'enceinte à compter de la Porte Saint-Michel, qui se profilait à droite. A gauche, on comptait cinq autres tours après lesquelles on apercevait la porte Saint-Germain.

---

(1) Nous devons ces précises indications à M. Léon Marlet qui prépare, sur les Gondi, une étude fort documentée qui mettra en lumière ces multiples fonctions. — Voir d'autre part CORBINELLI, *Histoire généalogique de la maison de Gondi*, t. I, 1re partie, p. CCXLVI.
(2) T. II, p. 150 (Ed. Jouaust).
(3) T. I. p. 74. (Ed. de la S. de l'H. de France.)
(4) Ibid., p. 91.
(5) Ibid., p. 284.
(6) La donation est du 12 septembre 1612.

CHAPITRE IV

L'Hôtel de François de Luxembourg.

SA CONSTRUCTION PAR A. DE LA TOURETTE. — IL EST SAISI ET ADJUGÉ A LA VEUVE DE ROBERT DE HARLAY. — FRANÇOIS DE LUXEMBOURG L'ACHÈTE EN 1570. — CE QU'ÉTAIT FRANÇOIS DE LUXEMBOURG. — SES AMBASSADES A ROME. — LOUIS XIII ENFANT CHASSE DANS SON PARC. — A LA DEMANDE DE LA REINE, IL HÉBERGE L'AMBASSADEUR D'ANGLETERRE. — DESCRIPTION DE L'HÔTEL. — LES PREUVES QU'IL N'A PAS ÉTÉ DÉMOLI. — CE QUI SUBSISTE. — LES FIGURATIONS FANTAISISTES DES AUTEURS DES ANCIENS PLANS DE PARIS. — RECONSTITUTION DE L'HÔTEL. — LE PARTERRE, D'APRÈS QUESNEL. — LE PARC ET SES AGRANDISSEMENTS DE 1571 A 1611. — LES ACQUISITIONS EN HAUT DE LA RUE GARANCIÈRE. — LA MORT DE FRANÇOIS DE LUXEMBOURG. — OU IL A ÉTÉ INHUMÉ.

A construction la plus importante de la rue de Vaugirard était l'Hôtel de François de Luxembourg, situé en face de la rue Garancière.

Il avait été bâti, vers le milieu du seizième siècle, par un homme de robe qui s'était adonné à l'étude des questions monétaires, Alexandre de La Tourette, ancien conseiller au Châtelet, puis à la Cour des Aides, reçu le 15 septembre 1553 en l'office de second président de la Cour des Monnaies, créé par édit de 1551 (1).

Cet hôtel comprenait trois corps de logis : un bâtiment central avec deux ailes en retour, couvert en ardoises, cour devant, dépendances et jardin derrière d'une contenance totale d'un arpent (2).

Son propriétaire y avait rattaché quatre arpents de vignes et un arpent partie en bois, partie en arbres fruitiers. La constitution de ce domaine de deux hectares l'avait fort obéré.

Le 20 mai 1560 Robert de Harlay, seigneur de Sancy, baron de

---

(1) BIBL. NAT. *Cinq Cents de Colbert* 198. Registre de Lotier. Évaluation des monnoyes d'or et d'argent étrangères par Jehan Lhuillier, Jehan Grollier, Alexandre de La Tourette. 1550. fol. 1.— *Coll. Duchesne*, t. LXXXIX. Remontrances au Roi sur le désordre des monnaies, par Alexandre de La Tourette.— GERMAIN CONSTANS. *Traité de la Cour des Monnaies*, p. 5.

(2) L'arpent de Paris représentait environ 33 ares.

Montglat, conseiller au Parlement (1), avait dû lui prêter une chaîne d'or, d'une valeur de 724 livres. Le 6 juin suivant il lui avait encore prêté 6.000 livres, plus 3.600 livres avancées par M° Charles Hotman, auditeur des Comptes. Ces divers emprunts n'avaient pu cependant remettre à flot Alexandre de La Tourette.

Poursuivi par ses créanciers, il fut incarcéré pendant deux ans dans la conciergerie du Palais. Son hôtel fut saisi à la requête du prévôt des marchands et des échevins de la ville de Paris et adjugé le 25 juin 1564, devant la Cour des Aides, à la veuve de Robert de Harlay, Jacqueline de Morainvilliers, dame de Mantes, agissant tant en son nom qu'en celui de ses enfants mineurs, moyennant la somme de 7.500 livres qui fut distribuée aux créanciers « selon l'ordre de parrité et de postériorité de leurs hypothecques. »

Dépossédé, Alexandre de La Tourette essaya de lutter contre l'adversité. Il demanda d'abord et obtint des lettres royaux (2) tendant à l'annulation du décret de la Cour des Aides qui avait ordonné la vente de son hôtel. Il fit ensuite appel à la générosité de madame de Harlay. Il lui représenta que le prix auquel son hôtel lui avait été adjugé était bien inférieur à sa valeur réelle ; qu'il avait d'autre part subi de grandes pertes ; mais qu'en prévision d'un retour de la fortune, elle ne courait aucun risque en lui louant sa demeure pour quatre années avec faculté de rachat. Madame de Harlay finit par consentir ce réméré. Outre le paiement d'un loyer annuel de 652 livres, il était subordonné au remboursement des 6.000 livres dues aux Harlay, à la restitution de la chaîne d'or ou au paiement des 724 livres de son estimation, à l'acquittement de tous les frais et de la créance Hotman.

Alexandre de La Tourette ne put faire face à toutes ces obligations, même en cédant, le 29 mars 1569, à Claude Fauchet, son office de second président de la Cour des Monnaies. Il dut déguerpir et le 25 octobre 1570, madame de Harlay, rentrée en possession de l'hôtel, le vendait à François de Luxembourg, en échange de mille livres tournois de rentes constituées sur le clergé.

---

(1) Robert de Harlay de Sancy, sixième fils de Louis de Harlay, seigneur de Montglat, de Beaumont, de Cesy, de Sancy, de Champvallon, etc., fut reçu conseiller au Parlement de Paris le 1er octobre 1543. Il avait, le 8 décembre 1544, épousé Jacqueline de Morainvilliers, fille de Guillaume de Morainvilliers, seigneur de Maule-sur-Mandre, de Motainville, etc., capitaine et bailly de Mantes et de Jacqueline de Garancières.

Ils eurent trois fils dont le plus jeune, Robert, premier maître d'hôtel d'Henri IV, mourut en 1607 laissant une veuve, Françoise de Longuejoue († le 30 avril 1633), qui fut gouvernante des enfants de France. (Voir P. ANSELME, t. VIII, p. 798-802.)

(2) On désignait par la formule *lettres royaux* les actes expédiés en chancellerie au nom du prince.

Cet hôtel était-il achevé ?

Il y a lieu d'en douter, car dans l'inventaire des titres de propriété remis plus tard par François de Luxembourg à Marie de Médicis, figurent quatre quittances données par A. de La Tourette à ce dernier, les 19 et 23 mars 1580, les 24 janvier et 1ᵉʳ février 1581 « pour le paiement... de quelques matériaux non encore employés aux bastimens d'icelluy. »

Le nouvel acquéreur était un grand personnage. Il appartenait à une famille alliée aux maisons de France, de Bourbon, d'Autriche et d'Angleterre, qui avait fourni à l'Allemagne cinq empereurs, des rois à la Bohême, deux connétables et maréchaux à la France. Il était apparenté avec Henri IV, le cardinal de Bourbon, le comte de Saint-Paul, le prince de Condé, la duchesse douairière de Guise, mère des ducs de Guise et d'Aumale, cardinaux de Lorraine et de Guise. Son père, Antoine de Luxembourg, comte de Brienne et de Ligny, vicomte de Machault et baron de Piney, avait épousé Marguerite de Savoie ; il était mort à 44 ans, le 8 février 1557, laissant trois fils : Jean, comte de Brienne, décédé le 1ᵉʳ juillet 1576 ; Antoine, baron de Piney, mort sans alliance, en 1573, au siège de La Rochelle, et François, né au château de Ligny le 23 novembre 1540.

Destiné tout d'abord à l'état ecclésiastique, François de Luxembourg, abbé d'Isle et Hautefontaine, avait été pourvu de l'évêché de Laon. Il y renonça bientôt au profit de son neveu pour revenir à la cour.

Sa présence au sacre et au mariage du roi avec la princesse Louise de Lorraine, fille du comte Nicolas de Vaudémont, qu'il avait remarquée lorsqu'elle était venue de Nancy à la cour de Charles IX, provoqua un piquant incident que L'Estoile (1) raconte en ces termes dans son journal :

« Le jeudy 17ᵉ dudit mois de febvrier (1575) le Roy, aiant advisé messire François de Luxembourg, de la maison de Brienne, venu à son sacre et mariage, et sachant qu'il avoit fait l'amour à la Roine sa femme, prétendant l'espouser, lui dit ces mots : « Mon cousin, j'ay espousé vostre « maistresse ; mais je veux en contreschange que vous espousiés la « mienne, » (entendant de Chasteauneuf, damoiselle bretonne de la suitte de la Roine-Mère, qui avait esté sa favorite avant qu'il fut Roy et marié). A quoi ledit de Luxembourg lui respondist qu'il estoit fort joyeux de ce que sa maistresse avoit rencontré tant d'heur et de grandeur, et tant gaingné au change ; mais qu'il lui pleust l'excuser d'espouser Chasteauneuf pour encores, et qu'il lui donnast temps pour y penser. A quoi le Roy lui répondist qu'il vouloit et désiroit que tout à l'heure il l'espou-

---

(1) T. I., p. 51. Ed. Jouaust.

MARGUERITE DE LORRAINE,
DEUXIÈME FEMME DE FRANÇOIS DE LUXEMBOURG

sast. Sur quoi, se sentant ledit de Luxembourg si fort pressé, supplia très humblement le Roy de lui donner la patience de huict jours ;

PLAN DE VASSALIEU (1609)

laquelle estant modérée par le Roy à trois jours seulement, il monta à cheval et se retira de la cour en diligence. »

Henri III ne lui en garda cependant pas rancune. Au contraire. Il le nomma membre de son conseil privé, capitaine des cinquante hommes d'armes de ses ordonnances et le chargea d'accompagner à Vienne (5 décembre 1575) la reine Isabelle d'Autriche qui y retournait. Voulant, d'autre part, reconnaître ses « grands et signalés services », il érigea en Duché-Pairie, en septembre 1576, la terre et la baronie de Piney (1), — dont François de Luxembourg avait sans doute hérité de son frère puîné Antoine, — pour lui « ses hoirs et successeurs mâles et femelles et ayant cause ».

Il fit plus. En 1586 il l'envoya à Rome complimenter Sixte-Quint, à l'occasion de son élévation. François de Luxembourg plut au nouveau pape. Aussi, lorsqu'après l'assassinat d'Henri III (2 août 1589), les princes et principaux seigneurs réunis en son hôtel de la rue de Vaugirard pour délibérer sur l'attitude à prendre au regard du roi de Navarre, décidèrent d'envoyer au souverain pontife un ambassadeur pour lui expliquer les raisons qui les avaient déterminés à reconnaître Henri IV, le désignèrent-ils, comme le mieux qualifié pour cette mission (2).

La papauté n'ayant pris aucune décision ferme, il fallut, en 1591, revenir à la charge. « Le mardi, 9e d'avril, dit l'Estoile (3), parut copie d'une lettre envoyée au pape par le *Duc de Luxembourg*, tant en son nom que de tous les princes et officiers de la couronne et autres catholiques, estant lors au siège de Chartres, à la suite du Roy, pour détromper Sa Sainteté et luy persuader, avec respect et raison, de ne plus favoriser les mauvais desseins de la Ligue, qui par de fausses nouvelles sur les affaires de la religion et du Roy de Navarre abusait de Sa Sainteté. »

Nous retrouvons François de Luxembourg trois ans plus tard, à Chartres. Il y représentait les pairs laïques au sacre de Henri IV (27 février 1594), avec les princes de Conti, de Soissons, de Montpensier et les ducs de Retz et de Ventadour (4). A la demande du souverain, il retournait à

---

(1) Piney-Luxembourg est aujourd'hui un chef-lieu de canton de l'arrondissement de Troyes, qui comprend 7.098 hectares et 1.561 habitants. On n'y retrouve aucun vestige du château des anciens ducs de Piney. Le 2 février 1814, Napoléon y établit son quartier général et y séjourna jusqu'au lendemain.

(2) On trouvera tous les détails de cette mission dans le *Fonds Brienne*, à la Bibliothèque nationale, et un récit d'ensemble dans la *Revue des Questions historiques*, année 1886, t. XL, p. 5 à 49: *La Mission du Duc de Luxembourg à Rome* (1589-1590), par HECTOR DE LA FERRIÈRE. Ce dernier a été réimprimé dans *Henri IV: le roi, l'amoureux*, du même auteur. (Paris, C. Lévy, 1890, in-18).

Voir de plus, dans le *Recueil* A z, t. IV, p. 81, deux lettres de F. de Luxembourg aux cardinaux pendant le Conclave et à Grégoire XIV, élu en 1590, pour leur signaler l'œuvre de désorganisation nationale de la Ligue et la nécessité de reconnaître Henri IV comme roi de France.

(3) T. V, p. 298.

(4) DE THOU, l. CVIII, p. 376, 381; — DAVILA, l. XIV, p. 911; — PALMA CAYET, l. LIX, l. VI., p. 58, 94.

Rome pour rendre à Clément VIII l'obédience du Roi, après son retour au catholicisme (1).

On s'explique qu'Henri IV ait manifesté de l'attachement pour un homme qui, fidèle à sa cause dès son avènement, l'avait, par la suite, loyalement servi et heureusement secondé. Il fréquentait chez lui. De son côté, Marie de Médicis prisait fort son hôtel. Elle y envoyait son fils aîné chasser, courir et se distraire dans le parc qui l'encadrait (2).

Lorsqu'en 1610, après la mort d'Henri IV, le roi d'Angleterre lui enverra lord Vuouton « pour condoloir le Roi de la mort de son père », c'est à l'Hôtel de François de Luxembourg qu'elle songera à loger cet ambassadeur. A cet effet, le 10 août 1610, elle écrit en français, au duc, la lettre suivante (3) :

A mon cousin le duc de Luxembourg,

Mon cousin,

Je suis advertie que le Roy de la Grande-Bretagne, Monsieur mon frère, doibt incontinant envoyer en ce lieu un sien ambassadeur extraordinaire au Roy, Monsieur mon fils et à moy. Et dautant que je désire luy faire la meilleure réception et traictement qui me sera possible. Considerant qu'il ne peut en aucun lieu estre mieux logé et accomodé qu'en vostre hostel et maison du faubourg Saint-Germain des Prez de cette ville. Je vous faicts ce mot pour vous prier de trouver bon que lon prenne vostre dicte maison pour recepvoir ledict ambassadeur et le loger en icelle pendant le temps et espace de quinze jours quil pourra sejourner en ceste ville. Je donneray ordre quil ny soit faict

---

(1) Voir dans CAPEFIGUE, *Histoire de la Réforme et de la Ligue*, t. VIII, p. 22, et dans le *Recueil de lettres missives* publié par BERGER et XIVRAY, la lettre qu'Henri IV lui adressait, le 15 juin 1597, pour lui donner ses instructions touchant ses négociations.

(2) Extraits d'HÉROUARD, *journal sur l'enfance et la jeunesse de Louis XIII*, publié par E. Soulié et E. de Barthélemy. (Paris, Didot, 1868, 2 vol. in-8°.)

Le 29 (août 1609) mercredi, mené en carrosse au faubourg Saint-Germain, enclos de l'Hôtel de Luxembourg, il y fait courir deux lièvres par ses petits chiens d'Artois.

Le 12 (novembre 1609) jeudi, mené à l'Hôtel de Luxembourg, il court un lièvre dans le Parc.

Le 3 (juin 1610) mercredi à Paris, à deux heures trois quarts, mené en carrosse à l'Hôtel de Luxembourg au faubourg Saint-Germain, Il y court dans le parc un marcassin apporté avec ses petits chiens ; à trois heures et demie, il y a goûté puis couru un lièvre. Il y retourne encore le lendemain et y fait courir un petit sanglier par ses lévriers à lièvre.

Le 15 (juin 1610) mardi à Paris, mené en carrosse à l'Hôtel de Luxembourg, il y fait courir un petit sanglier apporté.

Le 8 (août 1610) dimanche à Paris, à 4 h. 1/2, mené en carrosse à vêpres à Saint-Sulpice, puis jouer à l'Hôtel de Luxembourg. Ramené à 7 heures.

Le 6 (janvier 1611) jeudi, mené en carrosse à Saint-Séverin, au sermon et à vêpres, puis au faubourg Saint-Germain, en l'Hôtel de Luxembourg ; il court dans le parc.

Le 20 (juin 1611) vendredi, mené en carrosse au faubourg Saint-Germain, visiter M. et Mme Conchino malades, puis au parc de l'Hôtel de Luxembourg.

Le 18 (avril 1612) dimanche, il va à Saint-André-des-Arts, au sermon de M. de Richelieu, évêque de Luçon, puis à l'Hôtel et parc de Luxembourg.

Le 28 (décembre 1613), il va en carrosse au faubourg Saint-Germain voir Monsieur en l'Hôtel de Luxembourg, puis chez la reine Marguerite.

(3) *Cinq Cents de Colbert*, t. LXXXVIII, folio 59, v et 60 r.

aucun degast ny dommage. Cependant il sera bien a propos que vous en donniez advis à vostre concierge qui y demeure luy mandant de n'apporter aucune difficulté pour ledict logement quand il en sera besoin. Et me promettant que vous aurez agréable ceste mienne prière je ne la feray plus longue que pour vous donner toute assurance de mon amitié et bienveillance en vostre endroict.
Priant Dieu.

A Paris le Xe jour d'aoust 1610.

François de Luxembourg avait en effet garni son hôtel de tentures, de meubles et d'objets rares. Dans une lettre écrite le 26 novembre 1613, de Fontainebleau, à madame de Monglat, gouvernante de ses enfants, Marie de Médicis (1) ajoutait ce détail que les chambres y étaient « bonnes, petites et bien fermées. »

Les contemporains ne nous ont malheureusement transmis aucune description de cet hôtel si hospitalier. Seuls, les notaires nous ont informé en quoi il consistait.

« En trois corps d'hostels, court devant et aultre court et jardin derrière, » ont dit Parque et Guerreau qui rédigèrent l'acte de vente à la Reine, le 2 avril 1612. En 1627, lorsqu'ils dressèrent l'acte de donation de l'Hôtel de Luxembourg par Marie de Médicis au cardinal de Richelieu, ils confirmèrent cette consistance « en court sur le devant, petite gallerie, trois corps de logis, parterre derrière, clos de murailles. » Mais ils ajoutèrent que, dans le terrain contigu, qu'elle avait acquis de l'huissier de Cossy, la Reine avait « faict abattre et desmollir quelques vieux bastimens et y avait faict construire de nouveau un corps de logis appliqué à deux grandes salles haultes et basses avec ung grand escallier et une grande escurye et aultres bastimens, grande cour entre deux ; lesquels corps de logis et escallier joignans et attenans l'un des corps de logis dudict Petit Pallais et ladicte escurye, à aultres bastimens estans du présent en ladicte place. »

L'Hôtel de Luxembourg, avec ces adjonctions, aboutissait, dit l'acte, « d'un bout par derrière audict parc du Grand Pallays de Sa Majesté, d'aultre bout par devant à la rue de Vaugirard, d'un costé audict grand pallays, un espace de court ou parterre entre deux, d'aultre costé à l'église des Bénédictines, aussy une petite court ou allée du long de ladicte escurye entre deux. »

Contrairement à l'assertion de certains historiens de Paris, Marie de Médicis n'a donc pas démoli, pour le reconstruire, l'hôtel d'Alexandre de La Tourette, devenu l'hôtel de François de Luxembourg. Ce qu'elle a rasé, ce sont les bâtisses qui couvraient le terrain contigu qu'elle avait

---

(1) *Cinq cents de Colbert*, t. LXXXIX, fol. 204.

acheté de l'huissier de Cossy. Cette place nette, elle ajouta à l'hôtel de Luxembourg un corps de logis avec un grand escalier et, en face, une écurie séparée par une cour étroite du couvent des Filles du Calvaire. Entre l'hôtel et l'écurie, — le tournebride du seizième siècle, — s'allongeait la cour qui sépare encore aujourd'hui les appartements privés du Président du Sénat de ce qu'on appelle les grands appartements de réception.

Jaillot, Piganiol, Dulaure, et tout récemment M. Edmond Bonnaffé, ont écrit que l'hôtel de Luxembourg avait été bâti ou rebâti par le cardinal de Richelieu. « Richelieu, écrit ce dernier, dans ses *Recherches sur les collections des Richelieu*, demeura d'abord à l'Arsenal, puis à la place Royale, où il avait un hôtel. Marie de Médicis lui ayant donné le Petit-Luxembourg, il le fit rebâtir et décorer par Jean Lemaire. »

Rien n'est moins exact. Pas plus que Marie de Médicis, Richelieu n'a fait démolir, pour le reconstruire, l'hôtel de Luxembourg : il s'est contenté de l'approprier à ses convenances, de le faire décorer, meubler et d'y entasser œuvres d'art et tapisseries. L'acte de la donation qu'il en fit à sa nièce, Marie de Vignerod, le 25 avril 1639 (1) ne fait mention d'aucune reconstruction ni d'aucune adjonction. Il se réfère à la donation de 1627 par la reine et détaille les mêmes aboutissants : « D'un bout par derrière au parc du grand Pallays de ladicte dame Royne ; d'un bout par devant à ladicte rue de Vaulx Girard ; d'un costé audict grand Pallays (un espace de court ou parterre entre deux); d'aultre costé à l'église des Bénédictines (aussi une petite court ou allée du long de l'escuirye entre deux). »

Rien n'est donc changé à l'hôtel de Luxembourg complété tel que le vise l'acte de 1627. Le petit Luxembourg reste toujours séparé du grand par une cour ou parterre avec, en bordure sur la rue de Vaugirard, une construction qui réunit les deux palais et qui sera démolie à la fin du dix-huitième siècle.

On peut donc affirmer, grâce aux actes notariés de 1612, 1627 et 1639, que l'hôtel de Luxembourg n'a jamais été démoli ; qu'il subsiste encore aujourd'hui, enclavé en quelque sorte dans la construction actuelle et transformé au gré de ses divers occupants. Les énonciations de ces actes sont d'ailleurs corroborées par des plans conservés à Chantilly, aux archives du musée Condé. Ces plans sont l'œuvre de Gittard, de Mansart et de Germain Boffrand, architectes du prince et de la princesse Henri-Jules de Bourbon-Condé. L'un d'eux contient des annota-

---

(1) Nous en possédons *la minute*.

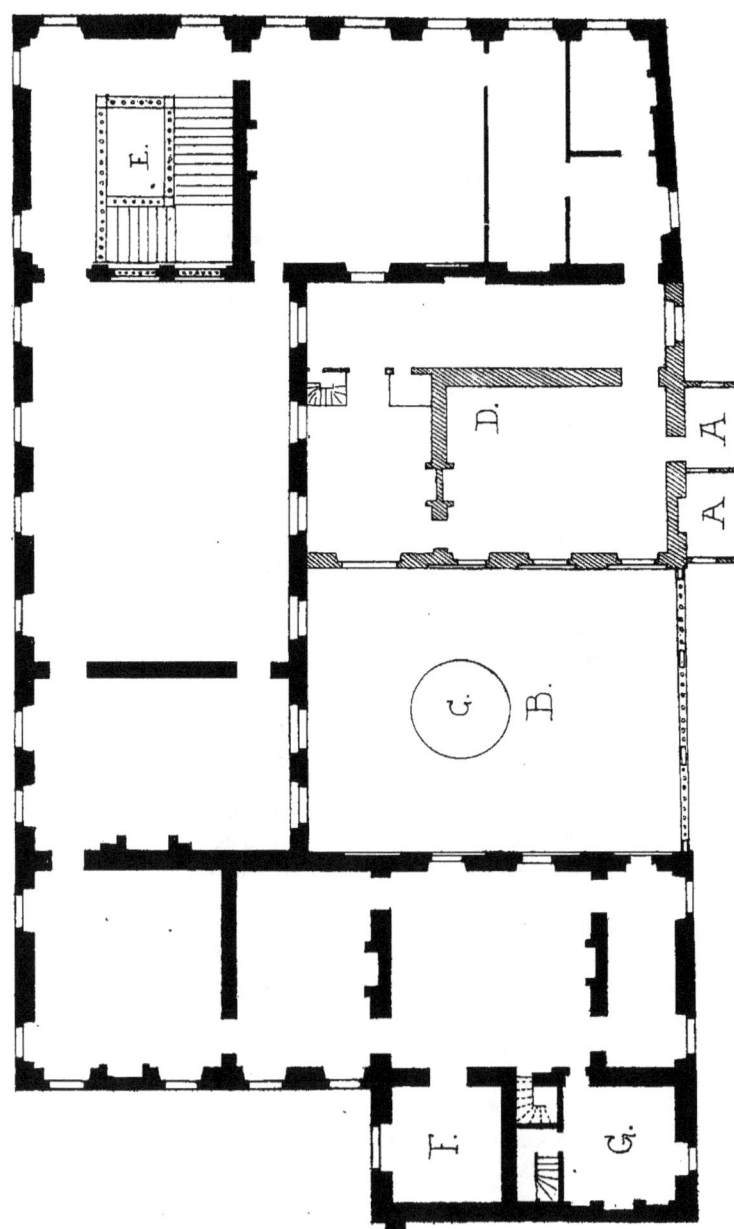

PLAN DU PREMIER ÉTAGE DU PETIT-LUXEMBOURG, AVEC ADDITIONS PROJETÉES (Archives de Chantilly).

A. Loggia. — B. Terrasse. — C. Bassin. — D. Chambres et Galerie. — E. Grand escalier construit par Marie de Médicis. — F. et G. Salles ajoutées à la construction primitive.

tions à la plume, de la main du prince, relatives à l'aménagement de l'aile droite, aujourd'hui affectée à la résidence privée du Président du Sénat. Il révèle les dispositions fondamentales de l'Hôtel primitif. Il accuse très clairement les transformations que les divers occupants firent subir aux trois corps qui s'éclairaient sur une cour en bordure de la rue de Vaugirard. Les baies qui y sont notées indiquent les anciennes fenêtres, leur disposition symétrique et quelles pièces elles éclairaient. On constate, en l'interrogeant, qu'à une certaine époque on a pris la moitié de la « cour devant » pour augmenter le nombre des pièces de l'aile droite; qu'à une autre époque on a disposé du reste pour aménager des salles voûtées au rez-de-chaussée et qu'on a, au premier étage, utilisé la plateforme comme terrasse avec bassin et jet d'eau.

L'HÔTEL DE LUXEMBOURG EN 1609, D'APRÈS QUESNEL

Bien plus, on remarque que la façade sur rue fut augmentée d'une loggia en encorbellement.

Ce plan est antérieur aux travaux de Boffrand qui acheva de dénaturer l'aspect extérieur de l'Hôtel de La Tourette. Lorsque de 1709 (1) à 1716, il transforma le Petit-Luxembourg, il réunit en effet par une façade nouvelle, percée de fenêtres à arc plein cintre, les deux pavillons extrêmes. Et ainsi disparut le vide qui, au premier étage, rappelait encore la « cour devant », des actes de 1612 et 1627.

Aucun dessin, aucune gravure ne nous est parvenue, donnant en élévation la physionomie de l'Hôtel de Luxembourg. Seuls, les auteurs des plans de Paris en ont noté une figuration. Mais leurs croquis sont si fantaisistes, si contradictoires qu'on ne peut raisonnablement en faire état.

Pour mémoire, passons-les cependant en revue.

Voici d'abord celui du plan de Quesnel en 1609 :

Un bâtiment central, percé d'une porte et de deux fenêtres, reliant deux pavillons à étages, l'un avec une porte, l'autre avec une porte et

---

(1) Archives du Musée Condé. A G. 12.

deux fenêtres, avec toits incurvés. Dans le fond apparaît la silhouette de deux dépendances. Ce n'est pas la construction que l'acte de 1612 nous présente comme formée de trois corps d'hôtel, avec cour devant et cour derrière. En examinant de près l'ensemble du plan de Quesnel, on constate d'ailleurs que ses indications de bâtiment sont des indications de principe, sans respect de l'individualité de chacun. Les façades sont généralement semblables, alors que certainement elles présentaient des variantes.

L'HOTEL DE LUXEMBOURG, D'APRÈS MÉRIAN EN 1615

La figuration du plan de Vassalieu, publié à la même date, n'est pas plus conforme à la réalité. L'Hôtel a quatre corps au lieu de trois. Le bâtiment central sur la rue de Vaugirard comporte au rez-de-chaussée une porte et quatre fenêtres répétées à l'étage terminé par un comble avec deux lucarnes. La « cour devant » de l'acte de 1612 est remplacée par une cour intérieure. Des pavillons à deux étages, surmontés de toits élevés, flanquent les quatre angles.

Le plan de Mérian, de 1615, ajoute aux fantaisies de Quesnel et de Vassalieu une autre fantaisie : un pavillon central au fond de la cour, avec tourelle, qui fait songer à ceux que de Brosse placera plus tard aux angles du Palais de la Reine. Que peut bien être, derrière les pavillons aux toits arrondis de Quesnel et l'avant-corps de Vassalieu privé de sa porte et de sa cinquième fenêtre, ce carré massif, à deux étages, avec des cheminées monumentales ?

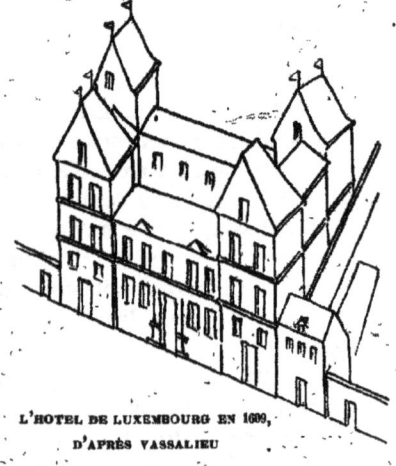

L'HOTEL DE LUXEMBOURG EN 1609, D'APRÈS VASSALIEU

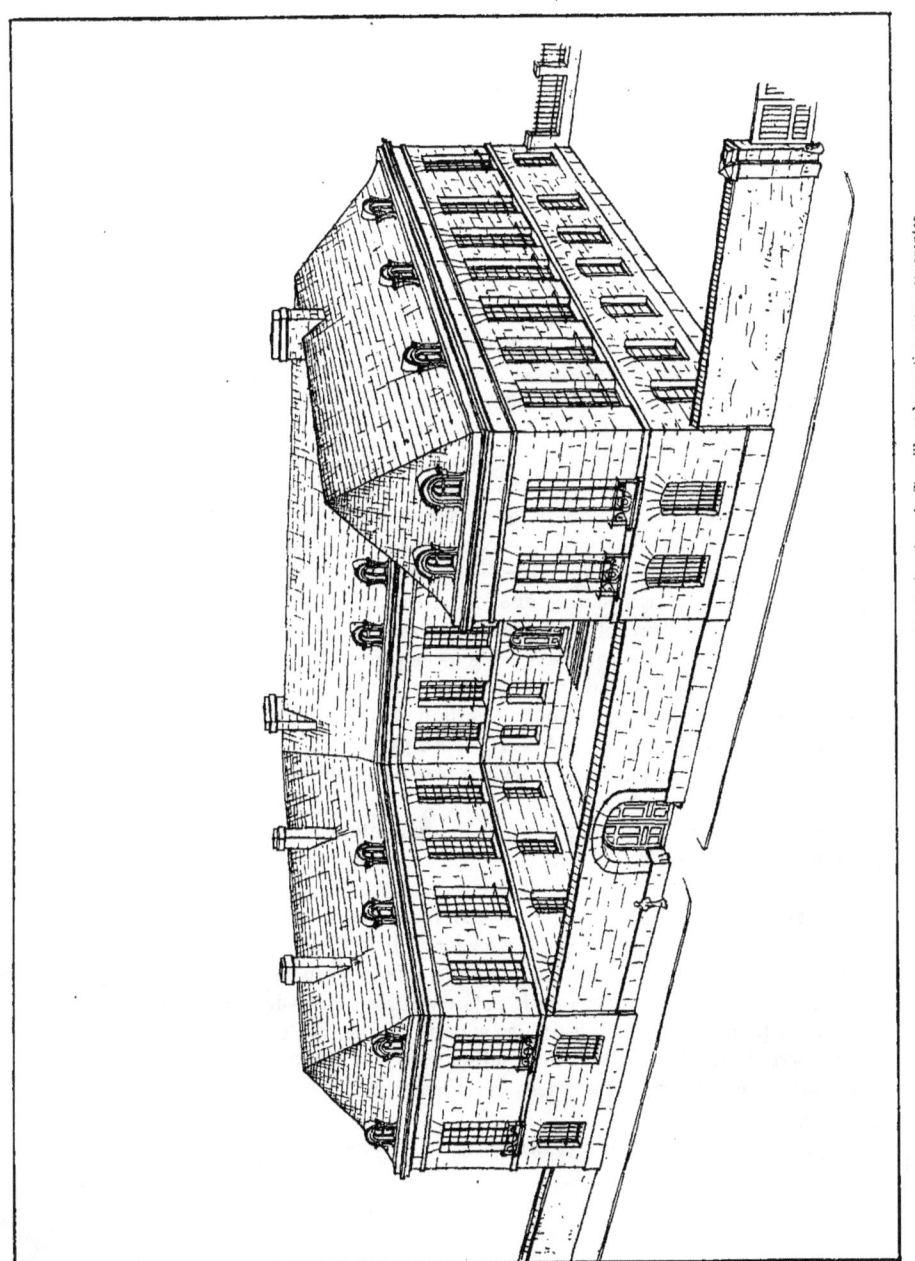

L'HOTEL DE FRANÇOIS DE LUXEMBOURG. Reconstitution d'après les plans de Chantilly et les parties encore apparentes.

Les auteurs des plans de Paris de cette époque étaient, décidément, à ce point de vue, de singuliers informateurs. Ils se livraient à toutes les fantaisies et on se demande ce que pouvait penser le lecteur contemporain, assez curieux pour se livrer à des comparaisons entre plans de même date, en constatant leurs dissemblances et leurs contradictions.

Leur insuffisance ne nous empêche pas de savoir quel pouvait être l'aspect de l'Hôtel de Luxembourg en 1611. A l'aide des actes analysés plus haut, donnant sa consistance, en rapprochant leurs énonciations des plans de Chantilly, des vestiges encore apparents de la construction primitive et notamment des arêtes des toits qui dessinent son ossature, des fenêtres rectangulaires sur la rue de Vaugirard, contrastant avec les baies cintrées de Boffrand, on peut reconstituer, dans ses grandes lignes caractéristiques, la façade antérieure. Nous n'avons pas manqué de procéder à cette reconstitution. On en a vu ci-contre le dessin.

Derrière l'Hôtel se trouvait, d'après le plan de Quesnel de 1609, un jardin à la française assez vaste, avec rosaces fleuries, boulingrins, auquel faisaient suite un potager clos de murs, des vignes et un bois.

La réserve d'un terrain neutre où l'architecture et la nature se rencontraient, entre l'Hôtel et le bois, correspondait d'ailleurs au goût du temps. On aimait, à la fin du seizième siècle, entre le domaine de la nature et celui de l'architecture, une formule décorative intermédiaire, avec arabesques de fleurs et broderies de gazon. Claude Molet, jardinier du Roi, avait exécuté des compartiments de ce genre à Saint-Germain, à Fontainebleau, aux Tuileries. Peut-être avait-il donné le croquis de celui de l'Hôtel du Luxembourg. Ce qui est certain c'est qu'on retrouve, dans un dessin de son fils André, daté de 1651, un parterre en rosace et broderie qui n'est pas sans analogie avec le relevé sommaire de Quesnel (1).

Le parc qui encadrait l'hôtel comprenait environ huit hectares. François de Luxembourg avait mis près de quarante ans à lui assurer, par une série d'acquisitions, cette contenance fort appréciable aux portes de Paris.

Dès le 15 décembre 1571, quatorze mois après l'acquisition de l'Hôtel de la Tourette qui avait deux hectares, il avait acheté : des chanoines de Saint-Benoît, un quartier de vigne ; de M° Jean de Herin, seigneur de la Tillaye, l'un des quatre notaires et secrétaires du Parlement de Paris, trois arpents, cinq quartiers et deux perches de terre labourable, opération qu'il complétait le 11 juillet 1583, en achetant du même une autre pièce de terre d'un arpent trente perches.

---

(1) Baron Ernouf. *Histoire de l'art des jardins*, p. 60.

Le 7 janvier 1572, Claude de Bragelonne, seigneur de Charmoy, conseiller au Châtelet de Paris, et la veuve de Thomas de Bragelonne, lieutenant criminel, lui avaient cédé un arpent et demi, planté en bois. Le 4 août suivant, c'était Maistre Philippe Joulin, seigneur de la Brosse, qui lui avait vendu deux lots, contenant ensemble un arpent un quartier ; puis, le 17 septembre Catherine de la Gazotte, dame de la Mothe-au-Grain, qui lui vendait, contre cent livres tournois de rentes sur le clergé, une maison contiguë à son hôtel, avec étable, cour, puits et jardin ; et enfin, le 24 novembre Jacques Baton, huissier au Parlement, qui lui abandonnait un terrain d'un quartier et demi.

Avec les Chartreux qui limitaient son domaine au sud, François de Luxembourg négocia l'achat d'une pièce de terre, d'une contenance de cinq quartiers, contiguë à celle des Bragelonne et de Joulin qu'il venait d'acquérir, et donnant sur les champs au midi. Il n'aboutit que le 26 septembre 1573. En paiement il transférait aux Chartreux cent livres tournois de rentes constituées sur le domaine du Roi. Il leur consentait un tour d'échelle de quatre pieds le long de la muraille de leur monastère et s'interdisait toute construction, toute fouille, toute extraction de matériaux dans le terrain acquis. C'était bien payé. Aussi, « en considération de la favorable récompense que leur baillait ledit seigneur » les Chartreux s'engageaient-ils « à dire un service en la forme de leur ordre pour ledit seigneur, le jour où autre plus prochain et commode, que son trépas leur serait annoncé. »

Le 6 décembre 1575, François de Luxembourg réunit encore à son domaine trois quartiers de vigne attenant au jardin de l'Hôtel de la Tourette, loués, le 18 mars 1567, par le principal boursier du collège Mignon (1), pour 99 années, à Charles Strossi, maître d'hôtel ordinaire du Roi et du duc d'Anjou, son frère. Strossi céda son bail à Madame de Cipierre, qui le rétrocéda au duc. En mai 1584, celui-ci réalisa l'acquisition de ces trois quartiers.

En 1578, le 22 mars, nouvelle acquisition d'un jardin clos de murs,

---

(1) Le collège Mignon fut fondé par Michel Mignon, descendant d'un ancien clerc du Roi à la Chambre des Comptes, et installé dans des immeubles achetés par son oncle, près l'Hôtel de Vendôme, payant cens à l'abbaye de Saint-Germain-des-Prés. La règle du collège fut réformée en 1539. On y entretint douze boursiers séculiers.
En 1584, Henri III donna le collège à l'abbé de Grammont, avec 1.200 livres de rente sur la recette générale de Paris, puis sur celle de Soissons.
Un arrêt du Conseil d'État du 18 juin 1605, réduisit le nombre des boursiers à huit, qui ne pouvaient rester plus de sept ans.
A partir de ce moment le collège Mignon s'appela le collège de Grammont. — Il se trouvait dans la rue Mignon, entre celles du Battoir et du Jardinet.

planté d'arbres fruitiers et contigu au clos de l'Hôtel, appartenant au sieur de Balincourt.

Le 15 juillet 1583, sans doute pour ménager sa perspective, François de Luxembourg porte ses vues de l'autre côté de la rue de Vaugirard, au coin de la rue Garancière et en face de son Hôtel. Il achète un jardin, clos de murs, contenant trois quartiers, appartenant à maistre Denis Grassoliau, procureur au Parlement, qui, d'après L'Estoile, mourra à Paris, le vendredi 9 février 1596 (1).

Ce n'est pas tout. Par un titre de 1603, nous constatons qu'il avait acheté sur ce rang une autre propriété qu'il revendit le 3 août de cette année, à François Pajot, huissier au Grand Conseil. Mais comme il ne veut pas que quelque bâtisse vienne masquer l'entrée de son Hôtel, qui fait face à la rue Garancière, il stipule dans le contrat l'interdiction d'élever aucune construction « plus haute que trois thoises au-dessus du rez-de-chaussée en appendiz, sur deux thoises de large compris les murs attenant et joignant la maison dudict acquéreur » et il limite à dix pieds la hauteur des murs de clôture du jardin. C'est vraisemblablement à cette servitude passive, dont il fera état plus tard dans l'inventaire des titres de propriété qui accompagne l'acte de

TOMBEAU DE RENÉ POTIER, DUC DE TRESMES

Placé dans le chœur de la chapelle de Gèvres aux Célestins, de Paris ; transporté au Musée des Monuments français ; puis au Musée de Versailles, galerie 96, n° 1883. Marbre, H. 1. 47.

(Réduction de la gravure de MILLIN, t. III, p. 41.)

vente de son Hôtel à Marie de Médicis, en 1612, que l'on doit la situation particulière de la maison située au coin des rues Garancière et de Vaugirard, à droite, portant le n° 34 et en retrait de la voie publique.

Revenant ensuite à l'idée d'agrandir son parc, François de Luxembourg achetait le 6 janvier 1587, de Pierre Daniau, maître brodeur à Saint-Germain-des-Prés, deux pièces de terre, dont une de deux arpents, et, le 18 mars 1588, de l'Hôtel-Dieu de Paris, une autre pièce de terre

---

(1) T. VII, p. 50.

d'un arpent et demi, sept perches, aboutissant sur la rue d'Enfer par une allée qu'une haie de rosiers séparerait de l'héritage à gauche.

Le 26 juin 1606, François de Luxembourg faisait l'acquisition, par décret des requêtes du Palais, d'une maison avec jardin d'un arpent, attenant à son Hôtel et en bordure de la rue de Vaugirard, qui avait appartenu à Messire François Dubois, chevalier de l'ordre du Roi, Seigneur du Plessis, Limey et Belleville.

Enfin, en 1611, le 30 juillet, il achetait des héritiers Poussemy, sept quartiers de terre derrière son parc, à l'instigation peut-être de Marie de Médicis, qui avait déjà jeté son dévolu sur son Hôtel.

C'est à cette belle résidence que François de Luxembourg préféra souvent son domaine de Pougy (1).

Il y mourut le 30 septembre 1613. Il fut inhumé définitivement à Ligny, où le 20 octobre Pierre Dante, prédicateur ordinaire de Sa Majesté, prononça, en présence de son fils, son oraison funèbre (2).

Son cœur fut déposé au couvent des Célestins de Paris, auquel il avait donné un tableau le représentant dédiant cette œuvre à Pierre de Luxembourg, nommé évêque à 15 ans, cardinal à 17 et qui mourut à 18, en 1387. Ce tableau qui ornait l'autel, portait cette dédicace : *Illustrissimus princeps D. Franscicus Luxemburgo in memoriam sancti beati Petri A. Luxemburgo avunculi sui me dedit 1587* (3).

TOMBEAU DE MARGUERITE DE LUXEMBOURG
DUCHESSE DE TRESMES
Même provenance. Musée de Versailles, galerie 96, n° 1884.
(Réduction de la gravure de MILLIN, t. III, p. 45.)

---

(1) Commune du canton de Ramerupt, arrondissement d'Arcis-sur-Aube, 896 hectares, 513 habitants.
(2) Elle a été imprimée. On la trouvera dans la collection Clairambault, 1115.
(3) MILLIN. *Antiquités nationales*.
Dans le même couvent se trouvait un vitrail représentant F. de Luxembourg en chevalier du Saint-Esprit agenouillé. (C^on *Gaignières*, 1175. Fol. 4 M.).

De sa première femme, Diane de Lorraine, fille du duc d'Aumale, qu'il avait épousée le 13 novembre 1576, et qui mourut en 1585, il avait eu six enfants, dont l'aîné Henri de Luxembourg, duc de Piney, prince de Tingry, marié le 15 juin 1597 à Madeleine de Montmorency, s'éteignit sans postérité mâle le 23 mai 1616, laissant une fille, Charlotte Marguerite de Luxembourg, qui épousa Léon d'Albert, sieur de Brante, frère du connétable de Luynes, mort en 1630.

Henri fut le dernier Luxembourg.

En 1599, François de Luxembourg épousa Marguerite de Lorraine, fille du duc de Mercœur et veuve du duc de Joyeuse, dont il n'eut point d'enfants. Elle mourut le 20 septembre 1625.

LES ARMES DE
FRANÇOIS DE LUXEMBOURG

D'argent, au lion de gueules, la queue nouée, fourchée et passée en sautoir, armé et couronné d'or, lampassé d'azur.

Son cœur fut, comme celui de son mari, déposé au couvent des Célestins, dans la chapelle des Dix mille martyrs, fondée par la Confrérie de ce nom, que le duc avait fait agrandir dans les premières années du dix-septième siècle et qu'on désigna, au siècle suivant sous le nom de chapelle de Gèvres, du nom de Léon Potier, duc de Gèvres, qui l'avait restaurée.

« Dans le chœur (1) devant l'autel de la chapelle, l'inscription suivante, séparée en deux parties par deux cœurs peints en rouge, était gravée sur une table rectangulaire de marbre blanc encastrée dans le pavement :

> Cy REPOSENT EN DIEU LES CŒURS DE
> Très puissant et très illustre prince
> Messire François de Luxembourg,
> Prince de Tyngre et premier duc d'Espinay (2)
> Qui décéda le XXX jour d'aoust (3) 1613.
> Et de très haute et puissante
> Princesse madame Marguerite
> De Lorraine, sa femme, laquelle
> Décéda le XX septembre 1625.

A droite de l'autel fut placé plus tard le mausolée de Marguerite de Luxembourg, l'une des filles de François de Luxembourg, dont la statue est maintenant au musée de Versailles, et qui avait épousé René Potier.

---

(1) *Epitaphier du Vieux Paris*, t. II, p. 315, 407, 408.
(2) Au lieu de Piney.
(3) Au lieu de septembre.

CHAPITRE V

A l'Est de l'Hôtel de Luxembourg.

L'HOTEL CHAMPRENARD. — QUI ÉTAIT « LÉONARD DE CHAMPREGNARD ». — MADAME DE CIPIERRE. — LA FAMILLE DES BIENCOURT. — LES MAISONS CLOPPIN. — LE RESTAURANT ITALIEN DE LA *Ville de Bresce*, TENU PAR STORNATO. — LA PROPRIÉTÉ DE PAUL DE TOURNEMINE. — LA VERRERIE. — MARIE DE CORBIE ET LA PETITE CHIENNE DE LOUIS XIII. — LES JARDINS D'ANTOINE ARNAULD. — LA MAISON DE JEAN PATRU. — LES *tripots* OU JEUX DE PAUME DU QUARTIER. — MADAME BUFFET, M. COURTIN ET LE SAVETIER BELLIARD.

N face de la rue de Tournon se trouvait une construction appelée dans les titres du commencement du dix-septième siècle « la maison Champrenard » ou « l'Hostel de Champrenard. » Elle comprenait plusieurs corps d'hôtel en bordure de la rue de Vaugirard, avec un jardin d'un hectare environ.

D'après le plan de Quesnel (1609), cet Hôtel, contigu à celui de François de Luxembourg, se composait de deux pavillons d'angle reliés par un corps de logis, avec entrée dans l'axe de la rue de Tournon. D'après celui de Vassalieu (1609) il était séparé de l'Hôtel de Luxembourg par un passage.

Tisserand (1) écrit que « vers l'an 1600, il appartenait à Madame de Cipières et était habité par le président de Champrenard. » Mais il n'a appuyé d'aucune référence cette double assertion et le nom de Madame de Cipierre ne nous est apparu que dans deux pièces : d'abord dans l'inventaire des titres de propriété de François de Luxembourg, comme cessionnaire d'un bail de trois quartiers de vignes réunis en 1575 au parc de ce dernier; en second lieu, dans la requête du cardinal de Bour-

---

(1) TOPOGRAPHIE HISTORIQUE DU VIEUX PARIS. *Région du Bourg-St-Germain*, t. III, p. 267.

bon au Parlement pour vaincre les résistances des propriétaires de la rue de Tournon à son projet de rectification de l'alignement de celle-ci. Madame de Cipierre y est désignée comme protestataire et dénommée « dame Loyse de Heluin ». C'est donc la femme de Philibert de Marcilly, seigneur de Cipierre, chevalier de l'ordre et premier gentilhomme en 1564, qui fut gouverneur de Charles IX et mourut le 10 septembre 1565.

Sa femme, Loyse de Halluin, fille d'Antoine d'Halluin, seigneur de Piennes, tué en 1552 au siège de Thérouanne, avait été attachée à la maison de Marguerite de France, fille de François Ier, de 1545 à 1559, date où cette princesse devint duchesse de Savoie. Elle fut ensuite attachée à la maison de Marie Stuart, puis, en 1564, à celle de Catherine de Médicis et enfin, en 1583, comme première dame d'honneur à la maison de Louise de Lorraine, femme d'Henri III (1).

Philibert de Marsilly l'avait épousée en 1560. Ses noces avaient été célébrées à Blois, où séjournait la cour, en même temps que celles du marquis d'Elbeuf et Brantôme raconte qu'à cette occasion, on avait joué *Sofonisba*, tragédie de St-Gelais (2).

Sur la demande de Madame de Cipierre et sur celle de Madame d'Alluye, sa sœur, Catherine de Médicis leur avait confié les deux filles de feu M. de Crevant, « jusqu'à ce qu'elles aient atteint l'âge pour lui pouvoir faire service ou à la royne future sa fille » (belle-fille) (3).

Elle mourut en septembre 1584.

Elle avait joui d'un grand crédit à la cour de Charles IX, auquel elle avait plu. On va voir sur quel ton d'affectueuse intimité elle lui écrivait :

Sire, (4)

« Je ne sey comment je doy remercier Votre Majesté du beau présent qu'il vous a pleu m'envoier, car set sy peu de vous offrir mon service en rescompence de tant d'obligasion que je vous ay de m'avair tant honorée que de vous estre resouvenu de moy et me doner de vos beaux chiens, que je sey bien que vous aymés plus que or et argent et pierre préssieuze. Cela me fait bien paroître, Syre, que je suis si heureuse d'estre continuée en vostre bonne grâce, de coy j'é tant reseu de joye que j'é esté trois jours sans

---

(1) *Etat de la maison des Rois, Reines et enfants de France*. BIBLIOTHÈQUE NATIONALE, (manuscrit en 3 vol., Fonds français, 7852, 3, 4). D'après Busini (*Négociations entre la France et la Toscane*, t. IV, p. 534) cette charge valait 4000 ducats.

(2) T. VII, p. 316.

(3) Lettres de Catherine de Médicis, t. IV, p. 3, à Mlle de Pirerieux, de Monceaux, 16 septembre 1570.

(4) Cette lettre, non datée, a été publiée par le baron de Ruble dans son étude sur *François de Montmorency* (MÉMOIRES DE LA SOCIÉTÉ DE L'HISTOIRE DE PARIS, t. VI, p. 232), sans indication d'origine. Elle est certainement postérieure à 1565, puisqu'elle fait allusion au séjour de la cour à Avignon. D'autre part les reitres dont parle Madame de Cipierre, firent leur apparition pendant les deuxième et troisième guerres civiles (1568 et 1569). Les mercenaires allemands, au cours de cette dernière année, se dirigeaient vers Limoges ; ils traversèrent le Mâconnais, pays dont la famille de Marcilly était originaire et où l'on trouve encore un château de Cipierre, dans la commune de Volesvres, canton de Paray-le-Monial, arrondissement de Charolles (Saône-et-Loire).

LOUISE DE HALLUIN, DAME DE CIPIERRE

D'après le portrait du Musée de Versailles n° 3205, salle 153, provenant de la collection de Colbert.

dormir, car je n'ey plaisir en ce désert où je suis sinon penser à vous, en me pourmenant toute seulle dans les allées de mon jardin, où je ris à part moy, me ressouvenant de vos joyeus propos. Quelquefois je pleure ausy, craygnant que le misérable tans, où nous sommes, ne vous face changer d'umeur et que ne deveniés mélancolique ; car je treuve, Syre, que s'et vice, et fais se que je puis pour me défandre ; combien qui se présente asés d'ocasion tous les jours pour le devenir, parse que les raistres m'ont brulé tout le village de Sypierre. Et en cette fascherie où j'estois je reseu la lettre qu'il a pleu à V. M. de m'escripre avecque les sis petis chiens, qui ont esté les très bien veneus et m'ont faict oublier toute ma perte ; car je n'ey rien de beau que sela, et sur tous Lionneste me gouverne. Je voudrois que ma petite fille feut aussi bien pourveue qu'eus. Je n'uce tant mis, Siré, de vous aller beser les mains, mès je n'oze me mestre en campagne, craignant d'estre vollée et viollée par les chemins. Et la peur que j'ay, Sire, que cette proze vous soit aussy ennieuze que les rimes que Amadis vous lisoit le soir en Avignon, me fera finir ce grant discours, après vous avoir fet très humble requeste de m'aimer comme il vous a pleu me le promettre, et je prirey toujours Dieu, Sire, de donner à Vostre Majesté, en parfaite santé, aussy heureuze et longue vie que la vous désire.

Vostre très humble et très hobéissante sugeste et servante.

PIENNES.

Madame de Cipierre était-elle propriétaire de l'Hôtel Champrenard ? Nous ne pouvons l'affirmer.

Ce qui est établi par les actes que nous reproduisons en annexes, c'est qu'en 1611 l'Hôtel Champrenard appartenait à un allié de la famille de Cipierre, à Antoine d'Ardres, baron et seigneur de Cresecques, qui avait épousé Marguerite de Marcilly, fille d'Imbert de Marcilly, chevalier, seigneur de Cipierre et fils de Philibert de Marcilly (1).

Il en eut deux filles : Louise-Marguerite, qui épousa Charles de Biencourt par contrat du 14 août 1612 et Françoise, qui épousa Philippe de Biencourt, par contrat du 1er décembre 1611 (2).

A sa fille Françoise il donna en mariage, avec trois mille livres de rentes à prendre sur les gabelles des greniers à sel du royaume cédées en dot à sa femme par le père de celle-ci, Imbert de Marcilly, « l'Hôtel Champrenard, à lui appartenant au moyen de la vente et adjudication par décret qui lui en avaient été faites au parc civil du Châtelet » (3).

Philippe de Biencourt, qui était en possession de cet hôtel à la fin

---

(1) BIBLIOTHÈQUE NATIONALE. Coll. Clairambault, Portrait de Philibert de Marcilly, 729.731. Portrait de Humbert de Marcilly, 4383, ses armes, 730. Ce dernier était gentilhomme de la Chambre en 1585.

Antoine d'Ardres, baron et seigneur de Cresecques et de Lincheux, le Bourguet, Vercourt, Belloy et autres lieux, bailli d'Ardres en Picardie, était le fils de Flour d'Ardres, chevalier, seigneur de Cresecques, qui appartenait à l'une des branches de la maison de Croy, laquelle avait pris son nom d'une terre située près de Pecquigny, à quelques lieues d'Amiens. (TALLEMANT DE RÉAUX, t. III, p. 327-8). Capitaine d'Abbeville en 1548, colonel du régiment de Picardie, devenu seigneur de Lincheux par son mariage avec Jeanne Clabault, des Clabault d'Amiens, Flour d'Ardres avait eu de cette union : une fille, Antoinette et un fils, Antoine, celui même qui nous occupe ici et qui figure en 1576 parmi les signataires de la Ligue.

(2) Voir aux annexes.

(3) A quelle date ? C'est ce que négligea de dire le contrat de mariage du 1er Décembre 1611 et l'acte de vente à Marie de Médicis du 18 Juillet 1613 ; on verra que ce dernier laisse

de l'année 1611, appartenait à une maison qui tirait son nom de la terre et seigneurie de Biencourt, dans le Vimeu, en Picardie et qu'elle possédait encore au XVI° siècle (1). Il se rattachait à la seconde branche de cette maison, celle des seigneurs de Poutrincourt, Saint-Mauvis (2) et descendait de Florimond de Biencourt, l'un des cent gentilshommes de la maison du roi François Ier, premier maître d'hôtel de Charles IX, qui le chargea d'une mission extraordinaire auprès de Charles-Quint et que le duc de Guise désigna en 1549 pour épouser par procuration Anne d'Este, fille d'Hercule II de Ferrare. Son père, Jacques de Biencourt, qui avait épousé une dame de Chauvaincourt et de Gamaches (3), avait embrassé le parti des catholiques, et, en juin 1590, avait dû rendre Beaumont-sur-Oise à Henri IV.

Charles de Biencourt (4) était maître d'hôtel ordinaire du Roi, écuyer de sa grande écurie et commandant son académie, c'est-à-dire son école d'équitation. Son frère, Philippe (5), était bailli souverain d'Ardres et du comté de Guines.

Tous deux étaient les neveux de Jean de Biencourt, quatrième fils de Florimond, qui partit avec l'amiral de Monts à la découverte de la Nouvelle-France et fut tué en 1615 en défendant Méry-sur-Seine, dont il était gouverneur. Ils étaient les cousins de Jean-Charles de Biencourt, qui, en 1610, avait passé au Canada avec son père et dont les démêlés avec les jésuites que la Reine Marie de Médicis lui avait adjoints comme missionnaires sont restés célèbres (6).

Qu'était-ce maintenant que ce Champrenard, qui avait donné son nom à l'Hôtel acquis par François d'Ardres et donné en mariage par celui-ci à sa fille en 1611 ?

---

cette date en blanc. C'est en vain que, pour suppléer à cette lacune, nous avons cherché dans la série Y (1926-2788) du Châtelet aux Archives Nationales ; nous n'y avons trouvé aucune mention de cette adjudication.

(1) La généalogie en fut dressée en 1778, sur titres originaux, par M. Clabault, archiviste et généalogiste. Elle a été reproduite dans le *Dictionnaire de la Noblesse* de LA CHESNAIE DES BOIS (T. XV, p. 66 à 94).

A la seigneurie de Biencourt avait été réuni le fief seigneurial de Poutrincourt, qui relevait de la seigneurie de Cayeux, petit village de la Somme.

(2) Petit village à 36 kilomètres d'Amiens.

(3) Petite ville du Ponthieu dépendant autrefois des seigneurs de Saint-Valery et d'Ault. En 1622, Louis XIII l'érigea en marquisat.

(4) Seigneur de Biencourt, Gamaches, Poutrincourt, Chauvincourt, Guibermesnil, Vercourt, du Thuit, de la Roque, etc.

(5) Chevalier, seigneur de Poutrincourt, Saint-Mauvis, Fresneville, Espaumesnil, Chauvincourt, Neufville.

(6) Voir le *Factum du procès entre Jean de Biencourt, seigneur de Poutrincourt et les pères Biard et Massé, jésuites*, publié avec une introduction par M. G. Marcel, Paris, Maisonneuve, 1887. *Mercure de France*, années 1615 et 1618.

Nous n'avons pu l'établir.

Tisserand le qualifie « Président » sans spécifier davantage.

Il est certain qu'il n'était Président ni au Parlement de Paris, ni à la Chambre des Comptes, ni à la Cour des Monnaies, ni à la Cour des Aides, car son nom ne figure pas dans les listes qui nous en ont été conservées. Peut-être fut-il président d'un Parlement ou d'une cour de province. Peut-être aussi la qualité qui lui a été donnée est-elle simplement le fait d'une erreur de lecture.

Dans la requête du cardinal de Bourbon au Parlement de Paris, en 1581, il est dénommé « Léonard de Champregnard, escuier. » Il est, dans cette requête, déclaré intervenant au nom de Madame de Cipierre (1). Nous n'en savons pas davantage et il faut d'autant plus le regretter que le Palais du Luxembourg a été précisément bâti sur l'emplacement de l'Hôtel qu'il habitait, qu'à ce titre on pourrait désirer le connaître d'une façon moins sommaire.

A côté de l'Hôtel de Champrenard, et en avant de son jardin, faisant hache à gauche, se trouvaient deux maisons, une grande et une petite, en bordure sur la rue de Vaugirard, en face de la rue Neuve — rue de Condé actuellement, — où s'élevait l'Hôtel de Gondi. Ces immeubles appartenaient à Me Jules Cloppin, commis au greffe criminel du Parlement.

La maison à la suite avait appartenu à Me Pierre Baudry, avocat au Grand Conseil. Le 8 juillet 1609, celui-ci l'avait cédée à Me Charles Poussemothe, notaire et secrétaire du Roi, dont la veuve, Geneviève de Vallon, épousa Louis Lambert, écuyer, sieur de la Marche. Elle tenait à la rue de Vaugirard, à droite à la propriété Cloppin, au midi aux jardins Champrenard et, à gauche, à un restaurant à l'enseigne de la *Ville de Bresce*.

Ce restaurant était tenu par un Italien, Lorenzo Stornato, « natif de la ville de Bresce, en Lombardie, pays des Vénitiens » dit l'acte de vente. Stornato était devenu bourgeois de Paris. Il avait épousé une Française, Denise Gilbert, femme d'une certaine instruction, à en juger par la netteté et la régularité de son écriture.

---

(1) Dans l'*Armorial général* de Rietstap, p. 401, un Champrenard, d'origine lyonnaise figure comme portant « de gueule à deux épées d'or passées en sautoir, ch. en cœur d'un écusson de sa. à la fasce d'argent. » D'autre part nous voyons dans le P. Anselme, t. VIII, p. 336, qu'un seigneur de Champrenard, Jean Agnot, fils de Claude Agnot seigneur de Champrenard et de Montgiraud, épousa le 2 juillet 1575 Anne Damas, fille de Georges Damas, seigneur de la Bastie. (Conf. LE LABOUREUR, *Masures de l'abbaye royale de l'Isle-Barbe-les-Lyon*, t. II, p. 82).

Champrenard est un hameau de 6 maisons et de 22 habitants, dépendant de la commune de Blacé, arrondissement de Villefranche (Rhône).

Les Stornato avaient acheté l'immeuble le 15 décembre 1600 d'Alexandre Moreau et de Marie Riboulet sa femme. Faute de disponibilités sans doute, ils s'étaient engagés à payer une rente aux vendeurs ; mais leurs affaires prospérant, les 16 décembre, 22 juin et 6 août 1612, ils avaient racheté et amorti cette rente après avoir ajouté quelque construction à celles qui existaient au moment de la signature du contrat. La propriété était importante. Elle comprenait quatre corps d'hôtel, plusieurs écuries, une cour, deux puits et un jardin. Elle mesurait 23 mètres de façade sur la rue de Vaugirard et de cette rue au fond, 65 mètres environ. Le jardin, en biais à gauche, n'en avait plus que 14 au fond. Ce qui donnait une superficie d'environ 1.200 mètres. A droite, il tenait à la propriété de la Marche-Poussemothe et au jardin de Champrenard, qui le bornait encore au midi.

Ce terrain avait appartenu jadis à Claude Pintrel, chanoine de Saint-Benoît, puis à Pierre Cardel. Me Michel, « serviteur du chancelier Poyet » y avait bâti une maison, appelée, dans un titre de 1546, la maison des *Trois Faucilles*, et vendue en 1559 à Antoine Fumée, conseiller au Parlement.

A gauche du restaurant, une grande porte architecturée, en plein cintre s'ouvrait sur un long passage, donnant accès à une propriété enclavée, avec maison, cour et jardin, tenant à l'ouest aux jardins de l'Hôtel Champrenard ; au nord, à ces mêmes jardins, qui la séparaient des propriétés de la Marche et Stornato ; à une propriété dont nous allons parler, appartenant à Marie de Corbie et, à l'est, aux jardins d'Antoine Arnauld.

Cette propriété appartenait à Paul de Tournemine, descendant d'une ancienne maison de la Bretagne qui, au XIIe siècle, avait eu pour tige un prince de la maison d'Anjou (1). Il était de la branche des seigneurs de Camsillon et le septième enfant de Pierre Tournemine, mort en 1582. Il avait épousé en premières noces Jeanne de Pierre-Bussières, et, en secondes, Esther Arnauld, sœur du Procureur Général de Catherine de Médicis et tante d'Antoine Arnauld-Marion, dont le jardin était contigu par en haut.

Par le bas, sur la rue de Vaugirard, il en était séparé par la propriété de Marie de Corbie, qui comportait, au milieu, en bordure de cette rue, deux maisons : l'une avec une porte cintrée et à deux étages ; l'autre fort petite, sans étages, à laquelle on accédait à gauche.

Le jardin qui s'étendait au midi participait de cette dualité. La

---

(1) Moréri.

partie faisant suite au corps de bâtiment, important, mesurait, en profondeur, le double de celle à la suite du rez-de-chaussée.

Elle renfermait une verrerie appartenant à Madame Damboise, dont la construction ne remontait vraisemblablement pas très loin.

L'industrie du verre, on le sait, avait été fort encouragée par la royauté au cours du seizième siècle, dans la pensée d'enlever aux Vénitiens le monopole presque exclusif de l'approvisionnement de la France. Des privilèges avaient été accordés aux maîtres verriers qui avaient demandé l'autorisation de construire des fours (1). Des mesures de protection avaient même été prises pour que les verreries d'une région ne fissent pas concurrence à celles des régions voisines. C'est ainsi qu'un arrêt du conseil d'État du 10 février 1609 avait défendu provisoirement l'envoi à Paris, et même dans un périmètre de trente lieues autour de la capitale, de verres de cristal et autres semblables à ceux qui se fabriquaient en la verrerie de Paris, que dirigeait alors Mareschal, à la double condition, cependant, que celui-ci se tînt toujours suffisamment approvisionné et ne profitât pas de ce monopole pour « hausser ses prix » (2). Quelques années plus tard, le 24 janvier 1613, un autre privilège était accordé au même Jean Mareschal : celui de fabriquer de l'eau-forte. Et ce pendant quinze ans (3).

Mutio avait-il établi ses « fournaises », rue de Vaugirard ? Au contraire l'établissement que nous trouvons ici avait-il appartenu à Mareschal ? Nous ne pouvons l'établir. Ce qui est acquis c'est que, dans cette partie, la rue de Vaugirard porta quelque temps le nom de rue de la Verrerie, dénomination plus anciennement attribuée à la rue actuelle de la Verrerie et à la rue Champverrerie (4).

Marie de Corbie, à qui appartenait le reste de la propriété, était la fille d'Eustache de Corbie qui, en 1559 en avait fait l'acquisition d'Honoré Chevalier. Elle avait épousé Jullien Allemany, écuyer, sieur de l'Echelle et d'Yancourt. Est-ce d'elle que parle Marie de Médicis lorsque

---

(1) Des lettres patentes du 13 juin 1551 avaient accordé à un Italien, Theses Mutio, venu en France à la sollicitation de « notables personnages » pour y faire du verre à la façon de Venise, un privilège exclusif de fabrication pendant dix ans afin de lui permettre, à la faveur de ce monopole qui excluait toute possibilité d'exposer ou de vendre des produits similaires, de se rembourser des frais faits par lui « pour dresser ses fournaises, fontes et autres choses aptes audit art », notamment son outillage. (Isambert, Anc. Lois Françaises, t. XIII, p. 184-5.)

(2) Bibliothèque Nationale. ms. 13,186. — E. 20. f. 169, r. — Ms. fr. 18,175, f. 57. r.

(3) Chatelet, Livres de couleurs. — H¹ F. 29 19, n° 3466, fol, 187. r.

(4) « Avant que Marie de Médicis, dit Sauval (T. I, p. 166), fît bâtir le palais d'Orléans, la rue de Vaugirard avait nom la rue de la Verrerie à l'occasion de quelques verriers qui s'y étaient venu établir. »

le 16 octobre 1613 elle écrit à M. de Souvré, le gouverneur de Louis XIII :
« Dites-luy (au roi) que j'ay amené fort bien sa petite chienne, que je l'ay baillié à M{}^{lle} de Corbie pour en avoir soing lorsqu'elle fera ses petits. » (1) C'est vraisemblable. Comme sa mère, le jeune roi aimait les chiens, en avait un grand nombre, dont quelques-uns étaient gardés et soignés à l'hôtel voisin de François de Luxembourg, où il aimait à aller chasser le gibier qu'on y apportait. Rien de surprenant que la reine ait demandé à M{}^{lle} de Corbie de prendre en pension la « petite chienne » de son fils pour la soigner quand elle mettrait bas.

Le jardin qui faisait suite à la propriété de Corbie se composait d'un long rectangle, clos de murs, avec porte chprretière sur la rue de Vaugirard, auquel s'en ajoutait un autre cinq fois plus grand, en retour d'équerre à l'est. A l'extrémité ouest du premier se trouvaient une petite construction, avec chambre à feu et grenier, et un puits. Une ouverture dans le mur du fond, permettait l'accès du second rectangle, comportant une maisonnette et un puits et partagé en douze carrés, dont six plantés d'arbres fruitiers.

Le jardin, d'une contenance de 5.000 mètres environ, faisait partie d'une pièce de terre importante, plantée en vignes au commencement du XVIe siècle, qui avait appartenu à Michel Rimbault, puis au boulanger Honoré Chevalier. Le 12 janvier 1544, cet héritage avait été partagé entre sa femme et ses enfants. Partie en fut vendue au président Gilles Lemaître (2), puis à Gilles Bourdin (3), qui la rétrocéda le 30 novembre 1559 à Philippe Joulin, sieur de la Brosse. Le 25 juin 1565, elle passa aux mains d'Antoine Arnauld, auditeur des Comptes, procureur général de Catherine de Médicis, mort à Paris en 1591, à l'âge de cent un ans. Arnauld avait, par contrat du 26 juin 1576 revendu une partie importante, mesurant 42 mètres de façade sur la rue de Vaugirard, et 48 de profondeur, à Jehan Borgnet, maître « esteuvier » (maître de bains) qui possédait déjà, à côté, un terrain avec jeu de paume, acheté le 19 avril 1570 de Marie Chevalier, veuve d'Henry Lebesque, en son vivant contrôleur en l'élection d'Evreux.

---

(1) *Cinq cents de Colbert*, 89, f° 194.
(2) Né à Montlhéry vers 1499, avocat général au Parlement de Paris en 1540. Président à mortier en 1550. Premier président en 1551. Mort le 15 décembre 1562 et enterré aux Cordeliers.
(3) Né à Paris en 1517. Lieutenant-général au siège des Eaux et Forêts, avocat général au Parlement de Paris en 1555. Procureur général en 1558. Mort d'apoplexie le 23 janvier 1570. Linguiste distingué, auteur d'un commentaire de l'édit de 1539. Il avait toujours l'air de dormir à l'audience, ce qui ne l'empêchait pas de résumer très exactement les affaires plaidées devant lui.

Antoine Arnauld, l'un des treize enfants du procureur général de Catherine de Médicis (1560-1619) avait recueilli ce jardin dans la succession de son père. Avocat réputé au Parlement de Paris, porte-paroles de l'Université contre les jésuites, il avait épousé Catherine Marion, fille de l'avocat général du même nom, dont il eut vingt enfants. C'était le père du grand Arnauld, né à Paris le 6 février 1612, mort à Bruxelles le 8 août 1694, d'Angélique (1591-1661) et d'Agnès Arnauld (1574-1671) de Port-Royal.

Dans le plan de Quesnel de 1615, la propriété Borgnet n'est plus au nom de ce dernier. C'est qu'elle a été vendue le 31 octobre 1605, par l'une des filles de Borgnet à Jehan Patru, procureur au Châtelet, père du célèbre avocat Olivier Patru qui, le 9 mai 1650 « décéda *en sa maison, rue des Noyers* », et fut enterré en l'église Saint-Benoit, où son fils avait été baptisé le 13 août 1604 (1).

Dans le jardin avait été aménagé un jeu de paume, qu'à cette époque on appelait un *tripot* (2). Il était couvert. On sait que ce jeu était fort répandu au dix-septième siècle. On en avait installé un peu partout. Les plus connus étaient ceux de la rue de la Perle, au marais ; des rues Cassette, Mazarine, Vendôme et des Fossés-Saint-Germain.

Dans le quartier qui nous occupe, de la maison Patru à l'entrée des Chartreux, sur la rue d'Enfer, on n'en comptait pas moins de six : dans le jardin Patru, dans les propriétés Buffet, Collot, Guiot, Gouin.

Dans sa *Description de Paris* (1599) (3) Thomas Flatter indique que la vogue des jeux de paume ne tenait pas seulement à la distraction qu'ils procuraient. « Il y a aussi à Paris, dit-il, de nombreux jeux de paume, surtout dans les faubourgs ; lorsqu'on démolit une maison, on établit souvent un jeu de paume sur son emplacement. On en tire plus de profit qu'en reconstruisant la maison, car on prête sur ces jeux autant que sur une maison. »

---

(1) Jal. La rue des Noyers commençait rue Montagne-Sainte-Geneviève, recoupait les rues des Carmes, Jean-de-Beauvais pour aboutir à la rue Saint-Jacques, en longeant à droite la chapelle Saint-Yves. Elle a été absorbée par la rue actuelle des Écoles. Cette propriété appartenait en 1659 aux enfants de Jehan Patru (Reconnaissance à la Grande Confrérie. Archives Nationales., S. 870-71). Marie Patru, sœur d'Olivier, avait fait mention de sa part dans son contrat de mariage avec Legaigneur, avocat au conseil du Roi. En 1684, cette propriété appartenait aux familles Legaigneur et Gallot ; en 1759, à Marc Héron, conseiller au Parlement ; en 1787 au neveu de ce dernier, Pierre Dionys Dusejour. Au milieu du XVIIIe siècle, Laguérinière y avait installé une académie. La maison Patru a disparu lors de la construction de la maison qui fait l'angle des rues de Médicis et de Vaugirard.

(2) Du verbe *triper*, qui signifiait sauter.

(3) Écrite en dialecte bâlois, cette description a été traduite pour la *Société de l'Histoire de Paris* qui l'a publiée dans ses *Mémoires*, t. XXIII (1896), p. 167 à 224.

Comme il y en avait alors 1.100 dans la capitale, de beaux jours luisaient pour les gens d'affaires qui fréquentaient la place Dauphine.

A la suite de la propriété Patru s'allongeait un jardin, clos de toutes parts, dont celle-ci avait été distraite, et conservé par les héritiers Borgnet ; puis une petite maison avec jardin, occupée par Madame Buffet ; un jardin et masure, appartenant à un maçon nommé Lepeintre ; et enfin une petite maison occupée par un sieur Simon Courtin, (1) huissier au Parlement qui l'avait acquise par décret en date du 13 août 1604.

Formant l'angle de la rue de Vaugirard et de la Contrescarpe, s'ouvrait l'échoppe du savetier Nicolas Belliard. Elle avait été construite sur une dépendance de l'Hôtel de Bourges, passée le 5 juin 1535 des mains d'Amand Colletes, tourneur en bois, en celles de la veuve de François Roger, laquelle le 4 novembre 1551 l'avait revendue à Pierre de Labaume. Le 16 août 1559, Jehanne de Garrigal, veuve de Pierre Berthaut, l'avait achetée. Le 5 février 1582, Jehan Camet, marchand hôtelier l'avait acquise. Il la revendait le 24 août 1585 à Belliard qui y pendait l'enseigne du *Prince d'Orange*.

---

(1) Ou Cousin d'après certains titres (S. 870-71).

CHAPITRE VI

La Contrescarpe des Fossés, aujourd'hui rue Monsieur-le-Prince.

DE LA RUE DE VAUGIRARD A LA RUE D'ENFER. — LES MAISONS A LA TÊTE DU PONT DE LA PORTE SAINT-MICHEL. — LE MANOIR DE LA CONFRÉRIE AUX BOURGEOIS TRAVERSÉ PAR L'ENCEINTE FORTIFIÉE. — L'HÔTEL DE L'ARCHEVÊQUE DE BOURGES. — LE LOTISSEMENT DU DOMAINE DE FRANÇOIS ROGER — LES MAISONS DE LA CONTRESCARPE ET LEURS HABITANTS EN 1611.

A L'EXTRÉMITÉ de la rue de Vaugirard s'allongeait obliquement la Contrescarpe des Fossés, formant une ligne droite, de la porte Saint-Germain à gauche, à la porte Saint-Michel à droite, pour s'infléchir vers la porte Saint-Jacques.

Ce chemin était désigné « chemin des fossés qui va de la porte Saint-Michel au chemin de Saint-Sulpice » dans un titre de 1414; « rue devant la porte Saint-Michel » dans un autre de 1570. Le plan de Sainte-Geneviève (S. 1513) l'appelle la « Contrescarpe des Fossés ». On l'appellera plus tard la « rue des Francs-Bourgeois » parce qu'elle longe le clos de la Grande Confrérie aux Bourgeois, que le censier de 1628 (1) appelle déjà le « cloz des Francs-Bourgeois. » Le voisinage de l'Hôtel de Condé lui vaudra ensuite le nom de rue des Fossés-Monsieur-le-Prince, puis, par simplification, celui de rue Monsieur-le-Prince.

Elle ne présentait aucune particularité.

Deux maisons modestes couronnaient le revers du fossé de chaque

---

(1) ARCHIVES NATIONALES, S. 3059, fol. 201. r.

côté du pont qui mettait la porte Saint-Michel en communication avec le faubourg du même nom. En face, dix autres s'alignaient, contiguës, à l'exception de deux que séparait un jardin cependant clos de murs de toutes parts, avec sortie sur la rue.

La plupart avaient été construites au commencement du seizième siècle dès que les héritages précédemment aliénés par la Confrérie aux Bourgeois avaient été morcelés à la suite de partages entre cohéritiers ou de réalisations volontaires.

Dès le quatorzième siècle, en effet, la Confrérie avait été amenée à vendre ou échanger les diverses parcelles de son domaine sur lequel, vers 1270, elle avait élevé une construction où elle tenait ses assemblées. Une partie dut être démolie pour l'établissement de la nouvelle enceinte fortifiée. La Confrérie abandonna le reste à cens ; au début du quinzième siècle son manoir amoindri était aux mains de Boisratier, archevêque de Bourges, qui le remit en état, ce qui lui valut le nom d'Hôtel de Bourges (1).

Après lui, l'Hôtel et ses dépendances passèrent à l'Hôtel-Dieu de Paris qui, le 4 septembre 1532, les vendit à Mᵉ François Roger, procureur général au Parlement de Paris.

Le nouvel acquéreur n'en jouit pas longtemps. Il mourut peu de mois après, et, dès 1534, sa veuve, Marthe de Selve, morcela la propriété. Le 7 février, elle en vend une partie à Claude Verdureau, une autre à Jehan Desgastières, maître esteufvier. Et ses aliénations se succèdent jusqu'en 1558. A cette époque, elle était veuve en secondes noces de Pierre Raymond, premier président du Parlement de Rouen.

Grâce au plan de Quesnel et Vellefaux de 1615, nous connaissons la physionomie des maisons qui font face à la contrescarpe. Et en rapprochant ce plan du procès-verbal de plantement de bornes de 1616 reproduit plus loin aux *Pièces Justificatives*, nous en connaissons exactement les occupants. Il y a mieux. Depuis sa constitution au dix-septième siècle, la propriété n'a pas sensiblement varié et nous la retrouvons presque sans modifications dans le terrier de la Confrérie aux Bourgeois établi au dix-huitième siècle (2) et dans notre cadastre contemporain.

---

(1) Au quatorzième siècle, les dignitaires de l'Église avaient leur hôtel à Paris, comme les princes apanagés, frères puînés ou neveux des rois et les grands seigneurs. L'archevêque de Sens avait le sien près Saint-Paul ; l'archevêque de Reims en avait un rues du Paon et Hautefeuille ; celui de Nevers, rue des Sept-Voies ; celui de Besançon, quai des Grands-Augustins ; celui de Tournay, Montagne Sainte-Geneviève.

(2) Nous le reproduisons plus loin, page 167.

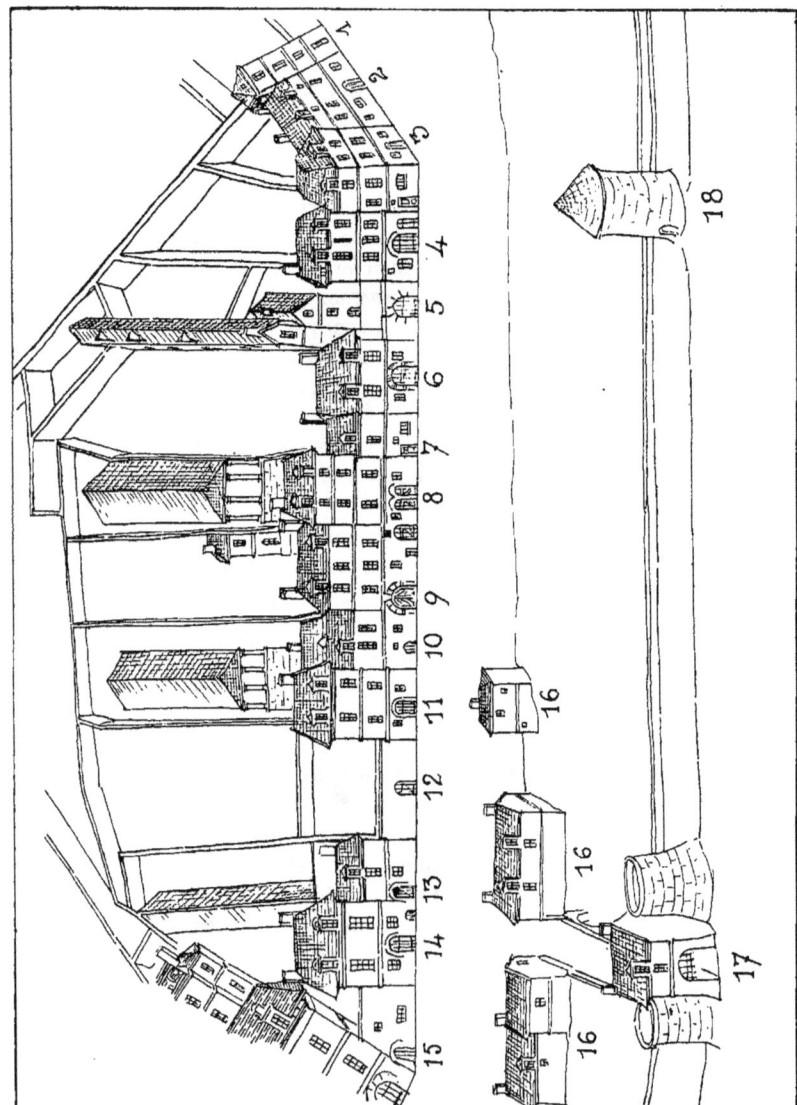

LA CONTRE-SCARPE DES FOSSÉS. Dessin à la plume calqué sur le plan, photographiquement agrandi, de Quesnel et Vellefaux.

1 et 2. Courtin. — 3. Belliard. — 4. Petit. — 5. Quentin. — 6 et 7. Antoine Collot. — 8. Maître Paumier. — 9. Lepeintre. — 10. Collot. — 11. Guiot. Jeu de Paume de Montgaillard. — 12. Jardin de l'ancien jeu de paume des Rabattus. — 13. Gabriel Gouin. Jeu de paume Fesson. — 14. François Gouin. — 15. Hameau. — 16. Maisons de la contrescarpe. — 17. Porte Saint-Michel. — 18. Tour de l'enceinte dite *Tour de brique.*

La première maison était occupée par un sieur Petit. Elle avait été construite sur un lot de terrain vendu par Marthe de Selve à Guillaume Lefeuvre, boulanger, le 8 juin 1535 ; échu le 15 septembre 1576 à son fils, procureur au Châtelet ; adjugé le 12 juillet 1578 à la dame Morineau, veuve d'un procureur au Parlement ; puis revendu le 5 février 1582 à Jeanne Lefeuvre, veuve Thiboust.

La seconde maison, bâtie en retrait, avait été vendue par Pierre Puthomme, potier d'étain, à Nicolas de la Brie, maître-ès-arts de l'Université de Paris, qui en passa déclaration le 27 février 1582. Elle était habitée en 1611 par Estienne Cuquerhon Quentin.

Les deux maisons à la suite appartenaient à Antoine Collot.

Puis venait une bâtisse à trois étages, avec deux entrées, dont l'une donnait accès à un jeu de paume et occupée, d'après le procès-verbal de 1616, par un maître paumier (n° 8 du plan).

La maison suivante, à l'enseigne des *Trois-Boules*, occupée par François Thomas, avait été construite sur le lot vendu par Marthe de Selve à Jehan Desgastières le 7 février 1534. Le 5 mars 1574, Baptiste Bérardier, « joueur de comédie », en avait passé déclaration comme l'ayant acquise de Jehan de Bénac, écuyer, sieur de Beau. Le 4 février 1606, elle avait été vendue à un parqueteur, Antoine Caron, puis cédée à bail à rente à Mathias Lesourd qui, le 13 novembre de la même année, l'avait revendue à Antoine Lepeintre, maçon.

Elle tenait, à gauche, à une maison peu importante, réunie à une autre, à deux étages, dans le jardin de laquelle se trouvait le Jeu de Paume de Montgaillard, occupée par un sieur Guiot. Celle-ci avait été construite sur le lot de Marthe de Selve, vendu le 7 février 1534 à Claude Verdureau et adjugée par décret du 15 avril 1609 à Collot, propriétaire d'une maison un peu plus bas.

A la suite s'étendait un grand jardin, clos de murs, avec porte cochère sur la rue, dans lequel avait été installé autrefois un jeu de paume : celui des Rabattus (1). Le 10 mars 1574, Guillaume Boilève, tailleur, en avait passé déclaration. Le 23 novembre 1579, c'était Pierre Berte, marchand de vins.

Il était contigu à une propriété importante comportant une maison et deux maisonnettes. La première de celles-ci donnait accès à un jeu de paume abandonné, le jeu de paume Fesson, du nom de son propriétaire, Jehan de Torcy dit Fesson. C'était encore un lot de Marthe de Selve, vendu le 25 septembre 1537 à un menuisier, Antoine Chocquier.

---

(1) *Rabattre*, au jeu de paume, c'est renvoyer la balle le plus près de terre possible.

Le 9 juin 1545, celui-ci l'avait revendu à Jehan de Couralles, maître rôtisseur. Nicolas Bardou, négociant (23 octobre 1570), son beau-fils, Antoine Tillois (16 février 1582), Jehan de Torcy, « maistre faiseur d'esteufes » et valet de chambre du cardinal de Guise (2 juillet 1582), en avaient eu successivement la disposition. En 1611, la maison était occupée par Gabriel Gouin, fils d'un procureur au Parlement et la maisonnette adjacente par son beau-père Nicolas Hameau, avocat au Parlement.

Entre les deux se trouvait la maison de François Gouin.

On peut donc dire qu'en 1611, la contrescarpe était fort prisée des gens de Parlement.

CHAPITRE VII

Sur la rue d'Enfer.

LA VIA INFERIOR. — L'ORMAIE ET LES VIGNES DU MANOIR DE VAUVERT. — LE CHEMIN DE VANVES. — LA POSTE AUX CHEVAUX. — LA PROPRIÉTÉ DE BRUSQUET, FOU DU ROI. — SON MORCELLEMENT. — LA FERME DU PRESSOIR OU DE L'HÔTEL-DIEU. — SES 83 HECTARES. — ARPENTAGE DE 1529. — AUTOUR DU CLOS DES CHARTREUX.

La rue d'Enfer, qui délimitait l'îlot du Luxembourg, à l'est, après le pan coupé formé par la Contrescarpe des Fossés, était une voie secondaire, doublant la rue Saint-Jacques, dont le niveau était inférieur, d'où son nom de *Via Inferior*. Elle avait été, au Moyen-Age, bordée de vignes et d'ormes. Les vignes couvraient son côté occidental ; elles encadraient le manoir que le roi Robert s'était construit à Vauvert. De là, le nom des *Vignes du Roi* encore consigné dans des actes du treizième siècle (1). En face s'étendait une ormaie, qualifiée aussi d'*Ormes du Roi*. Devant l'amorce du chemin qui conduisait à la Chartreuse et à Vanves, un arbre isolé qu'on appelait « l'Ourme le Roy ». (2), marquait la naissance d'un carrefour.

La rue était pavée. Thierry de Lyencourt, qui avait un hôtel du côté de Vauvert, avait fait les frais de son premier établissement. On l'avait réfectionnée en 1504, à l'aide d'un prélèvement sur les amendes prononcées par le Parlement et la Chambre des Comptes. (3)

La circulation y était assez active au seizième siècle. Car elle n'assurait pas seulement les relations avec le monastère des Chartreux qu'elle desservait: on l'empruntait pour apporter au pressoir de l'Hôtel-Dieu les

---

(1) ARCHIVES DE L'HOTEL-DIEU DE PARIS, n° 1005.
(2) *Ibid.* n° 2054.
(3) DU BREUL. *Le Théâtre des Antiquités de Paris*. Ed. de 1639, p. 358.

raisins récoltés dans ces parages. Plus près de la Porte Saint-Michel, la Poste aux chevaux, tenue par un fou du Roi, Brusquet, provoquait un mouvement important.

Brusquet était, à l'époque, une sorte de personnage.

De son vrai nom Antoine Lombart, il avait remplacé Triboulet à la cour de François I*er*. Né en Provence, il s'y était donné comme chirurgien. A ce titre, il s'était introduit au camp d'Avignon (1536). Mais il y fit tant de victimes qu'on décida de le pendre. Le Dauphin, charmé par ses boutades, le sauva. Il le ramena à Paris comme valet de garde-robe, puis comme valet de chambre. Il lui fit, en outre, donner la Poste de Paris, qu'il tint, du reste, à la satisfaction générale. Il avait toujours une trentaine de postillons (1) et, dans ses écuries, cent bons chevaux. Il prenait le titre de « capitaine de cent chevaux-légers. » Protégé par Henri II, il fit rapidement fortune, grâce aux bénéfices qu'il réalisait avec la poste, aux cadeaux qu'il recevait et aussi aux exactions qu'il commettait vis-à-vis les princes et les grands.

Brantôme, dans sa notice sur le maréchal Strozzi, a consacré une vingtaine de pages au récit complaisant de ses grosses farces (2).

Dans une lettre aux syndics et conseil de Genève, datée de Lyon (1559), Brusquet a laissé cette énumération de ses qualités : « Seigneur de Brusquet, premier fol du Roy et vallet de sa chambre, huissier de la Royne, maistre de la Poste de Paris et seigneur du Viguier d'Antibes. »

Lors de l'effervescence de 1562, on pilla sa maison sous prétexte qu'il favorisait les coreligionnaires de l'un de ses gendres, qui était huguenot, en soustrayant des lettres et dépêches destinées au Roi. Il dut, pour avoir la vie sauve, s'enfuir à Noyan, chez Françoise de Bourbon, femme de Henri Robert de la Marck, duc de Bouillon.

---

(1) L'un de ces postillons s'appelait Pirou Garbier. Son nom nous a été conservé par Ambroise Paré qui raconte qu'il fut l'un des premiers sur lesquels il fit l'expérience de la ligature des artères, qu'il avait imaginé de substituer à la cautérisation, pratiquée par les chirurgiens, ses contemporains, après les amputations. « Ayant plusieurs fois usé de ceste manière de coudre les veines et artères aux playes récentes, esquelles se faisoit une hémorrhagie, j'ay pensé qu'il s'en pouvoit bien autant faire en l'extirpation d'un membre. De quoy ayant conféré avec Estienne de la Rivière, chirurgien ordinaire du Roy, et autres chirurgiens jurez à Paris, et sur ce leur ayant déclaré mon opinion, furent d'avis que nous en fissions l'épreuve au premier malade qui s'offrirait, combien que nous ayons les cauteres tous prests pour en user au défaut de la ligature, Ce que j'ay practiqué à l'endroit de plusieurs, avec très bonne issue, encore depuis peu de jours en ça en la personne d'un postillon, serviteur de Brusquet, nommé Pirou Garbier, auquel fut coupée la jambe dextre, quatre doigts au dessus du genouil, pour une esthiomène qui lui estoit survenue à cause d'une fracture. » (*Œuvres d'Ambroise Paré*, 8e édition, Paris, in-fol. 1628, p. 479).

(2) Voir *Œuvres de Brantôme*, (éd. de la S. de l'H. de France, t. II, p. 244 à 269 et VIII, appendice p. 205. — JAL, *Dictionnaire historique*, au mot *Fous*. — *Revue Rétrospective*, t. IV, p. 32. (Mémoire de L'Aubespme sur la Cour de Henri II.)

En 1568, il écrivit au Roi une lettre qu'il signait ainsi : « Vostre ancien bouffon, gravelleux, pierreux, borgne, bossu et manchot, bany de sa Poste, sacagé en sa maison, vollé de ses serviteurs, mary de la plus laide et mauvaise teste de femme qui soit en France, et meilleure musicienne. »

Il mourut peu de temps après, à Noyan, car dans les comptes de cens payés à la Grande Confrérie aux Bourgeois en 1567, la recette est encore inscrite au nom de Lombart, mais en 1568, elle est inscrite au nom de sa femme, « *veuve* de Jehan-Antoine Lombart, dit Brusquet. » (1).

Brusquet, — que pour plus de clarté dans cette histoire immobilière du quartier, nous appellerons toujours de son nom patronymique de Lombart, — avait acheté, le 13 mai 1552, une maison faisant l'angle de la Contrescarpe et de la rue d'Enfer qu'Etienne Loiseau tenait depuis 1537 de Marthe de Selve. Elle avait pour enseigne l'*Image de Saint-Etienne* et, en 1570, on l'appelait la *Maison de la Poste*.

Le 1ᵉʳ mars 1558, Lombart réunit à ce lot, distrait par Marthe de Selve des jardins de l'Hôtel de Bourges, « une maison en laquelle il y avait cours et jardin, pressouer, et aultres édifices, la plupart desquels sont à présent en ruynes et desmolis, assis hors la porte Saint-Michel-les-Paris, en la rue tendant au couvent des Chartreux, icelles maisons aultrement dites et appelées l'Hostel de Bourges » avec deux arpens et demi de terres labourables « estant derrière et à l'alignement de la closture d'icelle maison, faisant jadis tierce portion de cinq arpens et ung quartier de terre qui soulloit estre en vignes, tenant la totalité des dictz lieux au dict Lombart et à Pierre de Vastu, fourrier de l'écurie du Roi de Navarre, par derrière aux vignes de l'Hostel-Dieu. »

Grâce à cette désignation, nous savons donc qu'au milieu du seizième siècle il restait peu de choses du manoir de la grande Confrérie, dont l'archevêque de Bourges avait fait son Hôtel.

Brusquet mort, sa propriété fut partagée par cinquièmes entre sa femme, Dolce Vyan et ses quatre enfants, Nicolas et Hatiforel, Catherine et Leonne Lombart. Mais ce ne fut pas sans de multiples incidents qu'ils entrèrent en possession.

La Grande Confrérie chicana pour le paiement des droits de mutation. Le 19 novembre 1569, un arrêt du Parlement condamna la veuve et ses enfants à produire leurs titres d'acquisition. L'année suivante, ils durent procéder à un arpentage et le procès-verbal de cette opération, signé par Nicolas Gérard « mesureur », constate que l'ensemble de la

---

(1) ARCHIVES NATIONALES. S. 867.

propriété, avec la Poste aux chevaux, contenait près de deux hectares (5 arpens, 3 quartiers, 5 perches). Elle s'étendait sur une profondeur de 102 mètres environ jusqu'au jardin d'Arnauld, dont l'entrée, on l'a vu plus haut, était rue de Vaugirard.

La veuve Lombart et ses enfants ne conservèrent pas longtemps cet héritage. Ils en vendirent la presque totalité.

Hatiforel, écuyer, sieur de Missy « en la forêt d'Orléans, y demourant », vendit le 14 janvier 1583, à Guillaume Duval, seigneur de Vaugrigneuse, la maison qu'il avait reçue en partage. Comme elle était, d'après l'acte, contiguë à celle de Jean Gouin, procureur au Parlement, nous savons que c'est la maison dite de la Poste, et nous en avons, par le plan de Quesnel et Vellefaux, la physionomie architecturale.

Elle fut rachetée, avec la maison à la suite, échue à Nicolas Lombart, le frère d'Hatiforel, par Pierre Coignet, marchand joaillier, qui acheta en outre de la veuve et de Léonne Lombart, femme de Claude Bailly, régent de la Faculté de Médecine de Paris, des dépendances et un bout de jardin, dont celle-ci possédait encore la plus grande partie en 1611 (1).

Catherine Lombart, qui avait épousé un valet de chambre ordinaire du Roi, Antoine Chabot, vendit sa part à Pierre Ponson, professeur à la Faculté de Médecine et celui-ci à des Vallées, qui en était en possession en 1611.

Une maison faisait enclave dans la propriété Lombart avant partage. Elle avait appartenu à Pierre Vassy, fermier de cent gentilshommes de la maison du Roi, qui l'avait, le 28 février 1565, revendue à Olivier Gautier, procureur en la cour de Parlement. Gautier agrandit sa propriété en achetant des héritiers Lombart un lambeau et il fallut, pour lui faire acquitter entre les mains de la Grande Confrérie les droits de mutation, un arrêt du Parlement. C'est la maison qui, dans le plan de Quesnel et Vellefaux, est indiquée comme la seconde après la Poste aux chevaux.

L'immeuble qui suivait dépendait de la censive du Chapitre de Notre-Dame.

---

(1). Indiquée par le n° 7 sur le plan du Fief du clos aux Bourgeois.
La maison de la Poste passa de Coignet à Dargneton, d'après le plan de Quesnel. En 1619, elle appartenait à la veuve de Pierre de Morel, Hélène de la Ménardière, qui la légua par testament (1621) à son neveu, Pierre de Lizay, sieur de la Coste. Vendus à Louis de Marilhac, prêtre et docteur en Sorbonne, elle devint en 1687, la propriété du collège du Mans. La maison qui porte le n° 58 sur le boulevard Saint-Michel et qui fait retour vers le Luxembourg, sur la rue de Médicis, a été bâtie sur son emplacement. C'est en creusant ses fondations qu'on trouva le trésor dont nous avons parlé page 35.

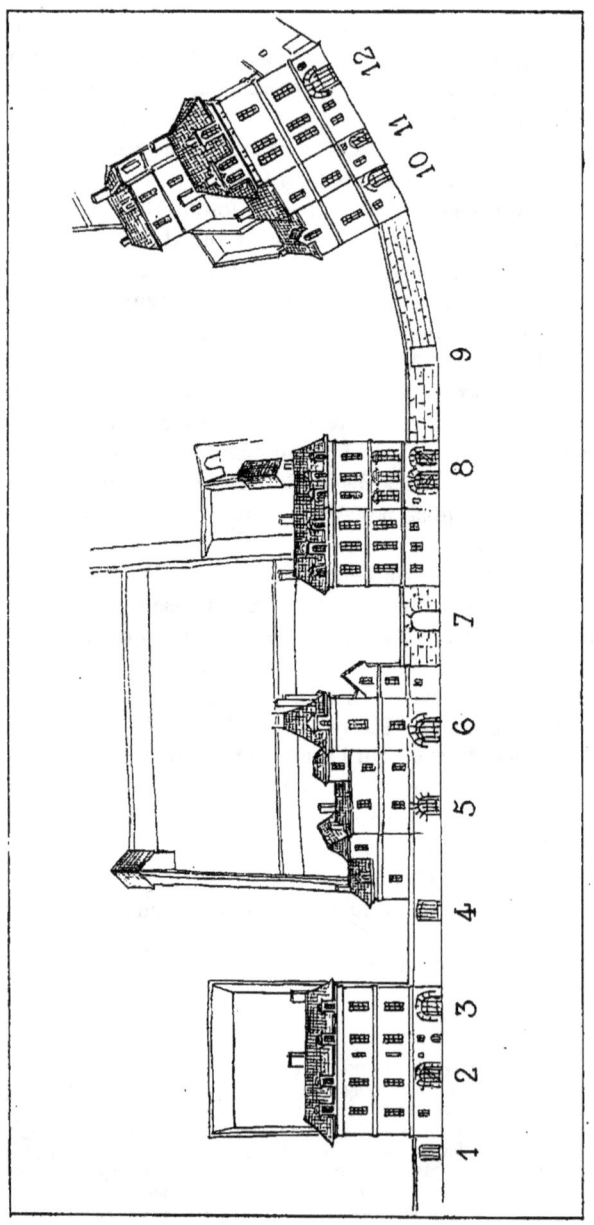

RUE D'ENFER. Dessin à la plume, calqué sur le plan photographiquement agrandi de Quesnel et Vellefaux.

12, 11, 10. La poste aux chevaux, propriété d'Antoine Lombard, revendue à Pierre Coignet (12 et 11) et à Gauthier. — 9. Jardin à Mme Bailly, fille de Brusquet. — 8. Des Vallées. — 7, 6, 5. Propriété Pajot. — 4. Sortie du parc de l'Hôtel de Luxembourg. — 2, 3. Lestourneau. — 1. Hôtel-Dieu.

Il avait été vendu d'abord par le Chapitre à Olivier Gautier ; puis il avait passé successivement aux mains de son fils, Mᵉ Damain Gaultier, praticien au Palais, et enfin, le 8 mars 1602, à Jacque Pajot, huissier au Parlement.

La maison suivante appartenait à Edme Lestourneau, conseiller du Roi, référendaire en la chancellerie et avocat, parent de Claude Lestourneau receveur du domaine, dons et octroys de la ville de Paris (1). Elle avait été bâtie, par Pierre Hubroson, marchand de Paris, sur un terrain qu'il avait acheté de l'Hôtel-Dieu, le 15 juillet 1545. Sa fille, devenue veuve de Jean, médecin, l'avait revendue en février 1609 à Lestourneau. Cette maison était séparée de la précédente par une parcelle, acquise de l'Hôtel-Dieu de Paris, par François de Luxembourg, pour la réunir à son parc.

L'Hôtel-Dieu de Paris possédait dans notre îlot une ferme importante, qu'on appelait la *Ferme du pressoir*, parce qu'il s'y trouvait un pressoir dont nous avons parlé au début de ce chapitre. Close de mur sur la rue d'Enfer et sur la rue qui conduisait aux Chartreux, la ferme avait ses accès sur celle-ci. Elle comprenait un corps de logis, perpendiculaire à la première, s'orientant de l'est à l'ouest, avec exposition au midi. Des granges, des étables au nombre de sept étaient disposées autour d'une cour centrale, partagée vers le milieu. Un vaste jardin fruitier, planté en roue, la joignait. Plus loin, un moulin, assis sur une tour de pierre, et, à la suite, des vignes dont la récolte, nous l'avons dit, se vendait fort mal.

Son domaine avait été commencé au treizième siècle à l'aide de deux donations ; l'une, des trois arpents de vignes faite par Nicolas, chanoine d'Evreux et de Sens, neveu et chapelain du pape Grégoire (avril 1228) ; l'autre, de six arpents et d'un pressoir faite par Pétronille, veuve de Guillaume le Vigneron (1265), qui les avait achetés de Roger Comin.

Par la suite, les dons avaient afflué. Guillaume de Boisratier, archevêque de Bourges, qui y disait souvent la messe, avait, au quinzième siècle, songé à lui léguer la maison qu'il avait acquise de la Grande Confrérie aux Bourgeois. Mais son départ pour le Concile de Constance fit tomber ce projet et l'on a vu quels furent les déboires de l'Hôtel-Dieu qui, pour conserver ses espérances, entretint et exploita ses vignes. Ses administrateurs ne se firent pas faute, du reste, d'aider eux-mêmes à l'extension de son propre domaine en achetant une série de parcelles

---

(1) Archives Nationales, S. 1623. — Voir également l'*Introduction à l'Histoire de Paris*, p. 126.

dont l'énumération serait fastidieuse. Nous nous bornons à dire ici que l'arpentage qui fut fait en 1529 et que nous reproduisons aux *Pièces Justificatives*, accuse un ensemble de 249 arpents, soit 83 hectares.

Mais au dix-septième siècle, l'administration de l'Hôtel-Dieu eut des préoccupations contraires. Elle céda aux sollicitations de François de Luxembourg, elle céda à celles de Marie de Médicis et de bien d'autres, de telle sorte qu'en 1627, les 249 arpents étaient ramenés à 88.

On n'en trouve plus que 34 en 1784.

La route de Vanves, qui limitait la ferme de l'Hôtel-Dieu et desservait la Chartreuse, s'amorçait sur la rue d'Enfer, dans l'axe du pavillon nord de l'école actuelle des Mines, en face le n° 83 du boulevard Saint-Michel.

A la suite, en bordure de la rue d'Enfer, s'espaçaient quatre propriétés importantes : d'abord le petit clos des Chartreux, puis celle de Bollet, celle de Jacques de Mesmin, chevalier, seigneur et baron de Nangeville et Villiers-le-Bâcle, enfin celle de Simon Piètre, médecin ordinaire du Roi.

Simon Piètre appartenait à une famille de médecins célèbres. Son père, qui portait le même prénom, était né à Vérade, près de Meaux, en 1525. Reçu docteur en 1549, professeur, puis doyen de la Faculté de médecine de Paris en 1564, il avait été attaché, comme médecin sans gages, à la maison du roi Henri III (1). Fort lié avec Ramus, il n'avait échappé au massacre de la Saint-Barthélemy que grâce à la présence d'esprit de son gendre, Jean Riolan, qui le cacha à l'abbaye de Saint-Victor.

Riolan était, à l'égal de son beau-père, un médecin réputé. Né à Amiens en 1539, il avait d'abord professé la philosophie dans divers collèges, notamment au collège de Boncourt. La médecine l'attira. Reçu docteur, il ne tarda pas à devenir professeur d'anatomie et de médecine à la Faculté de Paris, où son enseignement, inspiré des largeurs de vue de Fernel, le médecin d'Henri II et de Diane de Poitiers, agrandit bientôt le champ de la médecine d'observation. Il était mort en 1605, le 18 octobre.

Nous retrouvons Simon Piètre au Louvre, assistant à l'autopsie et à l'embaumement du corps de Charles IX par Ambroise Paré (31 mai 1574). En 1581, il était désigné comme membre d'une commission

---

(1) Il figure sur les états de 1584. ARCHIVES NATIONALES, KK, 139, fol. 16 et 42.

chargée de décider si la traduction latine des œuvres de l'illustre chirurgien était de Guillemeau.

Il mourut à Paris en 1584 et, à sa demande, fut inhumé dans le cimetière de Saint-Étienne-du-Mont (1).

Son fils Simon, dit le Grand, le propriétaire du jardin contigu à celui de M. de Nangeville, était né à Paris en 1565. Il avait été reçu docteur en 1586. Puis il avait été professeur à la Faculté de médecine et ensuite au collège de France. Sa grande facilité d'élocution, son savoir comme praticien lui avaient acquis une grande réputation. Il mourut à Paris en 1618, laissant une veuve et plusieurs enfants. M. le Dr Piettre qui fut sénateur de la Seine, de 1900 à 1909, se rattache à sa famille.

La propriété Bollet était peu importante. Celle de de Mesmin, contenait quatre arpents. On y trouvait une petite maison avec dépendances, un puits à eau et deux puits de carrières d'où l'on extrayait la pierre à bâtir. La propriété Piètre ne comportait que trois arpents. Elle avait été acquise par le doyen de la Faculté de médecine le 3 mars 1601, par sentence des requêtes du Palais (2).

Elles ne devaient pas tarder à être incorporées dans l'enclos des Chartreux, dont nous allons indiquer la configuration.

---

(1) Sur sa tombe, on grava les deux épitaphes suivantes que Pigagniol (t. VI, p. 127) nous a conservées : *Simon Pietre doctor* || *medicus parisiensis,* || *vir pius et probus* || *Hic sub dio sepeliri voluit* || *ut ne mortuus cuiquam noceret,* || *qui vivus omnibus profuerat.* — *Simon Piètre, qui fut jadis docteur médecin de Paris, d'une probité singulière, a voulu que son corps fut mis au milieu de ce cimetière, craignant ailleurs de faire tort dans une place mieux choisie et qu'ayant fait à tous du bien pendant sa vie, il ne put nuire après sa mort.*

(2) ARCHIVES NATIONALES. S. 3960.

CHAPITRE VIII

Au Midi. — L'enclos des Chartreux.

LES DIX-NEUF HECTARES DES CHARTREUX. — LE PETIT CLOS. — LES DIVERSES PARTIES DU MONASTÈRE DES CHARTREUX. — L'ÉGLISE. — LE CLOÎTRE. — LE PUITS. — LE CIMETIÈRE. LES JARDINS. — L'EXPLOITATION DES CARRIÈRES.

L'enclos des Chartreux se composait, en 1611, de deux pièces de terre séparées par le vieux chemin de la porte Saint-Michel à Vanves, qui limitait au midi la ferme de l'Hôtel-Dieu.

La première, en bordure de la rue d'Enfer, était, à l'opposé, limitée par la propriété Bollet. Sa superficie, d'après le plan de 1617, produit à l'appui de la requête des Chartreux tendant à la suppression de ce chemin et à la création d'une allée par laquelle on accéderait directement à leur cloître, était de deux hectares environ. On l'appelait le Petit-Clos.

La seconde, attenante, formait un vaste quadrilatère mesurant au midi 290 mètres, puis 380 dans sa partie la plus large, sur 520 mètres de longueur, ce qui donne 17 hectares environ, chiffre supérieur aux évaluations pourtant postérieures de Sauval, qui n'en accuse que 16, pour l'enclos tout entier. C'est dans cette seconde pièce de terre que se trouvaient l'église, le cloître et toutes ses dépendances. Elle était close partout de hautes murailles. Celle à l'est bordait le chemin de Vanves, chemin en terre, semé de fondrières, que coupait au midi un sentier, le chemin Herbu, dont le titre dit assez l'abandon, avant qu'il ne fût mis en état et appelé la rue Notre-Dame-des-Champs.

La constitution de cet enclos remontait au treizième siècle.

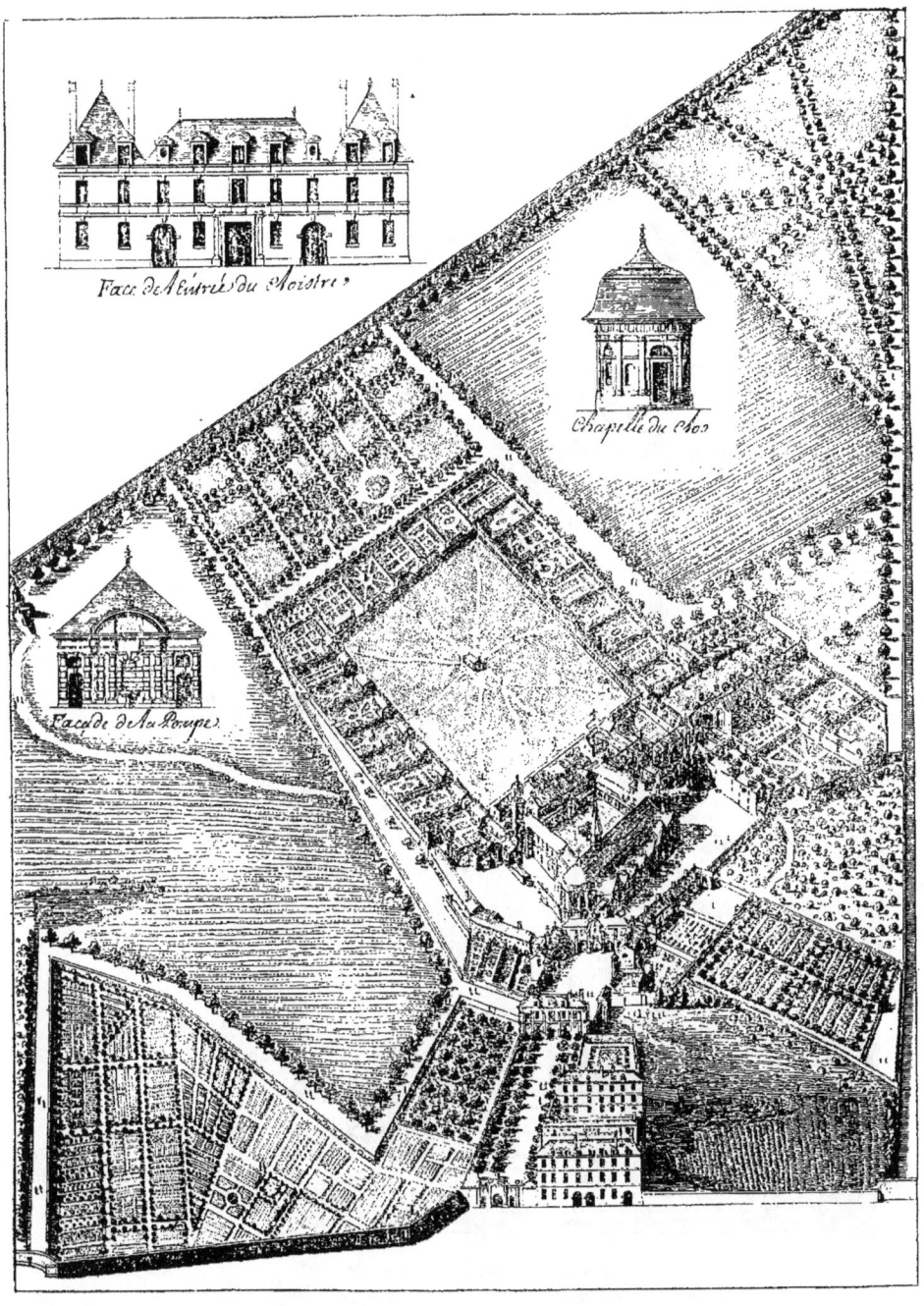

PLAN CAVALIER DE LA CHARTREUSE AVEC LA FACE D'ENTRÉE DU CLOITRE SUR LA RUE D'ENFER,
LA FAÇADE DU BATIMENT DE LA POMPE ET LA CHAPELLE DU CLOS

A droite de l'entrée du cloître, en arrière de la maison en bordure de la rue d'Enfer, la seule construction qui reste des Chartreux, enclavée dans un bâtiment portant le n° 64 boulevard Saint-Michel.
La Bibliothèque Nationale possède deux épreuves de cette gravure. La première, avant la lettre, porte cette légende manuscrite : « A Paris, chez N. Langlois, rue Saint-Jacques, avec privilège. » La seconde porte cette légende gravée : « A Paris, chez Mariette, rue Saint-Jacques à la Victoire, Avec privilège du Roi. »

LE CHŒUR DE LA CHAPELLE DES CHARTREUX
D'après un dessin au lavis de la Bibliothèque Nationale (Topographie de la France),
provenant de la collection de Robert de Cotte.

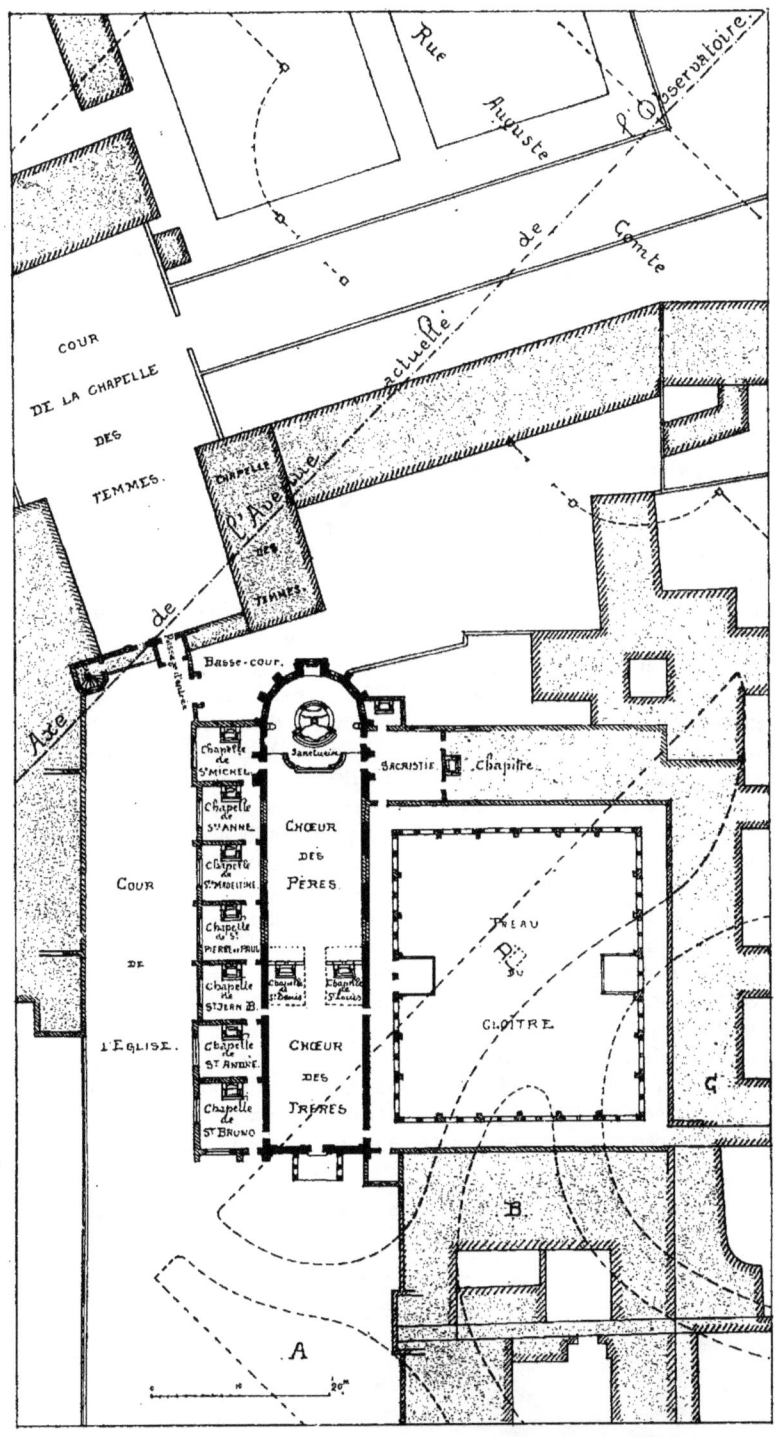

PLAN DE LA CHAPELLE DES CHARTREUX (repérée sur la disposition actuelle du jardin).
A. Massif du monument Le Play. — B. Massif. — C. Massif. — D. Emplacement du Lion de Cain.

Installés au cours de l'année 1257 dans une maison de Gentilly, mise à leur disposition par saint Louis, les Chartreux avaient, avec l'assentiment de ce dernier, le 22 novembre de la même année, pris possession du manoir construit par Robert-le-Pieux, à Vauvert, à quatre cents mètres de la porte Saint-Michel. Abandonné, en ruines, ce manoir, nous l'avons dit, servait d'asile à des malandrins qui en écartaient à dessein les promeneurs par un tapage diabolique. L'installation des Chartreux en cette bâtisse en purgea le quartier. Les Parisiens rassurés prirent le chemin du nouveau monastère.

Le roi lui-même vint le visiter (1). Il le dota, fit réparer le manoir, la chapelle, les murailles et construire un réfectoire et des cellules. Il prit l'habitude d'y entendre la messe et avant de partir pour la Terre Sainte, vint y faire ses adieux aux Chartreux.

Saint-Louis parti, ceux-ci « mandèrent les bourgeois de Paris qui avoient pris la charge de recevoir les biens et aumosnes qu'on leur faisoit, pour scavoir s'ils estoient d'avis d'employer l'argent qui estoit par devers eux en réparations du lieu de Vauvert, ou si l'on devoit attendre le retour du Roy. Lesquels conseillèrent de l'employer promptement à faire huict... cellules... parquoy l'on commença à bastir le grand cloistre, et huict. Celles en iceluy (2) ».

La mort de Saint-Louis (25 août 1270) interrompit les travaux. Mais grâce aux dons qui affluaient, les Chartreux se décidèrent à les continuer et à construire, sur les plans d'Eudes de Montreuil, une église assez spacieuse qui ne fut achevée qu'en 1325.

Pour avoir à pied d'œuvre la pierre nécessaire, ils ouvrirent deux carrières dans leur domaine. Mais à peine les fondements étaient-ils jetés (1276) qu'ils se trouvèrent arrêtés faute d'ouvriers.

« D'ouvriers de bras et de carrières, raconte du Breul, ils n'en manquaient pas. Mais de Massons et tailleurs de pierre, ils n'en avoient qu'avec peine, et par la faveur de leurs amis, pour ce qu'environ ce mesme temps l'on faisait plusieurs grands ouvrages et somptueux édifices en ladicte ville, comme les Cordeliers, les Quinze-Vingts, le Palais du Roy, et plusieurs autres..., ou mesme par les fondations des églises et communautés, si bien que les massons et tailleurs de pierre furent si chers qu'on n'en pouvoit trouver pour argent ; et là où on en sçavoit on les prenoit par force de par le Roy, et estoient leurs journées taxées. »

Pour parer à cette insuffisance de la main-d'œuvre, les Chartreux

---

(1) Voir dans Du Breul, p. 349, le récit de la cérémonie qui eut lieu à cette occasion.
(2) *Ibid.*, 350.

Autre veue de l'Eglise des R. P. CHARTREUX de Paris au Fauxbourg St Germain

avaient eu l'idée de réduire leur église : « mais l'opinion d'aucuns prévalut, qu'il valoit mieux attendre quelque temps, et que l'ouvrage trainast et tirast à longueur, que la racoursir; et qu'il falloit que l'Église correspondit à la grandeur du Monastère, et que ce seroit chose malséante qu'une petite Eglise à un si grand cloistre, comme il estoit composé et desjà advancé, et qu'il falloit avoir esgard à cela et au temps advenir. »

Philippe le Long leur vint en aide. Il les autorisa à prendre dans

LA CHAPELLE DES FEMMES, d'après MILLIN.

les forêts royales tout le bois dont ils pouvaient avoir besoin; mais ils en abattirent tant « que les plaintes en vindrent au Roy qu'ils gastoient les forêts. Mais le Roy informé de la vérité, dit du Breul, benignement confirma de nouveau ladicte permission, et donna autre mandement plus ample que le précédent.

« Et parceque l'un des maistres Charpentiers avoit audict lieu de Vauvert un sien fils unique Religieux, la besongne fut plus soigneusement et diligemment conduicte par son moyen, et le comble de l'Eglise accomply l'an 1324. Et fut dédiée par Reverend père en Dieu monsieur

PÉRISTYLE MAURESQUE A CINQ ARCADES, d'après MILLIN.

DÉTAILS DE L'ORNEMENTATION DU PÉRISTYLE MAURESQUE

1. Armes de France, supportées par deux anges. — 2. Statue de la vierge. — 3. Saint Louis présentant cinq chartreux à la vierge. — 4. Tête de Saint Louis. — 5. Saint Jean-Baptiste et son agneau. — 6. Saint Antoine et son cochon. — 7. Saint Hugues et son cygne. (MILLIN, t. V, p. 7.)

Jehan d'Aubigny evesque de Troyes en Champagne en l'honneur de Nostre-Dame et de Sainct Jehan Baptiste le 26° jour de juin l'an 1325, comme il est gravé sur une pierre qui est en la muraille de l'Eglise joignant la porte qui est au dessoubs du chœur, par laquelle l'on sort de l'Eglise dans le petit cloistre. »

Bientôt, des chapelles latérales, une sécrétairerie, de nouvelles cellules, une infirmerie s'élevèrent (1341). Le 14 mai 1460 fut dédiée à saint Blaise une chapelle réservée aux femmes, dont Jacques Juvénal des Ursins et un frère convers, Robert Hésecque, avaient fait tous les frais.

En 1611, on accédait encore à la Chartreuse par le chemin de Vanves.

Après avoir franchi une construction rectangulaire, à étage, où l'on notait des pilastres toscans, un *Ecce homo* gothique, un grand Christ au-dessous duquel on lisait cette mention : *Otium cum dignitate*, on se trouvait dans une première cour délimitée à droite par l'hôtellerie, à gauche par la chapelle des femmes, au fond par un péristyle mauresque à cinq arcades.

Celle du milieu était couronnée d'un auvent, dont le fond peint d'azur et fleurdelisé d'or était orné des armes de France, supportées par des anges, et d'une statue de la Vierge tenant l'enfant Jésus. Les piliers de chaque arcade étaient surmontés de statues sous un dais : Saint-Antoine et son cochon ; saint Louis, la tête ceinte d'une couronne de cuivre, présentant cinq chartreux à la Vierge ; saint Jean-Baptiste avec son agneau ; saint Hugues et son cygne.

Par l'arcade centrale, on accédait dans une seconde cour en ayant à gauche l'église et ses chapelles, le réfectoire ; devant soi l'infirmerie ; à droite les cellules des frères convers.

L'église était fort simple. Un porche ogival avec six colonnettes, une grande croisée ogivale divisée en deux avec trois roses ; une croix surmontant le pignon : tel était le portail. Le clocher petit, mais élancé, s'élevait entre le sanctuaire et le chœur des Pères. Le chevet était éclairé par six croisées entre lesquelles on avait peint les douze apôtres. Il n'y avait ni bas côtés, ni croisées latérales, mais seulement, à gauche, sept chapelles. La voute, de bois, était richement décorée. L'or rehaussait celle des chœurs et du sanctuaire.

Au chevet de l'église, au sud-ouest, des bâtiments en quadrilatère, affectés à la sacristie, au sacristain, à la secrétairerie et au chapitre, s'égayaient en un angle d'une tour en briques, octogone, avec campanile et horloge à carillon. C'était le petit cloître. Les galeries en étaient en arcades gothiques. Sur leurs murs, en 1350, puis en 1510, des artistes avaient peint les principaux épisodes de la vie de saint Bruno, que

1. Vase en cuivre servant à entretenir le feu, frise ornée de feuilles de persil, avec quatre têtes de lions sur les faces, porté par quatre consoles assises sur un piédouche avec volutes. — 2. Petit clocher surmontant la tour octogone, avec horloge à carillon. — 3. Croix du tombeau de François Choart, maître ordinaire en la Chambre des Comptes, décédé le 17 octobre 1679 et inhumé aux Chartreux. (D'après MILLIN, t. V, p. 31.)

— 125 —

1. Lutrin de l'église des Chartreux, dont les figures étaient de Julience, sculpteur provençal. — 2, 3, 4. Figures des apôtres Pierre, Paul et Jean l'Évangéliste, en bas-relief sur la partie concave d'un piédestal triangulaire. — 5, 6, 7. Les trois vertus théologales. — 8. Développement des consoles des angles de ce piédestal. — 9. Détail des petites faces. — 10. Volute au-dessous. — 11. Ornements du panneau du piédestal. — 12. Consoles supportant le lutrin. (D'après MILLIN, t. V, p. 57.)

VUE D'ENSEMBLE DES BATIMENTS DE LA CHARTREUSE PRISE DU JARDIN CENTRAL DU GRAND CLOITRE, D'après MILLIN.

LE BATIMENT DE LA POMPE DES CHARTREUX (reproduction de la gravure de Millin, t. V. p. 64).
Les bâtiments en arrière sont des cellules et les petites arcades sont celles du corridor du grand cloître.

Lesueur redira au milieu du dix-septième siècle dans une admirable série, aujourd'hui au Musée du Louvre, quand les galeries elles-mêmes auront été reconstruites et fermées avec des vitraux peints.

Le grand cloître était adjacent. Il se composait d'un vaste terrain rectangulaire, avec puits au centre, parterres, cimetière, galeries, cellules et jardinets isolés.

Le puits descendait un peu au-dessous du niveau de la Seine. Il s'ouvrait dans un pavillon avec façade principale d'ordre dorique. Une machine élévatoire, mue par un cheval, distribuait l'eau dans tout le monastère (1).

Le jardin en parterre mesurait 140 mètres sur 83. Dans un angle se trouvait le cimetière (2). Les cellules des religieux s'adossaient aux galeries du pourtour, disposées en arcades ajourées. Ces cellules, au nombre de 27 (3), étaient désignées par les lettres de l'alphabet. Elles avaient trois pièces : une chambre pour recevoir les visiteurs, une bibliothèque, une chambre à coucher. A la suite étaient disposés des petits jardinets de 40 à 60 mètres carrés suivant la configuration des constructions et les disponibilités du sol.

Au delà, et dans chaque sens, des jardins fruitiers, potagers, des terres à labours, un marais, des taillis. Les produits des premiers servaient à l'alimentation du monastère ou étaient vendus à son profit. La pépinière, notamment, avait une grande réputation ; on s'en disputait les fruits et cette préférence s'est continuée jusqu'aujourd'hui, malgré les transformations du périmètre, l'appropriation différente du sol, la nature des plantations et l'éducation des arbustes.

Les nombreuses gravures que nous reproduisons nous dispensent, au surplus, de donner une description plus étendue de chacune des constructions qui meublaient ce vaste espace. Par le plan spécial de la chapelle, repéré sur les dispositions actuelles du jardin du Luxembourg, on pourra se rendre compte de l'emplacement où elle s'élevait.

---

(1) Ce puits a dû être comblé en 1868 pour l'établissement de la rue Auguste-Comte. Il se trouvait à quelques mètres de sa rencontre avec la rue d'Assas. Le service des carrières en a fait murer le pourtour, dans la galerie souterraine qui le recoupait, pour éviter l'éboulement des terres de remblai.

(2) Les Chartreux jouissaient du privilège de pouvoir accorder la sépulture dans leur monastère à ceux qui demandaient à y être inhumés. Aussi leur maison était-elle riche en monuments funéraires.

Ils nous ont été en partie conservés par MILLIN, Antiquités nationales, t. V. — Topographie historique du vieux Paris, région du faubourg Saint-Germain, t. IV, p. 73-110 ; — Épitaphier du vieux Paris, par ÉMILE RAUNIÉ, t. III, p. 23-94.

(3) A la Révolution, le nombre total des cellules était de 42. (Rapport des commissaires de la municipalité. ARCHIVES NATIONALES, S. 3948.)

Nous n'avons pas, d'autre part, à faire ici l'histoire des Chartreux de Paris, dont les éléments essentiels se trouvent dans leurs archives, conservées aux Archives Nationales. Nous n'avons à retenir que celle de leur monastère, dans ses rapports avec le Palais du Luxembourg qui en a englobé la majeure partie. Nous y reviendrons donc par la suite, pour indiquer les emprises qu'y fit Marie de Médicis; la construction des maisons de rapport dont il ne reste plus que deux épaves: l'ancien hôtel Vendôme, enchâssé dans l'École des Mines, puis la maison en arrière du bâtiment moderne qui porte, sur le boulevard Saint-Michel, le n° 64, et restée une dépendance du Sénat; enfin sa réunion au jardin du Luxembourg.

Revenant à notre étude topographique, nous dirons qu'entre la muraille des Chartreux et le chemin Herbu s'étendait une bande de terrain d'environ cinquante mètres de largeur. Ce terrain n'était pas cultivé. On y apercevait des treuils, des pierres amoncelées. Il servait à l'exploitation des carrières ouvertes pour l'extraction des matériaux nécessaires aux constructions du quartier.

A l'est, on retrouvait des terres labourées, des vignes qui s'arrêtaient à la rue de Vaugirard, par laquelle nous allons revenir à l'Hôtel de François de Luxembourg.

MÉDAILLE DE LA CHARTREUSE DE 1574

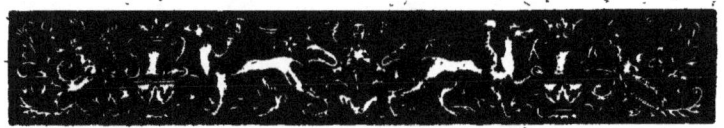

CHAPITRE IX

Retour rue de Vaugirard.

LES MAISONS A L'IMAGE DE SAINTE-GENEVIÈVE ET DES TROIS ROIS. — L'HOTEL MONTHERBU. — LA MAISON DE SAINT-NICOLAS. — LA PROPRIÉTÉ DE COSSY. — RETOUR A L'HOTEL DE LUXEMBOURG.

E l'angle du chemin Herbu — aujourd'hui Notre-Dame-des-Champs — et de la rue de Vaugirard, en face la rue du Regard, à la rue du Pot-de-Fer — actuellement Bonaparte, — se succédaient des terres en culture et des jardins, sous le nom général de clos Vigneray qui s'appliquait à la partie méridionale de l'îlot du Luxembourg.

En face la rue du Pot-de-Fer, un sentier montant de l'ouest à l'est conduisait à la ferme de l'Hôtel-Dieu, en bordure des rues d'Enfer et des Chartreux. On l'appelait le *Sentier du pressouer de l'Hostel-Dieu.*

Il bordait, à son amorce sur la rue de Vaugirard, une ferme, la ferme du Bourg, vendue le 11 juillet 1583 par Mᵉ Jehan de Hérin, seigneur de la Tillaye, l'un des quatre notaires et secrétaires du Parlement, à François de Luxembourg. Elle comprenait 1 arpent 30 perches, avec 36 toises en façade sur la rue de Vaugirard.

A la suite, et en face de la rue Férou, se trouvaient deux maisons, qui avaient pour enseignes, l'une l'image de *Sainte-Geneviève,* l'autre celle des *Trois Rois,* acquises par Estienne Baudouin de Montherbu, secrétaire ordinaire de la chambre du roi, commis à la recette des deniers des hérédités des notaires du Royaume, par contrats des 12 octobre 1581 et 9 juillet 1583 (1). « Le tout, à présent rebasty en un grand corps d'hô-

---

(1) Voir aux *Pièces justificatives*, page 185.

tel, une grande cour et deux jardins », porte la déclaration du 10 avril 1608 (1), était, dit un acte plus explicite de 1617, « appliqué à caves, scelliers, cuisines, escurye, porte-cochère, grande cour, deux jardins, l'un grand et l'autre plus moyen. Une muraille entre deux. Puis dans ledict grand jardin, deux grands corps d'hostel, l'escalier au milieu, une grande salle basse, chambres haultes au-dessus desdicts corps de logis, avec garderobbes et cabinets, grands greniers et un pavillon entre lesdicts deux logis au-dessus dudict escallier. Ledict corps de logis couvert de thuiles et ledict pavillon couvert d'ardoises. » (2).

La propriété tenait, à gauche, à une maison appartenant à Jean Baudouin, passementier de la reine Marguerite à l'image de *Saint-Nicolas*, puis au jardin de l'Hôtel de Luxembourg, qui la limitait encore par derrière; devant, à la rue de Vaugirard.

Les maisons de *Sainte-Geneviève* et des *Trois Rois*, avaient été construites au milieu du XVI° siècle. La première est ainsi décrite dans une déclaration au terrier du roi par l'abbaye de Sainte-Geneviève, du 10 juin 1587 (3) : « Une... maison au milieu de laquelle et proche d'un grand portail est sur un pillier enclavé en partie à la muraille de ladicte maison une figure image et représentation de Mme Sainte-Geneviève entre deux écussons et armoiries paintes contre la muraille en la première desquelles est un lion où est escrit ce mot (LIBERTA) et en l'aultre il y a une petite croix au milieu. Appartenant de ce présent à maître Étienne Haudoin de Montherbu. »

Deux notes tirées de l'abbaye de Sainte-Geneviève et de ses registres d'ensaisinements permettent de remonter, pour l'origine de propriété de cette maison, au milieu du quinzième siècle. Voici, d'après ces documents combinés, la liste de ses possesseurs successifs :

14.. Regnault Glouton.
14.. Jeanne (ou Guillemette) Glouton, sa fille et héritière, gantière.
1457 Marion, veuve de Jean Sourdet (n° 43).

---

(1) Voir aux *Pièces justificatives*, page 185.
(2) ARCHIVES NATIONALES. S. 4649.
(3) *Id.* S. 1513. — L'enseigne des maisons n'avait à cette époque, aucun caractère commercial. C'était la figuration adoptée, avant le numérotage des immeubles, pour les individualiser. Dans sa *Description de Paris* que nous avons citée plus haut, Thomas Platter fait (p. 189) cette remarque en parlant des 114 rues du quartier de l'Université : « Les maisons ont comme ailleurs, presque toutes une enseigne ou un écriteau peint. Lorsque l'on cherche une personne, il faut donc connaître exactement la maison où elle loge, l'enseigne de cette maison et l'étage où elle habite. Sans ces indications, il n'y a guère moyen de trouver un habitant de Paris ni de pouvoir s'informer où il demeure. » — Voir au surplus, dans la *Revue archéologique*, 1re partie, année 1855, p. 1, *Les Enseignes de Paris avant le* XVIIe *siècle*, d'A. BERTY.

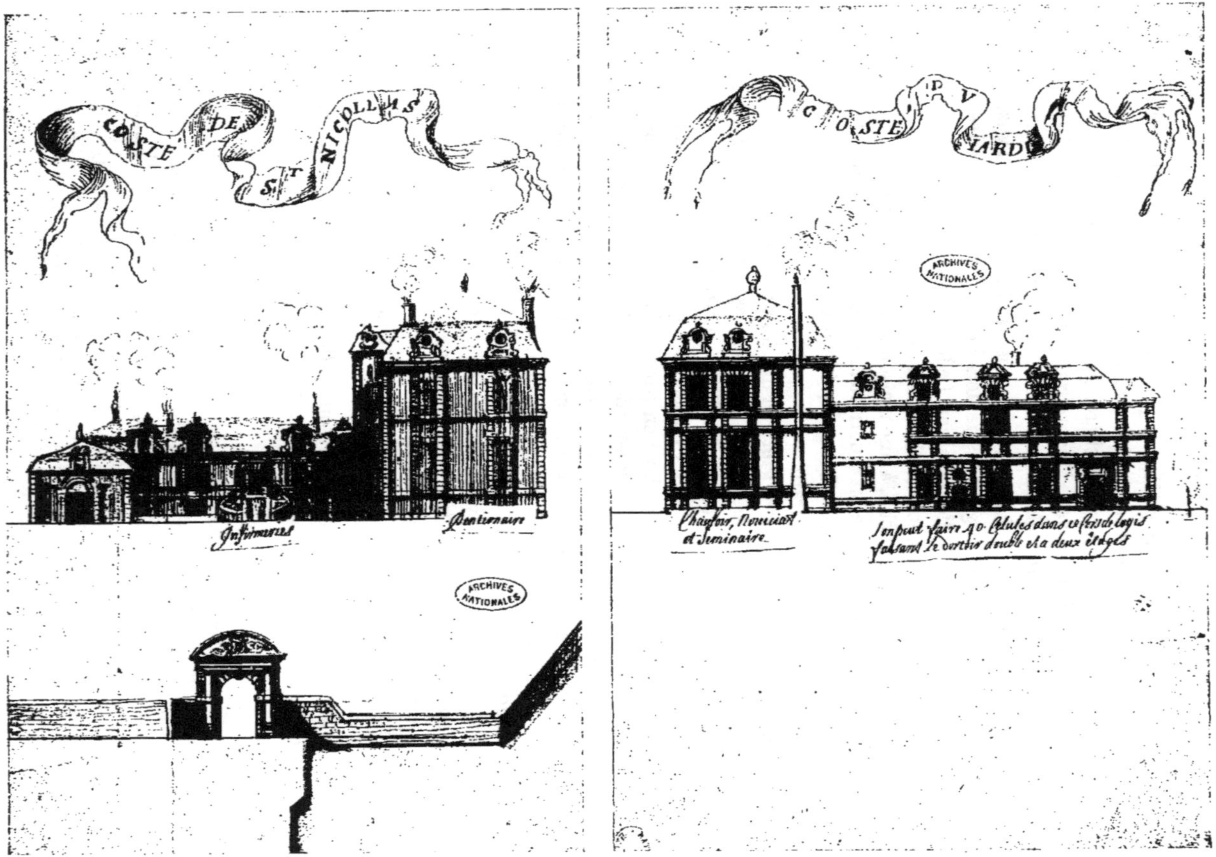

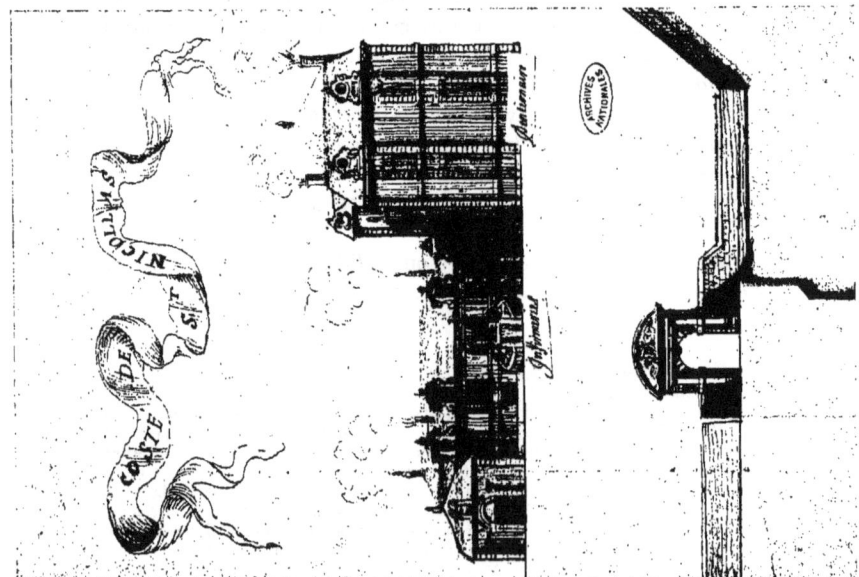

L'HÔTEL DE MONTHLÉRY

1458 20 février, Jean Doucé (n° 45, 7 quartiers de vigne).
1499 En propre à l'abbaye de Sainte-Geneviève, qui donnait cette terre à bail.
1510 16 novembre, Jean de Néry.
1523 Jean Daveau.
1529 22 novembre, Jeanne Prevost (n° 65).
1531 Pierre Launay, 2 quartiers de terre à faire maison (n°ˢ 67-68).
1531 23 novembre, Robert Fallentin. Une maison est commencée sur le terrain. Son vendeur lui impose l'obligation de l'achever (n° 69).
1537 27 octobre, Robert Legoix (n° 75).
15.. Nicolas Bollard et Jeanne Férou, sa femme.
1546 18 janvier, Nicolas Simon (n°ˢ 78 et 81).
154. Marie Simon, sa fille, veuve de Vincent Thoré.
1581 12 octobre, Estienne Baudouin de Montherbu.

Jean Daveau, dont le nom apparaît ici, était, à n'en pas douter, un spéculateur foncier. Les registres d'ensaisinement de Sainte-Geneviève établissent qu'il ne se contenta pas du terrain où devait s'élever la maison à l'image de *Sainte Geneviève* ; il en acheta quantité d'autres dans ces parages, pour les lotir et les revendre avec obligation de construire très rapidement, souvent dans l'année. On suit assez aisément ses morcellements, ses opérations, sa préoccupation constante de voir de nouvelles maisons donner une plus-value à ce quartier qui paraît en majeure partie aux mains de quatre familles : les Daveau, les Férou, les Renouard et les Rimbault.

La seconde maison achetée par Etienne Baudouin de Montherbu, pour l'aménagement de son Hôtel, celle des *Trois Rois* ou des *Trois Petits Rois*, c'est-à-dire des Rois mages, enseigne fort commune alors dans Paris, avait été construite sur un terrain qui, en 1504, appartenait à Etienne Férou. Ce terrain était passé à Jean Gautier, — sans doute le valet de chambre et le tailleur du cardinal de Tournon, abbé de Saint-Germain, qui l'avait rétrocédé à Jean Cruce, notaire (1). L'ensaisinement du 28 février 1546 indique que le jardin avait 40 toises de façade sur la rue de Vaugirard, autant derrière, et 36 toises de profondeur. Jean Cruce ne garda pas longtemps cette propriété, car le 5 mai de la même année, elle était ensaisinée au nom de Nicolas Simon. L'un de ses héritiers la revendit à Etienne Baudouin de Montherbu.

---

(1) Jean Cruce fut le premier titulaire de la charge créée en 1539. Il exerça du 3 septembre 1539 au 2 octobre 1572. Le titulaire actuel est Mᵉ Laurent.

Quel parti tira ce dernier de la maison des *Petits Rois* et de la maison de *Sainte Geneviève* réunies en une unique propriété ? Les rasa-t-il toutes les deux pour édifier à leur place l'hôtel dont nous avons retrouvé un dessin à la plume rehaussé de lavis ? Nous n'avons rien vu dans les titres qui nous permette de l'affirmer. Mais on peut se rendre compte de l'importance de l'immeuble, de sa distribution et de la grandeur des pièces, par les légendes manuscrites *collées* après coup sur le dessin, que nous reproduisons, par l'architecte qui étudia comment les Filles du Calvaire, devenues propriétaires de cet Hôtel en 1622, moyennant 48.000 livres, pouvaient, sans grandes transformations, l'adapter aux besoins de la Congrégation nouvelle.

Une image à l'enseigne de *Saint Nicolas*, placée au-dessus de la porte, caractérisait la maison à la suite de l'Hôtel Montherbu. Elle comprenait deux corps d'hôtel « attenants l'un à l'autre, dit un titre du 28 septembre 1622, cour, puits, jardin et aultres aisances. » Elle était couverte en tuiles.

Sa construction était récente, puisqu'un acte de 1584 spécifie que le terrain sur lequel elle avait été édifiée ne comprenait encore qu'un « petit appentis » et une cour.

Au commencement du seizième siècle, ce terrain appartenait à une veuve Jean Gautier, qui le céda à Jean Daveau (ensaisiné le 13 janvier 1527). Celui-ci le revendit à Louis Mars (ens. 15 novembre 1529), qui le rétrocéda à Jean Dilbecq, maître pâtissier et « oblayer » de la Ville de Paris (1).

Dilbecq avait deux voisins : Robert Fallentin et Simon Larcher, « scripteur juré en l'Université de Paris ». Il acheta du second, le 23 mars 1537, 45 perches en partie closes de murs. Mais des discussions ne tardèrent pas à s'élever entre les deux parties. On plaida. Après avoir plaidé on s'avoua qu'une transaction mettrait plus rapidement fin aux contestations. Il en intervint une le 15 octobre 1552, par laquelle le « scripteur juré » abandonna au pâtissier tous ses droits immobiliers sur un terrain contigu qui lui venait de sa femme, une demoiselle Guyard.

En avril 1560, Dilbecq vendit son immeuble, ainsi augmenté, à Jacques Baston, huissier au Parlement, qui le garda jusqu'au 28 août 1584, date où Pierre Desbordes, marchand mercier de Paris, la lui acheta.

---

(1) *Oblayer*, marchand d'*oublies*, pâtisserie mince, roulée cylindriquement qu'on appelle *plaisir*, quand elle a la forme d'un cornet. Au début du xve siècle, ces précurseurs de nos marchands de macarons et de plaisirs étaient au nombre de 29. Ils débitaient chacun un millier d'oublies chaque jour en les jouant aux dés sur les coffrets qui les renfermaient. Il y avait à Paris une rue des *Oublayers*.

Desbordes construisit une maison et comme nous savons par les titres que le pâtissier Dilbecq, l'un des précédents propriétaires, occupait, rue de la Juiverie, une boutique à l'enseigne de *Saint Nicolas*, on est fondé à croire que ce souvenir fut pour quelque chose dans les préférences de notre mercier pour cette même attribution à sa nouvelle résidence.

Desbordes mort, la maison passa à ses enfants : indivise pour deux tiers à Geneviève Desbordes, femme Guillaume ; à Anne Desbordes, femme Ollivier Richard ; en pleine propriété pour un tiers à Pierre Desbordes, qui avait épousé Marie Loret.

Les deux premiers, par acte du 28 janvier 1608, le troisième, par acte signé du 3 mars vendirent la maison à Jean Baudouin, ancien valet de chambre de la reine Marguerite.

Celui-ci la conserva jusqu'en septembre 1622, époque où il la vendit aux Bénédictines du Calvaire.

La maison de Saint-Nicolas tenait par derrière aux jardins de l'hôtel de François de Luxembourg. A gauche, elle en était séparée par une propriété appartenant à Pierre de Cossy, huissier des requêtes du Palais, du chef de sa femme Denise Mangin, à qui Guillaume Pellerin en avait fait donation.

Elle marque le terme de notre voyage de reconnaissance autour de l'îlot du Luxembourg. S'il a été fort laborieux et trop souvent cadastral, il nous a apporté, en revanche, bien des révélations compensatrices. Il nous a fait voir et les gens et les lieux ; ainsi il aura facilité l'intelligence des multiples opérations auxquelles va se livrer Marie de Médicis pour assurer la constitution du Domaine qui servira de cadre au Palais que De Brosse édifiera pour elle.

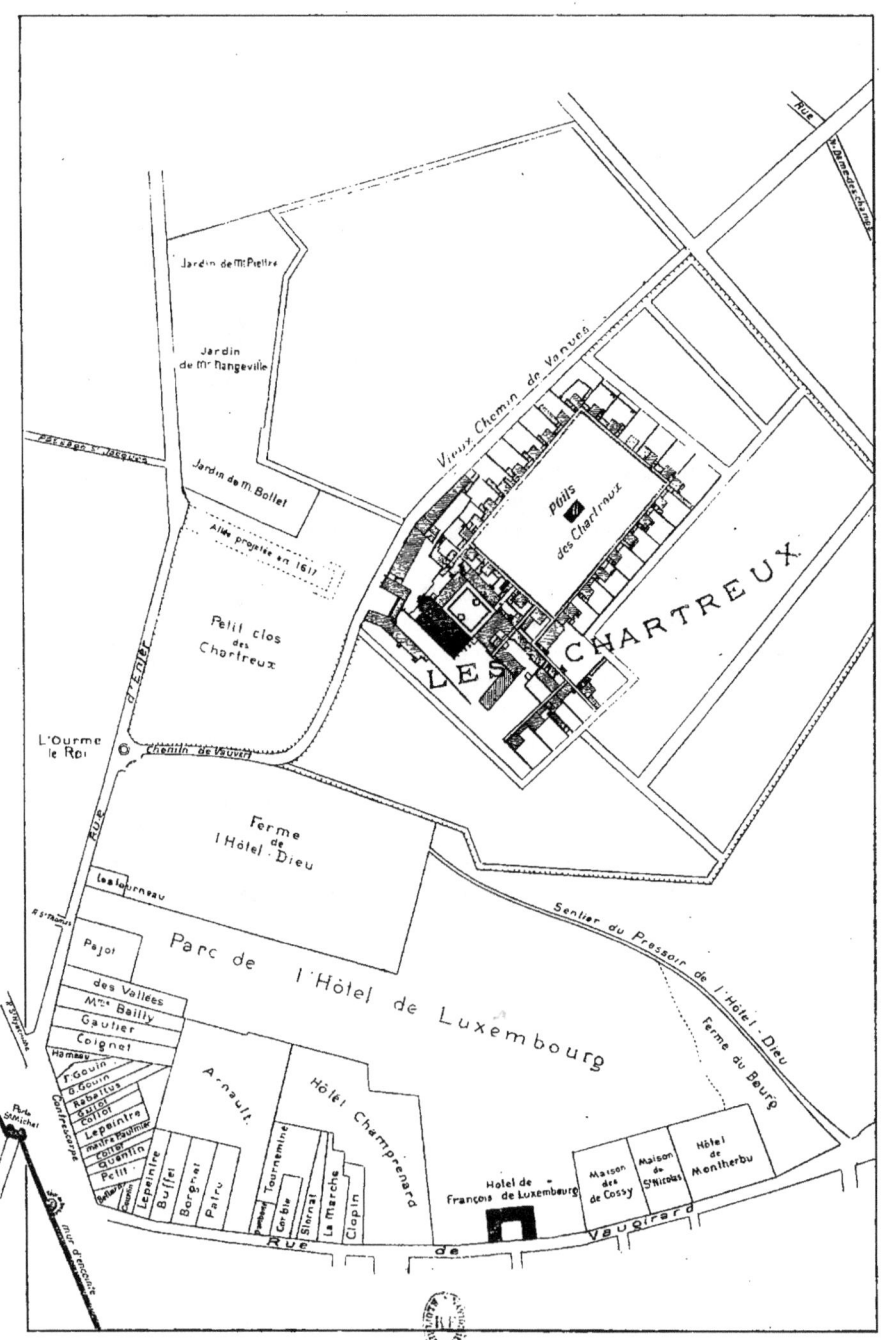

L'ILOT DU LUXEMBOURG EN 1611

PIÈCES JUSTIFICATIVES

GÉNÉALOGIE DE LA BRANCHE DE LA MAISON DE LUXEMBOURG ÉTABLIE EN FRANCE

(D'après le P. Anselme, t. III, p. 729 et s., complété d'après des notes de M. le duc de Bauffremont)

Jean de Luxembourg, Sʳ de Ligny (celui à qui fut d'abord vendue Jeanne d'Arc faite prisonnière à Compiègne).

Guy de Luxembourg, Cᵗᵉ de Brienne, Cᵗᵉ de Ligny et de St-Paul.

— Valeran III de Luxembourg, Cᵗᵉ de Ligny, et de St-Paul, † sans enfants.
— Jean de Luxembourg, Sʳ de Beaurevoir, Cᵗᵉ de Brienne par alliance.

Pierre de Luxembourg, Cᵗᵉ de Brienne.

Louis de Luxembourg, Cᵗᵉ de St-Paul, de Brienne et de Ligny, connétable de France, décapité sous Louis XI.

— Jean de Luxembourg, Cᵗᵉ de Marle, sans alliance.
— Charles de Luxembourg, évêque de Laon.
— Louis de Luxembourg, † sans enfants.
— Pierre de Luxembourg, Cᵗᵉ de St-Paul, † sans enfants mâles.
— Antoine de Luxembourg, Cᵗᵉ de Brienne et de Ligny, vicomte de Machault. Seul fils venu à âge d'homme.

Charles de Luxembourg, Cᵗᵉ de Brienne et de Ligny, Bᵒⁿ de Piney, Vᵗᵉ de Machault.

— Antoine de Luxembourg, Cᵗᵉ de Brienne et de Ligny, Vᵗᵉ de Machault, Bᵒⁿ de Piney, † 8 février 1557 (44 ans). Femme : Marguerite de Savoie.
— Louis de Luxembourg, † le 11 mai 1571, sans enfants.
— Jean de Luxembourg, évêque de Pamiers, † en 1548.
— Claude de Luxembourg, évêque de Poitiers.
— Georges de Luxembourg, † jeune.

Antoine de Luxembourg, † au siège de La Rochelle, le 12 juin 1573.

François de Luxembourg, duc de Piney, etc., né en 1637, † 8 Brienne, le 25 novembre 1613, marié le 1ᵉʳ juillet 1676, marié 1° en 1576, à Diane mée de la Marck-Bouillon de Lorraine-Aumale, dont qui, le 5 août 1579, épousa sept enfants dans le ta... en secondes noces Georges bleau d'autre part ; — 2° de Bauffremont. La mère en 1580, à Marguerite de fils de Louis de Bedel, de Guillemente était la Lorraine, veuve du duc petit-fils d'Apollonie Scoul qui épousa en secondes noces Renée de Poitiers, duchesse de Valentinois.

— Henri de Luxembourg, vicomte de Machault, sans postérité.
— Magdeleine de Luxembourg, née en 1638, † le 15 mai 1659, mariée le 11 janvier 1656, à Christophe Jouvenel des Ursins, gouverneur de Paris. Eut six enfants.

— 141 —

— 142 —

DESCENDANCE DE FRANÇOIS DE LUXEMBOURG, DUC DE PINEY

(D'après les notes généalogiques communiquées par M. le duc de Beaufremont.)

- **Antoinette de Luxembourg**, ✝ le 2 juillet 1598, abbesse de N.-D. aux Nonnains de Troyes. Née en 1580, ✝ le 4 avril 1602.
- **Louise de Luxembourg**, abbesse de N.-D. aux Nonnains de Troyes. Née en 1580, ✝ le 4 avril 1602.
- **Marguerite de Luxembourg**, dame de Gandelu, née en 1581, ✝ à Paris le 8 août 1645 et inhumée à Pougy le 11 octobre aux Célestins. Mariée le 1599, ✝ à Langeais le 23 mai 1624 à René Potier 1610. Marié le 29 septembre 1607 à Magdelaine de Tresmes, ✝ à Paris le 1er février 1670.
- **Henri de Luxembourg**, duc de Luxembourg et de Piney, prince de Thury, ✝ à Pougy le 11 octobre 1616, inhumé à Pougy le 16 décembre 1616. Marié le 29 septembre 1607 à Magdelaine de Montmorency (1596, ✝ 1615), fille de Guillaume de Montmorency-Thorey, baron de Thorey, colonel de la cavalerie légère de Piémont et de Gesvres.

Dont douze enfants, dont le troisième continua la descendance des ducs de Piémont et de Gesvres.

- **Françoise de Luxembourg**, née à Pougy, le bourg, 15 décembre 1583, ✝ à Pougy le 16 décembre 1583.
- **Gabrielle de Luxembourg**, morte au berceau.
- **Françoise de Luxembourg**, tuée par accident à l'âge de deux ans au château de Pougy.

- **Marguerite-Charlotte de Luxembourg**, née le 19 janvier 1607, ✝ à Ligny, le 25 novembre 1680. Mariée à Paris, le 6 juillet 1620, à Léon d'Albert, seigneur de Brantes, frère du connétable de Luynes (1582, ✝ 5 novembre 1630). Elle, en secondes noces, le 7 juillet 1631, à Marie-Henri de Clermont-Tonnerre, ✝ à Ligny, le 8 juillet 1673.

- **Marie-Liesse de Luxembourg**, née le 2 avril 1611, ✝ sans postérité, à Chambéry, le 18 janvier 1660, au couvent des Carmélites qu'elle y avait fondé en 1638, quelques années après du consentement mutuel avec Henri de Lorraine, duc de Ventadour, qu'elle avait épousé le 26 avril 1633, elle s'était vouée à la vie religieuse. Démis de ses dignités, le duc de Ventadour devint vicaire de N.-D. de Paris et directeur général des séminaires.

- **Henri-Léon d'Albert de Luxembourg**, né le 5 août de Luxembourg, né le 1660, ✝ à Paris, à Saint-Lazare, le 19 février 1697.
- **Marie-Louise-Charlotte d'Albert de Luxembourg**, abbé de Claire-Antoinette d'Albert-Charlotte-Claire de Clermont-Luxembourg, née le 5 mars 1635, ✝ à Pougy, professe à l'Abbaye-au-Bois, Dame du Palais de la Reine, née en 1627. Mariée le 17 mars 1651 à Versailles le 16 juillet François-Henri de Montmorency, maréchal de France, surnommé le tapissier de Notre-Dame. Né à Paris le 8 janvier 1628, ✝ à Versailles le 4 janvier 1695.

I

FRANÇOIS DE LUXEMBOURG — NOTES GÉNÉALOGIQUES
TITRES DE PROPRIÉTÉ
DE L'HOTEL DE LUXEMBOURG, RUE DE VAUGIRARD

FRANÇOIS DE LUXEMBOURG

François de Luxembourg [second fils d'Antoine II de Luxembourg, comte de Brienne, et de Marguerite de Savoie], duc de Luxembourg et de Piney, pair de France, prince de Tingry, comte de Roussy, de Rosnay et de Ligny, vicomte de Machault, baron de Piney, Ramerupt, Montangon, Pougy, Hucqueliers, Hesdigneul, Vendeuvre, Saint-Martin-d'Ablois et Obsouville, etc., etc.

Pourvu par le roi de l'évêché de Laon, abbé commendataire de Saint-Pierre-le-Vif, de Saint-Quentin-en-l'Isle, de Haute-Fontaine, etc., puis, après avoir quitté l'état ecclésiastique, conseiller du roi en ses conseils d'Etat et privé, capitaine de cent hommes d'armes de ses anciennes ordonnances, chevalier de l'ordre de Saint-Michel le 30 octobre 1576, nommé gouverneur de Reims le 18 janvier 1589, ambassadeur à Rome, noble Vénitien, fait chevalier du Saint-Esprit à la promotion du 31 décembre 1580.

Appelé François Monsieur de Luxembourg, le seigneur de Pougy, le vicomte de Machault, et, de 1571 à 1576, le comte de Roussy, enfin, à partir de 1576, le duc de Piney et le duc de Luxembourg.

Né au château de Ligny le 23 novembre 1540, baptisé par l'abbé de Jovilliers le 9 décembre suivant en l'église collégiale de Ligny, tenu par François d'Anglure, vicomte d'Etoges, baron de Boursault, etc., au nom de François de Lorraine, plus tard duc de Lorraine et de Bar, et par Françoise de Luxembourg, comtesse de Gavre, dame de Fiennes, etc., veuve de Jean comte d'Egmond, chambellan de Charles-Quint, général des chevau-légers au royaume de Naples et duché de Milan, chevalier de l'ordre de la Toison d'Or. (Bib. nat., manuscrits, collect. du Chesne, vol. 120, f° 215.)

Mort au château de Pougy le 30 septembre 1613, inhumé auprès de sa première femme en l'église Saint-Nicolas de Pougy, ensuite aux Cordeliers de Ligny, et son cœur d'abord en l'église collégiale du même lieu le 28 octobre 1613, puis aux Célestins de Paris à côté de celui de sa seconde femme VIGNIER, *Hist. de la mais. de Luxembourg*. — Bib. nat., manuscrits, collect. Clairambault, vol. 943, f° 184.)

Il teste à Paris devant Baudouin, notaire et garde notes du roi les 26 septembre et 22 octobre 1612. — (Bib. nat., collect. Brienne, vol. 96, f°s 259-264 ; copie de 1652).

Les seigneuries de Piney, Ramerupt, Montaugon et dépendances furent érigées en duché sous le nom de Piney par Henri III en faveur de François du Luxembourg, ses successeurs, et ayants cause, mâles et femelles, à perpétuité, avec dérogation à la clause de réunion, par lettres données à Paris au mois de septembre 1576, enregistrées au Parlement le 19 septembre 1577 et à la chambre des comptes le 7 avril 1578. D'autres lettres portant les mêmes extension et dérogation, données à Paris au mois d'octobre 1581, enregistrées au Parlement le 29 décembre suivant, ajoutèrent la pairie de France au titre de duc de Piney. La première réception du nouveau duc et pair eut lieu le lendemain, (Ces documents ont été publiés par le P. Anselme, t. III, p. 868).

Ce fut encore pour François de Luxembourg, ses hoirs et ayant cause, qu'Henri III créa la principauté de Tingry, composée des terres de Tingry, d'Hucquelins, d'Hesdigneul, et de leurs dépendances, près de Boulogne-sur-Mer. Les lettres patentes d'érection données à Paris au mois de janvier 1587, furent enregistrées au Parlement le 19 septembre de la même année. (Bib. nat., manuscrits, collection Clairambault, vol. 738, p. 53-55; copie du XVIIe siècle).

Henri IV lui reconnut le rang de prince souverain en France. (Arch. nat., carton T, 125¹. — Papiers séquestrés, Montmorency — Luxembourg, 2e liasse, copie du temps.)

Il se trouva avec le duc de Guise au combat de Dormans en 1575, assista, sous le duc d'Anjou, au siège de la Charité, et monta des premiers sur la brèche à Issoire en 1577. Il se distingua à Pont-Saint-Vincent et à Auneau contre les reitres en 1587, ensuite au siège de Paris en 1589. Il fut envoyé à Rome pour féliciter Sixte-Quint sur son élévation au trône pontifical en 1586; par la noblesse catholique, après l'assassinat de Henri III en 1589; par Henri IV après son abjuration en 1593, et une dernière fois en 1596. Henri IV le nomma, le 16 mars 1592, pour traiter de la paix avec le duc de Lorraine. Il suivit encore ce prince pour les négociations du traité de Vervins et pour celles de son mariage avec Marie de Médicis. Au sacre du roi, à Chartres en 1594, il avait été chargé de représenter le comté de Toulouse.

[Arch. Brienne; Vigner; Anselme; Moréri.]

Marié : 1° par contrat passé à Joinville, le 12 novembre 1576, devant Jean Didier Janson et Jacques Dauxeuré, notaires, [en présence du cardinal de Guise; d'Antoinette de Bourbon, duchesse douairière de Guise; d'Henri de Lorraine, duc de Guise; du duc de Mayenne; du duc d'Aumale; de Louis de Lorraine, archevêque de Reims; de Charles de Lorraine, marquis d'Elbeuf; et d'autres. (Arch. Brienne).]

A Diane de Lorraine-Aumale, dame de Maulévrier en partie, Vivier, etc., appelée Mlle d'Aumale; la duchesse de Piney, et la duchesse de Luxembourg;

Née en novembre 1558 (*Hist. généalog. des maisons souveraines de l'Europe*);

Morte au château de Pougy, le 16 mai 1585, et inhumée en l'église Saint-Nicolas de Pougy, puis à Ligny, son cœur, le 28 avril 1586, en l'église collégiale et son corps en l'église des Cordeliers. (Mairie de Ligny, Meuse, état civil. — Vigner);

Fille de Claude Ier de Lorraine, duc d'Aumale, pair et grand veneur de France, colonel-général de la cavalerie légère, lieutenant-général au gouvernement de Bourgogne, chevalier de l'ordre du roi;

Et de Louise de Brezé, dame d'Anet, Maulévrier en partie, Saint-Vallin, Breuilpont, etc. (1).

2° Par articles signés à Vignory, le 26 mars 1599, et contrat passé au château de Lafauche, le 31 du même mois (Arch. Brienne) à Marguerite de Lorraine-Vaudémont-Mercœur, vicomtesse d'Avranches, d'Argentan, d'Exmes et de Saint-Silvain, dame de Limours, Lafauche, Oudincourt, etc.;

Appelée la duchesse de Joyeuse, la duchesse douairière de Joyeuse, la duchesse de Luxembourg et la duchesse douairière de Luxembourg;

Née le 14 mai 1564 (*Hist. généalog. des maisons souveraines de l'Europe*);

Morte sans postérité à Paris, le samedi 21 septembre 1625, en son hôtel rue Dauphine, vers les huit heures du matin, et inhumée le lendemain, son corps au couvent des Capucines de la rue Saint-Honoré, et son cœur en l'église des Célestins (Reg. de Saint-André-des-Arts. — Dictionnaire de Jal. — Anselme. — Bib. nat., manuscrits, cab. des titres, vol. 762, f° 364. — Id., id., collect. Clairambault, vol. 943, f° 184, et vol. 937, f° 655);

Fille de Nicolas Ier de Lorraine, duc de Mercœur,

(1) Fille elle-même du grand sénéchal de Normandie et de Diane de Poitiers.

pair de France, marquis de Nomeny, comte de Vaudémont, de Chaligny, etc.;

Et de Jeanne de Savoie-Nemours, sa seconde femme (Arch. Brienne).

Marguerite de Lorraine-Vaudémont-Mercœur était sœur de Louise de Lorraine, reine de France, femme de Henri III. Elle avait épousé en premières noces, à Paris, en l'église Saint-Germain-l'Auxerrois, le 24 septembre 1581, ayant été fiancée au Louvre le 18 du même mois, Anne duc de Joyeuse, pair et amiral de France, baron d'Arques, Lafauche, etc., premier gentilhomme de la chambre du roi, lieutenant général de ses armées, gouverneur de Normandie, chevalier de l'ordre du Saint-Esprit, tué à Coutras le 20 octobre 1587, et inhumé en l'église collégiale de Montrésor (Anselme. — Aubery, *Hist. du cardinal de Joyeuse*);

Fils de Guillaume II vicomte de Joyeuse, seigneur de Saint-Didier, Arques, Puivert, etc., nommé à l'évêché d'Alet, ensuite capitaine de cinquante hommes d'armes, conseiller d'État et privé, lieutenant général au gouvernement de Languedoc, maréchal de France, chevalier de l'ordre de Saint-Michel, et de Marie de Batarnay, elle-même fille de René de Batarnay, comte du Bouchage, et d'Isabelle de Savoie-Tende (Anselme).

Anne duc de Joyeuse, avant d'épouser Marguerite de Lorraine, avait été accordé (Journal de Henri III) à Marguerite Chabot plus tard comtesse de Charny, etc., qui se maria par contrat passé au château de Pagny, le 22 février 1583, à Charles de Lorraine, Ier du nom, duc d'Elbeuf, pair de France, comte d'Harcourt, de Lillebonne et de Rieux, grand écuyer et grand veneur de France, gouverneur du Bourbonnais et chevalier de l'ordre du Saint-Esprit; fils de René Ier de Lorraine, marquis d'Elbeuf, et de Louise de Rieux.

Marguerite Chabot était fille de Léonor Chabot, comte de Charny et de Buzançais, etc., sénéchal héréditaire de Bourgogne, grand écuyer de France, capitaine de cent hommes d'armes des ordonnances, lieutenant-général au gouvernement de Bourgogne, etc., et de Françoise de Rye, dite de Longwy, sa seconde femme, veuve en premières noces de Claude-François de Rye, dit de Neufchâtel, baron de Dissey.

DESCENDANCE

François de Luxembourg, duc de Luxembourg, † 1613.

Henry de Luxembourg, duc de Luxembourg, † 1616.

Marguerite-Charlotte de Luxembourg, D^{sse} de Luxembourg, épouse Marie-Charles-Henry de Clermont-Tonnerre; elle mourut en 1680.

Marie-Magdeleine-Bonne-Charlotte-Claire de Clermont-Tonnerre, duchesse de Luxembourg, † 1701.

épouse François-Henry de Montmorency, comte de Boutteville, devenu duc de Luxembourg. C'est le fameux maréchal de Luxembourg, le vainqueur de Nerwinde, Steinkerque, Fleurus, etc.

Charles-François-Frédéric de Montmorency, duc de Luxembourg, † 1726.

Charles-François de Montmorency, duc de Luxembourg, maréchal de France, † 1764.

Anne-François de Montmorency-Luxembourg, duc de Montmorency, † 1761.

Anne-Françoise-Charlotte de Montmorency-Luxembourg, duchesse de Montmorency, épouse Anne-Léon II de Montmorency, marquis de Fosseuse; elle meurt en 1829.

Anne-Charles-François de Montmorency, duc de Montmorency, † 1846.

Anne-Elisabeth-Laurence de Montmorency, épouse Théodore prince de Bauffremont; elle meurt en 1860.

Anne-Antoine-Gontrand, Prince Duc de Bauffremont, † 1897.

Pierre-Laurent-Léopold-Eugène, Prince Duc de Bauffremont, actuellement chef des représentants par les femmes de François de Luxembourg, duc de Luxembourg.

CONTRAT du 15 novembre 1564 devant Maîtres Claude Boreau et Cayard, d'un bail à réméré entre Mlle de Morinvilliers et le président de La Tourette, moyennant lequel ce dernier se désiste des lettres royaux, par lui obtenues, à fin de cassation de l'arrêt de la Cour des Aides qui a ordonné la saisie de son hôtel.

(Étude de Mᵉ Rafin, notaire, 60, Rue de la Chaussée-d'Antin, Paris.)

Comme damoiselle Jacqueline de Morainvillier, dame de Mante, vesve de feu Mᵉ Robert de Harlay, en son vivant, seigneur de Sancy, baron de Montglat et conseiller du roy en sa court de Parlement à Paris, tant en son nom que comme tutrice des enfans mineurs dudict deffunct nées, auroit dès le vingtuniesme jour du moys de juing dernier obtenu adjudication par decret, en la court des Aides, d'une maison assize en la rue de Vaulgirard, au quartier Saint-Germain des Pres, avec ses appartenances consistant en courtz, jardins, vergers, vignes derrière ladite maison au contenu de six arpens ou environ, le tout saisi et mis en criéees sur noble homme Mᵉ Alexandre de La Tourette, conseiller du roy et président en sa court des Monnoyes, à la requeste des prévost des marchans et eschevins de la ville de Paris, au lieu desquelz ladite demoiselle de Morainvillier auroit esté subrogée, et ce, pour le pris de sa dernière enchère montant à la somme de 7.500 livres tournois estre distribuée aux créantiers selon l'ordre de parrité et posteriorité de leurs hypothecques à l'acquit dudit de La Tourette lequel auroit remonstré à ladite demoiselle de Morainvillier || dite maison estre de plus grand valeur de n'estre vendue à juste pris et qu'il auret souffert par cy devant plusieurs grandes pertes et tenu prison fermée dans la Conciergerie du Pallais par deux ans et plus au moyen de quoy auroit requis et prié ladite demoiselle de Morainvillier luy donner ung terme suffizant de rachepter ladite maison et ses appartenances à quoy ladite demoiselle désirant user de grâce anvers luy et le traicter le plus amiablement et gracieusement qu'il seroit possible se seroit condescendu. Pour ce est que ce jourd'huy par devant Claude Boreau, Pierre Cayard, notaires jurez du roy notre sire en son Chatelet de Paris soubsignez, est comparu noble homme Mᵉ Nicolas de Thumery, sieur de Meuldon, advocat en la court de Parlement, an nom et comme s'en faisant fort de ladite damoiselle de Morainvillier elle-même à laquelle il promet faire ratiffier et avoir agréable le contenu en ces présentes, lequel au dit nom a recongnu et confessé avoir donné et donne par ces présentes audict sieur de La Tourette à ce présent et acceptant pour luy, ses hoirs, et aians cause pour l'advenir, terme et delay de rachepter ladite maison et ses appartenances du premier jour || de juillet, d'avril passé en quatre ans prochainement venans en rendant par icelluy de La Torrette ou les siens et aians cause à ladite demoiselle de Morainvillier à ung seul et entier paiement lesdit pris de 7.500 livres tournois avec les fraiz des criées et loyaulx coults de ladite adjudication et oultre en rapportant à ladite damoiselle de Morainvillier paiement et descharge de la somme de 3.600 livres tournois qui fait le fort principal de 4.300 livres tournois de rente dont ladite s'en sera deschargée, s'est obligé pour ledict de La Tourette et sa femme danvers Mᵉ Charles Hotman, auditeur des comptes par contract du sixiesme juing 1560 d'ensemble des arréraiges et aussy en paiant pour ledit sieur de La Tourette et les siens et aians cause à ladite damoiselle de Morainvillier la somme de 6.000 livres tournois de laquelle ledit de La Tourette et sa femme se seroient obligés envers ledit feu sieur de Harlay pour les causes contenues au contract sur ce passé ledit jour sixiesme juing 1560 à Paris, Le Camus et De Netz notaires au Chatelet, et encore la somme de sept vingt quatorze livres || tournois pour une chesne d'or qui auroit esté baillée et prestée audit de La Tourette par ledit feu sieur de Harlay ainsi qu'il appert par le récépissé dudit sieur de La Tourette du vingtniesme mai 1560. Pour lequel temps de quatre ans et durant icelluy ledit de Thumery pour ladite de Morainvillier esdits noms a baillié et délaissé, baille et délaisse à tiltre de loyer audit sieur de La Tourette, présent et acceptant, ladite maison et appartenances à la charge d'icelle entretenir de toutes réparations nécessaires, de mesmes de faire bien labourer, cultiver et entretenir lesdites vignes *verger* et jardin de ladite maison et ledit rendre en bon estat et valleur et *oultre*, moyennant et parmy le pris et somme de 652 livres tournois par chacune desdites quatre années que ledit sieur de La Tourette en *appartendra*, sera tenu promect et gaige paier et baillier à ladite damoiselle de Morainvillier ou au porteur et à deux termes et paiemens egaulx qui sont Noel et Saint-Jean-Baptiste, premier terme et paiement escheant au jour de Noel prochain venant. Davantaige a promect || et promect ledit sieur de La Tourette paier et continuer les autres. 1.200 livres de rente dubz audit Mᵉ Charles Hotman dont ledit sieur de La Tourette et sa femme auroient promis acquicter et garentir ledit feu sieur de Harlay *de ce* jusques à plain rachapt et acquict de ladite rente sans riens innover ne prejudicier au contract du sixiesme juing 1560 par lequel lesdit de La Tourette et sa femme ont promis icelle rente rachepter et acquicter et en garentir et desdommager ledit feu sieur de Sancy et ses hoirs avec tous autres despens dommaiges et interestz. Et au cas que ledit de La Tourette fut *empesché* de *paier* par ung an lesdits louaiges et arrerraiges de rente cy dessus mentionnés, sera tenu incontinant de vuider luy, sa femme famille et meubles hors ladite maison sans solempnité et sans interpellation quelconque ne aultre forme ou figure de procès. Et sera dès lors privé et sevrez de la grâce et faculté de retirer et rachepter ladite maison et appartenances dont il est faict mention cy dessus, de laquelle maison et appartenances ladite damoiselle de Morainvillier demeurera dame et proprieteresse irrévocable et en pourra librement disposer, vendre et attribuer, en faire ce que bon luy semblera, sans charge dudit réméré duquel elle ne sera plus tenue en ce cas, et ne la poura poursuyvre pour || icelle lesdit de La Tourette ne les siens et moyennant ce ledit de La Tourette s'est désisté et departy, désiste et deppart de l'effect et enterinement desdites lettres de récission par luy obtenues le 15ᵉ décembre *dernièrement venant* à la charge touttaffois que ou ledit de La Tourette paiera dedans lesdits quatre ans ladite somme de 6.000 livres tournois. Il demeurera quiete de la rente de 500 livres stippulées par ledict contract pour le prouffict de la sociétté mentionnée par icelles, le tout sans innover ou desroger autrement ausdits contractz cy devant passez *entre* lesdit de La Tourette et sa femme et ledit feu sieur de Sancy pour raison desdits 6.000 livres et rente constituée audit Hotman, fera recepte pour le regard ou prouffit desdits 6.000 livres tournois jusques à fin du temps dudit réméré, car aussi promectant et obligeant esdits noms d'*une part* d'aultre et *revues*.

Faict et passé double l'an 1564, le mercredi 15ᵉ jour de novembre.   BOREAU,   GAYARD.

CONTRAT D'ÉCHANGE avec les Chartreux (26 septembre 1573) (1).

A tous Ceulx qui ces presentes Lettres Verront, Anthoine Du Prat, Chevalier de L'ordre du Roy Seigneur de Nantoillet, Précy Rozay, et de Fourmeries, Baron de Thoury, et de Viteaux, Conseiller de sa Majesté, son Chambellan ordinaire et Garde de la Prévosté de Paris, Salut, sçavoir faisons que par devant Guillaume Denet et Nicolas le Camus Nottaires du Roy notre dit Seigneur, de par luy ordonnés, et Establis en son Chatelet de Paris furent presents Vénerables et Religieuses personnes Don Félix Cardon Prieur de Notre Dame de Vauvert ordre Chartreux les Paris, Anthoine Arnoul, Simon Morel, et Jean le Roy, procureur du Couvent du dit prieuré d'une part, Et haut et puissant Prince Messire françois de Luxembourg Vicomte de Machault Seigneur de Pinay, Abbé des Abbayes de Saint Quentin en Isle et de Haute Fontaine d'autre part, Lesquelles partyes de leur bon gré, pure franche et Libérale Vollonté, sans contrainte aucune si comme ilz disoient, après que le dit Don Prieur, et autres religieux dessus ont dict avoir communiqué du présent Contract d'Echange au dit Couvent, et du commun accord d'Iceluy, confessèrent et confessent en la présence et par devant les dits Notaires, comme en droit jugement par devant Nous au dit Châtelet, avoir fait et font entr'elles, les transport, et Echange qui en suivent. C'est à sçavoir que les dits Religieux, Chartreux, ont baillé, et délaissé, ceddé, et transporté, et par ces présentes, baillent, ceddent, et délaissent et transportent au dit titre d'Echange but, à but sans soulte du tout à toujours, et, promettent garantir de tous troubles et empeschements généralement quelconques au dit Seigneur de Luxembourg ce acceptant pour luy ses héritiers et ayans cause. Une pièce de terre appartenant aus dits Religieux assise en fauxbourg Saint Germain des Prés, au lieu dit Le Clos aux Bourgeois joignant les murailles de leur grand Clos contenant Cinq quartiers ou environ, tenant d'une part aux murailles des dits Religieux, et au dit Seigneur de Luxembourg, à cause de l'acquisition faite de M. de la Brosse, d'autre au dit Seigneur à cause des acquisitions quil a faites de feu M. De Bragelonne Lieutenant Criminel et de M. Delenez Secrétaire du Roy, aboutissant des deux bouts aus dit Seigneur à cause des acquisitions faites des dits de la Brosse et de Freves, En laquelle pièce de terre il y a une petite porte et entrée vers les champs aussi appartenant aus dits Religieux Chartreux avec tout le droit quils

---

(1) *Archives Nationales* S. 4070.ᴬ

ont en la dite porte et Issue, Entre la Censive dont se meut, et chargé du Cens et fond de terre que se peut devoir que le dit Sieur Prieur et Religieux sur ce enquis par les dits Notaires souscripts n'ont pu maintenant déclarer pour touttes, sans autres Charges ny hypotheques quelconques franches et quittes des arrérages du dit cens de tout le temps passé jusqu'à ce jour Et pour et en Contre Echange de ce, le dit Seigneur de Luxembourg, à aussy cedé, transporté, et délaissé au titre d'Echange pareillement but à but sans soulte du tout à toujours aus dits Religieux, Prieur et Couvent, les dits sieurs prieur et procureur des susnommés ce acceptantes pour eux, et le dit Couvent Cent Livres Tournois de rente, à prendre en trois cens livres tournois de rente au dit Sieur de Luxembourg, cedés et transportés avec autre rente par Louis Sertin Marchand florentin, demeurant à Paris, comme le contient le dit transport passé par devant les Notaires souscripts, le Lundy vingt uniéme jour du présent mois, auquel Sertin les dits trois cens livres tournois de rente ont aussy esté cedés et transportés par Rahet Hotman veuve de feu Pierre le Lorrain laisné, et mère de Pierre le Lorrain Marchand Bourgeois de Paris, par transport datté du trente uniéme, et dernier jour d'aoust dernier signé Arragon et Joyeux, auquel Pierre le Lorrain, les dits trois cens livres de rente ont esté Vendus et constitués par MM. Les Prévost des Marchans et Echevins de cette Ville de Paris, et les avoir, et prendre aux quatre quartiers de l'an, deux mois après chacun d'iceux échus, en la partie des Cent mil livres Tournois de rente aliénés par le Roy à la dite Ville sur les aydes et gabelles d'Amiens, Poictiers, Thoulouze, et autres assignations déclarées en lettres de Constitution dattées du second jour de septembre MV cent soixante et douze signé des Notaires souscripts, desquelles lettres de Constitution et Copies en papier signées par Collation, des dits Notaires des dits transport fait au dit Seigneur de Luxembourg par le dit Sertin, et iceluy fait par le dit Hotman au dit Sertin et sentence mentionnée en Iceux, le dit sieur de Luxembourg a présentement baillé et délivré aus dits prieur et procurateur du dit Couvent des Chartreux des susnommés auquel il promet et sera tenu ayder des originaux de toutes les dites pièces quand besoin et requis en sera et desquelles cent livres tournois de rente, le dit sieur de Luxembourg fait les dits Religieux et Couvent à leurs demande propriétaires et possesseurs. Les a mis et subrogés partout où il appartiendra, pour des dites terre et rentes eschangées jouir par les dites partyes et de tout chacun en droit soy et leurs ayans cause, et en disposer à Leur volonté, à commencer du premier jour d'octobre prochain; Ces présentes, Echange, Cession et transport, faite à la charge du dit Cens et bût au but sans soulte comme dit est, et sans fraude, en ceddant et transportant par les dits partyes et nous l'une d'elle, l'autre tous et chacuns les droits, possessions, noms, raisons, actions, et autres droits généralement quelconques quils ont et leur appartiennent à quelque titre ou moyen que ce soit en dites terre et rente cy dessus déclarées permutées et Echangées, dont ils se sont démis, dessaisis et desvestu, et par ces presentes se desmettent, dessaisissent, et devestent, du tout ès mains des dits Notaires commis nostre et souveraine pour le Roy notre Seigneur, pour au nom et proffit l'un de l'autre, leurs dits hoirs, et ayans cause, voulant, consentant, et expressement accordant, que par le bail et ostention de ces présentes et en vertu d'icelles. Ils chacun en droit soy en soit et demeuré saisy, vestu, mis et reçeu en bonne et suffisante saisine et possession par les Seigneurs. Celuy où ceux de qui, et ainsy quil appartiendra, et néanmoins pour ce faire, vouloir requérir et consentir et accorder nostre fait, ont nommé, crée, constitué, ordonné et estably leur procureur général spécial et irrévocable le porteur de ces présentes auquel ils ont donné, et donnent plain pouvoir et puissance de ce faire en tout ce que au cas appartiendra, sera requis et nécessaire, et laquelle rente de cent livres tournois, le dit Sieur de Luxembourg à promis et promet garentir, fournir et faire valloir par luy ses hoirs et ayans cause, aus dits Religieux et Couvent sur tous et chacuns ses biens quelconques présents et à venir tant en son principal arrérage, que rachapt de tous troubles et fictions, retranchemens de deniers, et autres empéchemens quelconques, que le Roy ou ses successeurs pouvoient à l'avenir faire mettre ou donner la dite rente et arrérage, dont l'entier événement sera et demeurera sur le dit Sieur de Luxembourg, Et outre à la charge que les dits Religieux ont réservé l'aisance de quatre pieds de large de la dite terre joignant, et le long de la dite muraille de leur dit grand Clos, laquelle muraille du dit grand Clos appartient au dit Couvent et n'est aucunement metoyenne pour y porter Echelle où autres Instrumens Convenables pour la réparation de la dite muraille quand besoin sera, et à ceste fin le dit Sieur sera tenu leur bailler passage par son dit Clos, et outre à la charge que le dit Seigneur ses dits héritiers, ne feront jamais bastir sur l'icelle terre, ni fouiller dessous pour en tirer pierres où autres choses, ny pareillement sur les autres terres qui appartiendront au dit Sieur et à ses dits hoirs le long des dites Murailles Et advenant le rachapt de la dite Rente, où en ce cas le dit Sieur de Luxembourg prendra et recevra les deniers, et fort principal d'icelle pour par luy les employer le plus tost que faire se pourra autres rentes, ou hériages de pareille nature jusqu'à la concurence du dit principal au profit des dits Religieux et Couvent, selon et aussy quil sera lors avisé entr'eux. Lesquels seront à cette fin présens où appellés, sy mieux les dits Religieux et Couvent ne veulent eux-mêmes recevoir les dits deniers pour en faire par eux le dit remploy.

Car autrement et sans les conditions cy dessus, le présent contract neust esté fait, attendu la grande commodité que les dits Religieux avoient de la dite terre comme ils ont dit, lesquels néanmoins seront tenus en considération de la favorable récompense que leur baille le dit Seigneur dire un service en la forme de leur ordre pour le dit Seigneur le jour, ou autre plus prochain, et commode, que son trepas leur sera annoncé, promirent outre lcelle partye et dite noms par les foy et Serment de leur corps, pour ce par eux jurés et mis corporellement ès mains des dits Notaires comme en notre Souveraine pour le Roy notre dit Seigneur. Ces présentes avoir agréables et tenir ferme et sous l'obligation de toute et chacune leurs Biens et ce renonceant et ce en témoin de ce Nous à la relation des dits Sieurs Notaires avons fait mettre le scel de la dite prévosté de Paris, à ces dites Lettres, qui passées furent doubles L'an mil cinq cens soixante et treze, le Samedy vingt sixième jour de septembre ainsy signés.

DENETZ ET LE CAMUS, Notaires.

CONTRAT D'ACQUISITION D'UNE TERRE DE L'HOTEL-DIEU (18 mars 1588). (1)

A tous ceulx qui ces présentes lettres verront Anthoine Duprat chevalier de l'ordre du Roy seigneur de Nantoillet Precy Rozay et de Formeries baron de Toury et de Viteaux conseiller de Sa Majesté son chambellan ordinaire et garde de la prévosté de Paris salut savoir faisons que pardevant Lois Roze et François Croiset notaires du Roy nostre dit seigneur au Chastellet de Paris furent présens en leurs personnes Messire Achilles de Harlay chevalier conseiller du Roy en son conseil privé et destat premier président en sa court de Parlement Augustin de Thou aussy chevalier conseiller de Sa Magesté en sond. conseil privé et destat aussy président en lad. court. Estienne de Nully pareillement chevalier conseiller dudit seigneur en son conseil privé et destat premier président en sa court des aides Nobles hommes Claude Marcel conseiller du Roy controleur et intendant général de ses finances Claude Le Prestre, Piere Hotman, Jehan Le Jay, Germain Boucher, Robert Desprez et Me Jacques Goignet avocat en lad. court de Parlement tous bourgeois de ceste ville de Paris au nom et comme commis par lad. court de Parlement au regime et gouvernement du revenu et temporel de lhostel dieu de Paris disans que aud. hostel dieu appartient une pièce de terre en hache cloze de murs contenant ung arpent et demy sept perches à dix huit pieds pour perche douze poulces pour pied et cent perches pour arpent y comprins lalée qui sert dentrée sur lad. pièce de terre par la grand rue allant au couvent des Chartreux selon le mesurage qui en a esté faict par Nicolas Girard arpenteur juré soubz le grand arpenteur de France comme le contient son rapport daté du dix septiesme jour de septembre mil cinq cens quatre vingt sept signé Girard lad. pièce de terre assise hors la porte Sainct Michel les Paris appellée le Cloz Bourgeois tenant d'une part à Monseigneur de Luxembourg et après nommé a cause de l'acquisition quil a cy devant faicte de dame Bonne Couraud vefve de feu noble homme Me Christophe Hennequin vivant conseiller du Roy en sa court de Parlement dune place joignant que lad. Arnault auroit cy devant acquise a titre de vente

(1) Archives de l'Assistance publique. Layette 16. Liasse 433, n° 2106 de l'inventaire.

cens et rente dud. hostel dieu en laquelle place y a aprésent plusieurs arbres fruictiers daultre part aux hoirs fils Me Olivier Gaultier vivant procureur en la court de parlement et a Claude Masson mareschal abboutissant dun bout au cloz deppendant de la ferme du pressoir appartenant aud. hostel dieu et daultre bout à une haie des rosiers faisant séparation dentre lad. pièce de terre et le jardin des héritiers feu Jehan Antoine Lombard dict Brusquet et lad. allée tenant d'une part ausd. héritier Gaultier d'autre à Me Guillaume Rondin prestre et à Charles Martin maistre paintre a Paris abboutissant sur lad. grande rue alant aux Chartreux. Et daultant que lad. pièce de terre ne rendoit que dix livres tournois de revenu par chacun an ausd. hostel dieu auroit semblé ausd. sts gouvérneurs que le meilleur et plus profitable seroit aud. hostel dieu vendre lad. pièce de terre pour les deniers qui en proviendroient estre employé a faire achapt de vins et aultres choses pour la nouriture et aliment des pauvres malades dud. hostel dieu au lieu de prendre deniers a rente attendu que le revenu ordinaire dud. hostel dieu ne aussy les aulmosnes qui se font en icellui ny peuvent suffire pour les aultres grandes charges que ledit hostel dieu a supporter. A ces causes iceux sieurs gouverneurs pour le prouffict faire dud. hostel dieu recongnurent confesserent, recongnoissent et confessent en la présence et par devant lesd. notairés comme de droict jugement avoir vendu cedé quicté transporté et délaissé et par ces présentes vendent ceddent quictent transportent et delaissent du tout des maintenant a tousiours promirent et promectent audit nom garentir de tous troubles et empeschemens quelconques A hault et puissant prince François de Luxembourg duc de Pignay pair de France prince de Tingry chevalier des deux ordres du Roy conseiller en son conseil privé et destat capitaine de cent hommes darmes de ses ordonnances de présent demourant en son hostel siz a Sainct Germain des Prez les Paris rue de Vaugirard présent acheptéur pour luy ses hoirs et ayans cause a ladvenir ladicte pièce de terre cloze à murs contenant arpent et demy sept perches comprins lad. allée déssus declarée appartenant aud. hostel dieu comme dict est dont de lad. mesure led. seigneur de Luxembourg sest tenu et tient pour content pour dicelle joir par icelluy seigneur sesd. hoirs et aians cause du tout a tousiours et en disposer a sa volunté. Ceste vente cession et transport faicts à la réservation du grain qui est de présent ensemancé sur lad. terre qui sera prins par le locataire dicelle a la prochaine despouille. Et à la charge de douze deniers parisis de cens portant lotz ventes saisines et amendes quant le cas y eschera cy après que led. seigneur de Luxembourg sera tenu et promet par luy ses hoirs bailler et paier doresnavant par chacun an au receveur général dud. hostel dieu ou au porteur des présentes pour luy au jour de Sainct Remy première année de paiement escheant à pareil jour prochain et coutumier des an en avant par chacun an aud. jour a tousjours sur lad. pièce de terre dessus vendue qui en demeure chargée obligée et ypothecquée. Aussy a la charge que led. seigneur de Luxembourg sesd. hoirs et aians cause feront passage pour le restablissement des murs de lad. ferme du pressoir toutesfoys et quantes quil les conviendra réparer lesquels murs dicelle ferme apartiendront aud. hostel dieu entièrement sans qu'ilz soient moictoiens entre icelluy hostel dieu et led. seigneur achepteur. Et aussy sans que icelluy seigneur achepteur sesd. hoirs et ayans cause puissent bastir ne aucunement édiffier sur lad. terre aprésent vendue contre les murs dicelle ferme synon a six pieds prez lesd. murs. Et oultre moiennant la somme de Quatre cents escuz solz pour le prix de la présente vente et trente trois escus un tiers de don gratuit et aumosne que led. seigneur de Luxembourg faict ausd. pauvres malades dud. hostel dieu le tout revenant a la somme de quatre cens trente trois escus ung tiers que pour ce lesd. sieurs gouverneurs en ont faict recevoir par M° Jacques de Besze dud. a la recepte dud. hostel dieu a ce présent qui de leur ordonnance les a prins et receuz présentement et a luy comptez nombrez et delivrez des deniers dud. seigneur de Luxembourg par les mains du sieur de Marolles son maistre dhostel en trois cent trente trois escus et le reste en testons et vingt pièces de dix solz le tout bon et aiant de présent cours dont et de laquelle dite somme de quatre cens trente trois escus ung tiers lesd. sieurs gouverneurs et de Besze se sont tenus et tiennent pour contans et en ont quicté et quictent led. seigneur de Luxembourg et tous autres de laquelle somme led. de Besze sest chargé et en promet tenir compte et pour le présent contract faire esmologuer en la court de parlement lesd. s^rs gouverneurs font et constituent leur procureur irrévocable M° Jehan Lhostellier procureur en lad. court auquel ils ont donné et donnent pouvoir et puissance de ce faire et tout ce que au cas sera requis et nécessaire laquelle emologation se fera aux despens dud. seigneur de Luxembourg car ainsy a esté acordé entre les parties lesquelles promisrent outre ces présentes et tout le contenu en icelle avoir agréable et le tenir et entretenir sans y contrevenir et rendre et payer lune a laultre tous despens dommages et interestz qui faicts et encouruz seroient par faulte de paiement dud. cens et entretenement et acomplissement desd. présentes et, en ce pourchassant et requérant soubz lobligation de tous les biens revenu et temporel dudit hostel dieu et aussy de tous les biens dudit seigneur de Luxembourg presens et advenir quilz ensuyvre soy lesd. sieurs gouverneurs oud. nom en ont soubsmis et soubzmectent à la justice juridiction et contraincte de lad. prévosté de Paris et de toutes autres ou trouvez seront renonceans lesd. parties ausd. noms a toutes choses generallement quelconques a ces présentes lettres contre leur teneur et effect et au droict disant generalle renonciation non valloir. En tesmoing de ce nous a la relation desd. notaires avons faict mettre le scel de lad. prévosté de Paris a cesdites présentes qui furent faictes et passées doubles par lesd. s^rs gouverneurs et de Besze au bureau dud. hostel dieu et par led. seigneur de Luxembourg en son hostel siz a St Germain des Prez les Paris rue de Vaugirard l'an mil cinq cens quatre vingt huit le vendredy dix huictiesme jour de mars avant midy et est assavoir le controlle des présentes suivant ledict et ont les parties signé la minute avec lesd. notaires soubsignez suivant lordonnance. C'est ce pour led. hostel dieu.

Lozé.   Crochet (ou Trochet).

INVENTAIRE DES TILTRES ET ENSEIGNEMENS *de l'hostel dict de Luxembourg, sis au faulxbourg Saint-Germain lez Paris, rue de Vaulgirard que hault et puissant prince Françoys duc de Luxembourg et de Pigney, pair de France, conte de Ligny est tenu et obligé de bailler et dellivrer à très haulte très puissante et très illustre princesse Marye par la grâce de Dieu, Reyne Regente de France et de Navarre, par contrat de la vente que ledict seigneur duc a faict dudict hostel à Sa Majesté passé par devant de Saint Leu et Guerreau, notaires et gardenottes du Roy nostre Sire, en son chastelet de Paris, le second jour d'apvril, mil six cens douze.*

Premièrement une liasse de dix pièces. La première desquelles est ung arrest en parchemin de la cour des Aydes du 25° juing 1564 portant ledict arrest vente par adjudication faicte à deffuncte damoiselle Jacqueline de Morinvilliers vesve de feu M. Robert de Harlay vivant seigneur de Sansy baron de Monglas conseiller en Parlement, d'ung hostel basty lors à neuf consistant en plusieurs corps de logis couvert dardoise, caves, estables, scelliers, cours, puits, jardins et vignes derrière et mazures y estant. Le tout en ung tenant contenant ung arpent ou environ. Le lieu comme il se comporte de toutes parts selon les tenants et aboutissants y spécifiés et quatre arpens de vignes et ung arpent de bois où il y avoit plusieurs arbres fruictiers assiz au lieudict Le Clos Bourgeois mis en criée sur M⁰ Alexandre de La Torrette président en la court des mounoyes du Roy au dos duquel arrest est l'acte et quittance de consignation faicte par ladicte damoiselle de Morinvilliers au greffe de la Cour des Aydes du prix de son adjudication en date du dixᵐᵉ juillet audict an soixante et quatre, signées Le Sueur. Et la quittance des lotz et ventes par elle payés de ladicte adjudication au procureur et receveur de l'abbé de Saint Germain des Prés, en la censive duquel est assis ledict hostel et ses appartenances selon quelles sont spécifiées par ledict decret, ladicte quittance datée du seizᵐᵉ du mesme mois 1570. Signé Moireau.

La deuxiesme est l'arrest aussy en parchemin dorore et distribution des deniers de ladicte adjudication faict entre les créantiers opposant audict decret ledict arrest en date du xxixᵉ mars audict an 1564. Signé Le Sueur.

Le troisiesme est ung contract encore en parchemin de faculté de réméré, accordé par ladicte damoiselle de Morinvillier audict président de La Torrette, le 15ᵉ novembre, audict an 1564 pour quatre ans pendant lequel temps ledict de La Tourrette prend à loyage ledict hostel de ladicte damoiselle de Morinvilliers, et moyennant ce, ledict de La Tourrette se départit des lettres royaulx par luy obtenus affin de cassation et resvizion dudict decret, ainsy qu'il est dict par ledict contract de réméré. Signé Boreau et Cayard, notaires au chastelet de Paris.

La quatriesme est ung contract en forme deschange de mil livres tournois de rente consituês sur le clergé, que ledict seigneur duc auroit donné à ladicte damoiselle de Morinvilliers pour et au lieu dudict hostel ses appartenances et dependances, en datte du 21ᵉ octobre 1570, par lequel appert entre aultres choses ledict seigneur duc avoit baillé et dellivré dès lors à ladicte damoiselle le contract de ladicte constitution de rente selon que le contient ledict eschange. Signé Denetz et Le Camus, notaires.

La cinquiesme est une coppie de sentence en pappier des requestes du Pallais du troisiesme juing 1578, par laquelle ladicte damoiselle de Morinvilliers auroit esté condamnée à prendre le faict et cause pour ledict seigneur duc contre M. Marcial de Riche Villain, chanoine de Paris et Maistre Nicollas Mulot, chanoine de Saint-Benoist, pretendant douze livres tournois de rente sur ledict hostel.

La sixiesme est ung accord en parchemin faict le 22ᵉ juin 1584 par ledict seigneur duc avecq les successeurs et ayant cause desdicts Riche Villain et Mulot par le moyen duquel accord ils se seroient departis de leurs prétentions sur ladicte rente comme le contient ledict accord. Signé de Netz et Le Camus.

Les sept, huict, neuf et dixiesme attachées ensemble sont quatre pièces, tant en pappier qu'en parchemin, contenant le payement fait par ledict seigneur duc au président de La Tourrette de quelques matériaux qui estoient restés audict hostel non encore employés aux bastimens d'iselluy, lesdictes pièces dattées des 19 et 23 mars 1580, 24 janvier et premier fevbrier 1581, lesdictes liasses et pièces cottées par A.

Item, deux pièces en parchemin dont la première est un accensement perpétuel de quarante sols tournois de rente, passé par ledict seigneur duc au prouffict des chanoines de Saint Benoist le bien tourné, pour ung quartier de vigne ou environ que lesdicts de Saint Benoist auraient baillé à titre dudict accensement audict seigneur duc le 15 décembre 1571, signé Vallée et Crucé, notaires. Et la deuxiesme est le contract d'admortissement de ladicte rente rachéptée par ledict seigneur duc desdicts de Saint Benoist, le 17 novembre 1575.

Signé Lamiral et Vallet. Lesdictes deux pièces cottées par B.

Item, deux aultres pièces signées de Netz et Le Camus la première desquelles est ung eschange en parchemin du 15 décembre 1571, faict par ledict seigneur duc avecq M. Jehan de Hérin seigneur de La Tillaye, nottaire et secrétaire du Roy. Et l'ung des quatre nottaires et secrétaires de sa cour de Parlement, de trois arpens ung quartier deux perches de terre labourable, ou environ en deux pièces lesquelles y avoit plusieurs arbres situés et assis dans le clos Bourgeois audict sieur de la Tillaye, appartenant de son propre, contre cent tournois de rente constituée sur le clergé. Et la deuxiesme, est encore un aultre eschange en parchemin faict le onziesme juillet 1583, entre ledict seigneur duc et ledict sieur de la Tillaye, d'une aultre pièce de terre contenant un arpent trente perches ou environ. Joignant l'issue du clos dudict hostel contre seize escus deux livres de rentes, reduicts suivant ledict en cinquante livres constituées sur la ville de Paris, audict seigneur duc appartenant. Lesdictes deux pièces cottées par G.

Item, quatre pièces dont la première est ung cahier en parchemin d'une vente et transport faict audict seigneur duc par honneste femme, Françoise Gallon, vesve de feu honorable homme Pierre Mareschal, luy vivant bourgeois de Paris de quarante une livres trois sols quatre deniers tournois de rente constituée sur ledict hostel de ville de Paris en datte du cinquiesme janvier 1572. La deuxiesme est coppie collationnée du contract de constitution de ladicte rente à prendre sur plus grande somme faict au prouffict de maistre Bernard Fortia, conseiller en Parlement du 21 fébvrier 1569. La troisiesme est aussy coppie collationnée du contrat de vente, cession et transport faict par ledict sieur Fortia à ladicte Gallon de ladicte vente du 7 mars audict an 1569. La quatriesme et dernière desdictes pièces est ung aultre cahier en parchemin du contract d'eschange faict par ledict seigneur duc de Luxembourg, de ladicte vente avec Maistre Claude de Bragelonne, seigneur de Charmoy, conseiller au Chastellet de Paris, tant en son nom que comme soy faisant et portant fort de dame Magdelaine Riveux, vefve de maistre Thomas de Bragelonne, vivant lieutenant criminel de Paris d'un arpent et demy de terre ou environ en une pièce plantée de bois et buisson assiz au clos Bourgeois près et derrière, ledict hostel dudict seigneur duc. Ledict contract d'eschange en date du 7 janvier 1572. Et sont lesdictes quatre pièces signées de Netz et Le Camus, fors la dernière qui est signée Le Camus seullement. Toutes cottées par D.

Item, une aultre pièce qui est un cahier en parchemin d'ung contract d'eschange, faict entre ledict seigneur duc et maistre Philippe Joulin sieur de la Brosse, de deux pièces de terre assizes au clos Bourgeois derrière la maison et jardin dudict seigneur duc. La première pièce contenant ung quartier et l'aultre pièce ung arpent audict La Brosse, appartenant contre cent livres tournois de rente constituée au proffict dudict seigneur duc, sur le clergé de France, ledict contract d'eschange en datte du lundy 4 août 1572. Signé de Netz et Le Camus nottaires. Et est ladicte pièce cottée par E.

Item, ung sac dans lequel y a plusieurs pièces concernant l'acquisition faicte par ledict seigneur duc de dame Catherine de la Gazotte, dame de la Mothe au Grain, entre lesquelles y a principallement le contract d'eschange faict par ledict seigneur, de la somme de cent livres tournois de rente sur le clergé, contre une maison contenant ung corps d'hostel, establo, court, puits et jardin derrière, proche et attenant l'hostel dudict seigneur duc en datte du 17 septembre audict an 1572, signé de Netz et Le Camus. Et la quittance du rachapt faict par ladicte dame de quarante livres tournois de rente, constituée sur ladicte maison, laquelle y estait hypothéquée du vingtième du mois de septembre audict an 1572, signés Douzat et Thierriot et quinze aultres pièces, servant à la garantye de ladicte maison ledict sac de pièces cotté par F.

Item ung aultre cahier en parchemin d'un eschange faict par ledict seigneur duc, d'une sienne rente de quarante cinq livres seize sols huict deniers tournois sur le grenier à sel contre une pièce de terre contenant ung quartier et demy ou environ assiz audict cloz Bourgeois derrière la maison et jardin dudict seigneur lors appartenant à Jacques Baston, huissier en parlement le 24 novembre 1572. Signé De Netz et Le Camus nottaires, cotté par G.

Item ung aultre cahier en parchemin de l'eschange faict par ledict seigneur duc, d'une aultre sienne rente de cent livres tournois constituée sur le Domaine du Roy contre une pièce de terre size au Clos Bourgeois, contenant cinq quartiers ou environ joignant le Clos dudict hostel, appartenant aux Chartreux le 26 septembre 1573. Signé desdicts De Netz et Le Camus, cotté par H.

Item six pièces attachées ensemble contenant l'acquisition faicte de trois quartiers de vigne ou environ appartenant au principal Boursier du Collège Mignon. La première desquelles est ung bail en parchemin du 18 mars 1567 a tiltre de loyage à quatre vingt dix neuf ans faict par ledict principal Boursier dudict Collège à noble Homme Charles Strossi maistre d'hostel ordinaire du Roy et de Monseigneur le duc d'Anjou, son frère, desdicts trois quartiers de vigne ou environ proche et attenant le Clos dudict hostel lors appartenant au président de la Tourrette. La deuxiesme pièce est ung contract en parchemin de cession et transport dudict bail audict seigneur duc, par la dame de Cipierre ou procureur pour elle subrogée au lieu dudict sieur Strossi le sixiesme décembre 1575. La Troisiesme encore en parchemin est la rattiffication de ladicte dame de Cipierre du neufiesme mars 1576. La Quatriesme aussy en parchemin est une quittance du principal dudict collège de plusieurs années d'arrérages dudict loyage du huictiesme juillet 1581. La Cinquiesme est un cahier pareillement en parchemin du rachapt et admortissement faict par ledict seigneur dudict loyage et de l'acquisition par luy faicte à perpétuité desdicts trois quartiers de vignes ou environ en datte du deuxiesme may 1584. Et la Sixiesme et dernière en pappier est une coppie collationnée à l'original du rachapt faict par le principal dudict collège de certaine rente à laquelle lesdicts trois quartiers de vigne estoient ypothecquez; lesdictes six pièces cottées par I.

Item une autre pièce qui est ung cahier en parchemin d'un eschange faict entre ledict seigneur duc et le sieur de Balincourt le 22 mars 1578 ratiffiée par la femme dudict de Balincourt, le douziesme may ensuivant audict an d'un jardin cloz de murs planté d'arbres fruictiers contenant trois quartiers ou environ, joignant le clos dudict hostel, et ledict jardin auxdicts sieur de Balincourt et sa femme appartenant contre vingt-sept escus deux livres six sols huict deniers tournois de rente reduicts suivant l'édict à quatre vingt trois livres six sols, huict deniers tournois sur le clergé de France audict seigneur duc appartenant ladicte pièce signée De Netz et Le Camus. Cottée par J.

Item deux pièces en parchemin, la première desquelles est ung bail à rente annuelle et perpétuelle faict par les chanoines du chappitre de Sainct-Benoist le bien tourné d'un quartier de vigne dudict deffunct président de la Tourette, moyennant trente sols tournois par chacun an, en datte du dernier décembre 1565. Signé Boreau et Cayard, et la deuxiesme est le rachapt et extinction faict de ladicte rente par ledict seigneur, duc de Luxembourg, le penultième d'apvril 1580. Signé De Netz et Le Camus. Lesdictes deux pièces cottées par L.

Item un cahier de parchemin d'un aultre eschange faict entre ledict seigneur, duc et maistre Denis Grassotiau, procureur en Parlement et Marie Boullan sa femme, d'un jardin cloz de murs contenant trois quartiers ou environ assiz audict faulxbourg, vis à vis dudict hostel contre deux cens livres tournois de rente audict seigneur duc appartenant constituée sur les greniers à sel en datte du 15 juillet 1583, ladicte pièce signée De Netz et Le Camus, Cottée par M.

Item une autre pièce qui est ung cahier en parchemin d'ung aultre eschange faict entre ledict seigneur duc, et Pierre Danniau, maistre brodeur à Saint Germain des Prés, de deux arpens de terre labourable en une pièce derrière le clos dudict hostel audict Danniau, appartenant allencontre de quatre escus d'or sol dix sols tournois de rente, réduicts à douze livres dix sols suivant l'édict à lui prendre en 1566 livres treize sols quatre deniers tournois aussy de rente, audict seigneur duc appartenant sur les greniers à sel. Ledict contract en datte du 6 janvier 1587. Signé De Netz et Le Camus, Cotté par N.

Item, deux autres pièces en parchemin. La Première desquelles est ung contract de vente faict audict seigneur duc, par les commis au régime et gouvernement du revenu temporel de l'Hostel-Dieu de Paris d'une pièce de terre, en hache close de murs, contenant ung arpent et sept perches à dix huict pieds pour perche douze poulces pour pied. Et cent perches pour arpent y compris l'allée qui servait d'entrée sur ladicte pièce de terre, par la grand rue allant au couvent des Chartreux. Chargez de douze deniers parisis de cens, portant lotz et ventes, saisine et amende quand le cas y eschet, moyennant le prix y mentionné en datte du 18 mars 1588, signé Rozé et Croiset. Et la Deuxiesme est lomologaon en la cour de Parlement faicte de ladicte vente, le 2 avril audit an 1588. Signé Du Tillet, Lesdictes deux pièces cottées par O.

Item une aultre pièce qui est ung cahier de pappier ou coppie d'une vente faicte par ledict seigneur duc à François Pajot, huissier au grand conseil d'une mazure ou souloit avoir maison, cour, jardin, ses appartenances et deppendances assiz vis à vis dudict hostel a charge expresse que ledict Pajot ses hoirs et ayans cause ne pourront faire bastir sur ladicte place, autour bastiment plus hault que trois thoises au dessus du rez-de-chaussée, en appendix sur deux thoises de large compris les murs attenans et joignant la maison dudict acquéreur, sans qu'il puisse faire bastir en aultre lieu de ladicte place ny faire les murs de la closture dudict jardin plus hault que de dix pieds. Ledict contract en datte du 3 août 1603. Collationné le 4 juin 1608 par Fardeau et de Saincte-Vaast, notaires audict Chastelet. Ladicte pièce cottée par P.

Item pièces concernant l'acquisition faicte par ledict seigneur duc, par décret des requestes du Pallais, le 26 juin 1606 d'une mazure où il souloit avoir une maison, court et jardin en laquelle mazure y avoit encore ung pan de mur, une cave et ung puits en ladicte court. Les lieulx comme ils se comportent et s'estendoient de toutes parts de fonds en comble contenant ung arpent ou environ tenant des deux costés et d'ung bout audict hostel dict de Luxembourg et parc d'icelluy et pardevant sur ladicte rue de Vaugirard, mis en cryée à la requeste dudict seigneur duc, sur le curateur nommé et estably aux choses susdictes qui furent et appartinrent à messire François Dubois, chevalier de l'ordre du Roy seigneur du Plessis, Limey et de Belleville comme l'ayant acquis de M. Jehan de Ruet vivant, notaire et secrétaire du Roy desguerpy par ledict seigneur, duc de Luxembourg et depuis à luy adjugé par décret comme dict est (1), Cottée par L.

Plus trois pièces touchant une aultre acquisition faicte par ledict seigneur duc des héritiers Poussemy de sept quartiers de terre par derrière ledict parc, l'une en date du 30 juillet 1611, signée Berthon et de Sainct-Leu. La Deuxiesme au dernier desdits mois et an signée desdicts nottaires. Et la Troisiesme soubs seing privé en datte du 7 octobre 1611 qui est une déclaration signée Louis de Lormeau. Lesdictes pièces cottées Q.

En la Présence des nottaires du Roy nos're sire au Chastelet de Paris, soubs signez Messire Louis Dollé, conseiller du Roy nostre sire en ses conseils d'estat et privé et procureur général de la Royne, régente de France et de Navarre. Confesse et recongnoist que suivant le contract de vente faict à ladicte dame Royne, par devant lesdicts nottaires, par Messire François de Luxembourg, le second jour d'avril 1612. De l'Hostel dict de Luxembourg et autres héritages à plain mentionnés audict contract. Il luy a esté fourny baillé et dellivré les titres enseignements et aultres lettres et pièces à plain déclarées et mentionnées en l'inventaire sus escript et contenues sous les cottes y escriptes Comme inventaire de pièces est à compter la lettre A jusque et compris la lettre Y, fors et excepté à qui default en la lettre Q. Comme il est escript en marge et postille d'Icelluy article. De toutes lesquelles pièces ledict sieur Dollé audict nom et procureur général de ladicte dame Royne quitte et descharge ledict seigneur, duc de Luxembourg et tous autres promettant, obligeant et renonceant.

Faict et passé avant midy en la maison dudict sieur Dollé. L'an mil six cent douze, le mercredy vingtroisiesme jour de décembre et a ledict sieur Dollé, signé la minutte de ladicte quittance estant au bas dudict inventaire.

L. Dollé, De Sainct-Leu, Guerreau.

---

(1) En marge est écrit : Cet .... fera une coppie de l'enchère faicte par M. Jacques Denis Doing, procureur dudict seigneur de Luxembourg par acte des requestes du Pallais du 26 juin 1606.

II

GRANDE CONFRÉRIE AUX BOURGEOIS

PROCÈS-VERBAL de plantement de Bornes au fief du Clos aux Bourgeois, en Exécution de l'arrest du Grand Conseil du 12 septembre 1616 (1).

L'an mil six cens seize le Vingt deuxiesme jour d'octobre, par devant nous Nicolas Guynet Conseiller du Roy en son grand Conseil, et Commissaire par Iceluy député en cette partie est comparu Maistre Joseph Fauvre procureur au dit Conseil au nom et comme procureur des Abbé, Doyen, Prévost, Greffier et confrères de la grande Confrairie Notre Dame aux Prestres, Bourgeois et Bourgeoises de cette Ville de Paris lequel nous à remonstré que les dits Abbé, Doyen, Prévost, Greffier et confrères de la grande Confrairie ont obtenu arrest le 12e jour de Septembre dernier prononcé le quinziesme du dit mois à l'encontre des Religieux Abbé, et couvent Saint Germain des Prés lès Paris, en exécution d'autre arrest du dit Conseil du dernier Septembre mil six cens onze par lequel le Conseil ayant esgard aux lettres de requeste civille obtenues, par les dits de la grande Confrairie a remis les dites parties en tel état qu'elles étoient au paravant, le dit arrest du dernier Septembre mil six cens onze en ce que par Iceluy le Conseil adjuge à la dite grande Confrairie la directe seigneurie et censive du clos aux bourgeois maisons et Edifices basties en iceluy en consistance de sept arpens seulement et ce faisant exécutant le dit arrest le dit Conseil adjuge aux dits de la grande Confrairie la dite directe seigneurie et censive du dit Clos aux Bourgeois sur lequel sont basties les maisons, Edifices et Lieux de   . Des Vallées, Leonne Lombard, Veuve de feu Guillaume Bailly, maître Olivier Gaultier procureur en parlement, du Sieur Dargenton au lieu de Thomas Longuet, Nicolas Hameau, avocat au Chatelet de Paris, Maître François Gouin procureur en parlement, Nicolas Guyot procureur au dit Chatelet, François Thomas, Maître Paulmier, Maître Antoine Collot, Estienne Enqueson Quentin, Petit, Nicolas Belliard, Simon Cousin, Jeanne Paraut, veuve de feu Maître Guillaume Buffet, Maître Jean Patru procureur au Chatelet et Maître Antoine Arnauld, avocat en Parlement de Paris jusques au mur qui fait la séparation de la maison et grand jardin du dit Arnauld et de celle des damoiselles de Corbie et Ester, et de là remontant le dit mur au long de séparation depuis le bord de la rue de Vaugirard jusques au jardin de Luxembourg, appellé à présent le Clos et Jardin de la Reyne mère du Roy et de là les long des murs des jardins des dits Arnauld et des Vallées faisant séparation d'iceux jardins et de celuy du dit de Luxembourg jusques à la rue d'Enfer et Jambages de la maison du dit des Vallées, aboutissant sur le pavé de la dite rue d'Enfer et qui fait séparation de la maison du dit des Vallées et de Maître Jacques Pajot cy devant huissier en la Cour de Parlement de Paris et encore en cinq quartiers estant dans lesdits Jardins et Clos de Luxembourg aprésent comme dit est appellé le Clos ou maison de la Reine proche et derrière le Jardin du dit Arnault et fait deffense aux dits Religieux, abbé et Couvent de Saint Germain des Prés de troubler et empescher les dits de la Grande Confrairie en la possession et jouissance de la dite Seigneurie directe et Censive, et au surplus ordonné qu'en la présence du Commissaire qui à ces faits seroit député par le dit Conseil et des dits Abbé religieux et Couvent Saint Germain et Iceux deuement appellez Bornes seront plantées l'une sur le bord de la dite rue de Vaugirard tirant vers la porte Saint Michel sur la contrescarpe des fossés de la Ville et contre le mur qui fait la séparation du dit logis du dit Arnauld et des dites Damoiselles de Corbie et Ester, l'autre sur le bord de la rue d'Enfer contre la muraille qui fait la séparation des logis du dit des Vallées et du dit Maître Jacques Pajot, et la troisième derrière les murs des jardins des dits Arnauld et des Vallées non compris dans l'enclave des dites bornes, les dits cinq quartiers adjugés par le dit arrest aux dits de la grande Confrairie, outre les dits sept arpens ainsy qu'il est plus à plain porté par le dit arrest pour l'exécution du quel outre qu'il nous a esté mis par le dit Fauvre entre les mains en bonne et deue forme, le dit arrest, le dit Fauvre nous a remonstré que sur requeste par les dits de la grande Confrairie présentée au dit Conseil le Vingt uniesme de ce présent mois, nous avons esté commis pour exécuter le dit arrest partant nous à le dit Fauvre au nom suplié et requis vouloir accepter la dite Commission et luy délivrer notre ordonnance et Commission pour faire assigner par devant Nous à certain jour lieu et heure, les dits Religieux Abbé et Couvent Saint Germain pour venir

---

(1) *Archives Nationales* Q¹ . 1291-22 copie de 1709.

— 154 —

et voir procéder à l'exécution du dit arrest, voir planter et mettre les dites Bornes sur les dits lieux et endroits désignés par le dit arrest et autrement procédé ainsy que de raison.

Surquoy, Nous Commissaire susdit après avoir reçu le dit arrest et accepté la dite Commission pour l'exécution d'Iceluy avons au dit Fauvre, au dit nom octroié acte de ses dires et réquisitions et à luy délivré notre ordonnance et Commission de nous signée et scellée de notre cachet pour en vertu d'icelle faire appeller et assigner par devant nous à certain jour lieu et heure les dits Religieux Abbé et Couvent Saint Germain des Prés lès Paris pour voir procéder à la dite Exécution d'arrest et plantement des dites Bornes ainsi que de raison.

Et advenant le Jeudy dix septiesme jour de novembre au dit an mil six cens seize par devant Nous Commissaire susdit en notre hostel, est comparu le dit Fauvre au dit nom assisté de Maistre Guyot Prevôt et maistre Ruellé, Greffier de la dite grande Confrairie, par lequel Fauvre nous à esté remonstré que suivant et en vertu de notre ditte ordonnance et Commission les dits Abbé, doyen, Prévost, et Grefier et Confrères de la dite grande Confrairie ont pour l'exécution du dit arrest et pour voir planter les dites Bornes, fait assigner par devant Nous à ce jourd'huy deux heures de relevée en la Maison de Maistre Antoine Collot seize sur les dits fossés de la Ville hors de la porte Saint Michel les dits Religieux Abbé et Couvent Saint Germain des Prés, tant en la dite Abbaye parlant à Désiré Daquet, portier d'Icelle que à la personne et domicile de Maistre Jean Le Bonin leur procureur au dit Conseil partant nous a supplié et requis nous vouloir ce jourd'huy transporter audit lieu et maison du dit Collot à la dite heure pour procéder à l'exécution du dit arrest.

Surquoy, Nous Commissaire susdit avons au dit Fauvre donné et octroié acte de sa ditte réquisition et ordonné que suivant Icelle nous nous transporterons ce jourd'huy au dit lieu et heure pour procéder à la dite Exécution d'arrest ainsy que de raison.

Et le dit Jour à la ditte heure de deux heures de relevée en la ditte maison du dit Collot assizé sur les dits fossés hors la porte Saint Michel ou nous nous serions transportés suivant la réquisition du dit Fauvre et notre précédente ordonnance seroit comparu le dit Fauvre au dit nom assisté des dits Guyot et Ruellé. Lequel Fauvre nous auroit comme auparavant remonstré avoir lesdits Religieux Abbé et Couvent Saint Germain des Prés esté assignés à ce dit jour lieu et heure pour voir procéder à l'exécution du dit arrest et planter les dites Bornes mesmes autres Icelles Bornes fait tailler par Antoine Marie, Maistre Masson, juré de cette Ville de Paris et sur icelles fait empreindre en grand L'image notre Dâme avec les deux lettres G. et C. pour dénotation des marques de la grande Confrairie avec le millésime de la présente année Mil six cens seize par Pierre de France aussy maistre Imagier et Graveur de cette Ville, Lesquelles Bornes il a dit estre toutes prestes pour les mettre et planter aux dits lieux désignés par le dit arrest ou aultrement le plus commodement que faire se pourra attendu que depuis ledit arrest du dernier septembre mil six cens onze et la descente Veue figure bornage et arpentage des dits Lieux, Iceux lieux ont changé non seulement de propriétaires détempteurs et possesseurs mais aussy de face à L'occasion de L'acquisition faite par la dite Reine Mère du Roy de l'hostel jardin et Clos de Luxembourg, et de plusieurs autres particuliers mesmes des dits Lieux, maisons et jardins de la ditte damoiselle Esther et du dit Arnauld et des batimens et cloture que la dite dame Reine y a fait faire construire et bâtir et prétend faire à l'avenir au moien de quoi il seroit impossible et inutile à présent de planter et mettre les dites bornes à tout le moins l'une d'icelles qui est celle ordonnée estre mise derrière les murs du Jardin du dit Arnauld et des Vallées partant nous a le dit Fauvre au dit nom attendu que la dite heure de deux heures est sonnée et plus que passée et que les dits Religieux Abbé et Couvent Saint Germain des Prés ne aucuns pour eux ne comparoissent, il nous plaise donner deffaut à l'encotre d'eux et pour le proffit d'iceluy ordonner qu'il sera par nous procédé et passé outre à l'exécution dudit arrest et que les dites Bornes seront par devant Nous par le dit Marie maistre Masson plantées en lieux et endroits désignés par ledit arrest et autres plus commodement que faire se pourra et deffenses faites aux dits Religieux Abbé et Couvent Saint Germain des Prés de troubler ni empescher les dits de la grande Confrairie en la possession et jouissance de la dite Seigneurie directe et Censive des dits Lieux.

Surquoy, Nous Commissaire susdit après avoir longuement attendu après que ladite heure de deux heures à esté sonnée et ainsy qu'il nous à esté certifié par le dit Belliard Collot et autres personnes qui se sont trouvé présens avons contre les dits Religieux Abbé et Couvent Saint Germain des Prés donné défaut et procédé à l'exécution du dit arrest et en notre présence les dites bornes mises et plantées par le dit Marie Maistre Masson en lieux et endroits désignés par le dit arrest et autres ainsy qu'il sera trouvé plus utile et plus commode.

Et à l'instant nous a le dit Fauvre au dit nom assité des dits Guiot et Ruellé et du dit Maistre Masson mené et conduit de la maison du dit Collot le long de la dite Rue de Vaugirard et estans avancés en Icelle nous a arresté à l'endroit où estoit l'entrée de l'allée du grand jardin du dit Sieur Arnauld où étoient les trois bornes taillées et grandes ainsy que dit est, et nous a le dit Fauvre au dit nom remonstré que depuis la descente par nous faite sur les dits lieux en exécution du dit arrest du dernier Septembre Mil six cens onze, la face des lieux avoit esté changée et que au lieu et endroit où était la dite allée qui conduisoit dans le grand jardin du dit Sieur Arnauld le long du mur faisant séparation des jardins de la dite damoiselle Corbie et de la dite damoiselle Ester à prendre depuis l'entrée de la dite allée sur le bord de la dite rue de Vaugirard jusques au fond du dit grand jardin et encoignure d'Iceluy joignant le mur faisant séparation d'iceluy et du dit Clos de Luxembourg appellé à présent le Clos de la Reine Il y a un grand corps de logis basti de neuf et lequel n'est encore parfait appartenant à .... (1) au moïen duquel Bastiment et de celuy que fait bastir la dite Dame Reine Mère du Roy et de l'enclos qu'elle fait pour ses Jardins l'on ne peut plus facilement ni librement entrer dans le dit grand jardin qui à appartenu au dit Sieur Arnauld ny moins dans le dit Clos de Luxembourg, le dit Fauvre au dit nom, nous a requis que la première des dites bornes ordonnée estre plantée par le dit arrest soit mise et plantée conformément à Iceluy sur le bord de la dite rue de Vaugirard contre le mur de Jambage de pierre de taille qui fait aujourd'huy séparation du dit grand corps de logis basty de neuf appartement au dit .... (2) et les jardins des dites damoiselles Corbie et Ester jusques au fond du dit grand jardin qui à appartenu au dit Arnauld et muraille faisant séparation d'iceluy et du neuf Clos de Luxembourg à présent appelé le Clos de la Reine, et pour le regard de celle, ordonnée estre plantée derrière et à l'encoignure de la dite Muraille faisant séparation du dit grand jardin du dit Sieur Arnauld du dit des Vallées et du dit Clos de Luxembourg joignant le Jardin de la dite damoiselle Ester, attendu que les lieux sont changés et qu'on ne peut librement entrer dans le dit Clos de Luxembourg appartenant à présent à la dite Dame Reine Mère du Roy, et aussy que quand bien même la dite borne seroit plantée au dit lieu désigné par le dit arrest elle nuiroit au dit Bastiment et compartiment de la dite Dame Reine Mère et qu'à cette occasion elle seroit arrachée. Il nous a requis d'ordonner que figurativement la dite borne demeurera plantée au dit lieu désigné par le dit arrest et que la dite borne ne fera aucun préjudice aux cinq quartiers de terre estans dedans le dit Clos de Luxembourg appartenant de présent à la dite Dame Reine et appellé le Clos de la Reine adjugez en Seigneurie directe et Censive par le dit arrest, outre les sept arpens pareillement adjugés aux dits de la grande Confrairie par le dit arrest, les dits cinq quartiers non compris dans l'enclave des dites bornes ordonnées estre plantées par le dit arrest.

Surquoy. Nous Commissaire susdit par vertu du dit deffaut avons octroié acte au dit Fauvre au dit nom de ses dites remontrances et réquisitions, et attendu icelles et que nous est appa u des dits empeschemens apportez par le dit Marie assisté de six manouvriers fait planter l'une des dites bornes sur

---

(1) Le nom est laissée en blanc. Mais il s'agit de Stornato, l'ancien propriétaire de ce restaurant de la ville de Bresce à qui la Reine a rétrocédé une partie du jardin des Arnault.
(2) Id.

le bord de la rue de Vaugirard tirant vers la porte Saint-Michel sur la contrescarpe des fossés de la Ville et contre le mur et jambage de pierre de taille qui fait à présent séparation du grand corps de logis neuf appartenant au dit (1) basti à l'endroit du logis et allée qui entroit dans le dit grand jardin du dit sieur Arnauld, et les dits Jardins appartenans aux dites damoiselles de Corbie et Ester, le dit mur tirant jusques au dit Clos de Luxembourg aprésent appellé le Clos de la Reine, et pour le regard de la dite Borne ordonnée par le dit arrest devoir estre plantée derrière la muraille faisant séparation des jardins des dits Vallées et Arnauld tirant depuis l'encoignure du dit mur de séparation du d. Jardin du d. Arnault et de la dite, damoiselle Ester jusques sur le bord de la rue d'Enfer. Avons ordonné que la dite Borne demeurera figurativement plantée au lieu désigné par le dit arrest, le tout sans préjudice des cinq quartiers de terre enclavés dans le dit clos de Luxembourg a présent appellé le Clos de la Reine pareillement adjugée par le dit arrest aus dits de la, grande confrairie non compris dans l'enclave des dites bornes ainsy qu'il est porté par le dit arrest de l'exécution duquel il est question. Ce fait nous a le dit Fauvre assisté des dits Guiot et Ruellé et de maître Marie Maître Masson à l'encoignure de la d. rue de Vaugirard sur la contrescarpe des dits fossés de la Ville où estans et sur le bord du chemin et rue estant sur la dite contrescarpe tirant de la dite porte Saint-Michel à la porte Saint Germain et à l'endroit et joignant la Maison appartenant au dit Belliard savetier faisant la dite maison l'encoignure de la dite rue de Vaugirard et du costé de la d. Contrescarpe du dit fossé de la Ville, nous a le dit Fauvre au dit nom supplié et requis vouloir faire mettre et planter par le dit Marie l'une des dittes Bornes, laquelle il avoit à cette fin fait apporter par le dit Marie assisté de six manouvriers.

Surquoy. Nous Commissaire sus dit en vertu du dit deffaut avons au dit nom octroié et octroions Acte de sa d. Requisition et suivant Icelle par le dit Marie assisté des dits six manouvriers fait mettre et planter la dite Borne sur le bord du d. chemin et rue estant sur la d. Contrescarpe du dit fossé de la Ville tirant de la dite porte Saint Michel à celle de Saint Germain du costé de la d. Contrescarpe joignant la maison du dit Belliard et à l'encoignure d'icelle et de la dite rue de Vaugirard joignant une vieille borne mise pour conservation de la dite Maison.

Et après nous à le dit Fauvre au dit nom, assisté des dits Guiot, Ruellé avec le dit Marie maistre Masson conduit le long de la rue d'Enfer jusques à l'endroit d'une maison grillée de barreaux de fer appartenant au dit de Vallée où estant il nous a supplié et requis vouloir faire planter la dernière des d. Bornes ordonnées estre plantées par le dit arrest et ce sur le bord de la d. rue d'Enfer contre

---

(1) Stornato.

la muraille et Jambage de pierre de taille qui fait la séparation des logis du dit des Vallées et du dit Maître Pajot ainsy qu'il est porté par le dit arrest.

Surquoy, nous Commissaire susdit par vertu du dit deffaut et veu le dit arrest avons par le dit Marie et les dits manouvriers fait apporter et planter au dit lieu la dite Borne sur le bord de la dite rue d'Enfer contre la dite muraille et Jambage de pierre de taille qui fait la séparation des logis des dits des Vallées et Pajot et avons fait inhibitions et deffences aus dits Religieux Abbé et Couvent Saint Germain des Prés lès Paris à tous autres d'arracher les dites Bornes troubler ny empescher les dits Abbé, doyen Prevost et confrères de la dite grande confrairie en la dite Seigneurie directe et censive des dits lieux bornés ensemble les dits cinq quartiers ny compris ny enclavé les dites bornes suivant le dit arrest à peine de tous dépens dommages et Interest.

Ensuit la teneur de la Requeste sur laquelle avons esté commis

A NOSSEIGNEURS DU GRAND CONSEIL.

Supplient humblement les Abbé, Doyen, Prevost, Gréffier et confrères de la grande confrairie aux Prestres Bourgeois et Bourgeoises de cette Ville de Paris disant que pour procéder à l'exécution de L'ar.est du Conseil intervenu entre les supplians et les Religieux Abbé et Couvent Saint Germain des Prés lès Paris, le douzième jour de Septembre dernier et prononcé le quinzième des dits mois et an, il est requis que l'un de Messieurs du dit Conseil soit commis et député même pour faire planter les Bornes aus dits lieux et endroits désignés par le dit arrest pour servir de marque perpétuelle des lieux sur lesquels la censive et directe a esté adjugée aus dits supplians ainsy qu'il est plus à plain porté par le dit arrest. Ce considéré Nosseigneurs il vous plaise de vos grâces ordonner ou commettre tel de vous nos dits seigneurs qu'il vous plaira pour procéder à l'exécution du dit arrest et si besoin est en cas de contestation régler les dites parties sur leurs dites contestations et d'icelles faire rapport au dit Conseil et vous ferez bien.

Commis Maistre Nicolas Guynet, conseiller au Conseil et soit signifié fait au dit Conseil à Paris, le vingt unjesme octobre mil six cens seize.

Nicolas Guynet Conseiller du Roy en son grand Conseil et Commissaire par Iceluy député en cette partie au premier huissier ou sergent royal sur ce requis. Nous vous mandons et commettons par ces présentes que à la requeste des Abbé, doyen Prévost Gréffier et confrères de la grande confrairie nostre Dasme aux prestres bourgeois et bourgeoises de cette Ville de Paris. Vous assignez par devant Nous à certain jour lieu et heure les religieux Abbé et couvent Saint Germain des Prés les Paris. pour venir voir procéder en exécution de l'arrest du dit Conseil intervenu entre les dites parties le douzième Septembre dernier et pour venir le quinzième du dit mois ensuivant voir planter et mettre les bornes sur les lieux et endroits désignés par le dit arrest et autrement procéder ainsy que de raison de ce faire nous donnons pouvoir en vertu de celuy à nous donné par le dit Conseil Mandons à tous les justiciers officiers et sujets du Roy qu'à nous en ce faisant soit obéi à Paris le Conseil y estant le vingt deuxième jour d'octobre mil six cens seize.

L'an mil six cens seize le mardy quinziesme jour de Novembre en vertu de certaine ordonnance donnée de M. Maitre Nicolas Guynet Conseiller du Roy en son grand Conseil Commissaire en cette partie en datte du vingt deuxième Octobre dernier signé Guynet et scellé et à la requeste des Abbé, Doyen, Prevost, Greffier, et confrères de la grande Confrairie aux bourgeois de Paris y dessus nommés. Je Jacques Poisse huissier en L'admirauté de France soussigné ay donné Assignation aux Religieux, Abbé et couvent de Saint Germain des Prés les Paris, parlant à Désiré Daquet portier de la dite abbaye et couvent trouvé à la porte d'icelle Abbaye et estre et comparoir Jeudy prochain une attendant deux heures de relevée par devant le dit sieur Guynet en la maison de Maistre Antoine Collot secrétaire de la Chambre du Roy scize sur les fossés hors la porte Saint Michel, pour procéder à l'exécution de L'arrest du Conseil et voir planter les bornes sur les lieux et endroits désignés par le dit Arrest selon et aux fins de la dite Ordonnance, et pour en estre procéder ainsy que de raison à l'Inthimation de laquelle ordonnance et présent mon Exploit Je leur ay baillé copie présent André Grebin, François Lehereau témoins.

Et le dit jour à l'instant j'ay retiré la dite Assignation cy dessus aus dits Religieux, Abbé et couvent de Saint Germain des Prés en parlant et au domicile de Maitre Jean le Coun leur procureur au dit Conseil parlant à Jeanne Parent sa servante domestique et depuis à la personne du dit le Coun trouvé en la rue Saint Denis à ce qu'il n'en prétende cause d'ignorance et luy ay encore baillé Copie tant de la dite ordonnance que du d. Exploit cy dessus que j'ay laissé à la d. Parent sa servante présens les dessus dits et autres témoins par Moy huissier en l'admirauté de France susdit signé Poissé.

Fait par nous Conseiller et commissaire susdit et soussigné les d. jour et an. Ce fait Nous a le d. Marie maistre Masson requis taxe par nous luy estre faite tant pour les d. trois grandes pierres de Lieds de sept pieds de long et d'un pied et demy de large servant des dites bornes ensemble pour la taille d'icelles et pour les manouvriers qui ont travaillé tant à faire les trous où sont plantées les dites bornes comme pareillement pour le moison et plastre qu'il a convenu fournir pour y sceller et planter les dites Bornes ensemble de ses vacations de la somme de quarante quatre Livres onze sols six deniers laquelle somme il à juré et affirmé avoir fourny et luy estre deüe loyalement. Comme pareillement nous a remonstré juré et affirmé avoir payé au dit de

France sculpteur pour avoir gravé les Images qui sont sur les dites Bornes la somme de douze livres laquelle somme il a pareillement requis luy estre taxée payée et remboursée.

Surquoy, Nous Commissaire su dit après l'affirmarion du dit Marie en la présence et du consentement du dit Fauvre assisté des dits Guyot et Ruellé avons su dit Maire fait taxe des dites sommes de quarante quatre livres onze sols six deniers d'une part et douze livres d'autres, et ordonne que d'Icelles il sera payé par les dits de la Grande Confrérie sauf leur recours contre les dits Religieux Abbé et couvent de Saint Germain, ainsy que de raison.

Et pour nos vacations nous nous sommes taxés la somme de six escus quart, et au dit Fauvre pour ses sallaires et vacations la somme de douze livres.

Ainsy signé avec paraphe,

GUYSET.

Collationné à L'original des présentes tiré des Archives de la Grande Confrérie de Notre Dame aux Seigneurs, prestres et Bourgeois de Paris, et ce à l'instant rendu par les conseillers du Roy, notaires à Paris soussignés, le vingt neuvième jour de Décembre Mil sept cent neuf.

HUREL. BRU.

DÉCLARATION fournie au papier terrier du Roy et fiefs apartenans à la grande Confrairie de Notre Dame (1).

De la Déclaration fournie En la Chambre du Trésor au Palais à Paris le cinq octobre 1671, par M. Charles Mercier Prêtre Confrère et Receveur de la grande Confrérie de Notre Dame au nom et comme Procureur de la dite confrérie a esté Extrait ce qui Ensuit :

Lequel Sieur Mercier au dit nom a dit et déclaré que les Abbé, Doyen et Confrères de la grande Confrérie sont propriétaires des fiefs apellés Le Clos aux Bourgeois où le Martroy, scis hors la porte Saint Michel, De la Huchette, Desbarres, et Saint Fiacre scis hors la porte Montmartre, desquels relèvent plusieurs Maisons et héritages, chargés de Cens portant Lods et Ventes, saisines et amendes le cas y échéant, en outre ont droit de Censive sur plusieurs autres Maisons terres et héritages ainsy qu'il Ensuit :

Premièrement, à cause de leur dit fief apellé le Clos aux Bourgeois ou le Martroy scis hors la Porte Saint Michel ont droit de Censive portant Lods et Ventes saisines et amendes le cas y échéant sur les Maisons et héritages qui Ensuivent :

Item, Sur quatre Arpens ou environ de terre sur partie desquels est bastie L'orangerie de Luxembourg, le reste en jardin où allées appartenant à Son Altesse Mlle de Montpensier fille aisnée de feu Monseigneur le Duc d'Orléans tenant au dit Seigneur de la Trémoille, aux sieurs Le Gaigneur, Genoux et autres, d'autre au dit Jardin, et d'un bout le long des Jardins des susdites Maisons rue d'Enfer, et d'autre du costé du couchant au parterre du dit Luxembourg.

Lesquels fiefs du Clos aux Bourgeois ou le Martroy, Des Barres, de la Huchette, Saint Fiacre apartiennent à la dite Confrérie et y a esté confirmée en la propriété d'Iceux, sçavoir le dit fief du Clos aux Bourgeois ou le Martroy par plusieurs Titres sentences et arrests et spécialement par celuy du Grand Conseil du douze septembre 1616, et procès verbal de Plantement de Bornes en exécution d'Iceluy, du 22 octobre au dit an, et autres jours suivans, etc. et en fin de la dite Déclaration est Escrit, Laquelle présente Déclaration le dit Sieur Mercier au dit nom a affirmé Véritable sauf a augmenter ou diminuer si le cas y échet dont il a requis acte, Collationné signé Héron, avec Paraphe, et au dessous est Escrit ce qui suit.

Receu par la Chambre du Trésor au Palais à Paris ouy et ce Consentant le Procureur du Roy, pour estre Inséré au papier terrier de Sa Majesté et aux charges portées par le Jugement de la dite Chambre de ce Jourd'huy 22 janvier 1672. Signé Héron avec paraphe.

Ce que Dessus et de l'autre par Escrit a esté pris Extrait et Collationné à L'original estant en Parchemin tiré des Archives de la dite grande Confrérie de Notre Dame aux Seigneurs Prestres et Bourgeois de Paris, et à l'instant rendu par les Conseillers du Roy, Notaires à Paris soussignés le Dixe Jour d'octobre 1709. Signé Hurel, et Bru, avec paraphes.

FIEF DU CLOS AUX BOURGEOIS (2).

N° 1 DU PLAN, 245 toises.

Une maison cour, jardin et dépendances rue d'Enfer, porte Saint Michel, tenant d'une part du midi à Madame La Comtesse Daillet et au jardin du Luxembourg, d'autre part au sieur Chatriat, d'un bout par derrière sur le dit jardin du Luxembourg et d'autre bout par devant sur la susdite rue d'Enfer, doit au jour Saint Rémy pour cens. Quinze deniers.

15 deniers.

---

(1) Q¹ 1291-92.
(2) S. 887.

Titre nouvel devant Thérèse, notaire à Paris, le 2 avril 1759.

Cette Maison appartient à M. Gaillaume Pouevin de Mourgues ancien Ingénieur demeurant à Paris rue d'Enfer, en la maison ci-dessus, comme l'ayant acquise de Dame Marie Madeleine Lallement veuve de Charles Jean Cotton Darmet avec lequel elle était commune en biens, et de Jacques Cotton Darmet son fils, par contrat passé devant Prévôt le Jeune et son confrère Notaires à Paris, le 13 décembre 1738. Ensaisiné par le sieur Chevalier Receveur de la grande Confrérie le 27 janvier 1739.

N° 2 DU PLAN, 315 toises.

Une maison cour jardin, rue d'Enfer, tenant d'une part du midi à M. Pouevin de Mourgues, d'autre part au Séminaire de Saint Louis, d'un bout d'occident par derrière sur le jardin du Luxembourg et d'autre bout par devant sur la susdite rue d'Enfer chargée envers la grande Confrérie d'une pite (1) de cens payable au jour de Saint Rémy, et de six sols de rente faisant partie de 30ˢ dus solidairement avec les maisons suivantes payable au jour de Noël.

Cy . . . . Cens » » Pite
Rente » » 6ˢ

Cette Maison et ses dépendances appartient au sieur François Chatriat Marchand Commissionnaire et à Damoiselle Elizabeth Therese Le Gay son Epouse demeurant en la susdite maison rue d'Enfer, au moyen des acquisitions qu'ils en ont faites; sçavoir, un quart de Jacques Ignace Tartereau Ecuyer sieur de Bethemont par contrat passé devant Nouette et son Confrère Notaires à Paris le 15 octobre 1748. Un quart de Dame Dorothée Lamy veuve de Jean François Tartereau, Ecuyer, sieur de Bethemont par contrat passé devant Le Gay et son Confrère Notaires à Paris le 16 décembre 1748, un autre quart de Damoiselle Louise Dorothée Tartereau de Berthemont fille majeure par autre contrat passé devant le dit, Mᵉ Le Gay et son Confrère Notaires à Paris le 16 décembre 1748 et le quatrième et dernier quart de Edme François Tartereau Chevalier Seigneur de Berthemont Garde du Corps du Roy et Marguéritte Anne Danger son Epouse par autre contrat passé devant Mᵉ Le Gay Notaire le 8 février 1749. Ensaisinés par le Sieur Chevalier Receveur de la grande Confrérie les 30 octobre 1748 et 25 novembre 1750, fᵒˢ 172 et 176.

Au Séminaire de Saint Louis au moyen de la Déclaration qui en a été faite à son profit le... par le Sieur Elie Bridault Architecte auquel elle avait été adjugée par sentence du Chatelet de Paris du 9 août 1783, sur la Licitation faite entre Jean François Chatriat, et Elizabeth Le Guay leur père et mère d'une part, et Mathurin Sergent 2ᵉ Mari de ladite

(1) Petite monnaie de cuivre qui valait alors la moitié d'une obole et le quart d'un denier.

Dame Le Guay, et son donataire de part d'Enfant Ensaisiné par le Sieur Ponsar, Recéveur de la Confrérie, le 20 août 1783, fᵒ 264.

N° 3 DU PLAN, 315 toises.

Une Maison cour et dépendance Rue d'Enfer tenant d'une part du Midi au Sieur Chatriat, d'autre part au Sieur Questier et au Séminaire de Saint Louis et par laquelle Maison le dit Séminaire a son entrée d'un bout d'occident, par derrière sur le dit Séminaire Saint Louis et d'autre bout par devant sur la dite rue d'Enfer, chargé envers la grande Confrérie d'une pite de cens payable au jour de Saint Rémy, et de six sols de rente faisant partie de 38 sols dus solidairement avec la maison précédente payable au jour de Noël.

Cens » » Pite
Rente » 6ˢ » »

Titre nouvel devant Thérèse, notaire à Paris, le 20 juin 1759.

Cett maison appartient à M. François Dufour Procureur du Séminaire de Saint Louis y demeurant au moyen de l'adjudication qui lui en a été faite par sentence de Licitation du Chatelet de Paris, du 27 Mai 1752, sous le nom de M. Fauvelet l'ainé procureur au Chatelet qui en a fait déclaration à son profit le 2 juin suivant. La dite Licitation faite entre les héritiers d'Antoine Pierre Perrot, auquel la dite Maison appartenoit au moyen de l'acquisition qu'il en avoit faite par contrat passé devant Bellanger et son confrère Notaires à Paris le 14 Avril 1699, de Claude Bavette et autres dénommés au dit Contrat. Ensaisiné par le Receveur de la Rèquete de la grande Confrérie le 14 juillet 1752, fᵒ 180.

A M. Antoine Louis Lartigue prêtre demeurant rue de la Vieille monnoye Paroisse Saint Jacques de la Boucherie au moyen de l'acquisition qu'il en a faite du dit Sieur François Dufour par Contrat passé devant La Pille qui en a la minutte et son confrère Notaires à Paris le 11 Octobre 1762. Ensaisiné par le Receveur de la Grande Confrérie, le 19 octobre 1762, fᵒ 204.

N° 4 DU PLAN, 656 toises.

Une Maison Cour Jardin et dépendances rue d'Enfer appartenant au Séminaire de Saint Louis où est établi le dit Séminaire, tenant d'une part du midi au Sieur Dufour et au Sieur Chatriat, d'autre part à plusieurs maisons comprises sous les Nᵒˢ 7, 10, 11, 12 et 14 du Plan d'un bout d'occident par derrière sur le Jardin du Luxembourg et d'autre bout par devant sur la Maison du dit Sieur Dufour pa laquelle le dit Séminaire a son entrée et sur le sieur Fontaine chargé envers la grande Confrérie d'un denier pite de Cens payable au Jour de Saint Rémy de six sols de rente faisant partie de 30ˢ dus solidairement avec les deux maisons précédentes et les deux suivantes

d'une part et de 15ˢ aussi de Rente d'autre part faisant moitié de 30ˢ de rente dus solidairement avec le Collège du Mans les dites rentes payables au Jour de Noël.   Cens   »   »   »   1ᵈ Pite
                                     Rentes 1   »   1   »   »

Cette Maison appartient au Séminaire de Saint Louis au moyen de la donation qui lui en à été faite par M. Louis de Marillac Curé de Saint Jacques de la Boucherie par son Testament passé devant Le Moyne et son Confrère Notaires à Paris, le 23 février 1696, les droits d'indemnité dus à la grande Confrérie à cause de la dite Donation ont été remis au dit Séminaire de Saint Louis par délibération de MM. les Administrateurs de la grande Confrérie 13 Mars 1698, f° 1757. Le dit Testament insinué au greffe des Insinuations Ecclésiastiques, 26 obtobre 1699.

N° 5 DU PLAN, 89 toises.

Une Maison cour et dépendances rue d'Enfer, tenant d'une part du midi au Sieur Dufour et au Seminaire de Saint Louis, d'autre part au Sieur Questier et en hache au College du Mans, d'un bout d'occident sur le dit Séminaire de Saint Louis et d'autre bout par devant sur la dite rue d'Enfer chargée envers la grande Confrérie d'une pite de Cens payable au jour Saint Rémy et de 6ˢ de rente faisant partie de 38ˢ payables au jour de Noël dus solidairement avec les maisons comprises 2, 3, 4 et 6 du plan. Le terrain sur lequel elles sont baties composait anciennement les maisons Cour et jardin de l'hotel de Bourges   Cens   »   »   »   Pite
                                     Rente »   6ˢ   »   »

Titre nouvel, devant Thérèse, notaire, le 20 juin 1759.

Cette maison appartient au Sieur Edme Fontaine Marchand de Vin à Paris et à Dame Marie Louise Delevemon sa femme demeurants à Paris, rue d'Enfer Porte Saint Michel au moyen de l'acquisition qu'ils en ont faite de Louise Marguerite Rousseau Veuve de Charles Bernard Marchand de vin par Contrat passé devant Robineau et son confrère Notaires à Paris, le 9 Mars 1749. Ensaisiné par le Sieur Chevalier Receveur de la grande Confrérie, le 24 Avril, au dit an, f° 178.

Sieur Jean Baptiste Germain Marchand Mercier et Demoiselle Marie Geneviève Henrion son Epouse demeurants rue d'Enfer pour acquisition des dits Sieurs et Dame Fontaine par contrat passé devant Desmeure et son Confrère Notaires à Paris le 8 Avril 1761. Ensaisiné le 11 du dit mois et an, f° 201.

Titre nouvel devant Guillaume le Jeune, notaire, le 23 mai 1785.

Sieur Nicolas Crapart Libraire et Anne Grignon sa femme demeurants rue d'Enfer par acquisition qu'ils en ont fait du Sieur Jean Baptiste Germain tant en son nom à cause de la communauté de biens qui a été entre lui et Marie Geneviève Henrion son Epouse, que comme son donataire mutuel en usufruit et de Geneviève Thérèse Trou fille majeure Légataire Universelle de la dite Dame Germain suivant son Testament reçu par Nau Notaire à Paris, le 2 Avril 1778. Institué le 5 Avril 1782, duquel délivrance à été ordonnée par sentence du Chatelet de Paris du 5 octobre 1782, contre Jean Baptiste Marie Trou seul et unique héritier de la Dame Germain, par contrat passé devant Choron qui en a la minutte et son confrère Notaires à Paris, le 30 octobre 1782. Ensaisiné par le Receveur de la Confrérie, le 16 Décembre 1782, f° 262.

N° 6 DU PLAN, 40 toises.

Une Maison Cour et dépendances rue d'Enfer, tenant d'une part du Midi et d'un bout d'occident au Sieur Fontaine, d'autre part au Collège du Mans, et d'autre bout par devant sur la susdite rue d'Enfer chargée envers la Confrérie d'une Pite de Cens payable au jour de Saint Rémy et de dix sols de rente faisant partie de 30ˢ payable au jour de Noël dus solidairement avec les quatre Maisons précédentes qui composoient ensemble l'Emplacement de l'Hotel de Bourges,   Cens   »   »   »   Pite
                                     Rente »   6ˢ   »   »

Titre nouvel, passé devant Pierre Nicolas Alain et son confrère, notaires à Versailles, le 6 décembre 1758.

Cette Maison appartient au Sieur Gilles Questier officier porte table bouche du Roi demeurant à Versailles au grand Commun, au moyen de l'acquisition qu'il en a faite de Robert Germain Pinard Commissaire au Chatelet et de Charles Pinard de Stinville, Avocat au Parlement, par Contrat passé devant Brillon et son Confrère Notaires à Paris, le 7 janvier 1737, Ensaisiné par le Sieur Chevalier, receveur de la grande Confrérie le 9 des dits mois et an. f° 152.

Titre nouvel du 29 juillet 1774.

Au Sieur Rémi Salmon, ancien Marchand Drapier Bourgeois de Paris, demeurant rue Saint Denis vis-a-vis Saint Chaumont (et en 1775, dans la maison ci dessus) et Dame Marie Anne Buquet son Epouse, par acquisition de Jean Tisserand officier du Roi, et Marie Restitue-Questier son Epouse, Elle héritière en partie de Giles Questier son Père, Contrat passé devant Trudon, qui en a la minutte et son Confrère Notaires à Paris, le 20 Juillet 1774.

Titre nouvel du 29 janvier 1778, devant Guillaume le Jeune, notaire.

Au Sieur Nicolas Crapart Libraire et Anne Marie Grignon sa femme, demeurants en la maison ci-dessus, par acquisition qu'ils en ont fait du dit Sieur Salmon, et son Epouse, par Contrat passé devant Richer qui en a la minutte et son Confrère, Notaires à Paris, le 13 Juillet 1776.

N° 7 DU PLAN, 103 toises.

Une Maison Cour et dépendances rue d'Enfer appartenante au Collège du Mans, tenant d'une part du Midi au Sieur Fontaine et au Sieur Questier, d'autre part au Sieur Boileau et au Sieur Léger, d'un bout par derrière d'occident à la Dame Broutier, et d'autre bout par devant sur la susdite rue d'Enfer chargée envers la grande Confrérie d'un denier de Cens payable au jour de Saint Rémy et de quinze sols de rente payable au jour de Noël faisant moitié de trente sols dûs solidairement avec le Séminaire Saint Louis.   Cens » 1ᵈ
                                                                Rente » 15ˢ

Titre nouvel du 31 mars 1785.

Cette Maison appartient au Collège du Mans au moyen de l'acquisition qu'il en a faite de Maître Louis de Marlihac prêtre Docteur de Sorbonne par Contrat passé devant Bochet et son Confrère Notaires à Paris, le 22 février 1687, et les droits payés à la grande Confrérie tant de lods et vente que d'Indemnité par quittance, devant Bru et son Confrère Notaires à Paris, le 24 février 1708.

N° 8 DU PLAN, 18 toises.

Une Maison et dépendances rue des Francs-Bourgeois tenant d'une part du midi au Collège du Mans, d'autre part et d'un bout d'occident au Sieur Léger, et d'autre bout par devant sur la susdite rue des Francs-Bourgeois chargée envers la grande Confrérie de Cinq deniers de Cens, payable par chacun an au Jour de Saint Rémy.   Cy » » 5ᵈ

Titre nouvel par la dame veuve Rabotteau, devant Raymond, notaire, le 19 décembre 1781.

Cette Maison appartient au Sieur Jean Gauldré Boileau Marchand de toille à Paris, demeurant rue Aubri-Boucher et Saint Christophe au moyen du legs universel qui lui a été fait le 12 Juin 1746, par Marie Anne Gauldré Boileau Veuve Jean Rabotteau par son Testament olographe, duquel legs délivrance à été fait au dit Sieur Boileau par acte passé devant Poulletier et son Confrère Notaires à Paris, le 25 Janvier 1751, insinué le 5 Juin suivant, à laquelle Dame Veuve Rabotteau la dite maison appartenoit, comme seule et unique héritière et représentante Sieur Claude Gauldré Boileau son frère, qui l'avoit acquise des héritiers de Thomas Bayen, capitaine au régiment de Vermendois par Contrat passé devant Belot et son Confrère, Notaires à Paris le 20 Décembre 1713. Ensaisiné par le Sieur Tribord, Receveur de la grande Confrérie, le 10 Janvier 1714, f° 70.

Titre nouvel devant Guillaume le Jeune, notaire, le 9 mars 1785.

Pierre-François, Verjon Marchand Epicier, rue des Francs-Bourgeois, au moyen de l'adjudication qui lui en a été faite par sentence du Chatelet de Paris, du 24 Janvier 1778, sur la Licitation faite entre les Enfans et héritiers du Sieur Jean Gauldré Boileau, Ensaisiné par le Sieur Ponsar, receveur de la grande Confrérie, le 16 Janvier 1778.

N° 9 DU PLAN, 50 toises.

Une Maison Cour et Dépendance Rue des Francs-Bourgeois tenant d'une part du Midi au Sieur Boileau, d'autre part aux Enfans mineurs de feu François Broutier, d'un bout d'occident sur le Collège du Mans, et d'autre bout par devant sur la dite rue des francs-bourgeois, chargée envers la grande Confrérie de six deniers de Cens, payable au Jour de Saint Rémy.   Cy 6ᵈ

Sentence du Châtelet qui condamne le dit sieur Léger au payement des cens du 22 mai 1759.

Cette Maison appartient à Maître Eustache Léger, procureur au Chatelet demeurant rue des Prouvaires, au moyen de l'adjudication que lui en a été faite au Chatelet de Paris, par sentence du 7 août 1734, sur la saisie réelle faite sur Charles D'auvilliers de Sainte Colombe, Chevalier de l'ordre de Christ, Ensaisiné par le Sieur Chevalier, Receveur de la grande Confrérie, le 15 février 1742, f° 164.

N° 10 DU PLAN, 108 toises.

Une Maison Cour et dépendance rue des Francs-Bourgeois, tenant d'une part du midi au Sieur Léger et au Collège du Mans, d'autre part à Mˡˡᵉ Gondouin, au Sieur Giroust, d'un bout d'occident sur le Séminaire de Saint Louis, et d'autre bout par devant sur la susdite rue des francs-bourgeois, et sur le dit Sieur Giroust, chargé envers la grande Confrérie d'un sol trois deniers de cens payable au jour Saint Rémi.   Cy » » 1ˢ 3ᵈ

Titre nouvel, par François Despréaux, Vᵉ François Broutier, demeurant rue du Roulle, au nom comme mère et tutrice des dits mineurs devant Armet et son confrère, notaires à Paris, le 18 août 1759.

Cette Maison appartient à Louis-Félix Broutier, Françoise-Adelaïde Broutier, Marie Madeleine Félicité Broutier, Eléonore Marie Broutier, Et Madeleine Victoire Marie Broutier, tous mineurs, en qualité d'héritiers seuls et uniques de deffunt françois Broutier, leur Père Marchand bourgeois de Paris auquel elle appartenoit au moyen de l'adjudication qui lui en a été faite par acte contenant Licitation fait entre lui et ses cohéritiers en la succession de deffunt Charles Tavannes leur oncle maternel devant Mouette et Julienet Notaires à Paris, le 13 septembre 1735, auquel Tavannes la dite Maison appartenoit en qualité d'héritier de Pierre Tavannes qui en avoit fait l'acquisition de Jean Baptiste Stornat Et de Geneviève Framéry sa femme par contrat passé devant Féret et Muret l'ainé Notaires à Paris, le 25 Janvier 1657.

N° 10bis DU PLAN, 8 toises.

Une Maison et dépendance rue des Francs-Bourgeois où pend pour Enseigne la Belle étoile tenant d'une part du Midi et d'un bout d'occident aux Enfans mineurs de françois Broutier, d'autre part à Maitre Gondouin, et d'autre bout par devant sur la dite rue des francs-bourgeois, chargée envers la Confrérie de 6ᵈ de Cens payable au jour de Saint Rémy. Cy 6ᵈ » »

Titre nouvel, du 18 novembre 1758.

Cette Maison appartient au Sieur Pierre Giroux Maitre Patissier traiteur et françoise Radaron sa femme, demeurant susdite rue des francs-bourgeois en la maison ci-dessus, comme ayant été adjugée à M. Bardin procureur au Chatelet par sentence de décret du dit Chatelet du 11 Juin 1740, sur la saisie réelle de la dite maison, poursuivie à la requête du Sieur Gerault Clerion prêtre Curé de Conture en bas Vendemmois sur Charles Roger curateur à la succession vaccante de Jean Cassaigne, lequel Bardin a par acte reçu au Greffe du Chatelet le 13 du dit mois de Juin 1740, passé sa déclaration au profit du dit Giroux de l'adjudication à lui faite de la dite maison par la dite sentence sus Enoncée, Ensaisiné par le Sieur Chevalier, Receveur de la grande Confrérie, le 15 septembre 1740, f° 161.

N° 11 DU PLAN, 166 toises.

Une Maison Cour et dépendance Rue des Francs-Bourgeois, tenant d'une part vers le midi aux Enfans mineurs de François Broutier, et à Pierre Giroux d'autre part au Sieur Bunault, d'un bout vers l'occident sur le Séminaire de Saint Louis et d'autre bout par devant sur la dite rue des Francs Bourgeois, chargée envers la grande Confrérie de cinq deniers de Cens payable au jour Saint-Rémy. Cy. 5ᵈ » »

Titre nouvel devant Thérèsse, notaire au Châtelet de Paris, le 10 décembre 1758.

Cette Maison appartient à Dame Catherine Claude Leveill Veuve de M. Antoine César Gondouin demeurante à Chateaudun, en qualité de seule et unique héritière de deffunts Claude Leveill et Dame Marie Catherine Poulain sa femme ses père et mère auxquels la dite maison appartenoit scavoir moitié au dit sieur Leveill comme seul héritier de Marie Lequoy sa mère et l'autre moitié comme lui ayant été adjugée par sentence de Licitation du Chatelet de Paris du 16 Septembre 1713.

N° 12 DU PLAN, 176 toises 2/3.

Une Maison Cours et dépendances rue des Francs Bourgeois tenant d'une part vers le midi à Mᵉ Gondouin, d'autre part à la Nation Normande et à la Veuve Dubois, d'un bout vers l'occident sur le Séminaire de Saint Louis, et d'autre bout par devant sur la susdite rue des Francs-Bourgeois, chargée envers la grande Confrérie de deux sols six deniers de cens, payable au Jour Saint Rémy. Cy. 2ˢ 6ᵈ » »

Déclaration passée devant Péron, notaire, le 17 mars 1769.

Cette Maison appartient à M. François Bunault de Frémont Conseiller honoraire au grand Conseil, demeurant à Soissons. Cette maison qui en composoit cy devant deux appartient au Sieur Bunault de Frémont, savoir L'une au moyen de L'acquisition qu'il en a faite par Contrat passé Linacier Notaire à Paris le 7 Aout 1738, de Marie Guillaume Alexandre Sauveu Marquis d'Aramon et de Marie Jeanne Louise Marie son Epouse. Ensaisiné par le Sieur Chevalier Receveur Général de la Confrérie, f° 156. Et l'autre comme seul héritier de Dame Marie Anne L'huillier sa mère Veuve de Messire Jean Baptiste Bunault Ecuyer Sieur de Frémont auditeur des comptes à laquelle elle appartenoit au moyen de l'acquisition quelle en avoit faite de Charles Martin Ecuyer Sieur de Valandré et de Dame Françoise Bunault de Frémont son Epouse par contrat passé devant Mélin Notaire à Paris, le 13 Mars 1738. Ensaisiné par le Sieur Chevalier Receveur général de la dite Confrérie, f° 155 du Registre.

N° 13 DU PLAN, 54 toises.

Une Maison Cour et dépendance Rue des Francs-Bourgeois, tenant d'une part vers le midi au Sieur Bunault, d'autre part et d'un bout vers l'occident à la Nation Normande, et par devant sur la susdite rue des Francs Bourgeois chargée envers la grande Confrairie d'un sol trois deniers de cens payable au jour Saint Remy. Cy. 1ˢ 3ᵈ »

Sentence du Châtelet du 31 mai 1759, à laquelle ladite dame veuve Dubois a acquiescée.

Cette maison appartient à Marguerite Durand Veuve de Philippes Dubois M⁰ Menuisier demeurante susdite rue et même maison ci-dessus au moyen de l'acquisition qu'elle en a faite de Michel Daubichon et Marie Marguerite Girault sa femme, et de Nicolas Gaillard par contrat passé devant Bellanger et son confrère Notaires à Paris, le 20 Août 1757. Ensaisiné par le Sieur Ponsar Receveur de la grande Confrérie, le 25 Novembre suivant, f° 195.

Titre nouvel du 15 octobre 1765, devant Théresse, notaire à Paris.

Sieur Raymond Desnoues M⁰ Chirurgien à Paris, demeurant rue Dauphine Paroisse Saint André des Arts, par adjudication à luy faite par sentence du Châtelet de Paris, du 3 Août 1765, sur la saisie réelle faite à la Requête de Charles Mangin M⁰ Maçon et ensuite repris par Joseph Alexis Thibault Daunac au nom et comme ayant droit par transport dudit Mangin sur Marguerite Durand Veuve Philippes Dubois. Ensaisiné par le dit Ponsar Receveur Général de la Confrérie, le 14 septembre 1765, f° 212.

N° 14 DU PLAN, 108 toises.

Une Maison Cour et dépendance Rue des Francs Bourgeois, tenant d'une part vers le midi à la Veuve Dubois et en hache au Sieur Bunault, d'autre part au Sieur Daubichon, d'un bout vers l'occident sur le Séminaire de Saint Louis et d'autre bout par devant sur la dite rue des Francs Bourgeois, chargée envers la Grande Confrérie d'un Sol, trois deniers de Cens payable au Jour Saint Rémy.

Cy. . . . 1ˢ 3ᵈ » »

Sentence du Châtelet de Paris, du 20 août 1746, portant titre nouvel.

Cette Maison appartient au Collège d'Harcourt séante au Collège d'Harcourt au moyen du legs qui lui en a été fait par Louis Le Sauvage ancien Professeur Emérite de Philosophie dans le Collège de Montaigu et de Navarre et Doyen de la Nation Normande par son Testament reçu par Julliennet et son Confrère Notaires à Paris le 4 janvier 1739, dont délivrance a été faite à la dite Nation par Demoiselle Madeleine de Braudre fille majeure par acte passé devant Gervais le jeune Notaire à Paris, le 7 Mai 1740. Et les droits d'indemnités payés à la dite Confrérie suivant la quittance qu'en a donnée le Sieur Chevallier Receveur d'Icelle devant Theresse qui en a Minutte et son Confrère, Notaires à Paris, le 13 octobre 1748.

N° 15 DU PLAN.

Une maison Jeu de Paume et dépendances, rue des Francs-Bourgeois, appelée le Mont-Gaillard, tenant d'une part vers le midi à la Nation Normande, d'autre part vers le nord et d'un bout vers l'occident à M. Bouvard de Fourqueux et d'autre bout d'orient par où le dit Jeu de Paume a son entrée à la Nation Normande et à M. Anglois, chargée envers la grande Confrérie de un sol trois deniers de cens, payable au jour de Saint-Rémy. . . . . cy 1ˢ 3ᵈ

Titre nouvel, devant Nau, notaire à Paris, le 21 mai 1759.

Cette maison appartient à Michel Daubichon, ancien chef de fourrière du Roy, demeurant à Blois, et à Henry-Nicolas Gaillard, négociant à Rouen, en qualité d'héritiers bénéficiaires chacun pour moitié de Claude Daubichon, bourgeois de Paris, leur oncle, donataire universel de deffunte Marie-Claude Guenichon sa femme par leur contrat de mariage passé devant Dusart, notaire à Paris, le 16 novembre 1704, laquelle Dame Guenichon étoit au paravant veuve de sieur Picard sieur Desgranges, et auquel sieur Claude Daubichon, la dite maison avait été céddée et abandonnée par les héritiers du deffunt Pierre Picart sieur Desgranges, par contrat passé par devant Langlois et son confrère, notaire à Paris, le dix-neuf décembre 1718. Ensaisiné par le sieur Tibord, receveur de la grande Confrérie, le 31 janvier 1719, f° 96.

Titre nouvel, devant Guillaume le Jeune, notaire à Paris, le 30 mars 1784.

Etienne Grapin, maître paulmier, demeurant même maison par acquisition qu'il en a fait par contrat passé devant Trudon de Roissy, notaire à Paris, le 9 août 1772. Ensaisiné le 22 du dit mois f° 223, du sieur Augustin De la Place, Delavallée, receveur des Domaines du Roi et en la ville d'Orléans, et de Marie Daubichon son épouse à qui cette maison appartenoit du chef d'elle, sçavoir, moitié comme lui ayant été donnée en dot en faveur de son mariage avec le dit sieur Delaplace, par le sieur Michel Daubichon, son père, par contrat passé devant Le Jay, notaire à Blois, le 27 juillet 1760, et l'autre moitié luy ayant été adjugée à titre de licitation entre elle et Nicolas Gaillard et consorts, héritiers de Nicolas-Henry Gaillard leur père, par acte passé devant Nau, notaire à Paris, le 7 juillet 1766.

N° 16 DU PLAN, 16 toises 1/2.

Une maison et dépendances rue des Francs-Bourgeois, tenant d'une part vers le midi au Collège du Mans, d'autre part au sieur Gaulier et à M. Bouvard de Fourqueux, d'un bout vers l'occident par derrière au dit sieur de Fourqueux et d'autre bout par devant sur la dite rue des Francs-Bourgeois, chargée envers la grande Confrérie de dix deniers de cens, payable au jour Saint-Rémy. . . . . cy 10ᵈ

Titre nouvel, devant Thérèse, notaire à Paris, le 14 septembre 1769.

Cette maison appartient au sieur Langlois (André-François), conseiller au Parlement, demeurant rue Pierre-Sarazin, paroisse Saint-Benoît, en qualité de seul et unique héritier bénéficiaire de François-Vincent Langlois, son père, et comme l'ayant recueilli dans sa succession et dans celle d'Augustine-Madeleine Roger, sa mère, ausquels elle appartenoit, sçavoir moitié du chef de la dite Dame Roger comme seule et unique héritière d'André Roger, son père, qui étoit héritier pour moitié par bénéfice d'inventaire de Demoiselle Marie-Michelle Ozanne, sa mère, et l'autre moitié au moyen des acquisitions qu'elle en a faite des autres héritiers de la dite Demoiselle Ozanne, par trois contrats passés devant Descurex et ses confrères, notaires à Paris, les 18 juillet 1718, 6 janvier et 11 février 1719. Ensaisiné par le sieur Dauferville, receveur de la grande Confrérie, le 8 juillet au dit an 1719, f° 108.

Titre nouvel, devant Guillaume le Jeune, notaire à Paris, le 21 avril 1784.

Dame Marie-Charlotte-Antoinette Magné, veuve Thomas-Michel Bourdon-Delaunay, conseiller au présidial d'Alençon, demeurante rue du Colombier, paroisse Saint-Sulpice, par acquisition qu'elle en a faite de maître André-François Langlois, conseiller d'État, ci-dessus nommé, par contrat passé devant Bro, qui en a la minute, et son confrère, notaires à Paris, le 17 décembre 1774. Ensaisiné par le sieur Ponsar, receveur de la dite Confrérie.

N° 17 DU PLAN, 12 toises 1/2.

Une maison et dépendance, rue des Francs-Bourgeois, tenant d'une part vers le midi à M. Langlois, d'autre part vers le nord et d'un bout d'occident à M. Bouvard de Fourqueux et d'autre bout par devant sur la dite rue des Francs-Bourgeois, chargée envers la grande Confrérie de 5 deniers de cens, payable au jour de Saint-Rémy . . . . . cy 5ᵈ

Titre nouvel, devant Chomel, notaire à Paris, le 25 novembre 1755.

Cette maison appartient au sieur Louis Gautier, maître perruquier, demeurant en la maison ci-dessus, Charles Vermond, chirurgien à Paris, et Madeleine-Marie Planche, sa femme, demeurant rue de la Ferronnerie, la dite Dame Planche avant veuve de Premier Aubert et à Marie-Madeleine Aubert, femme de Barthélemi Barbin, maître balancier, demeurant susdite rue de la Ferronnerie, sçavoir au dit sieur Gautier pour les trois quarts tant en son nom que comme ayant acquis les droits de ses cohéritiers en la succession de Marie Mérot, sa mère, femme de Jean Gautier, par contrat passé devant Judde et son confrère, notaires à Paris, le 26 février 1730. Ensaisiné par le sieur Dauferville, receveur de la grande Confrérie le dix-sept mars au dit an 1730, f° 134. Et par contrat d'échange passé devant le dit Judde, le 6 septembre 1729. Ensaisiné au Domaine. Et l'autre quart aus dites Dames Vermond et Barbin, sçavoir moitié dans le dit quart à la dite Dame Vermond, comme ayant été le dit quart acquis par le dit défunt Premier Aubert, son premier mari, pendant la communauté qui étoit entre eux, de Pierre-Charles Guy par contrat passé par devant de Saint-Georges, notaire à Paris, le 28 novembre 1725. Ensaisiné par le sieur Dauferville, receveur de la grande Confrérie, le 12 décembre au dit an, f° 128 et à la dite Dame Barbin, l'autre moitié du dit quart, en qualité d'héritière seule et unique du dit Premier Aubert son père.

Au sieur Jean-Louis Gautier, maître perruquier, demeurant rue des Fossés-Monsieur-le-Prince, sçavoir les trois quarts en qualité d'héritier de Louis Gautier, son père, et à lui échus par les actes de partage et licitation, fait entre lui Pierre-Jacques Luzarches, huissier au Parlement, et Sébastienne Gautier sa femme, sa sœur du dit Gautier, passés devant Dulion, notaire à Paris, le 13 septembre 1757, et 15 juillet 1766. Un huitième par acquisition par licitation par lui faite de Charles Vermond et de Marie-Madeleine Planche sa femme, par acte devant le dit Dulion, notaire, le 15 juillet 1766, f° 214. Et un huitième par Jean-Antoine-René Houiller, et de Louis Chambon, et Marie-Renée-Antoinette Houllier, héritiers des propres maternels de Marie-Madeleine Aubert, femme de Barthélemy Barbin, par acte passé devant le dit Dulion, notaire, le 14 juillet 1766, f° 214.

N° 18 DU PLAN, 271 toises, 5 pieds.

Une maison, cour, jardin et dépendance rue des Francs-Bourgeois, tenant d'une part vers le midi au sieur Gautier et consors, et aux sieurs Daubichon et Gaillard, et en hache, à cause d'un petit jardin au Séminaire de Saint-Louis (ce petit jardin est chargé en outre de cens de 4 s. 3 d.), et à la Nation Normande, et au Palais du Luxembourg, d'autre part à la veuve Plèney, d'un bout d'occident à Madame le comtesse de Bissy, et d'autre bout par devant sur la dite rue des Francs-Bourgeois, chargé envers la grande Confrérie d'un sol trois deniers de cens, payable au jour de Saint-Rémy. . . cy 1ˢ 3ᵈ

*Titre nouvel, devant Jourdain, notaire à Paris, le 16 janvier 1769.
Autre par Charles-Michel Bouvard de Fouqueux devant Dujuan, notaire à Paris, le 25 décembre 1711.*

Cette maison appartenait à maître Michel Bouvard, seigneur de Fourqueux, procureur général en la chambre des Comptes, demeurant en la même maison ci-dessus, tant comme donataire par son contrat de mariage passé devant Brénot et son confrère, notaires à Paris, le 11 décembre 1740, de maître Charles-Michel Bouvard, son père, que comme son seul héritier bénéficiaire au moyen des renonciations faites à la succession par Dame Agnès Bouvard de Fourqueux, épouse d'Alexandre-Jacques de Pomereux, sa sœur, fille de Bouvard père qui avait hérité de la maison de Michel Bouvard, conseiller au Parlement, lequel l'avoit acquis, sçavoir, la dite maison de Denis Collot sieur de Beaupré et Guillemette de Saint-Germain, sa femme, par contrat passé devant Le Boucher et Levêque, notaires à Paris, le 27 juillet 1658. Et le dit petit jardin qui est derrière le Jeu de Paume des dits sieurs Daubichon et Gaillard de la succession et héritiers Pierre Picard, par contrat passé devant Guesdon et Marchand, notaires à Paris, le 31 décembre 1706. Ensaisiné par le sieur Tibord, receveur de la grande Confrérie, le 18 décembre 1711, f° 51.

Titre nouvel devant Guillaume le Jeune, notaire à Paris, le 28 avril 1784.

Dame Louise Marie Madeleine Guillaume De Fontaine Dame du Marquisat du Blanc Chenonceaux, Veuve de Claude Dupin ancien Sécrétaire du Roi, ancien fermier Général et ancien Receveur Général des Finances demeurant à Paris, rue Platrière, par acquisition qu'elle a fait de Maître Michel Bouvard de Fourqueux par contrat passé devant Brenod qui en a la minute, et son confrère Notaires à Paris, le 12 Mai 1776, Ensaisiné le 22 du dit mois.

N° 19 DU PLAN, 107 toises 5 pieds.

Une Maison et dépendance, rue des Francs-Bourgeois, tenant d'une part vers le midi à M. Bouvard de Fourqueux, d'autre part à M. de Saint Paul et à M. Ibert, d'un bout d'occident sur Madame La Comtesse de Bisay et d'autre bout par devant sur la dite rue des Francs-Bourgeois, chargée envers la grande Confrérie d'un sol trois deniers de Cens, payable au jour de Saint Rémy. Cy 1ˢ 3ᵈ

Titre nouvel devant Miller, notaire à Paris, le 13 mars 1759.

Cette Maison appartient à Dame Elisabeth Catherine L'Esterlin Veuve d'Antoine Pleney Menuisier de la Chambre du Roi, demeurant en la maison ci dessus, à Damoiselle Claudine Elizabeth Pleney Veuve Jean Baptiste Francastel Menuisier de la Chambre du Roi demeurante Grande Rue du faubourg Saint Martin, et à Marie Renée Pleney femme de Charles Dominique Morin Maître Maçon demeurant rue des Vieilles Étuves Paroisse Saint Nicolas des Champs, sçavoir à la dite Veuve Pleney pour moitié à cause de l'acquisition quelle en a faite avec le dit deffunt son mari, des héritiers de François Herbinot, et de Charlotte Herbinot à son décès femme de Cocquebert (françois) par contrat passé devant Laimé et son Confrère Notaires à Paris, le 7 Mars 1741. Ensaisiné par le Sieur Chevalier, Receveur de la grande Confrérie, le 20 des dits mois et an f° 162, Et ausdites, Veuve Francastel et femme Morin chacune pour un quart en qualité d'héritiers chacune pour moitié du dit deffunt Antoine Pleney leur Père.

N° 20 DU PLAN, 45 toises 1/3.

Une Maison et dépendance rue des Francs-Bourgeois tenant d'une part à la Dame Courier, et au Sieur Brice, d'un bout d'occident sur le Sieur Ibert, et d'autre bout par devant sur la dite rue des Francs-Bourgeois, chargée envers la grande Confrérie d'un sol, de trois deniers de Cens payable au jour Saint Rémy. Cy 1ˢ 3ᵈ

Titre nouvel, devant Thérèsse, notaire à Paris, le 9 juillet 1759.

Cette Maison appartie t à M. Etienne Chrétien de Saint Pol Seigneur de la Briche Chevalier de L'ordre Saint Louis demeurant en son Chateau de la Briche près Etampes, du Chef de Damoiselle Françoise Victoire de Vigny son Epouse comme luy ayant été donnée par le contrat de son mariage avec le Sieur de Saint Pol passé devant Charlier et son Confrère Notaires à Paris, le 6 Décembre 1752, par Messire Jean François Marcadé auditeur des Comptes qui étoit propriétaire de la dite maison comme lui étant échu par le partage des biens de la succession de Dame Elisabeth (Marie) de Tourmont, Veuve de Charles Marcadé Maître des Comptes sa Mère passé devant le dit Charlier Notaire le 8 Août 1749, à laquelle la dite maison appartient comme luy ayant été donnée pour partie de sa dot par son contrat de mariage avec le Sieur Marcadé passé devant Marchand l'aîné et son confrère Notaires à Paris, le 27 Décembre 1696, par Pierre de Tourmont trésorier de France à Montauban auquel la dite Maison appartenoit au moyen de l'adjudication qui en avoit été faite par décret des requêtes du Palais du 6 Septembre 1681, au profit de Simon Caland qui en a fait sa déclaration au profit de Jean Baptiste Buffect le 17 Septembre et le dit Buffect au dit Sieur de Tourmont par acte du dit jour Ensaisine par le Sieur Montauzan, Receveur de la grande Confrérie le dit jour 17 Septembre 1681.

Titre nouvel devant maître Guillaume, notaire, le 3 juin 1777.
Titre nouvel devant le dit Guillaume, notaire, le 22 avril 1784.

Sieur Denis Noël Joly Maître Boulanger à Paris et officier mesureur au grenier à sel de Paris, et Suzanne Jeanne Ruche sa femme demeurant rue des

Francs-Bourgeois, Porte Saint-Michel dans la maison ci-dessus par acquisition quils en ont fait de M. Etienne Chrétien de Saint Pol chevalier Seigneur de la Briche, Chevalier de L'orde de Saint-Louis, et de Dame Françoise Victoire de Vigny son Epouse par contrat passé devant Garcerand qui en a la minutte et son Confrère Notaires à Paris, le 24 février 1774. Ensaisiné le 1er Mars suivant.

N° 21 DU PLAN, 14 toises.

Une Maison et dépendance faisant l'Encoignure des rues des Francs-Bourgeois et de Vaugirard, tenant d'une part d'orient à la dite rue des Francs-Bourgeois, d'autre au Sieur Brice, d'un bout du midi sur M. de Saint Pol, et d'autre bout par devant sur la dite rue de Vaugirard, chargée envers la grande Confrérie de sept deniers Obole de Cens, payable au jour de Saint Rémy.   Cy 7ᵈ ob.

Cette Maison appartient à Dame Elizabeth Didon Veuve de M. Louis Courier Seigneur de Vault demeurant à Nemours en qualité d'héritière de Jean Didon son Père, Marchand Epicier, auquel la dite maison appartient au moyen de l'acquisition qu'il en avoit fait d'Edme Chandoisel et Catherine Perdrigeon sa femme par Contrat passé devant Bellanger et son Confrère Notaires à Paris, le 27 Juin 1742, Ensaisiné par le Sieur Chevalier Receveur de la grande Confrérie le 3 Juillet 1742, f° 165.

Titre nouvel devant maitre Guillaume, notaire le 2 juin 1777.
Autre devant ledit Guillaume, notaire, le 22 avril 1784.

Denis Noël Joly, Maitre Boulanger, Et Suzanne Jeanne Ruche sa femme, demeurant rue des Francs-Bourgeois, Paroisse Saint Sulpice, par acquisition qu'ils en ont fait de la dite Dame Veuve Courier par contrat passé devant Garcerand qui en a la minute, et son Confrère Notaires à Paris, le 7 Avril 1777, Ensaisiné par le Sieur Ponsar, Receveur de la Confrérie, le 19 Avril 1777.

N° 22 DU PLAN, 18 toises 2/3.

Une Maison et dépendances rue de Vaugirard, tenant d'une part d'orient à Maitre Courier, d'autre part à M. Ibert, d'un bout du midi sur M. de Saint Pol, et d'autre bout par devant sur la dite rue de Vaugirard, chargée envers la grande Confrérie d'un sol trois deniers de Cens, payable au jour Saint Rémy.   Cy 1ˢ 3ᵈ

Titre nouvel devant Hutat, notaire à Paris, le 24 avril 1759.

Cette Maison appartient au Sieur Brice Le Chauve, Architecte de M. le Prince de Condé demeurant à l'hotel de Condé, rue des fossés Monsieur Le Prince, en qualité d'héritier de Dame Anne Vavasseur sa mère Veuve de Toussaint Le Chauve à laquelle la dite Maison appartenoit au moyen de l'acquisition qu'elle en avoit faite par contrat passé devant Meunier Notaire à Paris, le 12 Mars 1714, de Dame Catherine Thérèse Quentin Veuve Charles Macqueron et Consors, Ensaisiné par le Sieur Tibord, Receveur de la grande Confrérie, le 24 Mars 1714, f° 75, du Registre.

Alexis Bonnet Bourgeois de Paris et Marie Anne Pillet son Epouse demeurans rue du Bacq, Paroisse Saint Sulpice, par sentence de Licitation du Chatelet de Paris du 3 février 1770, et déclaration à leur profit du 9 des dits mois et an, entre les Enfans et héritiers du Sieur Brice Le Chauve, Architecte de M. le Prince de Condé, Ensaisiné par le Sieur Ponsar Receveur de la grande Confrérie, le 7 mars 1770, f° 221, du Registre.

N° 23 DU PLAN, 25 toises.

Une Maison et dépendance, rue de Vaugirard, tenant d'une part d'orient (La Roze rouge) au Sieur Brice Le Chauve, et à M. de Saint Pol d'autre à Mᵐᵉ La Comtesse de Bissy, d'un bout du midi, sur la Veuve Planey, et d'autre bout par devant sur la dite rue de Vaugirard, chargée envers la grande Confrérie de dix deniers de Cens, payable au jour Saint Rémy.   Cy 10ᵈ » »

Titre nouvel devant Boivin notaire à Paris, le 3 décembre 1783.

Cette Maison appartient au Sieur Henry Ibert, bourgeois de Paris, demeurant rue de la Harpe, Paroisse Saint Sévrin au moyen de L'acquisition qu'il en a fait d'Amand Louis Jaussin Maitre Apothicaire à Paris, par Contrat passé devant Mouette et son Confrère Notaires à Paris, le 10 Octobre 1732, Ensaisiné par Chevalier Receveur de la grande Confrérie, le 21 Octobre 1732, f° 143.

Titre noavel devant Guillaume le Jeune, notaire à Paris, le 2 avril 1785.

Jacques Le Bœuf, Maitre Serrurier rue des Francs-Bourgeois, par adjudication à lui faite par sentence de Licitation du Chatelet de Paris, du 29 juillet dernier 1778, poursuivie entre Etienne Giverne ancien fourbisseur à cause de Marie Denise de Caudin son Epouse, Henri de Caudin Avocat en Parlement, Gibert Vincent de Caudin Clerc tonsuré et les Enfans de Pierre de Caudin deffunt, les dits Henry, Gibert Vincent, Marie Denise, femme Giverne; et le dit deffunt Pierre de Caudin, héritier chacun pour un quart de Marie Angelique Ybert leur mère décédée, Veuve du Sieur Alexis de Caudin, fripier au moyen des renonciations faites à la succession de la dite

Ybert par Marie Angélique de Caudin, femme de François Drouet et Claude Julienne de Caudin fille majeure habiles à se dire et porter héritière chacune pour un sixième de la dite défifunte Marie Angelique Ybert Veuve de Caudin leur mère sçavoir par la dite femme Drouet devant de Saint Paul Notaire à Paris, le 24 Avril 1777. Insinuée le 22 Juin suivant, Et par la dite demoiselle De Caudin devant Gaillard Notaire à Paris, le 3 Juillet 1777. Insinuée le 4 du même mois, le tout sous bénéfice d'inventaire suivant les lettres par elles obtenues le 13 août 1777. Insinuée le 20 du même mois et enthérinées par sentence du Chatelet du 22 du dit mois, à laquelle Marie Angelique Ybert Veuve Alexis de Caudin, la di e Maison appartenait en qualité d'héritière de Henry Ybert bourgeois de Paris, qui en avoit fait l'acquisition du Sieur Amand Louis Jaussin, par Contrat passé devant Mouette et Doyen Notaires à Paris, le 10 Octobre 1732, Ensaisiné par le Sieur Chevalier, Receveur de la grande Confrérie, le 21 octobre 1732.

N° 24 D PLAN, 157 toises.

Une Maison Cour et dépendance, Rue de Vaugirard, tenant d'une part d'orient au Sieur Ybert, à la Veuve Pleney et à Monsieur Bouvard de Fourqueux, d'autre part à Messieurs les Comtes de Bissy et de Thiars, d'un bout du midi sur le Palais du Luxembourg, et d'autre bout par devant sur la dite Rue de Vaugirard, chargée envers la Grande Confrérie de sept deniers obole de cens payable au jour Saint Remy.   Cy. . .   7ᵈ Ob.

Titre nouvel passé devant Sauvaige, notaire à Paris, le 3 septembre 1760.

Cette Maison appartient à Dame Sylvie Angélique Andrault de Langeron, Veuve de Claude de Thiars, comte de Bissy, demeurant à L'abbaye royale de Panthemont, rue de Grenelle, faubourg Saint Germain, au moyen de l'acquisition qu'elle en a faitte de François Charles Philippe Dorillac de Saint Pierre, par contrat passé devant Meunier et son confrère Notaires à Paris, le 11 Mai 1744. Ensaisiné par le Sieur Chevalier, receveur de la grande Confrérie le 14 Janvier 1745, f° 169.

N° 24 bis DU PLAN, 226 toises.

Une Maison Cour et dépendance Rue de Vaugirard, tenant d'une part d'orient à Madame La Comtesse de Bissy d'autre part à M. Héron Conseiller au parlement, d'un bout du midi sur le Palais du Luxembourg et d'autre bout par devant sur la dite Rue de Vaugirard chargé envers la grande Confrérie de 15 deniers de cens payable au jour Saint Rémy.   Cy. . .   15ᵈ » »

Sentence du Chatelet de Paris, du 4 février 1763.

Cette Maison appartient à Henry Charles de Thiars de Bissy Comte de Thiars Lieutenant général Ecuyer de son Altesse S. de M. le Duc d'Orléans demeurant au Palais Royal en qualité d'héritier de M. Claude de Thiars Comte de Bissy, et à lui Echu par l'acte de licitation passé entre lui et M. Claude de Thiars Comte de Bissy Lieutenant général des armées du Roy son frère passé devant Dutartre et son confrère Notaires à Paris, le 4 février 1763, auquel la dite Maison appartenoit au moyen de l'acquisition qu'il en avoit fait à titre d'Echange de Nicolas Heudebert Dubuisson Conseiller d'Etat Intendant des finances, par contrat passé devant Guyot et son confrère Notaires à Paris le 15 septembre 1692, auquel Sieur Dubuisson la dite maison avait été adjugée par décret des requêtes de l'hotel du 19 Mai précédent.

N° 25 DU PLAN, 597 toises.

Quatre Maisons Cour et dépendances, Rue de Vaugirard tenant d'une part la totalité des dites maisons, à MM. les Comtes de Bissy et de Thiars, d'autre part à M. De Noyel, d'un bout du midi sur le Palais du Luxembourg, et d'autre bout par devant sur la dite rue de Vaugirard, Chargé envers la grande Confrérie de trois sols de cens payable au jour de Saint Remy.   Cy . . .   3ˢ » »

Titre nouvel devant Guérin et son confrère, notaires à Paris, le 6 février 1759.

Ces Maisons appartiennent à M. Marc Héron Conseiller au Parlement de Paris, rue Geoffroy Langevin, au moyen de l'adjudication qui lui en a été faite sous le nom de Manuby Procureur au Parlement par sentences des requêtes du Palais le 6 Septembre 1755. Insinué le 23 du même mois, Et Ensaisiné le 12 de Novembre suivant, par le Sieur Chevalier, Receveur de la grande Confrérie, f° 190.

Titre nouvel devant Estienne, notaire à Paris, le 20 mars 1787.

Monsieur... Dionis du Séjour, conseiller au Parlement comme Neveu et seul et unique héritier de mon dit Sieur Héron.

N° 26 DU PLAN, 322 toises 2/3.

Une Maison Cour et dépendance Rue de Vaugirard, anciennement appellée L'hotel de Trémoille, tenant d'une part d'orient à M. Héron, d'autre part d'occident et d'un bout du midi sur le Palais du Luxembourg, et d'autre bout par devant sur la dite rue de Vaugirard, chargée envers la grande Confrérie d'un sol trois deniers de Cens payable au jour Saint Rémy.   Cy. . .   1ˢ 3ᵈ » ».

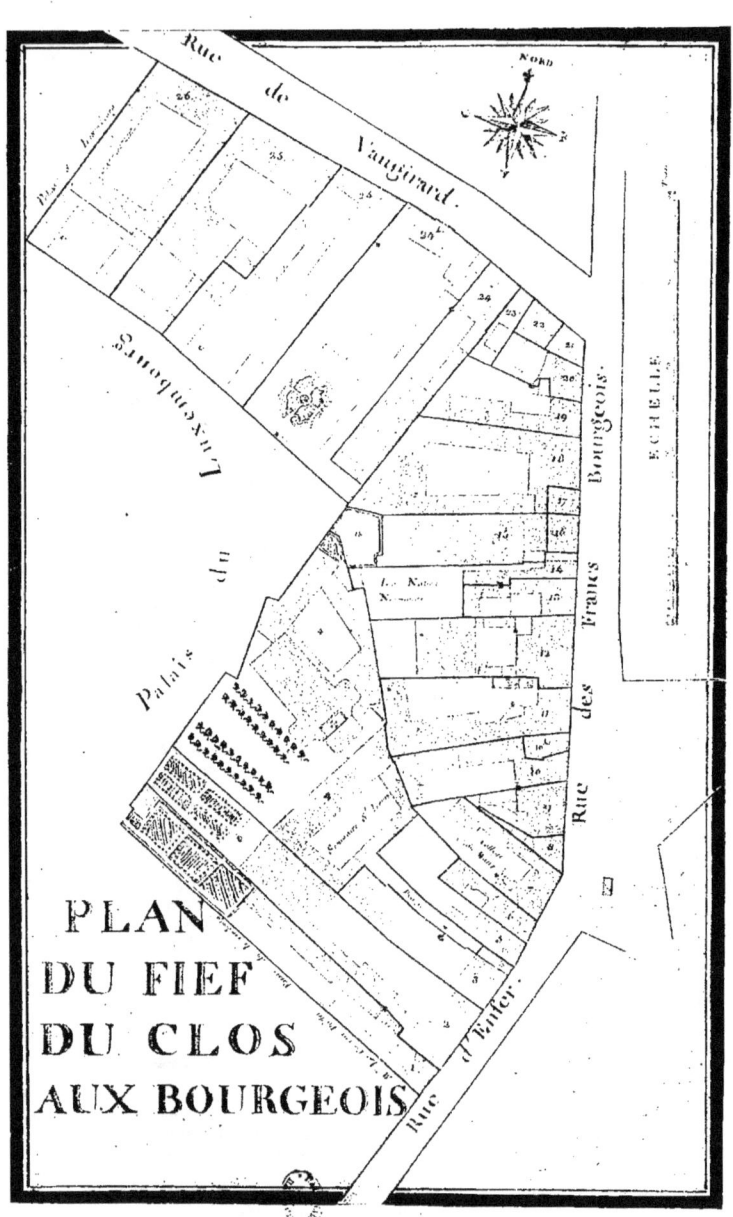

Titre nouvel passé devant de Savigny, notaire à Paris, le 22 mai 1784.

Cette Maison appartient à Monsieur De Noyel de Parange Capitaine Ingénieur, demeurant la maison cy dessus en qualité d'héritier de Jean Baptiste Noyel Conseiller en la Cour des Aydes son Père, et de... Noyel Conseiller au Chatelet son frère, auquel sieur Noyel Père la dite Maison appartenoit, au moyen de l'adjudication qui lui en avoit été faite par les Commissaires du Conseil députés par le Roi pour la vente des Immeubles des maisons de la Trémoille du 26 Aout 1743, sous le nom d'Adrien Eustache Filloque, Avocat au Conseil qui en a fait sa déclaration le lendemain au profit du Sieur De Noyel, Ensaisiné par le Sieur Tibord Receveur de la Grande Confrérie, le 27 Août 1743, au f° 62.

III

ABBAYE DE SAINTE-GENEVIÈVE

INVENTAIRE de pièces et titres que mettent et baillent pardevant Vous, Messieurs les Arbitres nommés et choisis par le compromis passé pardevant Bobusse et son Confrère Notaires au Chastellet de Paris, le douziesme juin MVI^c quatre ving huit (1).

Les Abbé et Religieux de l'abbaye de Ste Geneviève au mont de Paris, pour justiffier que de temps immémorial le Climat nommé le Clos aux Bourgeois, ou Vigneray, à présent occupé par le grand et petit Luxembourg et monastère du Calvaire, et grand Clos des Chartreux est pour la plus grande partie, de la Censive Seigneurie, de l'abbaye de Sainte Geneviève au mont à Paris, sçavoir les bastimens du grand et petit Luxembourg, monastère du Calvaire, l'emplacement des Maisons et fe me de l'hotel Dieu rue d'Enfer, à présent les Escuries de Mademoiselle, avec sept arpens et demy de terres dépendans anciennement de la dite ferme de l'hotel Dieu, la partie du Jardin et parterre scis entre l'enclos des Chartreux et le petit Luxembourg, et rue de Vaugirard jusqu'à la pointe et le lieu dit le boullevard jusqu'à la concurrance de vingt cinq arpens qui font pareillement partie de l'enclos du grand Luxembourg.

A ce que par le Jugement qui interviendra les dits bastimens du grand et petit Luxembourg bassecourt à côté, bastimens escuries de Mademoiselle scis rue d'Enfer avec sept arpens et demy de terre pris dans le dit enclos du grand Luxembourg, le petit Luxembourg et terres faisant partie du jardin et enclos du grand Luxembourg scis derrière le petit Luxembourg et monastère du Calvaire, j squ'à l'enclos des Chartreux et pointe du dit enclos au lieu dit le boullevard, soient déclarées dans la Censive et directe de la dite abbaye de Sainte Geneviève, sans que les Sieurs Abbé de Saint Germain puisse rien en prétendre dans les dits lieux.

Pour le faire connoître M.M. les Arbitres sont priés de remarquer qu'il est nécessaire avant que d'entrer dans la question qui est à décider entre l'Abbaye de Sainte Geneviève et l'abbaye de Saint Germain de connoistre l'estat ancien des lieux contentieux dans le siècle précédent et avant le Reigne de François premier et suivans où l'on a commencé à bastir dans les lieux de question. L'on peut distinguer l'espace qui est entre la porte Saint Michel et la rue d'Enfer, la rue de Vaugirard, et le chemin qui est derrière les Chartreux en trois parties, dont la 1re se nommoit l'hostel ou clos aux bourgeois et comprenoit un grand Clos contenant sept arpens et demy où il y avoit une maison et un jardin où les maistres de la Grande Confrairie faisoient leurs assemblées, le clos estoit et est encore un fief appartenant à la grande Confrairie aux bourgeois de Paris, et est borné de toutes parts, dans la rue de Vaugirard par une borne qui est entre l'hostel de la Trémouille et la basse-court du Luxembourg, entre dans l'enclos du Luxembourg, y comprend quelques anciens bastimens, et partie du jardin où espace qui comprend deux arpens trois quartiers y compris l'hostel de la Trémouille, qui sont de la Censive de la dite Co:-frairie, et dont de temps immémorial ils ont reçu la Censive, et ont eu des reconnoissances pareilles passées à leur profits en 1616, 1655, et 1678. Et aussy cet espace qui est derrière la bassecourt du dit Luxembourg est hors de contestation, entre les parties, le surplus du dit fief des Bourgeois comprend les maisons qui sont dans la susdite rue de Vaugirard, en montant à la porte St Michel tournant à droite le long de la rue jusqu'au commencement de la rue d'Enfer, où se voit une autre borne de la dite Confrairie qui est la fin de leur Censive de ce costé, et ensuite il y a deux maisons qui sont de la Censive de Messieurs de Notre Dame de Paris, après commence la Censive de Sainte Geneviève à cause du clos aux bourgeois et le derrière est le parterre du grand Luxembourg, et le reste de l'enclos. La deuxième partie, et qui est contigüe à la première de grande étendue à cause qu'elle joignoit la première qui se nommoit le Clos aux Bourgeois, fut nommé de même nom, Clos aux Bourgeois ou clos Vigneray à cause de la quantité de Vignes qui y estoient plantées et les ruelles ou climat des ruelles y estoient joint. Il paroist par les Registres de comptes produits par l'Abbaye de St Germain que le Climat de Vigneray était distingué du clos aux Bourgeois et estoit plus rapprochant de celui des Chartreux. Et ressoudroit au derrière de l'enclos des dits Chartreux, selon qu'il estoit en ce temps Le Climat comprenoit plusieurs terres et vignes, une grande ferme qui appartenoit à l'hostel Dieu de Paris, et aujourd'huy c'est l'emplacement du grand Luxem-

---

(1) S. 1513. — Postérieur à 1688.

bourg et de ses deppendances du petit luxembourg, du monastère du Calvaire, et de partie de l'enclos des Chartreux, et c'est de cet espace dont il s'agit de régler la Censive entre les parties.

Les Abbé et Religieux de Sainte Geneviève avoient non seulement droit de censive, mais même de dixmes et de justice dans cet endroit et en ont toujours jouy jusqu'à l'acquisition de la Reyne Marie de Médicis comme on le peut voir par les titres qu'ils produiront cy après et les déclarations fournies au Roy. Ils avaient aussi, au dit Climat plusieurs pièces de terres en propre, qu'ils ont depuis donné à bail à cens et rentes en différents temps.

L'abbaye de Sainte Geneviève ayant incontestablement un droit de Censiv et Justice dans cet endroit et estans aussy dans le même rang que l'abbaye de Saint Germain prétend avoir au dit lieu, il faut nécessairement que chacune des parties justifie sa portion et par titres, et par possession, qui sont les seules voies par lesquelles on peut établir un droit de fief contre un seigneur voisin.

Il ne s'agit donc point de sçavoir si l'emplacement du grand et petit Luxembourg et du Calvaire sont du fauxbourg Saint Germain ou du fauxbourg Saint Michel, si la rue de Vaugirard est la fin du fauxbourg Saint Germain, ou si l'on n'en doit chercher d'autres limittes qu'il seroit impossible de trouver à présent. Mais de justifier par titres généraux comme sont les déclarations et aveus et par titres particuliers et topiques ce que chacune des parties prétend sur le dit Clos aux Bourgeois.

Les Abbé et Religieux de Sainte Geneviève prouvent et par des titres très autentiques, et par une possession continue qu'ils ont eu de temps immémorial droit de Justice, haute, moyenne et basse, droits de Censive et de dixmes au clos aux Bourgeois, ou Clos Vigneray.

Les aveus qu'ils ont fourny en la Chambre des Comptes et du trésor de leur temporel en *1474*, et *1551*, *1587*, *1573*, et *1666*, le portent expressement comme ils le justifieront dans la suitte par les pièces dont ils fourniront les Extraits.

Mais pour venir aux titres particuliers de chaque partie il faut distinguer le Climat du Clos aux Bourgeois en quatre parties, la 1re est le Monastère du Calvaire, la 2e est le petit Luxembourg, la 3e est la ferme de l'hostel Dieu, et la 4e est le grand Luxembourg et son jardin, Et grand Clos des Chartreux. Quant à la première partie qui est le Monastère du Calvaire, l'abbaye de Sainte Geneviève, est dans une possession immémoriale d'y recevoir le droit de Cens, même contradictoirement avec l'abbaye de St Germain. Les dites Religieuses du Calvaire en ont passé déclaration au terrier de Sainte Geneviève devant Bobusse Notaire en 1687, et, en 1634, par devant Boucher, et en ont payé l'indemnité, y ayantes esté condamnées par sentence des requestes du palais du trentiesme janvier 1634, comme ayant acquise deux maisons dans la Censive de Sainte Geneviève, l'une du nommé Michel Renouard par contract du unzième avril 1622. Ensaisiné par l'abbaye de Sainte Geneviève comme le peut voir par la coppie de l'ensaisinement qui est à la fin du dit contract d'acquisition de la maison du dit Renouard, en datte du 3e may *1622*, qui est la pièce; pour raison de la susdite acquisition il y eut procès entre l'abbaye de Sainte Geneviève et celle de Saint Germain, et par sentence contradictoire du Chastellet du 7e février 1618 les Abbés et Religieux de Sainte Geneviève furent maintenus dans leurs droits de Cens et lods et ventes sur la dite Maison, le Sieur Renouard ayant pareillem.nt fait difficulté de payer les lods et ventes de la dite acquisition, il y eut plusieurs sentences du Chastelet et un Arrest du parlement du 23e juin *1618* qui condamna le dit Renouard à payer les lods et ventes, ce qu'il fist le dixneufvième juin de la même année comme on le voit par l'ensaisinement qui est à la fin du susdit Contract.

Le dit sieur Renouard auroit acquis les dits lieux du Sr Estienne Baudouin qui fut ensaisiné par l'abbaye de Sainte Geneviève le vingt huitième novembre *1585*. L'ayant acquis de Mte Jean le Grand lequel Sr le Grand l'avoit eu du Sieur Jean Cruce, voilà cent cinquante ans de possession bien suivie sans interruption, même contradictoire pour partie du dit Couvent des religieuses du Calvaire.

Quant à la seconde maison que les dites Religieuses ont acquises du Sr Jean Baudouin, elles en ont pareillement passé déclaration au terrier de Sainte Geneviève en *1687*, par devant Bobusse, comme du surplus de leur Couvent en *1634*, par devant Boucher, comme ayantes esté condamnées par la sentence des requestes du Palais cy dessus marquée à ce faire et payer l'indemnité à l'abbaye de Sainte Geneviève, ayant acquis la susdite maison du Sieur Baudouin, et l'ayant fait decretter le 4e Mars 1623 au Chastellet, lequel Décret fut ensaisiné par l'abbaye de Sainte Geneviève, le 28 Mars *1623*, comme on le peut voir à la fin du dit décret qui est la pièce, signée Guérin pour Coppie, lequel Sieur Baudouin l'avoit acquise de Michel Guillaume et Nicolas Simon, et Geneviève Desbordes, et en furent ensaisinées par Sainte Geneviève en 1608, laquelle Geneviève Desbordes l'avait de Pierre Desbordes son père qui fut ensaisiné le *31e août 1584* par Sainte Geneviève l'ayant acquise de Jean Dillebec qui en fut ensaisiné le *18e may 1587* l'ayant acquise de Louis Marc qui en fut ensaisiné par Sainte Geneviève le *quinzième novembre 1529* comme on le peut voir dans l'extrait tiré des Registres des Ensaisinemens de l'abbaye de Sainte Geneviève produits qui sont la pièce. Ainsy voilà près de deux cents ans de titres suivis pour la maison de l'image de *Saint Nicolas* qui fait partie du Monastère du Calvaire, Et Saint Germain n'a pas lieu rien prétendre sur le dit monastère. Aussy ce monastère n'est point compris dans le compromis et les sieurs de St Germain n'y prétendent rien. Mais prétendent réduire tout le droit de Seigneurie et Censive de Sainte Geneviève sur le monastère du Calvaire parce qu'il est en main morte.

La Reyne Marie de Médicis ayant voulu agrandir le Palais du Luxembourg et bastir le petit Bourbon, ainsy qu'on le nommoit en ce temps, prit une partie du dit Couvent du Calvaire : Sçavoir, cinq arpens d'une part quelle avoit donné ausdites Religieuses et dont elles n'avoient point jouy. Outre deux arpens et demy d'emplacement quelles avoient qui composoient les deux maisons cy devant marquées, réduisit le dit Couvent à une langue de terre qui dans sa plus grande profondeur n'a que vingt six toises et va toujours en diminuant, comme on le peut voir par le plan, prit le surplus pour bastir le bastiment. Ce qui compose aujourd'hui le petit Luxembourg et partie du jardin du grand Luxembourg, car il paroist par l'acquisition faite par les dites Religieuses le Vingtième *Mars 1623* que la Maison quelles avoient acquise tenoit d'un costé à l'hostel de Luxembourg, d'autre à l'hotel de Montherbu, derrière aux Chartreux, et devant à la Rue de Vaugirard, et maintenant il s'en faut à dire plus de cent cinquante toises que le Monastère du Calvaire n'aboutissent aux Chartreux, c'est ce qui obligea les Abbé et Religieux de Sainte Geneviève de plaider contre les dites Religieuses du Calvaire aux requestes du Palais en 1630 pour le payement du droit d'indemnité de tout ce que les dites Religieuses avoient acquis tant du Sieur Jean Baudouin, que du Sieur Michel Renouard par deux différents contrats a quoy les religieuses répondoient que presque tout leur ancien enclos ayant esté pris par la Reyne pour l'augmentation de son Palais quoy quelles en eussent reçu un remboursement en argent et même quelques bastimens qui sont aujourd'hui données à loyer par les dites Religieuses, toutefois elles ne payèrent l'indemnité que ce qui leur restoit pour lors. Et en effet elles ne payèrent l'indemnité que pour ce qu'elles possédoient lors, sauf aux Religieux de Sainte Geneviève à se retirer par devers la Reyne pour leur estre pourvueu, ainsy il est constant et par les titres cy devant énoncés et autres plus anciens qu'il seroit inutile de rapporter, que le Monastère du Calvaire est incontestablement dans la Censive de Sainte Geneviève et que la possession est plus que suffisante.

La deuxième partie est ce que l'on nommoit le petit Bourbon, à présent le petit Luxembourg possédé par son Altesse Monsieur le prince de Condé qui a esté assigné pour en passer déclaration en la présente année 1689 ; il le possède au lieu de M. le Prince son Père, qui l'avoit au lieu de Madame Daiguillon, laquelle dame Daiguillon en a passé déclaration au terrier de Sainte Geneviève au mois de Mars 1647. Comme l'ayant acquis de Monsieur Le Cardinal de Richelieu, qui l'avoit eu de la Reyne Marie de Médicis, l'ayant basty sur l'emplacement du terrain ; sçavoir l'arpent et plus qu'il a eu des Religieuses du Calvaire, par transaction du Vingtdeuxième Janvier 1630, passée par devant Parque et Guerreau Notaires au Chastelet. Les dites Religieuses avoient acquis les dits lieux tant de Michel Renouart que de Jean Baudouin ainsy qu'on l'a montré cy-devant, et que l'on pouroit le faire par les Ensaisinemens des Contracts plus de Cent Cinquante ans plus avant. Mais comme les Religieux de Sainte Geneviève sont en possession depuis plus de Cent Cinquante ans de l'aveu mesme de l'abbaye de Saint Germain, on ne s'étendra plus longtemps sur cet article.

La troisième partie du dit Clos aux Bourgeois ou de Vigneray, et qui fait à présent partie du derrière du grand Luxembourg où sont les Ecuries de Mademoiselle et plusieurs autres bastimens qui ont été bastis où estoit la ferme ancienne de l'hostel Dieu de Paris l'on peut voir par le contract de vente qui en fut fait en 1613, par les administrateurs de l'hotel Dieu à la Reyne Marie de Médicis que cette ferme en ce temps, consistoit comme le porte le contract en plusieurs corps de logis, courts, puits, granges, bergeries, estables, selliers, et autres logemens, enclos et moulin, le tout contenant sept arpens et demy ou environ, le tout tenant d'une part à la rue qui conduit de la porte Saint-Michel aux Chartreux et au Clos des dits Chartreux, d'autre part à un enclos du dit hotel de Luxembourg qui a issue dans le dit faubourg Saint Michel, et à Maitre Estienne Lestourneau, d'un bout par derrière au clos des Chartreux, et au parc du dit hotel de Luxembourg, et par devant à la susdite rue d'Enfer il paroist par les tenans cy dessus marquées que cette ferme de l'hotel Dieu contenoit sept arpens et demy régnoit le long de la rue d'Enfer, Et depuis une maison appartenante à présent au Sieur Marie, joignante les dits bastimens Escuries de Mademoiselle et qui est de la Censive de Sainte Geneviève, aussy bien que les deux autres suivantes qui dès 1542, avoient esté alliennées par l'hostel Dieu, comme faisant partie de la ferme jusqu'aux Chartreux, l'hotel Dieu pour cette ferme a toujours payé la Censive à Sainte Geneviève et l'avoit eu de Nicolas Gossemart ; qui en fut ensaisiné les premier Janvier 1435, et trentième Septembre au dit an, comme ayant acquis de Guillaume Boisratier Archevesque de Bourges, à la charge de dix neuf deniers Obole de Cens envers l'abbaye de Sainte Geneviève et une autre partie venant de Jean Moussart qui en fut Ensaisiné en différents temps par l'abbaye de Sainte Geneviève, ainsy il n'y a rien de plus constant que tout l'espace du dit Luxembourg qui est entre la Censive du clos aux bourgeois, et l'enclos des Chartreux, font l'emplacement de l'antienne ferme et enclos de l'hotel Dieu, et sont de la Censive de Sainte Geneviève Et l'abbaye de Saint Germain ne trouvera point qu'elle aye rien eu dans cette ferme, outre qu'il y a très longtemps que L'abbaye de Sainte Geneviève est en possession du droit de Cens sur trois maisons rue d'Enfer qui autrefois ont fait partye de la dite ferme de l'hotel Dieu, et ainsy elle doit jouir du reste, n'estant qu'une même acquisition d'une même Seigneurie.

Il paroist par le même Contract de Vente de L'an

1613 fait par les dits Sieurs Administrateurs de l'hotel Dieu à la Reyne Marie de Médicis, que les dits Sieurs Administrateurs de l'hotel Dieu luy vendirent vingt cinq arpens de terre en une pièce à prendre dans une pièce de Cinquante trois arpens au lieu dit le Boulevart ce qui compose à présent l'extrémité de l'enclos du dit Luxembovrg, Le chemin qui est derrière et fait la pointe du bout de l'enclos du dit Jardin de Luxembourg, la Censive n'en est pas déterminée.

Dans le contract de *1613*, fait avec la Reyne mère il paroist par une reconnoissance passée par les Sieurs Administrateurs de l'hotel Dieu au terrier de Sainte Geneviève le deuxième Juin *1638* que les dits vingt cinq arpens faisoient partie d'une pièce de cinquante arpens qui estoient de la Censive de Sainte Geneviève, et dont il ne restoit plus alors que vingt huit arpens le surplus estant à la Reyne Mère qui sont les vingt cinq arpens mentionnés au contract de *1613*. Ainsy les susdites vingt cinq arpens qui font et composent l'extrémité de l'enclos du Luxembourg sont de la Censive de Sainte Geneviève.

La quatrième partie qui est la principalle, et qui est proprement celle qui est en contestation est l'emplacement des bastimens du grand Luxembourg, partie du parterre et enclos qui est derrière jusqu'à l'extrémité du dit Enclos.

L'une et l'autre des parties le prétendent. Mais il est aisé aux Religieux de Sainte Geneviève de justifier que presque tout l'emplacement du dit bastiment est pareillement de la Censive de Sainte Geneviève.

Premièrement la partie du dit Luxembourg qui tient d'un costé au bastiment et pavillon du grand Luxembourg d'autre à l'hotel du petit Luxembourg par derrière de Mme de Guise, du dit Luxembourg fut en partie au paravant quelle fit partie du Luxembourg à Maitre Jacques Baston huissier du parlement et Margueritte de la Grange sa femme, qui y avoient un jardin contenant demy arpent qui aboutissoit par devant à la Rue de Vaugirard, et par derrière aux clos aux bourgeois, dans le contract de vente qu'en a fait le dit Baston en *1604* le vingt-huitième aoust à Pierre de Bordes Marchand mercier il spécifie expressement que le dit Jardin étoit dans la Censive de Sainte Geneviève et qu'il l'avoit acquis de Jean d'Illebec, lequel Jean d'Illebec a reconnu le dit demy arpent au proffit de l'abbaye de Sainte Geneviève le 6e *Juin 1537*.

Or par la reconnoissance du dit Jean d'Illebec de *1537* le demy arpent qu'il reconnoist estre de la Censive de Sainte Geneviève, est tenir d'un costé à Jean Daveau qui avoit un arpent, d'autre à Robert Fallentin pour le reste, le tout faisant sept quartiers qui aboutissoient sur la rue de Vaugirard, et tenant à Michel Rambault. Or, le dit Rimbault a esté ensaisiné des acquisitions qu'il a faites des dites terres par l'abbaye de Sainte Geneviève le 3e Avril *1531*, de trois quartiers faisant partie d'un arpent et demy et le vingt neuf novembre *1534* des trois autres quartiers. Ainsi le demy arpent de Jacques Baston, l'arpent de Jean Daveau, le quartier de Robert Fallentin joints ensemble avec l'arpent et demy de Jean Rimbaud font trois arpens un quartier qui aboutissoient sur la rue de Vaugirard et font aujourd'huy l'emplacement du grand Luxembourg selon la rue de Vaugirard. Mais pour faire connoistre ce que possédoient les Abbé et religieux de Sainte Geneviève en héritages, soit terres, maisons, jardins, scis sur la rue de Vaugirard selon leurs tenans et abboutissans tant ce qu'ils avoient en propre qu'en Censive, l'extrait qui en à esté tiré tant des anciennes Reconnaissances qu'ensaisinemens et baux à loyer en marqueront un estat, qui se peut vérifier sur les titres qu'ils produiront dans la suite.

En *1604*, Jean Baston huissier de la Cour vend demy arpent de Jardin à Pierre Desbordes scis au clos aux bourgeois, tenant par derrière au dit Clos et par devant à la rue de Vaugirard venant de Jean d'Illebec, estant dans la Censive de Sainte Geneviève, Le dit Jean d'Illebec, en a passé reconnoissance au terrier de Sainte Geneviève le 6e *Juin 1537* et en fust ensaisiné le 16e may de la même année ayant acquis de Louis Mars qui en fut ensaisiné le quinzième novembre *1529*, ayant acquis de Jean Daveau qui en fut Ensaisiné de plus grande pièce le treizième Janvier *1527* l'ayant acquis de la Veuve Jean Gautier.

Le nommé Dillebec cy dessus nommé dans sa déclaration de *1537* dit que le demy arpent qu'il tient scis sur la rue de Vaugirard tient à Robert Fallentin, lequel Fallentin en a passé reconnoissance du Cens au proffit de Sainte Geneviève, en *1532*, pour un quartier et en fut ensaisiné du mois de Novembre *1531*, l'ayant acquis de Pierre Launoy qui en fut ensaisiné le 23 novembre *1531*, l'ayant acquis de Janot Prevost qui en fut ensaisiné le 23e Novembre *1529*, l'ayant acquis de Jean Daveau, lequel Jean Daveau le tenoit en partie des Abbé et Religieux de Sainte Geneviève qui luy en firent bail en *1523*, moyennant six sols de Cens et rente, estant de leur ancien domaine.

L'hostel de Montherbu où pendoit autrefois pour Enseigne L'Image *Sainte Geneviève* et qui fait partie de l'Enclos du grand Luxembourg et du Calvaire est incontestablement de la Censive de Sainte Geneviève. Le Sieur de Montherbu en a passé déclaration en 1600. Ainsy que de l'hostel des *Petits Roys* au proffit de Sainte Geneviève. Le décret qu'il en fit faire en *1584*, a esté ensaisiné par Foulon, Abbé de Sainte Geneviève, comme l'ayant acquis des héritiers de Nicolas Simon, lequel a passé déclaration à Sainte Geneviève Le treizième may *1547*, et en fut Ensaisiné le 16e may de la même année, l'ayant acquis de Robert Le Goix à l'occasion de l'acquisition duquel Le Goix le Cardinal de Tournon abbé de Saint Germain ayant prétendu que la ditte Maison estoit dans sa Censive, et que les lods et ventes de la dite acquisition luy appartenoient, Arrest intervint au proffit de l'abbaye de Sainte Geneviève qui débouta le Cardinal de Tournon de sa prétention, le condamna aux despens. Le dit Le Goix avoit acquis la dite maison et en fut ensaisiné par Sainte Geneviève le vingneuf° octobre *1537* l'ayant acquis de Jean Daveau qui en passa reconnoissance dès *1532*, au proffit de Sainte Geneviève et fut Ensaisiné le 13 Janvier *1527*, comme l'ayant acquis de la Veuve Jean Gautier, laquelle Veuve Jean Gautier, tenoit de Maître Estienne Féroul qui eust cette maison par eschange de l'an 1504, à la charge du cens derrière l'abbaye de Sainte-Geneviève.

Pour ce qui regarde la maison de l'image *Saint Nicolas* qui fait aujourd'huy partie et du Monastère du Calvaire et du petit Luxembourg on en a cy devant montré la suitte des possesseurs, aussy bien que de la maison des *Petits Roys*, qui ont esté prises en partie pour faire le dit Palais du Petit Luxembourg, et monastère du Calvaire.

Charles Martignier le vingt huitième février *1548*, fut Ensaisiné de trois quartiers de terre audit Clos aux bourgeois abboutissant par devant à la rue de Vaugirard, et tenant à Michel Rinbaut, ayant acquis les dits héritages de Jacques Lescuyer, lequel Jacques Lescuyer les avoit de Pierre Lescuyer son père, qui les tenoit en partie de Jean Roger, qui fut ensaisiné le dix-septième Janvier *1481*.

Le nommé Michel Raimbaut a esté ensaisiné d'un arpent et demy de terre en deux pièces au clos aux bourgeois, aboutissant par devant à la rue de Vaugirard, sçavoir les 3 Avril *1532*, et vingt neuf novembre *1534*.

Jean Allain, le 12° octobre *1530* a été Ensaisiné d'un demy quartier de terre au clos aux Bourgeois, abboutissant sur la rue de Vaugirard acquis de Christophe Tiron.

Messire Antoine Richer reconnoist en *1609* posséder Cinq quartiers de terre au clos aux bourgeois chargé du Cens envers Sainte Geneuiève, et les dits héritages abboutissans à la rue de Vaugirard.

Il est très constant par les sus dits Extraicts qu'outre les trois maisons sçavoir : celle où pendoit L'image *Sainte Geneviève*, Celle où pendoit L'image *Saint Nicolas*, et celle où pendoit l'image des *trois petits roys*, les Abbé et religieux de Sainte Geneviève avoient encore plusieurs héritages, tant terres que jardins qui estoient en leur Censive et directe, et l'on voit par l'ancien Plan de Paris produit par Sainte Geneviève que les trois maisons y sont marquées, entre la ruelle qui conduisoit des Chartreux à Saint Sulpice et porte Saint Michel, et par les titres produits par l'abbaye de Sainte Geneviève quelle avoit par de la dite ruelle Saint Sulpice encore d'autres terres qui sont celles de l'hostel Dieu et autour, Entrautres douze arpens aux ruelle sur le Chemin de Vaugirard et toutes les susdites maisons et héritages estoient contigus les uns aux autres.

Outre les susdits héritages tant ceux qui abboutissoient sur la rue d'Enfer et composoient la ferme de l'hostel Dieu acquis par la Reyne Marie de Médicis en 1613, que ceux que l'on vient de marquer qui abboutissent sur la rue de Vaugirard, il y en a encore au milieu qui répondent aujourd'huy au parterre du Luxembourg, et comme les vignes et terres qui dépendoient de l'hostel Dieu occupait tout l'espace qui estoit entre les Chartreux et le clos aux bourgeois. Il est certain que les contracts qui ont esté ensaisinés par Sainte Geneviève, et dont les héritages sont dits tenir aux vignes de l'hostel Dieu ne peuvent estre que ceux qui estoient au milieu du dit parterre et enclos du dit Luxembourg derrière et au milieu des bastimens tels sont les héritages qui suivent qui abboutissoient aux vignes de l'hostel Dieu.

Un demy arpent acquis par M. Nicolas Vimont dont il fut ensaisiné le vingt septième novembre 1526, acquis de Pierre Clément au lieu de Nicolas Hardouin, tenant d'un bout aux vignes de l'hostel Dieu.

Un demy arpent acquis par Jean *Bonitrou*. Ensaisiné le Vingtième Janvier *1495*, comme l'ayant acquis de Guillaume Guellin tenant par dessus aux vignes de l'hostel Dieu, à la charge de Cinq sols de cens et rente envers l'abbaye de Sainte Geneviève.

Un arpent acquis par Nicolas *Justin* tenant au précédent de Guillaume Guellin, Ensaisiné le Vingtième Juillet *1494*, à la charge de dix sols de cens envers Sainte Geneviève acquis de Jacques Tirement qui en fut Ensaisiné le Quinze Janvier 1498, à la dite Charge de dix sols de cens, le dit arpent tenant par un bout aux Vignes de l'hostel Dieu.

Un arpent acquis par Jean *Gloria de Margueritte du Fresnoy* à la charge de deux sols de cens envers L'abbaye de Sainte Geneviève Ensaisiné le 2° may 1494, tenant par le bout aux vignes de l'hostel Dieu.

Un demy arpent acquis par Guilleaume *Lardy* de la Veuve Adam *Boniguelle*, Ensaisiné par l'abbaye de Sainte Geneviève, à la charge de Cinq sols de Cens et dixmes, le 26° Janvier *1487* tenant par un bout aux vignes de l'hostel Dieu.

Un arpent acquis par Nicolas *Raulin* de Jean *Fleury*. Ensaisiné par Sainte Geneviève, à la charge de dix sols de Cens et dixmes, le vingt septième Avril *1487*, tenant par un bout aux vignes de l'hostel Dieu.

Un demy arpent acquis par Jean Rogier de Pierre Lescuyer a esté Ensaisiné le 17° Janvier *1481* à la charge de Cinq sols de cens et rente envers Sainte Geneviève, le dit demy arpent tenant par haut au clos de l'hostel Dieu.

L'on peut voir par l'extrait des Ensaisinemins qui a esté tiré depuis trois siècles que les héritages qui sont dits au clos aux bourgeois et en la Censive de Sainte Geneviève sont marquées estre scituées entre la porte Saint Michel et proche le Clos aux bourgeois, ou au dessous des Vignes de l'hostel Dieu et sur la rue de Vaugirart, ce qui ne peut convenir qu'a la partie la plus prochaine du dit clos qui sont les escuries le parterre et le bastiment, ou palais du Luxembourg et est le présent escrit cotté.

Et pour justiffier le contenu cy dessus produisent onze pièces attachées ensemble.

La première du mois de Juillet *1230* est un Contract de vente par lequel il paroist que le nommé Millon Bergaud vend au nommé Estienne de Poitiers, un arpent de Vignes au Vigneray maintenant le clos aux bourgeois, dans la Censive de Sainte Geneviève au mont de Paris.

La deuxième du 7e fevrier *1349* est un Bail à Cens et rente fait par les dits Abbé et Religieux de Sainte Geneviève, à Jean de la Rue et Jean de Chevreuse, de deux arpens un quartier de vignes en Vigneray, au dehors des murs de la ville de Paris, outre la porte d'Enfer, tenant d'une part aux vignes de l'hostel Dieu, d'autre aux murs des Chartreux et aux vignes de Saint Benoist, les dits héritages déclarés en la Censive seigneurie de dixmes de Sainte Geneviève.

Ce qui respond à présent au derrière du dit grand Luxembourg et parterre vis à vis le bastiment où estoient scituées les Vignes de l'hostel Dieu, comme on le verra cy après.

La troisième de l'an *1411*, est une sentence contradictoirement rendue au proffit de l'abbaye de Sainte Geneviève, contre les Religieux de Saint Antoine, par laquelle les dits Religieux sont condamnés à payer quinze sols parisis de Cens à prendre sur une pièce de vignes au clos proche les murs des ruelles.

Le 4e du 9e novembre *1416* est un bail à cens fait par les Abbé et Religieux de Sainte Geneviève à Jean Dauvillers, de cinq Quartiers de Vignes en deux pièces assis au clos au bourgeois qui avoient esté donnés à Estienne Troussay, à la charge de trente trois sols de cens et rente, et estoient revenus à la ditte Abbaye par l'habandonnement qu'en avoit esté fait par les héritiers du dit Troussay, donnés à nouveau Cens au dit Dauvillers moyennant douze deniers de fond de terre, et huict sols parisis de rente.

La 5e du dix huitième Novembre *1481* est un contract de vente d'une pièce de vigne contenant demy arpent faisant partie de plus grande pièce, scis au clos aux bourgeois chargée de quatre sols parisis de Cens et rente envers l'abbaye de Sainte Geneviève, le dit bail fait au proffit de Jacques Montrouge par Jean Merigot.

La 6e du 24 janvier *1499* est un bail fait par les dits Religieux de Sainte Geneviève à Pierre Boucher de plusieurs pièces de terre en divers climats, entre autre de sept quartiers au clos aux bourgeois tenant au Chemin de Vaugirard, d'un bout aux Vignes, d'autre bout aux terres Saint Sulpice, plus trois quartiers au dit lieu.

La 7e du 24 Janvier *1505* est un autre Bail fait à *Blaveau Geaumartier*, des dits sept quartiers d'une part et trois quartiers d'autre au dit clos aux bourgeois Par lesquels deux Baux à ferme Messieurs les Arbitres pourront voir qu'outre les héritages sur lesquels la dite Abbaye a droit de Cens, il y en a d'autres quelle possédoit en propre, qui depuis ont esté données à cens.

La 8e du 26e Aoust *1523* est un bail à cens fait par la dite Abbaye de Sainte Geneviève à Jean Daveau de demy Quartier de terre au clos aux bourgeois, sur le chemin allant de Paris à Vaugirart, moyennant deux sols parisis de cens, et quatre sols parisis de rente.

La 9e du 8° Aoust *1525* est une reconnoissance de Pierre Tavenet, par laquelle il déclare estre possesseur de demi arpent de Vignes assis au clos aux bourgeois, venant de Pierre Terrail en la Censive de Sainte Geneviève, et chargé de cinq sols parisis de cens et rentes envers la ditte Abbaye.

La 10e du 14 Janvier *1527* est un contract de vente au proffit de *Claudin Huet* et autres par Pierre Deillet, et *Robert Lemarié* et autres de trois Quartiers faisant partie d'un arpent et demy de vignes assis au clos aux bourgeois en la Censive de Sainte Geneviève, les dits héritages venans de *Jean Gautier* comme il est porté par le dit Contract.

La 11e sont Extraits tirés des originaux des déclarations fournies par l'abbaye de Sainte Geneviève en la chambre du trésor ès-années, 1551, 1587, 1673, et 1686 par lesquels il paroist que les dits Abbé et religieux de Sainte Geneviève ont droit de Censive de fond de terre sur la plus grande partie du Climat nommé le Clos aux bourgeois, à présent le grand et petit Luxembourg, et en particulier sur l'emplacement de l'hostel de Luxembourg, Petit Luxembourg et le Calvaire.

Par tous les susdits titres, Messieurs les Arbitres pourront voir qu'il n'y a rien de plus constant, que l'abbaye de Sainte Geneviève a droit de cens, et avoit autrefois droit de justice au dit Climat du Clos aux bourgeois ou Vigneray et sont les dites pièces Cottées au dos par

B.

Item. Pour faire connoistre à MM. les Arbitres quils on esté dans une possession, immémoriale d'y recevoir des lods et ventes des héritages qui ont esté vendus au climat du clos aux Bourgeois sans aucun trouble, et qu'ils en ont esté reconnus produisent douze pièces.

La Première, sont des Extraits tirés des Registres des Ensaisinemens des contrats d'acquisitions faits par divers particuliers d'héritages scitués au climat du clos aux bourgeois dans la Censive et Seigneurie de Sainte Geneviève, et dont les droits de lods et ventes leur ont esté payés par les acquereurs, des dits Extraicts tirés depuis *1350* Jusqu'en *1608* et *1623*, par tous lesquels Extraits l'on verra que l'abbaye de Sainte Geneviève avoit la plus grande partie de la Censive du dit Clos aux bourgeois, surtout la partie joignante la Seingeurie de Messieurs de la grande Confrairie, ou sont basties à présent les maisons de la basse Court et Pallais du dit Luxembourg, et Ecuries de Mademoiselle rue d'Enfer, s'il est nécessaire les dits Registres d'Ensaisinements seront représentés à Messieurs les Arbitres, Et Messieurs de Saint Germain les ont eu en Communication.

La deuxième du Vingt Unième Novembre *1532* est une reconnoissance passée par Jean *Davau,* Jean *d'Illebec,* et Robert *Fallentin* au proffit de Sainte Geniève comme propriétaires de sept Quartiers de terres au clos aux bourgeois abboutissant sur la rue de Vaugirart dans la Censive de Sainte Genevièvr, et chargée les dits sept quartiers de dix deniers obole parisis de Cens.

La 3° du 6° juin *1537* est autre reconnoissance passée par Jean *d'Illebec,* par laquelle il reconnoist estre détempteur et propriétaire d'un jardin clos de murs assis au clos aux bourgeois abboutissant sur la rue de Vaugirart dans la Censive de Sainte Geneviève, et chargée envers la dite abbaye de trois deniers parisis de cens, qui est à raison de six deniers pour arpent.

La 4° du 12 Mars *1546,* est une autre reconnoissance passée par M° Jean Cruce Notaire au Chastelet de Paris, au proffit de l'abbaye de Sainte Geneviève pardevant Mareille et Pérou, par laquelle il paroist que le dit Cruce comme ayant acquis de Jean Davau l'aisné a reconnu estre détempteur de la moitié d'une Maison et d'un grand Jardin scis à Paris planté de grands arbres abboutissant à la rue de Vaugirart au lieu dit le Clos aux Bourgeois, et déclaré estre redevable du Cens envers l'abbaye de Sainte Geneviève, à raison de six deniers parisis pour arpent.

La 5° du treize may *1547* est autre reconnoissance passée par M° Nicolas Simon, d'une Maison petit Jardin, Cour et grand Jardin scis à Paris à S¹ Germain des Prés, lieu dit le Clos aux Bourgeois sur la rue de Vaugirard, d'autre part aux héritiers Raimbaud, par derrière aussy aux héritiers Raimbaud, d'un bout à Jean Ferroul, les dits lieux chargés de six deniers parisis de Cens pour arpent, Envers l'abbaye de Sainte Geneviève.

La 6° du 14 septembre *1584,* est le décret de la maison où pendoit pour Enseigne l'*Image de Sainte Geneviève* dit l'*hostel Montherbu* à Saint Germain des Prés sur la rue de Vaugirart au lieu dit le Clos aux Bourgeois, la dite maison consistante en un grand corps d'hostel, un petit corps d'hostel à costé, et autres bastiments, deux courts, en chacune desquelles il y a un puits, jardins, l'un grand, l'autre petit, tenant d'une part à la maison des *trois Roys,* d'autre à la ferme du S¹ Latillaye, par un bout sur la rue de Vaugirart, et par derrière au clos du Duc de Luxembourg, et l'huissier Baston, le dit décret et adjudication faite au proffit du sieur Imbert lequel sieur Imbert en fit sa déclaration le même jour au proffit du sieur de Montherbu, laquelle déclaration est Ensaisinée par l'abbaye de Sainte Geneviève, le dit Ensaisinement signé Foullon, abbé de Sainte Geneviève, Ensuite de laquelle déclaration est la quittance du payement du poursuivant en criées, l'ordre de distribution de deniers provenans de la vente de la dite Maison.

Le 7° du 28 août *1604,* est Coppie collationnée d'un contrat de vente fait par M° Jacques Baston et Marie de la Grange sa femme, au nommé Pierre Desbordes, d'un jardin qui a cy devant appartenu à Jean d'Illebec, le jardin scis à Paris, rue de Vaugirart, contenant demy arpent au lieu dit le Clos aux Bourgeois dans la Censive de Sainte Geneviève au mont de Paris, tenant d'un costé à la Veuve et héritiers Richer, d'autre au Sieur Pellerin, devant sur la rue et derrière au dit Clos aux Bourgeois, ce qui respond aujourd'hui à la basse Court du dit Luxembourg qui tient par derrière au dit Clos aux bourgeois.

La 8° du 10 avril *1608,* est une reconnoissance passée par le sieur Estienne Haudouin de Montherbu par devant de Saint Julien et Noury Notaires au Chastelet de Paris, au terrier de l'abbaye de Sainte Geneviève, par laquelle déclaration il paroit que le dit Sieur de Montherbu est détempteur de deux maisons joignantes l'une et l'autre au Faubourg Saint Germain rue de Vaugirart, en l'une desquelles pend pour Enseigne l'Image de Sainte Geneviève, et en l'autre les trois Roys, le tout ainsy que les dits lieux sont désignés et estoient en ce temps.

La 9° du 9° juin *1613,* est Coppie Collationnée par devant Notaires sur l'original d'un contrat passé entre la Reyne Marie de Médicis, et les administrateurs de l'hostel Dieu de Paris, d'une ferme appartenante au dit hostel Dieu scis à Paris faubourg Saint Michel rue d'Enfer, consistante en plusieurs corps de logis, puits, granges, bergeries, tenant d'une part à la rue qui conduit du faubourg Saint Michel aux Chartreux et au clos des dits Chartreux, d'autre part au clos de l'hostel du Luxembourg qui a une issue dans le dit faubourg Saint Michel et à M⁰ Estienne Lestourneau, par derrière aux dits Chartreux et au parc de l'hostel du Luxembourg, par devant sur la dite rue d'Enfer, Plus vingt-cinq arpens au lieu dit le Boullevart, les dits lieux en la Censive des Seigneurs dont les dits lieux sont mouvans, et quoyque dans le dit Contract il soit dit que les dits sieurs Administrateurs cèdent à la Reyne tout et tel droit de Censive qu'ils pouvoient avoir sur certains héritages au dit lieu cy devant vendues, et sur les lieux mentionnés au Contract, la Vérité est, qu'ils n'en avaient aucun estans les dits lieux en roture, et la considération que l'abbaye de Sainte Geneviève a toujours eue pour l'hostel Dieu, qui est presque entièrement assis sur sa Seigneurie avoit causé cette erreur comme on ne leur demandoit jamais aucune Censive non plus qu'à présent pour plus de cent arpens qu'ils ont sur le terroir de Sainte Geneviève Seigneuries de Vanves et de Grenelle, les dits Sieurs Administrateurs crurent n'en devoir aucun, et estre en fief, ce qu'ils n'assurent pas toutefois et l'on a montré assez le contraire dans son lieu.

La 10ᵉ du 11ᵉ avril *1622*, est une Coppie de Contract d'acquisition qu'ont faite les Religieuses du Calvaire du Sieur *Michel Renouart*, d'une maison sise à Saint Germain des Prés rue de Vaugirard, consistante en plusieurs bâtiments, grande court, deux jardins, l'un grand, l'autre moien, une muraille entre deux, deux grands corps d'hostel tenant d'un costé au sieur Baudouin d'autre à......... aboutissant d'un bout par derrière au Chasteau de la Reyne mère du Roy, par devant sur la grande rue de Vaugirard En la Censive de l'abbaye de Sainte Geneviève, et de la ditte Maison il paroist que le sieur Renouart en avoit payé les lods et ventes à la dite abbaye de Sainte Geneviève. Ensuite du dit Contract est Coppie de l'Ensaisinement de la dite Abbaye Sainte-Geneviève au proffit des dites Religieuses du Calvaire du trois may *1622*, Signé J. Guillemin, et plus bas pour Coppie, P. Guerin, procureur.

Par ce contract il paroist que cette Maison estoit de très grande Etendue et contenoit un très grand terrain, bien autre que celui que possède aujourd'hui les dites Religieuses du Calvaire. qui ont esté obligées d'en donner à la Reyne la plus grande partie comme on l'a vu cy devant, et que toute cette Maison était dans la Censive de Sainte Geneviève.

La Onzième du 4ᵒ mars *1623* est une Coppie pareillement signée Guérin procureur, d'un décret par lequel il paroist que le Sieur Beauzannier auroit décrété une maison faubourg Saint Germain rue de Vaugirard où pendoit pour Enseigne l'Image de *Saint Nicolas*, appartenante au sieur Baudouin, circonstances et dépendances, tenant la totalité à l'hostel de Luxembourg, d'autre au Sieur de Montherbu, derrière aux murailles des Chartreux devant à la rue de Vaugirart, laquelle Maison est adjugée au Sieur Sionnaire qui en fist sa déclaration au proffit des Religieuses du Calvaire, le même jour 20ᵉ mars *1623* à la fin du quel décret est l'Ensaisinement de l'abbaye de Sainte Geneviève signé Guillemin du 28 avril *1623*; aussy il paroist que cette Maison estoit pareillement de la Censive de Sainte Geneviève.

La douzième et dernière du 22ᵒ janvier *1630* est une Coppie du Contract ou Transaction fait entre le Conseil de la Reyne et les dites Religieuses du Calvaire, par lequel il paroist que les dites Religieuses ont cédé à la Reyne un arpent et plus de leur Enclos, outre les cinq arpens quelle leur avoit donné les dits lieux en la Censive de Sainte Geneviève comme il paroist par les contracts cy dessus marqués, et sont les dites pièces cottées au dos par......

C. C.

Item. Pour encore justifier que le droit de Censive sur le climat du Clos aux Bourgeois est sy bien establi en faveur de l'abbaye de Sainte Geneviève, et le Parlement l'a si bien soutenu lorsque les Religieux de Saint Germain ou autres ont voulu troubler la dite abbaye dans leur droit de cens, sur le dit Lieu du Clos aux Bourgeois et ont prétendu y avoir droit, ils en ont esté déboutés, produisent les dits Religieux de Sainte Geneviève six pièces attachées ensemble.

La première du vingt-trois juin *1546* est un arrest contradictoire rendu au profit de l'abbaye de Sainte Geneviève contre le Cardinal de Tournon abbé de Saint Germain des Prés, les dits de Sainte Geneviève ayans pris le fait et cause pour Le Goix leur Censitaire que le dit Sieur Abbé de Saint Germain avoit fait assigner pour luy payer les lods et ventes de l'acquisition qu'avoit faite le dit Le Goix de Robert Fallentin, d'une maison assise dans la rue de Vaugirard, au lieu dit le clos aux bourgeois où pendoit pour Enseigne l'Image de Sainte Geneviève, tenant d'une part à Jean Daveau, d'autre à d'Illebec, par derrière à un sentier qui va à l'hotel Dieu par devand à la dite Rue.

La Cour sur productions respectives des parties et avec grande connoissance de cause, Casse et annule la sentence des requête du Pallais, qui avait déclaré la maison du dit Le Goix dans la Censive de Saint Germain, et maintient la dite Abbaye de Sainte Geneviève dans son droit de Censive sur la dite maison.

Or Messieurs les Arbitres remarquèrent 1ᵒ Que cette maison du dit Le Goix où pendoit l'Enseigne de *Sainte Geneviève* a esté depuis acquise par la Reyne Marie de Médicis, comme il est remarqué à la teste du dit arrest, et fait aujourd'huy partie du grand Luxembourg 2ᵒ Que les tenans de cette maison sont d'un costé Jean Daveau, d'autre Jean d'Illebec, or les dits Daveau et d'Illebec conjointement avec Robert Fallentin, aux droits duquel le dit Le Goix, ont reconnu le 21ᵉ novembre *1532*, au proffit de Sainte Geneviève, comme il est remarqué à la deuxième pièce de la Cotte B. Ainsy tout ce climat estoit de la Censive de Sainte Geneviève.

La Deuxième du 7 février *1617*, est une sentence contradictoire rendue au Chastellet de Paris, par laquelle L'abbaye de Sainte Geneviève est maintenue et gardée d'avec le droit de Censive et Seigneurie, et Justice sur la maison du Sieur Renouart acquise du Sieur de Montherbu contre M. Beringue de Chazant Receveur Général de l'abbaye de Saint Germain qui est débouté de sa demande, et condamné aux dépens, la dite Maison vendue depuis par le dit Sieur Renouart aux Religieuses du Calvaire comme on l'a cy devant remarqué.

La troisième du quatorze février *1618* est une Sentence obtenue au Chastelet de Paris par les Abbé et religieux de Sainte Geneviève, contre les Sieurs Renouart et Desportes qui les condamne d'exiber la sentence d'adjudication qui leur avoit esté faite, d'une Maison au faubourg Saint Germain, rue de Vaugirart acquise du Sieur de Montherbu et les condamne de payer les lods et ventes à l'abbaye de Sainte Geneviève de la sus dite acquisition.

La Quatrième du 28 Mars *1618* est autre Sentence qui permet ausdits Abbé et Religieux de Sainte Geneviève de faire saisir la maison susdite et y establir Commissaire faute par les dits Renouart et Desportes d'avoir exibé leur Contracts; et les Condamne de payer les lods et ventes sur le pied de Vingt mil livres à raison de Vingt deniers pour livre.

La Cinquième du Vingt trois Juin *1618*, est autre Sentence du Chastellet qui fait main levée ausdits Abbé et Religieux de Sainte Geneviève d'une saisie faite sur les biens du dit Renouart par la Dame de Mairat, et ordonne que les dames de Sainte Geneviève seront payés de leur deub autrement les biens saisis sur le dit Renouart vendus, et les deniers en provenans reçus par les dames de Sainte Geneviève jusqu'à concurrence de leur deub.

La Sixième du 12 Juin *1618* est un arrest de la cour rendu au proffit de l'abbaye de Sainte Geneviève, contre le Sieur Renouart, appellant des deux Sentences cy devant dattées par lequel de son consentement il est condamné payer ausdits Abbé et Religieux de Sainte Geneviève, les lods et ventes de l'acquisition par luy faite d'une maison rue de Vaugirard, du Sieur de Montherbu et aux despens.

La susdite Maison est été depuis vendue par le dit Sieur Renouart en *1622* aux religieuses du Calvaire, qui en ont payé les lods et ventes à l'abbaye de Sainte Geneviève, et depuis en ont cedé la plus grande partie à la Reyne Marie de Médicis, comme on le voit par le Contract de *1630* cy devant produit et sont les dites pièces cottées au dos par D.

Item, pour toujours justifier que les grand et petit Luxembourg et lieux en deppendans sont de la Censive de l'abbaye de Sainte Geneviève produisent huit pièces attachées ensemble.

La 1re du trente uniesme Janvier *1633* est une sentence contradictoirement rendue sur production des parties, qui condamne les dites Religieuses du Calvaire à payer le droit d'Indemnité à raison du cinquième denier, de ce qu'elles possédoient, des deux maisons cy devant mantionnées estantes en la Censive de Sainte Geneviève, et que pour ce ventilation seroit faite, des lieux qu'elles possédoient par expertise dont les parties conviendroient et ce à raison de ce qu'elles avoient acheptés, le total des dites deux maisons, condamnées à payer les arrerages de Censive qu'elles devoient en en passer déclaration.

La 2e du treizième Juin *1634* est une Transaction passée entre l'abbaye de Sainte Geneviève et les dites Religieuses du Calvaire, tant pour le payement du dit droit d'Indemnité que pour les Censives et reconnoissances, par la lecture de laquelle Messieurs les Arbitres verront que les Religieux de Sainte Geneviève avoient prétendu l'indemnité du total de l'acquisition des deux maisons mantionnées ès contracts des années *1622* et *1623*.

Mais que depuis les dites Religieuses ayant cedé partie de l'emplacement à la Reyne Marie de Médicis, sçavoir, un arpent et plus, elles ne devoient payer l'indemnité que pour ce qu'elles occupoient alors. Plus que L'abbaye de Sainte Geneviève se réserve sur le dit Couvent le droit de Voirie et Justice, et deux sols de cens portans lods et ventes.

La 3e du Cinquième May *1687* est une reconnoissance passée par les dites Religieuses du Calvaire, au terrier de Sainte Geneviève de leur Couvent, circonstances, et deppendances.

La 4e du 26e février *1647*, est une reconnoissance passée par Madame Daiguillon au terrier de Sainte Geneviève par devant Bonot et Vautier Notaires au Chastellet comme detemptrice, et possesseuresse du palais du petit Luxembourg, chargé envers l'abbaye de Sainte Geneviève d'un sol parisis de Cens portant proffits de lods et ventes.

La 5e est un ancien Plan de la Ville de Paris, où l'on voit l'état du Clos aux bourgeois avant que le Palais du Luxembourg fut basty comme on le voit à présent et entr'autres on y distingue les 3 maisons qui sont constamment de la Censive de Sainte Geneviève, sçavoir, l'hostel de Montherbu où pendoit autrefois l'Image de Sainte Geneviève, la Maison des trois Roys, et la maison où pendoit pour enseigne L'image Saint-Nicolas, et autres Jardins, et places attenant qui sont déclarées dans la Censive de Sainte Geneviève.

La 6e est un Plan nouveau de l'estat des lieux comme ils se voyent aujourd'huy tant ce qui est de la Seigneurie de MM. de la grande Confrairie, que l'Enclos du grand et petit Luxembourg et Monastère du Calvaire, par lequel plan l'on peut voir la situation des lieux et régler par les titres des parties, ce qui est de la Censive de chaque partie.

La 7e Pièce est une Reconnoissance passée par devant Le moyne et Huart Notaires, le 2e Juin *1688*, à L'abbaye de Sainte Geneviève par laquelle il paroist que les Sieurs Administrateurs de l'Hostel Dieu reconnoissent estre detempteurs d'une pièce de Cinquante Trois Arpens de terre qui fait plusieurs choses dont pour lors ils ne possédoient plus que vingt huit arpens, le surplus qui estoit vingt cinq arpens ayant esté pris par la Reyne, et c'est ce qui compose l'extrémité de l'enclos du grand Luxembourg, et en effet on peut voir que la Reyne Marie de Médicis achepta en *1613* des administrateurs du dit hostel Dieu, outre leur ferme, une pièce de vingt cinq arpens à prendre dans une plus grande pièce qui est celle cy dessus marquée, les dits Sieurs de l'Hostel Dieu en avoient passée encore déclaration en *1607*, au terrier de Sainte Geneviève par devant de Saint Jullien, qui est Cottée.

La 8e est un Extrait tiré du terrier de la Seigneurie de Vanves Grenelle et terrier de Vaugirart, et les Sieurs Administrateurs déclarent qu'ils ont dans la Censive de Sainte Geneviève une pièce de Cinquante trois arpens dont Vingt Cinq arpens sont enclos dans le Luxembourg par la Reyne Mère de l'an *1650*, et sont les dittes pièces cottées au dos par E.

Item, pour Justifier que les héritages qui estoient de leur Censive et Seigneurie, Joignoient de temps immémorial, la maison et jardin de la grande Conrie, et les vignes de l'hostel Dieu employent les Ensaisinemens suivants faits par L'abbaye Sainte

Geneviève, tirés de leurs Registres, sçavoir; Celuy de *1354*, d'Estienne Latoy pour Cinq Quartiers tenant aux vignes de l'hostel Dieu.

De Pierre Jésus en *1354*, pour un arpent tenant à la vigne des bourgeois de Paris, de Jean Audebere en *1354*, pour un quartier tenant à la vigne des bourgeois, de Jean Masson en *1354*, pour sept arpens en deux pièces derrière l'hostel aux bourgeois. De Jean Cholet en *1354*, pour un quartier tenant à la vigne aux bourgeois, de Jacques le Rouge en *1354*, pour cinq quartiers en deux pièces, tenant aux vignes de l'hostel Dieu, d'Estienne Lebonnier en *1365*, pour un arpent tenant aux vignes de l'hostel Dieu, de Jean de Bucal en *1372*, pour une pièce tenant aux vignes de l'hostel Dieu, de Michel le Barbier en *1374*, pour une pièce de trois arpens en deux pièces, plus cinq quartiers tenans aux vignes cy dessus proche les Chartreux.

De Jean de Saint Romain en *1383* pour cinq quartiers tenans aux vignes de l'hostel Dieu, de Philippe le hongre en *1383*, pour sept arpens de vignes tenans aux Chartreux de Jean Lethice dit Boileaux en *1391*, pour sept arpens de vignes, tenant aux vignes de l'hostel Dieu.

Et aussy des autres que l'on peut lire dans les dits Extraits et si l'on veut dans les Registres des Ensaisinements des dits Contrats jusqu'au commencement de ce Siècle, par tous lesquels titres et Ensaisinements, MM. les Arbitres connoissent que presque tout le dit Climat du Clos aux bourgeois est de la Censive de Sainte Geneviève, surtout la partie qui tenoit aux Vignes de la grande Confrairie, et de l'hostel Dieu, qui respondent aujourd'huy aux bastimens du grand Luxembourg et parterre et jardins derrière, et est le dit Employ tenu pour Cotté par F.

Item, pour justiffier que l'emplacement du Palais de Luxembourg est de la Censive de Sainte Geneviève, ils prient MM. les arbitres de remarquer que le Monastère du Calvaire et le palais du petit Luxembourg sont basty en partie sur les 2 maisons qu'avoient acquises les Religieuses du Calvaire, de Michel Renouart et de Jean Baudouin en *1622* et *1623* Et que le petit Luxembourg a esté basty sur la portion que tira la Reyne Marie de Médicis en *1630* des dites Religieuses, comme on l'a cy devant remarqué, ainsy il s'agist de sçavoir ou estoit la troisième maison qui estoit l'hostel de Montherbu, où pendoit pour Enseigne l'Image de Sainte Geneviève, et de prouver que cette maison estoit de la Censive de Sainte Geneviève, il n'est pas difficile de le faire.

En *1608*, le Sieur Audouin de Montherbu en a passé déclaration au terrier de Sainte Geneviève par devant de Sieur Jullien et Nourry Notaires et il remarque que sa maison tenoit d'un costé et par derrière au Duc de Luxembourg, le dit Sieur de Montherbu l'avoit acquis de Nicolas Simon qui en a esté Ensaisiné le 25 Avril *1550* et 31 Oct. *1549*, le 25 février *1548*, et le 6e may *1547*. En *1546*, l'abbaye de Sainte Geneviève obtient un arrest contradictoire, contre le Cardinal de Tournon qui lui adjugea le droit de Cens et Seigneurie sur la maison où estoit pour Enseigne l'Image Sainte Geneviève, Robert le Goix qui en estoit pour lors possesseur en avait esté Ensaisiné le 29e Octobre *1537*, l'ayant acquise de Jean Daveau qui en passa reconnoissance au terrier de Sainte Geneviève en *1532* et fut ensaisiné le 18e Janvier; l'ayant acquise de Jean de Néry qui tenoit les dits lieux de l'abbaye de Sainte Geneviève dès *1511*. Ainsy il n'y a rien de plus constant que cette maison est de la Censive de Sainte Geneviève, même en *1504* comme il paroist par l'Ensaisinement fait au proffit d'Estienne Ferroul de la dite Maison où estoit l'Image de Sainte Geneviève.

Resté à faire connoistre où estoit scituée cette Maison. Il n'y a qu'à voir par le tenant de la reconnoissance de *1608* que cette maison de l'Image de Sainte Geneviève tenoit d'un costé à la maison des *trois Roys*, d'autre et par derrière au Duc de Luxembourg.

Dans le décret du 15e sept. *1584* il est dit que cette Maison tient d'un costé à la maison des *trois Roys*, d'autre au Sieur de la Tillaye, et dans la déclaration de *1587* rendue par l'abbaye de Sainte Geneviève à la Chambre du Trésor, elle marque positivement que l'abbaye de Sainte Geneviève avoit Censive sur la grande partie de la maison bastie par Maître Alexandre de la Tourette cy devant Président en la Cour des Monnoyes, aprésant appellé l'hostel de Luxembourg joignant lequel hostel, estoit l'hostel de Montherbu où estoit l'enseigne *Sainte Geneviève*.

Dans l'arrest de *1546* rendu contradictoirement contre le Cardinal de Tournon Abbé de Saint Germain, et qui adjuge le droit de Censive à l'abbaye de Sainte Geneviève, les lods et ventes de l'acquisition qu'en avoit fait Robert le Goix comme ayant acquis de Robert Fallentin, cette maison est dite tenir d'un costé à Jean Daveau, d'autre à Jean d'Illebec, le dit Fallentin pour un quartier, Jean Daveau pour un arpent, Jean d'Illebec pour demy arpent ont reconnu au profit de Sainte Geneviève en *1532* qui est la deuxième pièce de la Cotte. G.

Les tenans sont Michel Raimbault qui pareillement a esté ensaisiné le 3e Avril *1532*, ainsy tout ce qui est entre le petit Luxembourg et l'hostel de la Trémouille, sont incontestablement de la Censive de Sainte Geneviève.

Ce que dessus est cy tenu pour Cotté par G.

EXTRAITS DES REGISTRES D'ENSAISINEMENT, des contrats de vente des Maisons et héritages de la Seigneurie de Sainte-Geneviève de Paris situés au Clos aux Bourgeois ou Vigneray (1).

REGISTRE DES ANNÉES DEPUIS 1350, JUSQU'EN 1356

1. — L'an 1351, le Vingt neuvième septembre à esté ensaisiné Jean Racoy d'un arpent et demy de terre au terroir de Saint Germain lieu dit les Ruelles en nostre Censive, acquis de Eude Guérin.

2. — L'an 1354, le Vingt huitième Aoust, Pierre de Josas à esté ensaisiné de sept arpens de terres en deux pièces derrière et tenant à l'hostel aux Bourgeois au lieu de Vigneray en nostre Censive, acquis de Jean Machot.

3. — L'an 1354, le 26° Mars Estienne Lebonnier à esté ensaisiné de Cinq quartiers de Vignes en Vigneray tenant aux vignes de l'hostel Dieu de Paris d'autre à Perrette La restaurée en nostre Censive acquis de Jacques Le hongre.

4. — Estienne Lafoy à esté ensaisiné de cinq quartiers de Vignes aux clos aux Bourgeois, tenans aux vignes de l'hostel Dieu d'autre part à Perrette La restaurée.

5. — Pierre Jésus à esté pareillement ensaisiné d'un arpent de Vigne aux Clos aux Bourgeois, tenant à la Vigne des bourgeois de Paris, d'autre à Philippe Jannot.

6. — Jean Audebene a esté ensaisiné d'un quartier de Vignes au clos Vigneray, tenant à la Vigne des bourgeois de Paris d'autre au chemin acquis de Jean Chollet.

7. — L'an 1357. Le Vingt neufvième Mars Jacques Petit a esté ensaisiné de deux arpens de Vignes et Ruelles acquis de Laurent Asselin.

Le 29° mars 1357, ensaisiné Jacques Petit, de deux arpens de terres aux ruelles.

8. — Le 2° mars 1354, Ensaisinement de Jean de Paris, de 5 quartiers aux ruelles.

Le 2° mars 1351, Jean Denery un arpent et demy aux ruelles Jean de Niceur vendit à Eudes Guerin un arpent et demy de terre en deux pièces à Saint Germain des Prés au lieu dit les Ruelles.

9. — Le 19° febvrier 1355 Roussel Tamelin fut Ensaisiné d'une Rente à prendre sur deux arpens de terre aux Ruelles de Saint Sulpice.

10. — Le 6° Febvrier Lorin Petit se dessaisi de trois quartiers et demy de terres aux Ruelles Saint Sulpice.

Le 29° mars 1357, Ensaisiné Jacques Petit de deux arpens de terres aux Ruelles.

AUTRE REGISTRE DEPUIS 1359, JUSQU'EN 1380

11. — L'an 1359, le 17° mars Guillaume Lebreton tailleur a acquis de Guillaume Bourdin demeurant au fauxbourg Saint Germain demy arpent demy quartier de vigne en deux pièces assises au lieu dit Clos vigneray ou aux bourgeois en la Censive et dixme de Sainte Geneviève, dont il fut ensaisiné par la dite abbaye.

12. — L'an 1360, le huitième Octobre. Robert Pierre fut ensaisiné de six quartiers de terres en une pièce au terroir de Saint Germain des Prés, lieu dit les Ruelles, plus trois quartiers au mesme lieu, chargés de douze deniers parisis de cens pour l'arpent envers Sainte Geneviève; les dits héritages acquis d'Estienne Le Bonnier.

13. — L'an 1361, le 12° may Jean Mouchart fut ensaisiné de demy arpent de vignes aux clos aux Bourgeois et de demy quartier de vigne assis au clos aux Bourgeois dans la censive de Sainte Geneviève, chargé de six deniers parisis de cens pour arpent, acquis de Guillaume Le Breton.

14. — Le même Jour et an le dit Mouchart fut ensaisiné de demy arpent de Vignes au dit clos aux Bourgeois acquis de Geoffroy Bontemps, chargé de cens et dixmes envers l'abbaye de Sainte Geneviève.

15. — L'an 1363, le 12 Juin Estienne Lafoy fut ensaisiné de cinq quartiers et demy quartier de Vigne au clos aux Bourgeois, plus de deux arpens et demy assis au dit clos aux Bourgeois en la Censive Justice et Seigneurie de Sainte Geneviève, vendus par Pierre Labbé.

16. — L'an 1365 le 19° Juin Estienne Lethie fut ensaisiné de Cinq arpens de Vignes au lieu dit Vigneray, en la Censive de Sainte Geneviève, acquis d'Etienne Lebonnier comme Procureur d'Estienne Lafoy.

17. — L'an 1367, le Quinziesme May Elisabeth La Billebaude a esté ensaisiné de demy arpent de terre aux Ruelles acquis de Laurens Petit, en la Censive de Sainte Geneviève.

18. — L'an 1370, le Vingt Cinquième Juin Raoul Marin fut ensaisiné de Cinq quartiers et demy de vignes au vignoble de Sainte Geneviève, au lieu que l'on dit Vigneray, en la Censive de Sainte Geneviève, acquis de Marin Robin.

19. — L'an 1371, le Vingt troisième Novembre Jean de Saint Romain fut ensaisiné de cinq quartiers et demy de vignes assis au lieu que l'on dit Vigneray, en la Censive de Sainte Geneviève acquis de Raoul Morin.

20. — L'an 1372, le Vingt huitième Avril Jean Sitamme a esté ensaisiné d'une pièce de vigne au vignoble de Sainte Geneviève lieu dit le Clos aux Bourgeois ou Vigneray et de deux sols de rente à prendre sur demy quartier de Vignes au dit lieu acquis de Jean Le deuil comme procureur de Jean Lachier.

21. — L'an 1374, Vingt deuxième Décembre Gilbert Voide a esté ensaisiné d'une rente de Quarante

(1) S. 1513.

sols à prendre sur trois arpens de Vignes en deux pièces assis au Vigneray, censive de Sainte Geneviève, plus de cinq quartiers de terre assis au dit lieu de Vigneray acquis de Michel Le Barbier.

22. — L'an 1377, le 19e May Jean de Saint Romain a esté ensaisiné d'un demy quartier de terre au clos au bourgeois dans la Censive de Sainte Geneviève, acquis de Jean Mouchart.

23. — L'an 1379, le Cinquiesme Janvier Jean Paris a esté ensaisiné d'une pièce de Vigne au terroir de Vigneray ou Saint Sulpice en nostre Censive, contenant sept quartiers acquis de Jean Mouton.

AUTRE REGISTRE DEPUIS 1380, JUSQU'EN 1388

24. — L'an 1381, le 19e Janvier Thibaut Davigne a esté ensaisiné de sept quartiers de Vignes au clos aux Bourgeois, en la Censive de Sainte Geneviève, Vendus par Jean Mouchart.

25. — L'an 1382, le 20e Septembre Philippe Regnier fut ensaisiné d'un demy arpent de Vignes au clos aux Bourgeois, en la Censive de Sainte Geneviève, acquis de Jean Mouton.

26. — L'an 1382, le 4er Janvier Yvonnet Ascende a esté ensaisiné de sept quartiers au dehors de la porte d'Enfer lieu dit le clos aux Bourgeois, en nostre Censive acquis de Jean Paris.

27. — L'an 1383, le Quatrième Janvier Estienne Dutronchay a esté ensaisiné de cinq quartiers et demy de Vignes au clos aux bourgeois acquis de Jean de Launoy en nostre Censive e Seigneurie et tenant aux Vignes de l'hostel Dieu.

28. — L'an 1383, Le 27e mars Gervais Vincent a esté ensaisiné d'un arpent de vigne au clos Vigneray, derrière les Chartreux en nostre Censive acquis d'Amy Vinot.

29. — L'an 1384, le septième Novembre Simon Lemaire a esté ensaisiné de sept arpens de Vignes en deux pièces au clos Vigneray en nostre Censive acquis de Michel Le Barbier, tenant à l'hostel Dieu de Paris, d'autre aux Chartreux.

30. — L'an 1387, le treizième décembre Simon Le Maire a esté ensaisiné d'un arpent de Vignes au clos Vigneray, acquis de Gervaise Vincent, en nostre Censive.

REGISTRE DEPUIS 1388, JUSQU'EN 1397

31. — L'an 1390, le deuxième febvrier a esté ensaisiné Jean Danvigné de trois livres de rente à prendre sur sept quartiers de Vignes au clos aux Bourgeois, tenant à la vigne de Mme Guy de Rue, d'autre au chemin des fossés de la Ville de Paris, Item, sur une Maison ou grange et sept quartiers de Vignes au mesme lieu acquis de Jean Mouchart.

32. — L'an 1391, le neufvième Mars Simon Lemaire a esté ensaisiné d'un arpent et demy quartier au clos aux Bourgeois chargé de vingt sept sols parisis de fond de terre et censive de Sainte Geneviève acquis de Jean Lethier, tenant aux vignes de l'hostel Dieu de Paris.

33. — L'an 1396, le 19e Avril Thibaut Marpault a esté ensaisiné de deux arpens de Vignes en deux pièces au clos aux Bourgeois Acquis de Jean Petit.

34. — L'an 1397, le 1er Juillet Jean Le Barbier a esté ensaisiné de demy arpent de vigne au clos aux bourgeois auprès de la porte St Michel, en la Censive de Sainte Geneviève, qu'il a eu de Philippe Réguier.

AUTRE REGISTRE DEPUIS 1408, JUSQU'EN 1418

35. — L'an 1409, le 17e Aoust Guillaume de Murol a esté ensaisiné d'un demy arpent de Vignes au clos aux bourgeois Vigneray de Paris, en la Censive Sainte Geneviève, acquis de Huet Duplessis.

36. — L'an 1412, le sixième Avril Philippe Langlois a esté ensaisiné de deux arpens de Vignes au dit lieu tenant aux murs des Chartreux, en nostre Censive.

AUTRE REGISTRE DEPUIS 1430, JUSQU'EN 1445

37. — L'an 1435, le 1er Janvier *Nicolas Gossemart* procureur général au Chastelet de Paris a esté ensaisiné d'un hostel, Court, pressoir, jardin, fouilleries, vinées, Circonstances et dépendances avec quatre arpens et demy de Vignes séantes outre et près la porte Saint Michel, tenant les dits lieux d'une part, scavoir, le dit hostel et dependances pardevant à la rue par laquelle l'on va de la porte Saint Michel aux Chartreux, et à un jardin appartenant au chapitre Nostre dame, d'autre au chemin de dessus les fossés, par lequel on va à Saint Germain des près d'un bout du chemin des Ruelles et aux Vignes de l'hostel Dieu, à la charge de dix neuf deniers parisis de Cens envers l'Abbaye de Sainte Geneviève selon qu'il en plus à plain porté par le dit ensaisinement.

38. — L'an 1435, le 30 septembre le sieur Nicolas Gossemart a esté ensaisiné de six livres de rente à prendre sur quatre arpens un quartier de Vignes au clos aux Bourgeois qui jadis fut à Jean Mouchart, tenant d'un long au chemin des fossés par lequel on va à Saint Germain, d'autre à un Jardin qui fut à Raoul Liegard.

39. — L'an 1437, le Vingt huitième Novembre Guillaume Recaut a esté ensaisiné de Cinq Quartiers et demi de Vignes au clos aux Bourgeois près Saint Sulpice tenant aux hoirs de Philippe de Merlinet d'autre à Noel Denise d'un bout à la Veufve Pierre Veau, et d'autre bout à Jean Cousin chargés les dits héritages de neuf sols tant cens qu'en rentes, acquis du sieur Jean Damvillers, les rentes envers Sainte Sainte Geneviève.

40. — L'an 1440, le septembre Juillet Jean Resne a esté ensaisiné de cinq quartiers et demy cy dessus aux charges y portées, comme luy ayant esté adjugé sur le dit Sieur Damvilliers.

41. — L'an 1445, le..... Messire Laurent Poutrel a esté ensaisiné de demi Quartier de Vigne au

clos au bourgeois, tenant d'un long à Guillot Cousin d'autre à Jean Bejoues, d'un bout à Jean Cousin l'aîné.

AUTRE REGISTRE DEPUIS 1445, JUSQU'EN 1453

42. — L'an 1450, le 31ᵉ mars Gillot Chrestien a esté ensaisiné de demy arpent de Vignes au clos aux bourgeois, en la Censive de Sainte Geneviève, à charge de six sols trois deniers de Cens de rente.

AUTRE REGISTRE DEPUIS 1456, JUSQU'EN 1463

43. — L'an 1457, le 16ᵉ may Marion Veufve de Jean Sourdet a esté ensaisinée d'une pièce de terre assize au clos aux bourgeois près des Ruelles de Saint Germain devant Saint Sulpice tenant au clos des murs des dites Ruelles, et à la porte de l'entrée des dites Vignes, d'autre aux ayant causes Guillemette Javet chargée de douze sols parisis de fond de terre, le dit héritage provenant de Guillemette Lagloutonne, gantière.

44. — Le 29ᵉ septembre 1457. Jean Laugenois a esté ensaisiné de demi arpent de Vignes au clos aux bourgeois, en la Censive de Sainte Geneviève.

45. — L'an 1458, le 20ᵉ febvrier Jean Doucé a esté ensaisiné de sept Quartiers de vignes aux Ruelles de Saint Sulpice, chargés de douze sols parisis de Cens et rente envers Sainte Geneviève.

AUTRE REGISTRE DEPUIS 1471 JUSQU'EN 1497

46. — L'an 1472, le 26ᵉ aoust Mᵉ Jacques Meuron a esté ensaisiné d'une rente à prendre sur un arpent et demy quartier de Vignes et un quartier de terre en une pièce appartenant à Jean Le Coq, et au paravant à Geoffroy Béry, au Clos aux Bourgeois, tenant à une pièce de terre qui fut à feu René Glouton à Pierre de la Bretesche, d'un bout à la mare Saint Sulpice, d'autre bout à Robert Marigot et chargés les dits héritages de seize sols de Cens et rentes envers Sainte Geneviève.

47. — L'an 1478, le 12ᵉ aoust Bernard Pastoureau et sa femme comme tuteurs des Enfans de Guillot Cousin ont vendu à Pierre de la Bretesche un arpent de terre au clos aux Bourgeois ou Vigneray appartenant au dit Pastoureau et héritiers Cousins, tenant du costé des Chartreux à Robin de Guesbas, d'autre à un autre appartenant au dit la Bretesche, d'un bout du costé de Paris à cinq quartiers de Vignes appartenant au dit de la Bretesche, d'autre bout aux terres de Saint Sulpice.

AUTRE REGISTRE DEPUIS 1479 JUSQU'EN 1493

48. — L'an 1480, le 28ᵉ février Yvonnet Touan a esté ensaisiné de cinq quartiers de Vigne au Clos aux Bourgeois acquis d'Henry de Larche, tenant à Denis Lefebure, d'autre à la Chapelle Mignon, d'un bout à Jean Fleury, d'autre bout à Guillaume Brodart, quatre sols de cens et Rente.

49. — L'an 1481, le 17ᵉ janvier Jean Rogier a esté ensaisiné d'un demi arpent de Vignes au Clos aux Bourgeois près la porte Saint Michel, qu'il a acquis de Pierre Lesouyer tenant d'une part et d'autre à Jean Fleury, par haut au clos de l'hostel Dieu chargé envers Nous de cinq sols de Cens et Rente.

50. — L'an 1487, le 27ᵉ avril Nicollas Roullin a esté ensaisiné d'un arpent de Vigne en deux pièces au Clos aux Bourgeois tenant à Henry de Larche, d'autre à Jean Rogier, d'un bout à l'hostel Dieu de Paris, d'autre part aux hoirs Mérigot, vendu par Jean Fleury à la charge de 10 sols de cens et dixmes envers Sainte Geneviève.

51. — L'an 1487, le vingtième janvier Hardy a esté ensaisiné de demy arpent de Vigne au Clos aux Bourgeois tenant à Guillot Quelin, d'autre à Jean Rogier, par haut au clos de l'hostel Dieu, par bas à Jean Huet, chargé de cinq sols de Cens et dixmes envers Sainte Geneviève.

AUTRE REGISTRE DEPUIS 1493 JUSQU'EN 1529

52. — L'an 1493, le 15ᵉ janvier Jacques Tirement a esté ensaisiné de demi arpent de Vigne au Clos aux Bourgeois tenant à Guillot Quelin, d'autre à Jean Rogier, par haut au clos de l'hostel Dieu, par bas à Jean Huet, chargé de cinq sols envers envers Sainte Geneviève. Plus d'un demi arpent de Vigne au dit lieu tenant au dit achepteur, d'autre à Nicolas Rasallin, par haut au clos de l'hostel Dieu, par bas à Jean Gilbert, à la charge de cinq sols de cens envers Sainte Geneviève.

53. — L'an 1494, le 28ᵉ avril Jean Gloria a esté ensaisiné d'un arpent de Vigne au Clos aux Bourgeois tenant aux ayants causes d'Henry de Larche, d'autre à Jean Rogier d'un bout à l'hostel Dieu, d'autre aux hoirs Mérigot, chargé de 2 sols de Cens envers Sainte Geneviève. Cette vente faite par Margueritte Dufresnoy, Veufve de Nicolle Rasallin.

54. — L'an 1494, le 10ᵉ Juillet Nicolas Jussin a esté ensaisiné d'un arpent de Vigne au dit Clos tenant à Jᵉⁿ Gloria d'autre à Guillaume Quelin, d'un bout à l'hostel Dieu. Cette Vente faite par Jacques Tirement, à la charge de 10 sols de cens et dixmes envers nous.

55. — L'an 1493, le 21ᵉ janvier Jean Pometon a esté ensaisiné de demi arpent de Vigne au dit Clos tenant d'une part à Jean Mabour, d'autre à Collin Jussin dessus au clos de l'hostel Dieu dessous à Jean Mabour vendu par Guillaume Quelin, à la charge de cinq sols de cens envers Sainte Geneviève.

56. — L'an 1511, le 26ᵉ novembre Claude Gouget a esté ensaisiné d'un arpent et demy de terre et vignes au clos aux Bourgeois, tenant aux terres de Sainte Geneviève, d'autre à Pierre de Bure d'un bout à la vigne du curé de Saint Sulpice et autres d'un bout à Pierre Bochard, vendu par Jean Carouge.

57. — L'an 1512, le septième Janvier Jacques Fleury a esté ensaisiné d'un arpent et demi de terre

et Vignes, au Clos aux Bourgeois, tenant aux terres de Sainte Geneviève, d'autre au dit Fleury en la Censive de Sainte Geneviève acquis de Jeanne Labarbiette.

58. — L'an 1514, quinze septembre Jean Lasnier a esté ensaisiné d'une rente à prendre sur un demy arpent de vigne au clos Vigneray, tenant à Jean Gautier d'autre à Jean Daveau, d'un bout au chemin allant de Paris à Vaugirart, d'autre à Jacques Fleury, deub par Jean Daveau.

59. — L'an 1524, le 18e octobre Nicolas Lemaire a esté ensaisiné de demy arpent de Vigne au clos aux Bourgeois tenant à Guillaume Moisy d'autre aux hoirs du Sieur de Bragette, d'un bout aux hoirs de Gillet Lefranc, d'autre aux hoirs de Jean Hebert acquis de Jean de Bré.

60. — L'an 1524, le sixième avril Pierre Tavenet a esté ensaisiné d'un demi arpent faisant portion d'un arpent de Vignes au Clos aux Bourgeois, Censive de Sainte Geneviève.

61. — L'an 1526, le 27e novembre, Mre Jean Vimont a esté ensaisiné de demy arpent de Vignes au Clos aux Bourgeois, tenant d'un costé à Me Jean Simon, d'autre aux hoirs Tirement, d'un bout au clos de l'hostel Dieu acquis de Pierre Tavenet au lieu de Nicolas Hardouin.

62. — L'an 1527, le troisième May Jean Carré a esté ensaisiné d'un quartier de Vignes assis au clos aux bourgeois, tenant aux hoirs Denisot Jounan, d'autre costé au Seigneur de Briette, par haut au dit Briette par le bas à Jean Hébert acquis d'Augustin Potery.

63. — L'an 1527, le 13e Janvier, Jean Daveau a esté ensaisiné de cinq quartiers de vignes au clos aux Bourgeois près la porte Saint Michel, tenant d'une part au dit Daveau d'autre aux terres Saint Sulpice, d'un bout à la veufve et héritiers de Jean Gautier, d'autre au chemin tendant de Paris à Vaugirart, les dits héritages acquis de la veufve Jean Gautier.

64. — L'an 1529, le quinzième novembre Louis Mars a esté ensaisiné de demy arpent de terre acquis de Jean Daveau au clos aux Bourgeois, à l'opposite de la ruelle Saint Sulpice, tenant d'une part au dit Daveau, d'autre à une autre pièce appartenant au dit Daveau, un fossé entre deux, d'un bout à Michel Rambault d'autre bout allant du chemin de Paris à Vaugirart, à la charge de bastir une Maison.

AUTRE REGISTRE DEPUIS 1529 JUSQU'EN 1585

65. — L'an 1529, le 22 novembre Jeanne Prévost a esté ensaisinée de demi quartier de Vignes sur le chemin allant de la porte Saint Michel à Vaugirart près la ruelle de Saint Sulpice tenant à Jeanne de Montrouge, d'autre à la ruelle Saint Sulpice, et d'un bout et d'autre à Jeanne Peuvres chargé de cinq sols de cens de rente envers Nous, venant le dit héritage de Jean Daveau, lequel tenoit le dit héritage de Sainte Geneviève à charge clore le dit héritage de murs, et d'y bastir une maison.

66. — L'an 1530, le 12e octobre Jean Allain a esté ensaisiné de demi quartier de terre à prendre du costé de la ruelle de Saint Sulpice au dit clos aux Bourgeois, d'autre d'une part à Pierre Pinsart, d'un bout à Jean Mathieu, d'autre bout sur le chemin de Vaugirart, acquis de Christophe Tiron.

67. — L'an 1534, le 23e novembre Pierre Launoy à esté ensaisiné de demi quartier de terre, à faire maison, tenant d'une part au dit Launoy d'autre à Guillaume Letellier derrière à Michel Raimbaud devant sur le chemin de Vaugirard, au lieu dit le clos aux Bourgeois, le dit héritage acquis de Jean Daveau par Jeanne Prévost.

68. — Le même jour a esté ensaisiné le dit Launoy de demi quartier faisant portion d'un arpent et demi appartenant à Jean Daveau à l'opposite de la Ruelle Saint Sulpice, tenant à Mre Louis Mars d'autre au dit Daveau bailleur derrière à Michel Raimbaut, d'autre bout au chemin de Vaugirart, *à la charge de bastir dans un an une Maison*.

69. — Le mesme jour Robert Fallentin a esté ensaisiné d'un quartier de terre et jardin au Clos aux Bourgeois où *il y a commencement de Maison* qu'il seroit obligé de parachever acquis de Pierre de Launoy, tenant d'un bout les dits lieux à Poncé Hugard, d'autre à Guillaume Le tellier, par derrière à Michel Raimbaut, devant au chemin de Vaugirard.

70. — L'an 1532, le troisième avril Michel Raimbaut à esté ensaisiné de trois quartiers de Vignes faisant moitié d'un arpent et demi au clos aux Bourgeois, tenant d'une part à la veufve Jean Gauthier, d'autre à Jean Daveau d'un bout aux terres de Saint Sulpice, d'autre bout à Michel Raimbaut.

71. — L'an 1534, le 29e novembre Michel Raimbaut a esté ensaisiné de trois quartiers de Vignes au clos aux Bourgeois tenant au dit Raimbaut des deux costés, acquis de Pierre Houssaye et Catherine Grimont sa femme, devant au rue de Vaugirard.

72. — L'an 1537, le 18e May Jean *Dillebecq* a esté ensaisiné de quarante cinq perches faisant partie de demi arpent près le Clos aux Bourgeois, tenant à Mre Simon Larcher qui tient le reste, d'autre à Robert Fallentin, d'un bout sur le chemin tendant de Paris à Vaugirard, d'autre bout au grand sentier tendant au pressoir de l'hostel Dieu, venant le dit héritage de Louis Mars, et de Simon Larcher.

73. — Le mesme pour le dit Jean Dillebec a esté ensaisiné du rachat d'une Rente de cinq livres à prendre sur l'héritage cy dessus.

74. — Le mesme jour le mesme a esté ensaisiné du rachat d'une rente de 6^l deubs sur les héritages cy dessus spécifiés, le dit rachat fait à Jean Daveau.

75. — L'an 1537, le 29e Octobre, Robert Legoix a esté ensaisiné d'une Maison, court et jardin assis, hors la porte Saint Michel, sur le chemin qui tend de la dite porte de Vaugirard au lieu dit le clos aux

Bourgeois, l'image Sainte Geneviève pour Enseigne, tenant à Jean Daveau, d'autre à Jean Dillebec.

76. — L'an 1546, le 28ᵉ febvrier Maître Jean Cruce Notaire a esté ensaisiné d'une partie de maison et d'un grand Jardin contenant cinq quartiers au clos aux bourgeois sur la rue tendant de Saint Germain à Vaugirard, ayant *40 toises de face* sur la rue, autant derrière, 36 toises de profondeur, venant le dit héritage de Jean Daveau, tenant d'une part à la dite Rue, d'autre et par derrière aux hoirs de Michel Raimbault, d'un bout à la veufve et héritiers Féroul, et d'autre bout aux dits hoirs Raimbaut, le surplus de la dite maison retenu par le dit Daveau.

77. — L'an 1546, le Cinqᵉ May, Nicolas Simon a esté ensaisiné d'une Maison, Court et Jardin, qui fut à Jean Cruce qui l'avoit acquis de Jean Daveau, selon qu'il est marqué à l'article cy dessus.

Le mesme jour les héritiers du dit Daveau ont rendu au dit Maître Nicolas Simon tout le droit qu'ils avoient es dit lieux cy dessus spécifiés qui ont appartenu à Jean Daveau leur père, et en ont esté ensaisinés.

Le mesme jour Louis Corbois à cause de Marguerite Daveau sa femme, a vendu au dit Maître Nicolas Simon tout le droit qu'il avoit aux lieux cy dessus, et en a esté ensaisiné.

Le mesme jour Adam Daveau a vendu sa portion à Maître Nicolas Simon, et en a esté ensaisiné.

78. — L'an 1547, le 18ᵉ Janvier Maître Nicolas Simon a esté ensaisiné d'une maison où est pour Enseigne *Sainte Geneviève*, en la rue de Vaugirard, acquise de Nicolas Bollard, Jeanne Ferrou sa femme.

79. — L'an 1548, le 28ᵉ febvrier Charles Martignier a esté ensaisiné de trois quartiers de terre tenans à Michel Raimbaut, d'autre part au chemin tendant aux Chartreux, d'un bout au chemin de Vaugirard, d'autre à Guillaume Bonnicault, acquis le dit héritage de Jacques Lescuyer.

80. — L'an 1549, le 31ᵉ Octobre Nicolas Simon a esté ensaisiné d'un septiesme au total d'une maison et jardin au clos aux bourgeois, acquis de Jean Daveau, tenant à Michel Raimbaut, d'un bout au dit acquéreur, d'autre aux dits hoirs Raimbaut.

81. — L'an 1550, le 25ᵉ Avril Nicolas Simon a esté ensaisiné d'une maison enseigne l'image *Sainte Geneviève* tenant au dit acquéreur d'autre à ... derrière à la ruelle par laquelle on va au pressoir de l'hostel Dieu, devant à la rue de Vaugirart, acquis de Nicolas Bollard et Anne Férou sa femme.

82. — L'an 1584, le 31ᵉ aoust Pierre Desbordes a esté ensaisiné d'un jardin rue de Vaugirart, contenant demi arpent avec une maison sur la dite rue, tenant au clos aux bourgeois, acquis de Jacques Baston.

83. — L'an 1585, le 28ᵉ Novembre Estienne Haudouin de Montherbu a esté ensaisiné d'une maison et appartenances au clos aux bourgeois rue de Vaugirart, devant à et à l'opposite de la rue des Fosseyeurs, Enseigne *les trois petits Roys*, tenant d'une part à Pierre Desborbes, d'autre à Pierre de Montherbu, devant à la dite rue, derrière au dit de Montherbu, acquis de Maître Legrand.

84. — L'an 1608, Ensaisinement du Sieur Baudouin de la Maison où est pour Enseigne L'image *Saint Nicolas* tenant d'un costé à l'hostel du Luxembourg, d'autre au Sieur de Montherbu, derrière aux murailles des Chartreux, devant à la rue de Vaugirard, En la Censive Sainte Geneviève.

85. — L'an 1619, Ensaisinement du Sieur Michel Renouard, le 17ᵉ juin de la maison des *trois petits Roys* tenant d'un Costé au Sieur Baudoin, d'autre à la rue de Vaugirard.

86. — L'an 1622, le 3ᵉ may Ensaisinement de la maison cy dessus, au profit des Religieuses du Calvaire. Signée Guillemin.

87. — L'an 1623, le 23ᵉ mars, Ensaisinement de la Maison de l'Image *Saint Nicolas* acquise par les Religieuses du Calvaire du Sieur Baudouin.

Pour la maison de l'IMAGE SAINTE-GENEVIÈVE, suite des détempteurs. (1)

Madame de Guise propriétaire du Luxembourg en son Entier.

Monsieur le Duc d'Orléans à cause de la Reine Marie de Médicis sa mère.

La Reine Marie de Médicis au lieu de Monsieur de Luxembourg.

Monsieur de Luxembourg au lieu du Sieur de Montherbu.

Monsieur de Montherbu suivant sa déclaration passée au terrier de Sainte Geneviève en 1608, par devant de Saint Jullien et Nourry, comme estante de la Censive de Sainte Geneviève. Sentence de décret de la dite maison sur le dit de Montherbu en 1584, le 15 Septembre Ensaisiné le 20 Octobre 1584, venant de Marie Simon, laquelle Marie Simon estoit héritière de Nicolas Simon qui a passé déclaration en partie de la dite maison le 13 May 1547, comme estant dans la Censive de Sainte Geneviève, et fut ensaisiné de la dite partie de maison le 18ᵉ Janvier 1546, Et pour le surplus le 25 Avril 1550, au lieu d'Anne Bollard et Estienne Ferroul.

Lequel Estienne Ferroul estoit au lieu de Robert Le Goix Lequel Robert Le Goix fut ensaisiné le 29 octobre 1537, par la dite Abbaye. Et, en 1546, il y eust arrest contradictoire contre le Cardinal de Tournon qui prétendoit que cette Maison estoit de sa Censive et Seigneurie.

---

(1) S 1513.

Et les Religieux maintenus dans leur droit de Seigneurie, il n'y a qu'à lire l'arrest du 23 Juin 1546.

Cette Maison fut acquise par le dit Le Goix de Robert Fallentin, lequel l'avoit de Jean Daveau.

Jean Daveau avoit acquis l'emplacement de la dite maison, confusément avec sept quartiers de terre en 1511, le 11 febvrier de Jean de Néry, lequel Jean de Néry l'avoit acquis le 16 Novembre 1510 des Religieux de Sainte Geneviève, qui avoient cette pièce de sept quartiers en propre, comme il paroist par les baux de 1503, et 1494, qu'ils ont produit.

En 1458, Jean Drouet achepta les dit sept quartiers de terre à la charge de douze sols parisis de Cens et Rente envers Sainte Geneviève suivant l'Ensainsement qui en fut fait en 1458, le 20 febvrier l'ayant acquis de la veufve Jean Sourdet laquelle en fut Ensaisinée le 16 May 1457, comme l'ayant acquis de Jeanne Glouton héritière de Regnault Glouton; ainsy voilà plus de deux Cens ans de possession. Voyés le factum contre le Cardinal de Tournon en 1546.

ARRÊT DU PARLEMENT rendu contre le Cardinal de Tournon, Abbé de Saint Germain des Prés demandeur intimé d'une part (1), et les Religieux, Abbé et Convent de Sainte Geneviève ayant pris le fait et cause de Robert le Goix, deffendeurs, appelans d'une sentence rendue aux requêtes du Palais par laquelle ledit Le Goix auroit été condamné à payer auxdits demandeurs les droits de lods et ventes qu'ils prétendoient lui estre dus pour raison de l'acquisition faite par le Goix de Robert Fallentin et sa femme d'une Maison, cour, jardin et dépendances sois à Saint Germain des Prés en la grande rue, tendant de la porte Saint-Michel à Vaugirard, lieu dit le Clos aux Bourgeois, où il y a pour Enseigne *L'image Sainte Geneviève*, tenant d'une part à Jean Daveau, d'autre à Jean Dillebec, par derrière à un sentier tendant au pressoir de l'hôtel Dieu de Paris, et par devant au grand Chemin dudit Vaugirard d'autre part, lequel Arrest infirme ladite Sentence, absout lesdits appelans des conclusions dudit Intimé, et le condamne aux dépens.

EXTRAIT DE LA DÉCLARATION du temporel de l'Abbaye de Sainte-Geneviève au Mont de Paris fournie au papier terrier de Sa Majesté, par les Abbé et Religieux de la dite Abbaye, en sa Chambre du trésor, le dixiesme juin Mil cinq cent quatre-vingt-sept (2).

CLOS AUX BOURGEOIS.

Item sur les dits de Sainte-Geneviève les dits droits en justice au clos nommé le Clos aux Bourgeois en partie du dit clos ès lieux, cy après déclarés qui est assis près et à l'opposite des fossés de la porte Saint-Michel en descendant contre bas dedans lequel il y a un Moulin à vent appartenant à l'hôtel Dieu de Paris fondé sur une tour de pierre.

C'est à sçavoir sur un arpent de vigne étant dedans le dit Clos qui a appartenu à la veuve et héritiers feu *Adam Pinard* chandelier demeurant près des Jésuites qui fut à *Guillaume Tonnelier* tenant à *Guillaume Boucaut* et sur demi arpent de terre tenant au dit Pinart qui a appartenu à feu Guillaume Boucaut tenant d'une part à *Jean Maubrunay* et sur un autre demi arpent appartenant au dit Jean Maubrunay au lieu des héritiers feu Guillaume Maubrunay et tient au mur des Chartreux et sur un autre demi arpent qui a appartenu à feu *Nicolas Paulmier* sergent à cheval qui fut à *Brétesche* tenant au curé de Saint Ouin; et sur un autre arpent qui a appartenu au dit curé de Saint-Ouin tenant au dit Paulmier d'une part et d'autre aux dits Chartreux sur un autre demi arpent de terre qui soulloit être en vigne appartenans aus dits Chartreux.

Item, sur cinq quartiers de terre appartenans aus dits Chartreux qu'ils ont acquis, c'est à sçavoir

(1) S. 1513. — 23 juin 1546.
(2) S. 1513.

demy arpent de *Fleury (Jean)* et trois quartiers de *Denis Jouan* lesquels trois quartiers souloient être en vignes quils ont fait arrascher et de présent sont en terres labourables, vignes au dit Clos qui fut à *Augustin Potery* de Vaugirard et depuis à feu *Jean Carré* Bourgeois de Paris, tenant d'une part à *Denis de Jouan* d'autre et aboutissant à un nommé *le Seigneur de Briette*, et d'autre bout à *Jean Hébert*.

Item, ont les dits de Sainte Geneviève, les dits droits de Censive, Justice et Seigneurie sur sept quartiers de terre assis au dit Clos par eux baillé par ci devant au curé de Saint Ouin et depuis à icelui bail ont baillé à *Jean Daveau* tenant d'une part à feu Maître *Michel Raimbault* d'autre au chemin de Vaugirard.

Item, sur trois quartiers qui ci devant ont esté en vignes qui furent à *Denis d'Épinay*, et d'autre à *Michel Raimbault*, d'autre à la veuve *Jean Gautier* et au dit Daveau, et sur trois quartiers appartenant à la veuve Jean Gautier faisant portion d'un arpent et demi tenant à *Yvon Peu* d'autre part au dit Raimbault et sur un arpent de vignes appartenant à *Nicolas Paulmier* tenant d'une part à *Nicolas Lefranc* d'autre au mur ou Moulin à vent et sur demi arpent appartenant au dit Raimbault qui fut à *Jean Leclerc* tenant à Nicolas Lefranc aboutissant d'un bout aux héritiers Nicolas Le Maire et sur demi arpent appartenant aux Maîtres écoliers et boursiers de la Chapelle Mignon, tenant à Messieurs de Saint Benoist, à cause de demi arpent qui pareillement est en leur dite censive, et sur cinq quartiers qui ont été ci devant en vignes appartenans aux *Bedeaux de Picardie* qui furent au paravant à *Ambroise Zolm*, et sur un arpent appartenant aux dits Bedeaux qui fut à *Jean Langlois*.

Sur la plus grande partie duquel Clos, terres, vignes d'icelui sont à présent plusieurs bastiments maisons et Edifices bastis mème et entr'autres la plus grande partie des maison et jardins bastis par feu Maître Alexandre de la Tourette ci devant Président en la Cour des Monnaies en cette Ville de Paris et à présent appelé l'Hostel de Luxembourg outre lequel joignant et attenant à icelui est une autre Maison au milieu de laquelle et proche d'un grand portail est sur un pillier enclavé en partie à la muraille de la dite maison une figure image et représentation de Madame *Sainte Geneviève* entre deux Ecussons et Armoiries peintes contre la muraille en la première desquelles est un lion où est escrit ce mot (*Liberta*) et en l'autre il y a une petite Croix au milieu appartenant dès à présent à Maître *Etienne Baudouin dit de Montherbu* laquelle maison et appartenances sont totallement en la censive justice et Seigneurie des dites Sainte Geneviève, et sont les dites Maisons et hostel de Luxembourg sises ès faubourg Saint Germain des prés en la grande rue qui commence des fossés d'entre les portes Saint Michel et Saint Germain des prés et s'appelle la grande rue de Vaugirard.

Les mêmes choses se voient dans la déclaration fournie au Roy en 1551.

ACHAT DES MAISONS DE SAINTE-GENEVIÈVE ET DES TROIS ROIS
Déclaration du 10 Avril 1608 (2)

Noble homme Estienne Baudouin de Monterbu secrétaire ordinaire de la Chambre du Roy demourant en sa maison cy après déclarée Recongnoist confesse et déclare qu'il est à présent détempteur et propriétaire d'une maison assise aux faulx bourgs Sainct Germain des Prés rue de Vaugirard ou est pour enseigne l'image de Saincte Geneviesve et les trois Rois ou soulloit avoir ung grand corps d'Hostel et ung petit joignant estant sur le devant et ung aultre petit corps d'hostel sur le derrière puis deux cours deux jardins lun grand et laultre petit et une aultre petite court sur le derrière dudict petit logis, letout a present rebasty ne ayant un grand corps d'hostel une grande cour et deux jardins tenant d'une part Monsieur de Luxembourg d'aultre part aux héritiers feu Pierre des Brosses tenant d'une part sudict sieur de Luxembourg d'aultre part à (*en blanc*) abboutissant par derrière à encloz dudict sieur de Luxembourg et par devant sur ladicte rue de Vaugirard en la censive justice terre et seigneurie des Révérands, religieux abbé et couvent de l'église et abbaye saincte Geneviesve du Mont de Paris et chargées envers eux d'un sol parisis de cens portant droits de lots ventes deffaulx saisines et amende quand le cas y eschet payant chacun an au jour Sainct Remy chef d'octobre en la recepte ordinaire de ladicte abbaye à peine de l'amende et lequel cens ledict sieur recongnaissant promest par luy ses hoirs bailler et paier auxdicts seigneurs de Saincte Genevieve ou a leurs successeurs procureur et recepveur ou au porteur dorénavant par chacun an a toujours audict jour Saint Remy première année de paiement escheant au jour Saint Remy prochain venant et continuer en tant et sy longuement qu'il sera detempteur et propriétaire de ladicte maison qui appartient audict recongnaissant au moien de lacquisition quil en a faicte de Marie Simon vefve de feu Vincent Thoré, par deux contracts le premier passé par devant Carrel et Du Nesme notaires audict chastellet le douziesme jour d'octobre mil cinq cens quatre vingts ung ensaisiné le douziesme jour d'avril mil cinq cens quatre vingts deux et le second passé par devant Denis Chantemerle et Jehan le Camus notaires audict chastellet le neufviesme juillet mil cinq cens quatre vingt trois ensaisiné le treiziesme jour desdits mois et an lesdites saisines signées Foullon abbé de Sainct Germain promettant obligeant renonçant.

Faict et passé en estudes des notaires soubs signez Paris mil six cens huict le dixiesme jour d'avril après midy et a ledict sieur Recongnaissant signé la minutte des présentes demeurées vers de Saint Jullien no[re].

COUZZY   DE S.T JULLIEN

ACHAT DE LA MAISON SAINT-NICOLAS (1).

Pardevant Charles Lestoré et Nicolas le Boucher Notaires gardenottes du Roy nostre Sire en son chastellet de Paris soubsignés fut présent en sa personne Noble homme Jehan Baudouyn, Vallet de Chambre de la feue Royne Margueritte demeurant à Saint Germain després rue de Vaugirard paroisse sainct Sulpice, Lequel de son bon gré sans franche et libre volonté a recogneu et confessé avoir vendu cedé quicté transporté et dellaissé et par ces présentes vend cedde quicte transporte et dellaisse du tout dès maintenant à toujours Et promect garantir envers et contre tous de tous troubles Evictions et autres empeschemens généralement quelconques,

---
(1) S. 1512, *Archives Nationales.*
(2) S. 4649, *Archives des Filles du Calvaire.*

aux révérandes Relligieuses de l'ordre et reigle primitifve Sainct Benoist de la Congrégation nostre dame de Calvaire du Couvent et Monastère assis à sainct germain des près les paris. Ce acceptant par sœurs Gabrielle de Lespronnière, dicte de sainct Benoist mère prieure et suppérieure, Marie Menard dicte de Sainct Joseph, françoise de Goullaine dicte de la conception, françoise de Matignon, dicte de Saincte Marie, Agatte de Drenet dicte des cinq playées, Elizabet de Meaulne, dicte l'Evangeliste, Et Magdelaine de Rieux, dicte de la passion, toutes Relligieuses proffesses du dict Couvent et monastère duement Congrégées et assemblées en leur Grille et parloir ordinaire pour l'effect des présentes faisant et représentant la plus grande partie des Relligieuses proffesses du dict Couvent à ce présentes achepteresses pour le dict Couvent et Monastère, Une Maison se consistant en deux corps d'hostels attenans l'un L'auttre Court, puits, Jardin, Caves et autres aisances et appartenances de la dicte maison le lieu ainsy qu'il se poursuict et comporte et estend de touttes parts et de fonds en comble Assize au dict Saint Germain des prés dicte rue de Vaugirard, on est pour enseigne au dessus de la porte de la dicte maison l'Image Saint Nicolas tenant d'une part au dict Monastère daultre part aux héritiers de feu Pellerin abbouttissant d'un bout par derrière au parc de la Royne Mère du Roy et daultre bout par devant sur la dicte rue de Vaugirard en la Censive de Messieurs les Abbé Relligieux et Couvent de Saincte Geneviève au mont de paris Et chargés envers eulx de tel cens quelle peult debvoir Que le dict Baudouyn n'a quand à présent peu dire ne déclarer de ce interpellé promettant le déclarer quand il en sera certain pour sattisfaire à l'ordonnance pour toutes et sans aultres charges debtes hypothecques ny aucunes Redebvances quelconques franc et quictes des arreiraiges du dict Cens escheus de tout le passé jusques à huy. La dicte maison et lieux au dict Baudouyn appartenant de son acquest ainsy qu'il a dict par le moyen des Acquisitions qu'il a faictes de celle, sçavoir de Michel Guillaume, Marchant bourgeois de Paris Geneviesve Desbordes sa femme, Ollivier Richard aussy marchant bourgeois de Paris Et Anne Desbordes sa femme des deux tiers par indivis les trois faisant le tout de la dicte maison, par contract du vingt troisiesme jour de Janvier mil six cens huict reçue par le Comte et Arragon Notaires au dict Chastellet, et de Pierre Desbordes marchant mercyer à Paris et Marie Poret sa femme de l'autre tiers en la totallité de la dicte maison par contract du troisiesme mars au dict an Mil six cens huict Reçue par Cressé et Perrier aussy Notaires au dict Chastellet pour la dicte maison, appartenances et deppendances d'Icelle jouir par le dict Couvent et monastère et en faire et disposer par les dictes Révérandes Relligieuses comme bon leur semblera à commencer la dicte jouissance du jour que L'adjudication d'icelle maison sera faicte aux dictes Relligieuses par le décret cy après stipull. Ceste vente cession et transport ainsy faicts à la charge du dict cens seullement et aultre moyennant le prix et somme de Neuf mil Livres et sur laquelle somme le dict vendeur a confessé voir eu et receu des dictes Révérandes Relligieuses par les mains de la dicte mère prieure qui luy a faict bailler payer et mannuellement dellivrer comptant présence les Notaires Soubzsignés la somme de Trois Cens livres tournois en pièces de seize sols et monnoye le tout bon et ayant de présent Cours au prix et suivant L'ordonnance dont il s'en est tenu pour comtant et en a quicté et quicte les dictes Révérandes Relligieuses et tout aultres Et le reste montant huict mil sept cens livres les dictes Révérandes Relligieuses promectent fournir et payer après que L'adjudication leur aura esté faicte par décret de la dicte Maison et que le dict Baudouyn leur aura fourny et dellivré le dict décret signé et scellé, scavoir aux opposans le prix de leurs oppositions selon leur ordre, et s'il en reste le surplus demeurera en mains des dictes Révérandes Relligieuses qui seront tenues en faire rente à la raison du denier Seize au dict Baudouyn, et a ceste fin sera tenu le dict Baudouyn en faire continuer et parachever à ses frais et despens le décret sur les saisies et cryées faictes de la dicte maison et poursuivre par devant Messieurs des Requestes du pallais sur luy, à la requeste du dict Ollivier Richard, et faire en sorte que le dict décret soyt faict par faict signé et scellé dans trois mois d'huy prochaines à peyne de tous despens dommages et interests et seront tenues les dictes Révérandes Relligieuses de fournir au dict Baudouyn la somme quil conviendra pour la grosse, signature et scel du dict décret seullement, et pour empescher sy faire se peult la Consignation du prix de la dicte Adjudication et les dictes Réverandes Relligieuses seront tenues bailler leur promesse de bailler payer et fournir ausdicts opposans les sommes qui sont ou seront portées par leurs oppositions Auparavant la dicte Adjudication pour leur estre payé les dictes sommes après Icelle adjudication, et touttes oppositions levées et décret signé, levé et scellé, le tout jusques à la Concurance de la dicte somme de huict mil sept cens livres tournois restant du dict prix Et ou les dicts opposans ne se voudroient contenter des promesses des dictes Révérandes Relligieuses, icelles seront tenues et promectent consigner les sommes à quoy monteront leurs dictes oppositions ès-mains des personnes solvables qui seront nommées par le dict Baudouyn, pour y demeurer jusques à la dellivrance du dict décret et estre après scellés, baillées et payées ausdicts opposans qui seront premières en Ipotecques a esté accordé que sy le dict Baudouyn ne pouvoit par le moyen soit de la promesse des dictes Relligieuses ou de la consignation susdicte faire lever les dictes oppositions En ce cas les dictes Révérandes Relligieuses feront la Consignation en mains du Recepteur des Consignations de la dicte somme de huict mil sept cens livres tournois aux despens du dict prix, Et le dict Baudouyn sera tenu et promect de consigner le surplus de la somme à quoy montera la dicte adjudication et en acquicter les dictes Relligieuses et faire en sorte qu'Icelles Relligieuses soient et demeurent adjudicataires de la dicte maison et lieux et en jouissent paisiblement pour la dicte somme de Neuf Mil livres tournois sans augmentation ne diminution d'Icelle Encores que l'adjudication fust faicte à plus hault ou moindre prix Et ne vaudra la sentence du dict décret avecq le présent Contract de vente que pour une seulle et mesme vente Et portant soubz les clauses et conditions cy dessus, le dict Baudouyn à cedé et transporté aus dittes Révérandes Relligieuses tout droit de proprietté noms raisons et actions quil pouvoit avoir et prétendre user sur la dicte maison vendue et s'en dessaisir pour et au proffict des dictes Révérandes Relligieuses voullans quelles en soient saisies vestues mises et receues en bonne pocession et saisine par qui il appartiendra Et pour se faire requérir et consentir a faict et constitué son procureur auquel il donne pouvoir d'en faire et d'en requérir Acte, et pour plus grande seuretté de garantie à le dict Baudouyn présentement baillé et mis en mains des dictes Révérandes Relligieuses les dicts deux Contracts d'acquisitions dessus dattés au bas desquels sont les saisines de ce prises des dicts Sieurs de Saincte Geneviesve plus un Contract de Bail à rente faict par Maitre Jacques Baston huissier en parlement à deffunct Pierre Desbordes de la totalitté de la dicte maison et jardin passé par devant Rozé et Cothereau Notaires, le vingt huictiesme jour d'aoust Mil cinq cens quatre vingt quatre, au bas duquel est la saisine et la quictance de rachapt de la rente cy mentionnée avec sept Antiens Tiltres concernans la proprietté de la dicte maison et lieux plus une quitance passée par devant Quartier et Arragon Notaires le vingtiesme May Mil six cens quinze signé par Collation de Snotz et Restore contenant Melanie Perrault veufve de feu Maitre Claude Vallée vivant procureur au parlement es noms quelle procedde avoir receu de Antoine Dalbert Escuier sieur de Cassan pour et en lacquict du dict Baudouyn Vendeur la somme de dix huict cens livres tournois pour le rachapt soit principal et admortissement de cent douze livres dix sols tournois de Vente de bail d'héritaige, qui dès le troisiesme mars mil six cens huit furent créés et constitués par le dict Baudouyn et Pierre Desbordes au moyen de la vente qui fust dès lors faicte au dict Baudouyn par icelluy Desbordes de la tierce partie de la dicte Maison par le dict Contrat du troisiesme jour de Mars Mil six cens huit, à ce faire vint et fust présent le dict Anthoine Dalbert Escuier Sieur de Cassan demeurant avecq le dict Baudouyn, en la dicte Maison sus vendue Lequel a dict et déclaré comme il a déjà cy devant faict que la dicte somme de dix huict cens livres tournois par luy ainsy payés pour le rachapt des dict cent douze livres dix sols tournois de rente, Et quarante deux livres tournois pour les arreirages d'Icelle a esté et est des propres deniers du dict Baudouyn qui luy avoit mis les dicts deniers en mains pour faire le dict rachapt et payer les dicts arreirages et partant qu'il n'a et ne prétend aucune chose en et sur la dicte maison et lieux vendus à cause d'icelle rente et arreirages ny aucunement en quelque sorte et manière que ce soit. Comme aussy fust présente et s'est intervenue Damoiselle Margueritte Dalbert femme du dict Baudouyn vendeur quil a pour l'effect des présentes Auctorizé et Auctorize, Laquelle de son bon gré et libre vollonté s'est désistée et deppartie se désiste et deppart par ces présentes de tous droicts d'ypotecques et prétentions quelle a ou pourroit avoir et prétendre sur la dicte Maison et lieux présentement vendus, soit à cause de son douaire conventions matrimoniales et aultrement ès quelque sorte et manière que ce soit dont de tout icelle quitte et descharge à toujours icelle maison et lieux cy dessus vendus, circonstances et deppendances et pour l'exécution des présentes, les dicts Baudouyn, sa femme et le dit Sieur de Cassan ont ès lieu et ellizent leur domicille irrévocables en la maison où est à présent demeurant M. Jean Gabriel Duchesne procureur en parlement scize à Sainct Germain des prés, auquel lieu ils veulent, entendent, consentent et accordent que tous exploicts et actes de Justice qui y seront contre eulx et chacun d'eulx faits tant en cause principalle que d'appel vaillent et soient de tel effect force et vertu comme sy faict estoient parlant à leurs propres personnes et vrayes domicilles Nonobstant Car aussy le tout a esté convenu et accordé entre les dicts parties promect et obligeans à chacune en droict son renoncement de part et d'aultre.

Faict et passé en la Grille et parloir du dict Couvent et monastère. L'an mil six cens vingt deux, le vingt huictiesme jour de septembre après midy. Et ont icelle parties Signé la minutte des présentes avecq les susdicts Notaires soubzsignés suivant l'ordonnance laquelle est demeurée par devers et en la possession du dict le Boucher l'un d'iceux.

LESTORÉ,   LE BOUCHER.

REQUÊTE DE SAINTE GENEVIÈVE à Messieurs les Arbitres nommés par le Compromis, etc. (1).

Supplient humblement les Abbé et Religieux de Sainte Geneviève au mont de Paris, Disants que les conférences qu'ils ont eu avec les Sieurs de Saint Germain pour la décision des Contestations qui sont à régler pour la Censive des grand et petit Luxembourg, ils ont bien voulu quoy qu'ils n'y fussent nullement obligés justifier que le Monastère du Calvaire situé au même climat était de leur Censive et Seigneurie et qu'ils en estoient dans une possession immémoriale non contestée et que ce monastère comprenoit une partie des trois maisons qui sont de la Censive de Sainte Geneviève, sçavoir celle où pendoit pour Enseigne l'*Image Sainte Geneviève*, celle où était l'Image des *trois Roys*, et celle où était l'Image de *Saint Nicolas*, les dits Sieurs de Saint Germain tombent d'accord que ces trois maisons estoient de la Seigneurie de Sainte Geneviève et qu'ils y sont en possession ; aussy le Monastère n'est point dans le compromis.

Mais comme les dits sieurs de Saint Germain prétendent réduire tout le droit de Censive de la dite Abbaye clos aux bourgeois sur le dit Monastère, les suppliants ont grand intérêt de faire connoître le contraire, ce qui ne leur sera pas difficile.

1° Il est constant que le factum qui fut fait en *1546* par les suppliants contre le cardinal de Tournon, pour raison du droit de Censive de la maison Le Goix Enseigne l'*Image de Sainte Geneviève*, que cette maison contenoit sept quartiers, les possesseurs de l'emplacement de cette maison y sont marqués et le jour de leur Ensaisement des dits sept quartiers de terre, voyez le dit factum, Cotte 72, et les Extraits des Ensaisissements et autres pièces y mentionnées. La maison des trois *petits Roys* ne contenoit pas moins de demy arpent, et quant à la maison de l'Image *Saint Nicolas*, l'ensaisissement de *1546* fait au proffit de Jean Cruce spécifie expressément que cette maison avoit quarante toises de face sur la rue autant derrière, sur trente six de profondeur, ce qui compose 1440 toises, lequel emplacement joint au demy arpent de la maison des *trois Roys*, aux sept quartiers de l'image de *Sainte Geneviève* et aux cent quatre vingt quinze toises données par la Reyne suivant la Transaction de *1630* produite au procès composeroit *9660* toises d'emplacement pour le dit Monastère du Calvaire ; toutefois ce Monastère aujourd'hui n'a que 1700 toises d'emplacement, il n'a que 20 toises dans sa plus grande profondeur tenant à un point ainsy le surplus qui est 1960 toises doit estre enfermé dans le petit Luxembourg, il est vray qu'il paroist par la transaction de *1630* produite au procès que la Reyne Marie de Médicis a pris de l'enclos des dites Religieuses, outre les cinq arpents qu'elle leur avoit donné pour l'augmentation de leur Couvent, un arpent et plus de leur Couvent, ainsy quand elle auroit pris 100 toises pour le bastiment du petit Luxembourg, il restera encore 960 toises dans le grand qui ont esté vendues par le Sieur de Montherbu ou ses autheurs, au duc de Luxembourg pour son père. Voilà ce qui regarde les dites trois Maisons.

Quant aux titres que produisent les dits Religieux de Sainte Geneviève pour le petit Luxembourg et partie du grand, outre l'arpent et plus mentionnés pris par la Reyne de l'Enclos du Calvaire et de la Maison de l'Image *Saint Nicolas*. Les dits Religieux emploient l'Extrait de l'Ensaisinement de Michel Raimb uld pour un arpent et demy en deux pièces au dit lieu tenant au dit Cruce possesseur de la Maison de l'Image *Saint Nicolas* en *1546*, les dits Ensaisinemens du dit Raimbauld des années *1532* Et *1534*.

L'Ensaisinement de Charles Martignier pour trois quartiers en *1546* au dit Clos aux Bourgeois sur la rue de Vaugirard, tenant au dit Raimbauld.

Le demy arpent de Jean d'Illebec au dit Clos aux Bourgeois, sur la rue de Vaugirard, dont il a esté Ensaisiné et passé reconnoissance en *1537* au proffit de l'abbaye de Sainte Geneviève.

Le demy quartier de Jean Allain ; le demy quartier de Jeanne Prévaust ; le quartier de Robert Fallentin, toutes les dites pièces scituées au Clos aux bourgeois sur la rue de Vaugirard occupent plus de la moitié de la fasse du dit bastiment du grand Luxembourg et le petit tout entier. Aussy en *1587* les dits supplians dans leur déclaration fournie au Trésor il est expressément marqué qu'ils avaient Censive et Seigneurie sur partie de l'hostel du duc de Luxembourg qui avoit appartenu au président de la Tourette, cet énoncé dans un temps aussy ancien, et non suspect, doit estre considérable étans suivis de titres précédents, et d'une possession de cent ans.

En *1647* Mme d'Aiguillon, pour lors propriétaire du petit Luxembourg en a passé reconnoissance au proffit de l'abbaye de Sainte Geneviève comme étant de leur Censive.

En *1673* Les Abbé et religieux de Sainte Geneviève ont fourny leur déclaration au Roy en la Chambre du trésor et ont expressément marqué que les bastimens du grand Luxembourg et Monastère du Calvaire estoient de leur Censive.

En *1686* les dits Abbé et Religieux de Sainte Geneviève ont fourny au Roy l'adveu et dénombrement de leur temporel et ont pareillement compris les bastimens du grand petit Luxembourg et Monastère du Calvaire comme estant de leur Censive.

Ainsy comme il ne faut que trois déclarations ou

(1). S. 1513.

advens pour prescrire contre le Roy, L'on peut dire que suivant ces principes, l'Abbaye de Sainte Geneviève a prescrit par plus de cent années contre l'Abbaye de Saint Germain pour la Censive de l'hostel de Luxembourg dont M. Leconome de Saint Germain n'apporte aucun titre qu'une mention faite et qu'en *1567*, les lods et ventes qui ont esté payées à un fermier de Saint Germain de la maison du Sieur de Harlay Sancy sans dire en quoy elle consistoit, en ce tems-là si elle a esté Encaissée pour le tout ou par partie Messieurs les Arbitres jugeront si cet énoncé incertain d'un payement de lods et ventes depuis six vingt ans doit l'emporter sur les Ensaisinements cy devant mentionnés et trois déclarations fournies au Roy, dont les Extraits sont produits au procès. (Les suppliants y ajouteront l'adveu qu'ils ont fourni à la Chambre des Comptes en *1474* où ils ont expressément spécifié qu'ils ont Censive dans quelques autres Endroits du faubourg Saint Germain qui ne peut estre autre que celluy dont il est question n'ayant aucun droit de Censive ailleurs, plus la déclaration fournie en *1547* par les dits Suppliants où il est expressément marqué qu'ils ont la Censive.) Quant à la partie de derrière le Luxembourg les suppliants ont tellement justifié quelle étoit de leur Censive et Seigneurie que les suppliants ne croyent pas que les dits Sieurs de Saint Germain y puissent rien prétendre, seulement ils se contenteront de dire qu'ils y ont le droit de Censive par titres depuis plus de cinq cents ans, le bail de *1260* qu'ils ont fait d'une maison dite rue et su dit lieu, moyennant cent sols parisis de Cens outre la somme de 140 l. parisis qui ont esté donnée comptant pour le droit d'indemnité. L'ensaisinement du Contrat du Sieur Nicolas Gossemart de cette maison de l'an *1445* contenant sep arpents et demy, depuis possédés par l'hostel Dieu. Les déclarations fournies par les suppliants à la Chambre du trésor en *1551*, *1587*, *1674* et *1686*, où ils ont expressement porté au Roy la dite ferme de l'hostel Dieu comme Estante de leur Censive Et Seigneurie sont plus que suffisantes pour justifier que les suppliants de temps Immémorial ont esté Seigneurs de la dite ferme. Et si le Roy ou quelqu'autre Seigneur y eusse prétendu quelque droit, il n'auroit pas manqué de blasmer les déclarations des suppliants surtout les dernieres de *1674*, et *1686* qui ont esté examinés avec la dernière rigueur, et il est constant que cette ferme de l'hostel Dieu qui a esté vendue en *1613* à la Reyne Marie de Médicis alloit jusqu'au grand Luxembourg et comprenoit la partie du bastiment qui regarde le Jardin en partie, et il est constant que cette ferme et terres vendues par les dits Sieurs administrateurs de l'hostel Dieu à la Reyne Marie de Médicis sont dittes dans la Censive des Seigneurs dont ils se meuvent, marque qu'en effet les dits Sieurs de l'hostel Dieu n'ont cru y avoir aucun droit de Censive et Seigneurie quoy qu'après il semblent le voulloir Insinuer Ce qu'a donné occasion aus dits Sieurs de l'hostel Dieu de se croire Seigneur par la considération que les suppliants ont toujours eu de ne leur demander aucune Censive. Mais les suppliants ont titres et devant et depuis incontestables pour ces endroits.

Messieurs les Arbitres remarqueront que par le même Contrat de *1613* les dits Sieurs de l'hostel Dieu vendent à la Reyne une pièce de 25 arpens faisant partie de cinquante arpents et comme cette pièce est de la Censive de Sainte Geneviève, ainsy que les dits sieurs administrateurs de l'hostel Dieu l'ont reconnu eux mêmes dans les reconnoissances passées en *1638* et *1656* autrement dit de Sainte Geneviève, l'on peut dire qu'ils n'avaient point d'autre droit de Censive sur leur ferme du pressoir que sur les dits vingt-cinq arpents, car le tout est dit dans la Censive des Seigneurs dont se meuvent et comme l'on ne peut pas dire qu'ils eussent Censive sur cette pièce de 25 arpents, de même ils n'en avoient aucun sur cette ferme. Aussy ne verra-t-on point que les sieurs de l'hostel Dieu ayent jamais prétendu aucune Seigneurie sur le dit Clos.

Quant au terres et héritages qui sont de la Censive de Sainte Geneviève dans le milieu du dit Clos, les dits Religieux ont produit les baux à cens de *1343* à Jean de Chèvreuse de deux arpents un quartier en Vigneray de cinq quartiers au Clos aux Bourgeois. En *1416* à Estienne Toussay de trois quartiers faisant partie d'un arpent et demy, à Pierre Douillet en *1527* d'un demy arpent, à Jacques Montrouge en *1481* de demy arpent, à Pierre Taurer en *1525*, à Pierre Chamantre d'un arpent, en *1537*, d'un arpent aux Ruelles en *1323* à Pierre de Montrouge.

Plus les suppliants ont produit un Cahier contenant plusieurs Extraits d'Ensaisinement de contrats des héritages scitués au Clos aux Bourgeois et Vigneray depuis l'année *1350* jusqu'en *1623* par lesquels il paroit que de temps immémorial les suppliants ont Ensaisiné les Contracts d'acquisition de la plus grande partie des héritages scitués au dit Clos aux Bourgeois et Vigneray et aux Ruelles qui est le même que Vigneray. Il y a des Ensaisinements de sept arpents en une pièce au dit Clos, ils en ont encore produit des Registres des Comptes des années *1447*, *1482*, *1503*, *1509*, *1511* et *1512* par lequel il paroist que le nommé Jacques Fleury, payoit aux suppliants la Censive pour Cent arpens de Vignes au dit Clos, Hector Hardouin pour un arpent de vigne au dit Clos. Deux pièces venoit de Guillaume Hardy. Les Maistres Procureurs et Boursiers du Collège Mignon pour un demy arpent, Mᵉ Ambroise Zolm pour un arpent de vigne au dit Clos qui fut à Jean Gloria, et pour cinq quartiers en une autre pièce qui depuis est resté possédée par Jean Simon qui en *1533* en paya la Censive aus dits suppliants au lieu de Messire Ambroise Zolm.

Les déclarations fournies au trésor par les suppliants ès années *1551* et *1587*, marquent comme possesseurs au dit Clos aux Bourgeois d'héritages dans la Censive de Sainte Geneviève, Adam Pinard pour un arpent au lieu de Clement tonnellier et demy arpent au lieu de Guilleaume Bonicauld, Jean de Mabrune au lieu de Guillaume de Mabrune pour demy arpent, Nicolas Paulmier pour demy arpent au lieu de Bretesche, le Curé de Saint-Ouen d'un arpent, les Chartreux un demy arpent venant de Jean Fleury, cinq quartiers venant de Denis Jouan, trois quartiers à Denis Despinoy, trois quartiers à la Veuve Jean Gaultier, un arpent à Nicolas Paulmier, demy arp nt à Nicolas le franc, 7 quartiers à Jean Davan, demy arpent au Collège de la Chapelle Mignon, deux arpents, un quartier aux Bedeaux de Picardie au lieu d'Ambroise Zolm ce qui fait douze arpents trois quartiers.

Plus les dits Suppliants ont communiqué une requeste aux dits sieurs de Saint Germain le 10e Juillet *1689* au bas de laquelle sont plusieurs Extraits d'ensaisinement de l'abbaye de Sainte Geneviève très anciens et en grand nombre où il paroit que les suppliants ont ensaisiné les dits Contracts pour des héritages scitués aux Ruelles Saint Sulpice, qui est à présent la partie du Jardin qui est derrière les dits Chartreux et le seul Jean Lefebvre en *1411* fut ensaisiné pour douze arpents aux Ruelles en plusieurs pièces aboutissant sur le chemin qui tend de Paris à Vaugirard.

Au moyen de quoy, Messieurs les arbitres verront que non seulement les suppliants sont Seigneurs du Monastère du Calvaire du petit Luxembourg en son Entier de la plus grande partie des bastimens du Grand Luxembourg et de son Enclos ainsy qu'ils ont cy devant fait voir par leurs Ecritures et productions et persistent dans les Conclusions par eux cy devant prises.

MÉMOIRE pour Justifier du droit de Seigneurie et Censive de l'Abbaye de Sainte Geneviève sur l'Emplacement du Grand et Petit Luxembourg pour partie, l'autre partie étant de la Censive de l'Abbaie de Saint-Germain (1).

L'Emplacement des bastimens du Grand et petit Luxembourg, enclos du Calvaire ès-batimens, scitués tant en la rue de Vaugirard, que rue d'Enfer, après les Ecuries de Mademoiselle se nommoit originairement le Climat du clos aux bourgeois, à cause de la proximité de l'Enclos de MM. de la grande confrérie aux bourgeois de Paris, il se nommoit aussi Clos Vignerais parce que ce climat étoit planté en Vignes, il se nommait aussi les ruelles Saint Sulpice parce qu'entre les dites Vignes il y avoit des ruelles qui conduisoient à Saint Sulpice.

Dans ce Climat plusieurs particuliers possédoient des terres et vignes qui dans l'autre siècle ont été changées en maisons et jardins, il y avoit aussi plusieurs gens de mainmorte qui y possédoient des héritages. L'hotel Dieu y avoit une grosse ferme, moulin à vent, et sept à huit arpens de Vigne qui ont été vendus en 1613, à la Reine Marie de Médicis.

Le Chapitre de Saint Benoît y avoit aussi, comme les autres des terres en roture dont la Censive se paoit à l'abbaie de Sainte Geneviève et à l'abbaie de Saint Germain, attendu que ce Climat ainsi que les autres proches étaient de la Censive des deux Abbaies, ce qui a donné lieu en différens tems à des contestations qui ont été suivies de bornages entre les deux Abbaïes — Et pour preuve que le Chapitre de Saint Benoit paoit les cens à Sainte Geneviève c'est que dans un ancien Cartulaire de la dite Abbaïe de 1243, où sont marqués les noms des Censitaires on voit au fo 28 vo Communitas Sancti Benedicti xbd province de Sabulis. Et au même Livre, fo 26, Vo Johannes de Sancto Benedicto 4d 10s Pro terra et Vineis de Cruerus. Dans le siècle ce climat n'avoit point encore le nom de Clos aux bourgeois, car la grance Confrairie ne l'avoit pas encore acquis ny basti sur ce clos.

TITRES GÉNÉRAUX

Le droit de Censive et Seigneurie se prouve par des titres généraux et par des titres particuliers et topiques pour chaque lieu.

Les Abbé et Chanoines réguliers de Sainte Geneviève prouvent leur droit de Seigneurie sur le climat du clos aux bourgeois à présent occupé par partie du grand et petit Luxembourg, leurs dépendances et le Calvaire, et partie de l'enclos des Chartreux. Ces titres généraux sont ceux qui sont communs à tous les seigneurs c'est à dire à tous les aveux, dénombremens et déclarations fournies aux Seigneurs dont les fiefs sont mouvans.

Le fief et Seigneurie de Sainte Geneviève relève du Roi aussi l'Abbaïe en a fourni ses dénombremens dans le tems qu'ils ont été requis tant en la Chambre des Comptes qu'en celle du Trésor.

En 1474, ils ont déclaré qu'ils avoient la Censive au terroir de Saint Germain qui n'est autre que cette Censive du clos aux bourgeois, car dans les autres endroits de cela se nomme terroir de Sainte Geneviève.

En 1522, ils ont fourni une semblable déclaration à MM. Les Commissaires nommés par le Roi François 1er où il est fait mention du droit de cens sur le dit terroir.

En 1551, ils ont fourni une déclaration à Sa Majesté en la Chambre du Trésor, de partie des terres qu'ils avoient au dit clos aux bourgeois.

En 1587, semblable déclaration en la Chambre du Trésor.

En 1673, Autre Déclaration en la Chambre du

(1). S. 1513.

Trésor par laquelle il paroit que la dite Abbaie de Sainte Geneviève a droit de Censive au dit Climat du clos aux bourgeois.

En 1687. La dite Abbaie à fourni son Aveu et dénombrement à Sa Majesté, aveu renvoié au Chatelet où il a été publié par trois différentes audiances et ensuite reçu du consentement des gens du Roi, ce qui est un espèce de Décret. Dans cet aveu ainsi que dans la déclaration de 1673, lés dits Abbé et Chanoines réguliers ont précisément déclaré qu'ils ont la Censive sur le Palais du grand et petit Luxembourg, circonstances et dépendances du Monastère du Calvaire; ainsi voilà des titres généraux qu'il convient pour prouver la censive de Sainte Geneviève au dit Climat du clos aux Bourgeois.

TITRES PARTICULIERS

A l'égard des titres particuliers ce sont les baux à cens, reconnoissances ou déclarations fournies par les Censitaires les ensaisinemens des contrats lors de l'acquisition de particuliers et paiemens de Censive qui sont des titres valables pour prouver la Seigneurie.

Les Abbé et Chanoines Religieux de Sainte Geneviève fournissent des titres et toutes ces espèces pour prouver leur Censive sur le dit grand et petit Luxembourg.

GRAND LUXEMBOURG

Premièrement le 2° Mars 1697, les Abbé et Chanoines Religieux de Sainte Geneviève ont fait signifier à Monseigneur le Procureur Général du Parlement en son parquet qu'après plusieurs placets présentés à Sa Majesté à ses Ministres à MM. de Pontchartrain, Pelletier, Colbert, de Bretheuil, et Monseigneur le Cardinal de Richelieu pour obtenir le paiement des droits Seigneuriaux dus par Sa Majesté comme propriétaire du palais du Grand Luxembourg, et pour les droits de lods et ventes dûs des précédentes acquisitions il leur soit fait droit sur leur demande tant des lods et ventes Indemnités qu'Interêts.

2° Le 17 Décembre 1695. Ils ont obtenu sentence aux requêtes du Palais contre Monsieur frère unique du Roi pour le paiement des Lods et Ventes dus comme Légataire universel de Mademoiselle à cause de la Transaction du 19 septembre 1665.

La dite sentence signifiée au Procureur Général de Monsieur, le 23 Décembre suivant.

4° Le 4 Novembre 1691. Transaction passée par devant Carnot et son Compagnon Notaires à Paris entre l'abbaie de Sainte Geneviève et l'abbaie de Saint Germain pour la Censive et Seigneurie du grand et petit Luxembourg par laquelle apert que pour terminer les instances de pendants tant au Chatelet Requetes du Palais qu'au grand Conseil pour la mouvance du grand et petit Luxembourg (pour raison de quoi l'abbaïe de Sainte Geneviève auroit fait assigner le septième avril 1689 Madame Elisabeth D'Orléans Duchesse de Guise propriétaire du Palais du Grand Luxembourg. pour le paiement des lods et ventes par elle dus comme propriétaire du dit palais à cause de la transaction faite avec Mademoiselle sa sœur en 1673, par devant Gallois et son Compagnon Notaires à Paris par laquelle elle acquiert moitié du dit Palais. Il a été convenu que la mouvance du dit Palais de Luxembourg, ses circonstances et dépendances seroient de la mouvance des dites deux Abbaies qui toucheroient les droits dus et échus chacun par moitié.

5° Le 22 Novembre bornes plantées en conséquence de la dite Transaction avec les armes des deux Abbaies dans la rue de Vaugirard, l'une au coin de l'ancien hotel de la Trémouille, l'autre au coin de la Maison du Calvaire, pour marquer que les batimens qui sont entre ces deux bornes sont et demeureront de la Censive des dits deux Abbaies auquel bornage le Chapitre de Saint Benoit n'est point apposant quoique les bornes avec armes soient existantes et aient été plantées en plein jour, et dans toutes les formes.

En 1687. Les dits Abbé et Chanoines religieux de Sainte Geneviève ayans fourni leur aveu et dénombrement à Sa Majesté qui auroit été renvoié et publié au Chatelet à trois différentes Audiances ils y ont déclaré qu'ils ont Censive et Seigneurie sur le Palais du grand et petit Luxembourg ses circonstances et dépendances rue de Vaugirard. et il à été reçu sans aucune opposition de la part du dit Chapitre de Saint Benoit.

7° En 1673, Déclaration fournie au Terrier du Roi, en sa Chambre du Trésor où les dits Abbé et Chanoines religieux de Sainte Geneviève ont déclaré que le dit Palais du Luxembourg étoit de leur Censive et Seigneurie. Emploi de tous les placets et pièces qu'ils ont fournis aux Ministres et à Sa Majesté depuis leur acquisition de la Reine Marie de Médicis pour avoir le paiement des lods et ventes dûs par la feue Reine pour l'acquisition des Maisons qui composent le Palais du Luxembourg.

8° Il paroit par un Contrat du 28 Août 1604 Signé Roz et Cothereau que M° Jaen Bast.n huissier a vendu un jardin rue de Vaugirard aux clos aux bourgeois contenant demi arpent déclaré dans la Censive de Sainte Geneviève tenant à la Veuve défunt Richer, d'autre à M. Pellerin derrière au clos aux bourgeois, qui ne peut être placé que dans l'emplacemen des batimens du grand Luxembourg.

En 1548, le 28 février Charles Martini fut ensaisiné de trois quartiers de terre sur la rue de Vaugirard par l'abbaie de Sainte Geneviève venant de Jacques Lécuyer, et maintenant à Michel Raimbault lequel Michel Raimbault en 1532, le 3 Avril et 29 Novembre 1534 fut ensaisiné de six quartiers de terre sur le chemin de Vaugirard qui ne peuvent être placés que dans l'emplacement des batimens du grand Luxembourg car près de là le Calvaire ce n'étoit plus le Climat du clos aux bourgeois, mais il se nommait le clos Reynouard tenant a un autre Climat qui est à l'extrémité du Jardin du Luxembourg et au dehors nommé la fosse à l'aumonier.

10° On voit encore par les Ensaisinemens de Robert Fallentin en 1531, d'un quartier de terre ou il y avoit commencement de maison rue de Vaugirard, de Pierre Launay de deux demi quartiers susdits rue de Vaugirard, où il y avait aussi commencement de maison que toutes les terres qui étoient sur cette rue étoient ou de la Censive de Sainte Geneviève ou de celle de Saint Germain.

Dans la déclaration fournie par les dits de Sainte Geneviève en la Chambre du Trésor, il est expressément spécifié que la Maison qui étoit au Président de la Tourette, et ensuite de Monsieur de Luxembourg tenoit à l'hotel de Montherbu qui est aujourd'hui l'hotel du petit Luxembourg dont la Censive est incontestablement à l'abbaie de Sainte Geneviève, et dans le contrat de Vente que Mre François Duc de Luxembourg et de Pinay à fait à la Reine de son lot dit l'Hotel de Luxemb.urg situé rue de Vaugirard qui est déclaré contenir trois corps d'hotels, cours devant et jardin derrière et une petite maison où demeuroit Claude Dambourg secrétaire du dit Seigneur duc dont un Lieu tenant est un dit Sieur de Montherbu par conséquent joignant la maison du dit Sieur de Montherbu qui est aujourd'hui l'hotel du petit Luxembourg qui avait une grande face sur la rue outre le parc du dit hotel qui était derrière ce qui emporte une bonne partie de la face dudit palais du grand Luxembourg et surtout toute la gallerie de Madame de Guise, car à l'égard du derrière, l'on sçait par le prix de l'acquisition qu'il devoit être grand, et que les derrières tenoient à la ferme de l'hotel Dieu et à l'enclos des Chartreux et à la rue d'Enfer, ce qui ne se peut plus trouver à cause de l'eschange entre la Reine et les Chartreux, ce contrat est vendu dans la Censive du Seigneur dont se meust, et bien loin que les chanoines de Saint Benoist puissent tirer avantage de ce contrat, il est contr'eux puisqu'il est positivement marqué chargé de douze livres tournois de rente envers les Chanoines de Saint Benoist à cause d'un arpent de terre qui étoit dans le parc, ce qui fait la redevance du chapitre de Saint Benoist, et non point une Censive redevance qui n'est pas sur une maison sur la rue de Vaugirard, mais dans le parc ainsi au milieu du jardin du dit Luxembourg.

Si la redevance de douze livres de Saint Benoist avoit été une Censive on l'auroit spécifié comme l'on déclare vingt sous tournois de rente et quatre sous parisis de Cens envers l'hotel Dieu de Paris sur un arpent et demi six perches et 12^d parisis de cens encore envers l'hotel Dieu 16^s parisis de rente et un denier parisis de Cens envers la grande confrairie, six livres envers les boursiers du Collège Mignon, le tout moiennant 90000^l, le dit Contrat du 2e Avril 1612. Il est vrai qu'il ne paroit pas que les lods et ventes aient été payés en cette acquisition non plus que des autres faits par la Reine. Mais par le bref état attaché au dit Contrat il paroit que Damoiselle Jacqueline de Morinvilliers veuve de feu M. de Harlay de Sansy avoit payé les lods et ventes, au fermier de Saint Germain pour la maison qui avait appartenu au Président de la Tourette en 1570, qui faisoit partie du Luxembourg.

La Maison des Sieurs Pierre Clopin, Denis Clopin, Mathias Clopin, vendue à la Reine le 17 Décembre 1624, moiennant 60000^l le contrat marque expressement que ni le dit Clopin ni ses auteurs n'avoient paié aucune Censive à personne, ainsi que le Chapitre de Saint Benoit n'y peut rien prétendre — La Maison vendue le 20 février 1617, par le sieur Louis Lambert escuier Sieur de la Marche et sa femme à la Reine est déclarée chargée seulement de huit sous de rente au Chapitre de Saint Benoist, et qu'à l'égard du Cens on ignore à qui il est dû; on n'auroit pas manqué de marquer le cens au profit de Saint Benoist s'il eut été dû à ce chapitre. Cette maison est dite tenir d'un côté à la maison ou place appellée la Ville de Brescé derrière à la Reine, à cause de la maison de Champ Regnard moiennant 12000^l.

Une autre maison donnée en Echange par M. Pierre de Cossy à la dite Dame Reine qui est déclarée rue de Vaugirard tenant à la dite Dame Reine d'autre aux Religieuses Benedictines, ne peut pas être de la Censive de Saint Benoit puisque les vendeurs déclarent eux mêmes qu'ils ne connoissent aucun Seigneur et que le tenant des Bénédictins ne convient point au batiment du grand Luxembourg qui étoit le Duc de Luxembourg qui tenoit à Montherbu.

Deux autres batimens ou maisons acquis par la dite Dame Reine de la dame de Corbie Veuve Allemany le 25 Janvier 1624, tenans à la verrerie appartenant à Madame Damboise d'autre à Laurent Stornat, devant à la rue, sont déclarés dans la Censive de Saint-Germain, le prix est de 1700^l.

Une maison vendue par le sieur Philippe de Biencourt à la Reine par contrat du 8 f^{er} 1613, moiennant la somme de 27000^l est l'hotel de Champregnard contenant trois arpens ou environ tenant à l'hotel de Luxembourg d'autre à la voirie d'un bout au dit hotel et par devant à la rue de Vaugirard.

ÉTAT DE L'EMPLACEMENT DU GRAND LUXEMBOURG LORS
DE L'ACQUISITION FAIT PAR LA REINE

Il s'agit maintenant de sçavoir de quels batimens terres et jardins est composé le terrain du palais du grand Luxembourg, suivant la situation des batimens acquis par la Reine Marie de Médicis au commencement de ce siècle. Le derrière de la maison de M. Dreux Conseiller au grand Conseil autrefois l'Hotel de la Tremouille et auparavant la maison des héritiers du sieur Antoine Arnault où sont à présent quelques petits batimens et partie des Ecuries de Madame de Guise fut acquis le 23 juin 1614, par la Reine Marie de Médicis moiennant 30000^l les tenans en sont incommutables devant sur la rue de Vaugidard, du côté du soleil levant le Jeu de Paume de Becquet, du côté du soleil couchant à la Cour et Jardin de la damoiselle de Corbie, il y avoit deux jardins l'un derrière, l'autre devant, le tout contenoit 2400 toises, et il paroit par un Arrest obtenu par Messieurs de la Grande Confrairie le 9e décembre 1654, provenant du dit sieur Arnault et cinq quartiers qui faisoient partie de la dite acquisition que la Reine avoit faite du Duc de Luxembourg, sur laquelle quantité de 2400 toises, il en faut ôter suivant le dit Arrêt 312 toises pour l'Hôtel de la Tremouille qui a 12 toises de face sur 26 toises de profondeur, le total de cette acquisition est de la Censive de la Grande Confrairie aux bourgeois et ainsi ni Saint Germain, ni Sainte Geneviève, ni Saint Benoit ne peuvent rien prétendre sur cette portion.

La 2e partie sur la rue de Vaugirard en descendant, sont les deux maisons acquises par la Reine Marie de Médicis de la Demoiselle de Corbie veuve Allemany, tenant à la maison du dit Arnault comme il est marqué dans son contrat, d'autre à Laurent Stornat derrière à la verrerie devant à la rue, elle fut acquise moiennant 17000¹ et déclarée dans la Censive de Saint Germain.

La 3e partie sur la rue est la maison de Laurent Stornat, acquise par la Reine en 1613, le 1er juin, dit autrefois l'hôtel de Bresse, moiennant 24000¹ tenant la dite Maison à la Dame de Corbie d'autre au sieur Louis Lambert, qui est pareillement de la Censive de Saint-Germain.

La 4e partie sur la rue est la maison du sieur la Marche acquise par la Reine le 20 février 1617, elle est marquée tenir d'un côté à la maison de l'hôtel de Bresse d'autre à ... derrière à la Reine à cause de la maison de Champregnard devant à la rue Chargée de 8ᵈ de rente envers Saint Benoit, et non point de cens, car il est dit expressement que l'on ne sçait à qui il appartient, cette maison n'était pas bien profonde puisque partie de la maison de Champregnard étoit derrière aussi n'a-t-elle été vendue que 12000¹.

La 5e partie étoit une grande maison vendue par Pierre Denis et Mathias Clopin à la Reine le 17 Decembre 1624, moiennant 60000¹ elle est dit tenir de toutes parts à la Reine, à cause des maisons de Champregnard d'un côté et de la Dame de Champsillon de l'autre, et qu'elle étoit située vis à vis la rue Neuve où demeure Monsieur le Prince qui est la rue Saint-Lambert.

La 6e étoit la maison de Philipes Bienecourt dite de Champregnard vendue à la Reine par contrat du 8 février 1613, moiennant 27000¹ contenant trois arpens et tenoit à la verrerie et au sieur de Luxembourg par derrière.

La 7e et dernière partie de la rue étoit l'hôtel de Luxembourg vendu à la Reine en 1612, il y avoit une petite Maison entre la maison du sieur D'hambourg, il y avoit la ferme du pavillon et l'hôtel du Duc de Luxembourg consistant en trois grands corps d'hôtels vendus à la Reine 90000¹.

Voilà ce qui étoit sur la rue de Vaugirard.

A l'égard du derrière et du milieu il étoit composé de la ferme et terre de l'hôtel Dieu de sept à huit arpens de terres eschangées avec les pères Chartreux du parc du Duc de Luxembourg et autres morceaux de terres acquis de différents particuliers.

Il s'agit donc d'établir une directe par Messieurs de Saint Benoit, d'en fournir les titres, d'en fixer le lieu l'emplacement et tout ce qu'il convient faire à un particulier qui prétend avoir un droit de Seigneurie dans le territoire et Seigneurie d'autrui.

Mais il n'est pas bien difficile de faire voir que jamais le Chapitre de Saint Benoit n'a eu dans cet endroit aucune Censive, mais seulement des terres en domaine dans la Seigneurie des deux Abbaies, c'est ce que l'on doit montrer en répondant au Mémoire des dits sieurs de Saint Benoit.

RÉPONSE AU MÉMOIRE DE MESSIEURS DE SAINT BENOIT.

Le 1er et le plus ancien titre par eux produit est un Extrait de compte de l'an 1387 et 1388 portant ces mots Item pro fundo, terra, vineis beneficii in clauso Burgensis f° 9 et 36, 11ᵈ ce registre dans quelque forme qu'il soit n'est pas suffisant pour établir un droit de Seigneurie. Ce fonds de terre n'est point un Cens puisque dans le même registre quelques lignes au-dessous du dit Extrait ce fond de terre est pris pour Rente et distingué du Cens en ces termes : Domus heredum Huet Britonis alias de Selve ad insignum clavis pro fundo terra 6ᵈ Item dicta domus pro censu annub 12ᵈ Ainsi Messieurs de Saint Benoit le fonds de terre est de la Censive.

Cet extrait ne donne aucune situation, aboutissans à cette vigne. Le Climat du clos aux Bourgeois contenoit plus de 50 arpens C'est à Messieurs de Saint Benoit à désigner cette pièce, et l'on dénie formellement :

1° Que cette Vigne fut située sur la rue de Vaugirard,

2° Que ce Chapitre en eut la Seigneurie, ainsi c'est à eux à prouver.

L'abbaie de Sainte Geneviève soutient au contraire que ce demi arpent de terre ou vigne étoit de leur Seigneurie, comme il paroît par la déclaration qu'ils ont fournies ès années de 1554, et 1587, des lieux où ils ont censive, et des particuliers du clos aux Bourgeois qui ont des héritages dans leur censive. Le Chapitre de Saint Benoit y est pour demi arpent auprès d'un demi arpent appartenant au Collège Mignon, et c'est sans doute ce demi arpent qui a été donné à Rente par Claude Pintrel Chanoine de Saint Benoit à Pierre Carrel et pour raison de quoi dans le contrat de vente que fait le Duc de Luxembourg à la Reine Marie de Médicis, il charge la Reine de douze livres de rentes envers le Chapitre de Saint Benoit, et d'une autre rente envers le Collège Mignon.

Quand Messieurs les Chanoines de Saint Benoit

auront communiqué le Bail à rente fait par Claude Pintrel au dit Carrel il sera fort facile de montrer que ce n'est point pour la Maison de Laurent Stornat et que si en 1608 ils ont ensaisiné le contrat de cette maison, c'est une usurpation. On fera voir que la maison de Laurent Stornat où étoit pour enseigne les faucilles et. au paravant la Ville de Bresse n'a jamais été située dans l'emplacement des batimens du Grand Luxembourg, mais dans les Ecuries de Madame de Guise, et qu'elle n'a pas été de leur Censive.

Qu'un Extrait de compte en 1387, qu'un bail que l'on qualifie Bail à rente fait par un Chanoine particulier d'un demi arpent de terre en 1586, et qu'un Acte d'ensaisinement en 1608, ne sont point des titres qui justifient un droit de Censive.

Les ordonnances de M. de Villacerf, pour le paiement d'une somme de 15¹ par an au Chapitre de Saint Benoi ne sont point pour un droit de Censive, et quand même ils en feroient mention cela ne donneroit pas un titre à ce Chapitre qui n'en a aucun. Il est fort indifférent à un trésorier des batimens de qualifier la redevance qu'il fait paier de Cens ou de rente, il suit les Mémoires de ses prédécesseurs; le Duc de Luxembourg en vendant à la Reine de Médicis la charge de 12¹ de Rente envers Saint Benoit, à cause d'une pièce de terre qui étoit dans son parc qui étoit sans doute le prix de ce bail à rente fait par Claude Pintrel cela n'a aucuns raport avec la maison de Laurent Stornat qui n'a jamais été au Duc de Luxembourg. Que si Messieurs de Saint Benoit joignent cette Rente qu'ils pouvoient avoir sur cette maison avec les 12¹ qui leur étoient dus par le Duc de Luxembourg il sera facile de concilier toutes choses en réduisant Messieurs les Chanoines de Saint Benoit à leur simple rente de 15¹ pour deux héritages différens. Car à l'égard de Jean Dagneau les dits Abbé et Chanoines réguliers de Sainte Geneviève ont justifié qu'ils possédoient un arpent de terre sur la rue de Vaugirard mais que c'étoit dans leur Censive et qu'ils tenoient même de leur Abbaïe.

La sentence par défaut obtenue par les dits sieurs Messieurs du Chapitre le 17 Mars 1685, est un titre par défaut sans fondement et se doit réduire à une simple Rente de 4¹ non raschetée due à ce que l'on dit à M. Pierre Ourry l'un des dits Chanoines et 60ˢ au sieur Fenouillet. Pour ce qui est du Cens il n'en est dû aucun et ce n'est pas par une sentence par defaut qu'on prouve et qu'on établit une directe sur un territoire d'un autre Seigneur. Ce qui est constant et ce qui paroit par les titres des deux Abbaïes de Saint Germain et de Sainte Geneviève, c'est que Messieurs du Chapitre de Saint-Benoit avoient des terres dans le Climat du Clos aux Bourgeois dont ils avoient la propriété seulement, que ces terres ont été depuis baillées à Rente et que sous prétexte de rente ils ont voulu usurper un droit de Censive ce qui ne paroit que trop, et ne peut jamais valoir par aucun laps de tems, un Censitaire ne pouvant jamais faire de sa roture un fief ni prescrire contre son Seigneur.

Il paroit par un bail à cens et rente fait le 7ᵉ février 1343, à Jean Delarue et Jean de Chevreuse de deux arpens un quartier de terre au dit Clos qu'elles tenoient aux vignes de l'hotel Dieu d'autre aux murs des Chartreux et aux vignes de Saint Benoît ce qui ne convient pas à l'emplacement de la rue de Vaugirard, mais seulement à la pièce de terre enclose dans le parc du Duc de Luxembourg pour raison de quoi il déclare devoir 12¹ de rente au Chapitre de Saint Benoit.

TITRES POUR LA MOUVANCE DU PETIT LUXEMBOURG ET DU CALVAIRE

Cet emplacement est composé en partie de trois maisons dont l'une avoit pour enseigne l'*Image Sainte Geneviève*, la seconde l'Image de *Saint Nicolas*, et la troisième *les trois petits Rois*.

Pour le petit Luxembourg M. le duc de Bourbon en a passé déclaration au profit des deux Abbayes par devant Lange et son Compagnon notaires au Chᵗ de Paris en 1693.

Emploi de la Transaction du 4 novembre 1691 passée entre les deux Abbates de Sainte Geneviève et de Saint Germain où il paroit que le dit hôtel du petit Luxembourg demeure de la Censive des deux Abbaïes.

Emploi du bornage du 22 Novembre 1691, par lequel appert qu'au coin du dit hotel du petit Luxembourh et du Calvaire a été placée une borne avec les armes des deux Abbaïes pour marquer quelle sera de la Censive des deux Abbaïes.

Assignation donnée à S. A. Monseigneur le Duc de Bourbon le 26 Mars 1689, aux Requêtes du Palais et à la requête des dits Abbé et Chanoines réguliers de Sainte Geneviève pour exhiber son Contrat paier les lods et Ventes et Cens dûs passer Déclaration au Terrier de l'abbaye de Sainte Geneviève les assignation et Instance evoquée au grand Conseil par Monseigneur le Cardinal de Furstemberg abbé de Saint Germain, sur laquelle Evocation et Instance au grand Conseil est intervenue la transaction du 4 Novembre 1691.

Aveu et dénombrement fourni en 1687, en la Chambre des Comptes, renvoié et publié au Chatelet sans opposition où il est specifié que le dit hôtel du petit Luxembourg est de la Censive de Sainte Geneviève.

Déclaration fournie au terrier du Roi en 1673, et reçue en la Chambre du Trésor par laquelle appert le dit hotel du petit Luxembourg avoir été déclaré en la Censive et Seigneurie de Sainte Geneviève.

Déclaration fournie au terrier de l'abbaïe de Sainte Geneviève le 6 fevrier 1647, passé par devant Vaulier par laquelle appert Madame Daguillon lors propriétaire du dit palais du petit Luxembourg avoir reconnu qu'il était de la Censive de Sainte Geneviève.

Transaction portant échange passé entre le Conseil de la Reine stipulant pour la dite Dame Reine et

portant échange de partie des bastimens et lieux acquis par les Religieuses du Calvaire qui étoient dans la Censive de Sainte Geneviève sur lequel à été bati le dit hotel du petit Luxembourg.

Acquisition faite de la maison du Sieur Michel Regnouard par les Religieuses du Calvaire consistant en une Cour, deux jardins, l'un grand l'autre petit, deux grands corps d'hotels et déclarés en la Censive de Sainte Geneviève ensaisiné par le procureur de la dite Abbaïe le 23 Mai 1622.

Ensaisinement du 19 Juin 1619 de la maison du dit Regnouard par le procureur de l'Abbaïe de Sainte Geneviève.

Arrêt du 12 Juin 1618 qui condamne à payer les lods et ventes dus à l'abbaye de Sainte Geneviève par le Sieur Michel Regnouard secrétaire du Roi, à cause de l'acquisition de la maison ci dessus.

Sentences du Chatelet des 4 février et 28 Mars 1618, qui condamnent le dit Regnouard à paier les lods et ventes.

Reconnaissance passée au terrier de Sainte Geneviève le 10 Avril 1618, par le Sieur Etienne Audouin de Montherbu propriétaire de deux maisons en l'une desquels pendoit pour Enseigne l'Image Sainte Geneviève et en l'autre les trois Rois.

Ensaisinement par l'abbaïe de Sainte Geneviève des dites deux maisons acquises par le dit Sieur de Montherbu, l'une ensaisinée le 28 novembre 1585, et venant de Marie Simon veuve de Vincent Thoré, Laquelle Marie Simon était fille de M. Nicolas Simon qui en fut ensaisiné par l'abbaïe de Sainte Geneviève le 25 Avril 1550. le 31 Octobre 1549, le 18 Janvier 1548, et passé déclaration le 13 Mai 1547.

Les dits héritages venant de Jean Daveau et de Robert Le Goix de Jean Cruce, de Nicolas Bollard et Jeanne Férou, Lequel Robert Le Goix aiant été assigné à la requête du Cardinal de Tournon Abbé de Saint Germain pour lui paier les lods et ventes prétendant que cette maison étoit de la Censive fut débouté de sa demande par arrêt contradictoire du 23 Juin 1546, et la dite maison déclarée de la censive de Sainte Geneviève.

Lequel Robert Le Goix fut ensaisiné par l'abbaïe de Sainte Geneviève le 29 Octobre 1537, et ainsi en remontant.

Autre partie de la maison du dit Simon vient de Jean Cruce Notaire et dans le dit ensaisinement il est spécifié que cette partie avoit 40 toises de face sur 36 de profondeur et venait de Jean Daveau, l'ensaisinement est du 28 février 1546, et la déclaration passée au terrier de la dite abbaïe du 12 mars mars 1546. Lequel Jean Daveau fut ensaisiné par l'abbaïe de Sainte Geneviève, le 13 Janvier 1527, et passé déclaration au papier terrier de la dite Abbaïe le 21 Novembre 1532, comme ayant acquis de Jean Gautier et ainsi en remontant, autre partie de l'acquisition des Religieuses du Calvaire vient du Sieur Jean Baudoin qui fut ensaisiné par le procureur de l'abbaïe de Sainte Geneviève le 23 mars 1623, comme ayant acquis du dit Sieur Baudoüin qui fut ensaisiné par l'abbaïe de Sainte Geneviève en 1608, comme ayant acquis de Geneviève Desbordes et autres les cohéritiers enfans de Pierre Desbordes, lequel Pierre Desbordes fut pareillement ensaisiné par l'abbaïe de Sainte Geneviève comme ayant acquis de Jean Dillebec qui en à passé reconnoissance le 6 Juin 1537, pour demi arpent et pour autre demi arpent en 1532, qui est avec celle de Jean Daveau Lequel Jean Dillebec fut ensaisiné le 18 Mai 1537, par l'abbaïe de Sainte Geneviève comme ayant acquis de Louis Mars lequel pareillement fut ensaisiné par la dite Abbaïe, le 15 Novembre 1529, comme ayant acquis de Jean Daveau qui le 13 Janvier 1527 en fut ensaisiné comme venant de Jean Roger, lequel en fut aussi ensaisiné par la dite Abbaïe le 17 Janvier 1481.

A l'égard de ce qui est resté aux Religieuses du Calvaire, elles en ont passé déclaration à l'abbaïe de Sainte Geneviève en 1687 et, en 1634, elles en ont passé autre déclaration portant quittance de paiement du droit d'indemnité montant à la somme de 8000¹.

La Transaction et bornage de 1691, marque que le Couvent demeure de la Censive de Sainte Geneviève pour le tout les aveux et déclaration de 1687, et 1673, déclarent expressement ce Couvent de la Censive de Sainte Geneviève. Il est intervenu en 1634, plusieurs sentences des requêtes qui condamnent les dites Religieuses du Calvaire à paier les dits droits Seigneuriaux dûs à l'abbaïe de Sainte Geneviève Et en 1618 et en 1623, diverses sentences du Chatelet qui déboutent les fermiers de Saint Germain de leur demande des droits Seigneuriaux pour l'acquisition des dites Religieuses du Calvaire et les adjuge à l'abbaïe de Sainte Geneviève.

LA FERME DE L'HOTEL DIEU

Cette ferme de l'hotel Dieu contenoit sept à huit arpens de terre, vigne, moulin à vent, et avoit son issue dans la rue d'Enfer, et les bastimens étoient ce qu'on appelle aujourd'hui les Ecuries de Mademoiselle rue d'Enfer, le terrain venoit jusqu'au milieu de la grande cour du grand Luxembourg et comprenoit tous les batimens qui regardent le Jardin et partie de ceux qui sont en retour ; aussi la Reine Marie de Médicis aiant formé le dessein de bâtir son palais en l'état qu'il est aujourd'hui acquit de Messieurs de l'hotel Dieu la dite ferme qui tenait aux jardins du Luxembourg qui est déclarée consister en plusieurs corps de logis, cours, puis, granges, bergeries, étables, celliers, enclos, moulin dans icelui et sept arpens et demi tenant à la rue qui conduit du faubourg Saint Michel aux Chartreux et aux clos des Chartreux, d'autre part a l'enclos de l'hotel du Luxembourg qui a son issue au faubourg Saint Michel et à Messire Lestourneau d'un bout par derrière au clos des Chartreux et au parc du dit hotel et par devant à la dite rue dans la Censive des Sieurs et Dame dont se meuvent. Par les tenans de cette ferme et de son enclos il paroit qu'elle tenoit tout ce qui est entre la rue d'Enfer, l'enclos des Chartreux et l'aboutissement des maisons étoient sur la rue de Vaugirard ; le contrat est de 1613. La raison pourquoi les Sieurs de l'hotel Dieu n'ont pu déclarer quel étoit le Seigneur de cette ferme c'est que l'on ne s'avise guère de demander à des gens de main morte et surtout à un hotel Dieu. 3e S^d parisis de cens qui est la redevance dont cette ferme étoit chargée envers l'abbaie de Sainte Geneviève à raison de 5^d parisis pour arpent ainsi que les autres terres voisines.

Mais lorsque cette ferme a été vendue à la Reine les Religieux de Sainte Geneviève ont demandé les droits de lods et ventes à ses Ministres, au Conseil de Monsieur, et depuis aux Ministres d'Etat, ils ont réclamé ce droit de Seigneurie dans leur déclaration de 1673, et aveu de 1687, et dans l'acte qu'ils ont été obligé de faire signifier à Monseigneur le Procureur Général, le 2 mars 1697, pour empêcher une plus longue prescription de tems.

Cette ferme a été donnée à l'hotel Dieu de Paris par M. Nicolas Gossemard Procureur du Roi au Chatelet de Paris, qui en fut ensaisiné par l'abbaie de Sainte Geneviève le 1er Janvier 1435, et autrefois étoit chargée de 5^l parisis de cens envers l'abbaie de Sainte Geneviève et possédée par Guillaume de Mascon en 1261, comme estant de la Censive de Sainte-Geneviève.

A l'égard des terres échangées entre la Reine Marie de Médicis et les pères Chartreux elles étoient partie en la Censive de Saint Germain, ce qui a obligé les dites deux abbaies dans leur transaction du 4 Novembre 1691, de partager la Censive du Couvent des dits Chartreux dans l'état qu'il est aujourd'hui pour éviter toute contestation dans la suite.

Le reste des terres qui sont par de là le Calvaire sont d'un autre Climat dit Clos Regnouard, chemin herbu, fossé à l'aumonier qui étoient des Climats Commun aux deux Abbaies, qui ont donné lieu à des Contestations qui ont régné plus de Cent cinquante ans.

IV

TRANSACTIONS

TRANSACTION entre les abbayes de Sainte-Geneviève et de Saint-Germain des Prés (4 et 5 novembre 1691) (1).

Par devant Les Conseillers du Roy Notaires au Chastellet de Paris soussignés furent présens, très haut et très puissant Prince Monseigneur Guillaume Egon Langrave de Furstemberg, cardinal de la Sainte Eglise romaine, Evesque et Prince de Strasbourg, abbé commandataire de l'abbaye de Saint Germain des Prés, à Paris, y demeurant dans le palais abbatial du dit Saint Germain des Prés d'une part et Reverendissime père Jean de Montenay, abbé de l'abbaye de Sainte Geneviève au mont de Paris et supérieur des Chanoines réguliers de l'ordre de Saint Augustin congrégation de France, les pères Pierre Rodoyer premier assistant du dit Sieur abbé de Sainte Geneviève et prince de la dite abbaye, Esprit Eschasureau, assistant, Paul Beurier, Claude Rainssant, Pierre Loisant, Claude de Creil, Nicolas Dousrere, Pierre Marlot, Jean Baptiste Dehente Court Chancelier de l'Université, Claude Parant, Nicolas Sarboure, Clement Esterlin, Louis Canto, procureur de la dite Abbaye, Toussaints Audinot, Claude Begnot, Charles Bastard, Jean Baptiste Levesque Et Jean Baptiste Charpentier, tous prestres Chanoines regulliers des dits ordre et congrégation demeurans en la dite abbaye assemblés au Chapitre d'icelle en la manière acoustumée pour l'effet qui ensuit d'autre part.

Lesquelles partyes pour terminer assoupir les procès cy devant nés entre les sieurs abbé et religieux de Sainte Geneviève, et Messire Paul Pellisson Fontanier Chevalier Conseiller du Roy en ses Conseils Me des Requestes ordinaire de son hostel administrateur général des fruits et revenus de la Manse abbatiale de la ditte abbaye Saint Germain des Prés sur ce que les dits Sieurs Abbé et religieux de Sainte Geneviève auroit fait assigner (par exploit du douze juillet mil six cens quatre vingt huit) les sieurs Jacques Le Meusnier, la dame Cossart, Messieurs les Administrateurs des Incurables, les sieurs Begat et consorts, Courageot héritiers et biens tenans du Sieur Chenard, Charles Primo, Robert Coquerel, les Sieurs Penicher, Lemaire et consorts propriétaires de plusieurs maisons rue de Vaugirard au bout du clos du Luxembourg et rue de Notre Dame derrière

les clos du dit Luxembourg, et même auraient obtenu contre les dits particuliers sentence du Chastelet le quinziesme décembre au dit an mil six cens quatre vingt huit qui les condamne d'exiber dans la huitaine les titres et contrats en vertu desquels ils possédoient les dites maisons et héritages, payer les lods et ventes saisine et amandes sy aucuns estoient deus en deniers ou quittances valables, vingt neuf années d'arrérages des cens et fonds de terre dont les maisons estoient chargés envers la dite abbaye de Sainte Geneviève Et fauté par les défendeurs de satisfaire aus dittes demandes, que les dites maisons demeureroient réunies au domaine de la dite abbaye de Sainte Geneviève, laquelle sentence auroit été signiffiée aus dits particuliers pour lesquels le dit Sieur de Pellisson en la susdite qualité auroit pris le fait et cause, Et fait Evoquer au grand Conseil la cause pendante au Chastelet entre les dits de Sainte Geneviève et particuliers susnommés, suivant la requeste et exploit du vingt deux janvier Mil six cens quatre vingt neuf, signiffié le mesme jour aus dits Abbé et Religieux de Sainte Genevieve, prétendant que les dites maisons estoient de la censive et directe de la dite Abbaye de Saint Germain, ce qui auroit obligé les dits sieurs Abbé et Religieux de Sainte Geneviève de présenter leur requête au Conseil le quatre febvrier au dit an, mil six six cent, quatre vingt neuf pour demander permission d'y faire assigner les dits particuliers, pour lesquels le dit sieur de Pellisson avoit pris le fait et cause, fauté par luy de l'avoir fait comme il en estoit tenu.

Sur quoy seroit intervenu arrest du quinze du dit mois de febvrier qui permet au dit Sieur abbé et Religieux de Sainte Geneviève de faire assigner le Sieur Dubuisson fermier de Saint Germain et les particuliers cy dessus nommés, ce qui auroit esté fait et mesme sur les demandes et deffences auroit esté pris un appointement au Conseil entre toutes les susdites partyes. L'affaire distribuée à M. Lefebure de Caumartin Conseiller au dit Grand Conseil, les dits Sieurs Abbé et Religieux de Sainte Geneviève auraient fait assigner son Altesse Royale Madame Elizabeth d'Orléans, Duchesse de Guise, propriétaire du pallais du Grand Luxembourg, ses appartenances et deppendances par Exploit du sept Avril au dit an

(1). S. 1513.

Mil six cent quatre vingt neuf, Et Monsieur le duc de Bourbon Prince du sang, par Exploit du vingt six mars précédent au dit an, par devant Nos Seigneurs des requestes du pallais pour exiber dans huitaine les titres et contrats en vertu desquels ils jouissent savoir Madame de Guise du pallais du grand Luxembourg ses appartenances et dépendances, Ce faisant se voir condamner à payer aux Sieurs Abbé et Religieux de Sainte Geneviève les droits de lods et ventes qui se trouvoient deus et les Cens dont les lieux estoient chargés, et autres conclusions par eux prises et portées par le dit Exploit, lesquelles assignations estant venues à la connoissance du dit Sieur de Pellisson, administrateur de la dite abbaye de Saint Germain des Prés, Il auroit pareillement fait Evoquer les dites instances pendantes aux requestes du pallais, entre Madame de Guise, Monsieur le Duc de Bourbon, et les dits Abbé et Religieux de Sainte Geneviève, au Grand Conseil où l'instance auroit esté pareillement retenue.

Et les parties en Etat d'entrer dans un très grand procès, pour raison de la Censive et Seigneurie du Grand et Petit Luxembourg leurs appartenances et deppendances, les dites maisons et héritages scitués en l'entier chemin de Vanves appellé en mil deux cens dix et douze *le chemin d'Issy* par les anciens titres de la dite abbaye de Saint Germain des Prés que le dit Seigneur Abbé a dit estre dans le trésor de la dite Abbaye de Saint Germain des Prés, et par les dits Sieurs Abbé et Religieux de Sainte Geneviève a esté dit que le dit chemin a toujours esté appellé le *chemin de Vanves*, Les quatre bornes plantées suivant le bornage de mil six cens soixante cinq le chemin de Vaugirard et les murs de l'enclos du dit Luxembourg et des Chartreux Et au res bornes plantées tant au climat des Marinaux de la folie que sur le bord de la rivière près Grenelle en la susdite année Mil six cens soixante cinq, sur ce que le procès verbal de bornage n'estoit point ratifié par l'abbé de Saint Germain, Et mesme fort obscur dans quelques endroits et laissoit une matière à plusieurs procès dans la suite en ce que la Censive tant du grand que du petit Luxembourg n'y estoit point déterminée; non plus que des maisons et héritages scitués derrière l'enclos du dit Grand Luxembourg, entre les susdites quatre Bornes devant mentionnées. De plus les dits Sieurs Abbé et religieux de Sainte Genevièsve prétendoient que le dit bornage n'estoit plus subsistant au moyen du dernier compromis passé Ent'Eux et les Sieurs de Pellisson pour raison du susdit bornage, en ce qu'il retranchoit une bonne partie de la Seigneurie des dits Sieurs de Sainte Genevièsve tant au climat de Marinaux de la folie que des dépendances de la ferme du Sieur d'Amonville, acquise du Sieur marquis de Trésuille, et en particulier pour deux pièces de terre scize proche Grenelle, l'une de soixante douze arpens dite la Grande Forrest, et l'autre de cinquante arpens de la Petitte Forrest, que les dits Sieurs Abbé et religieux de Sainte Genevièsve soustenoient de temps immémorial faire partie de leur Seigneurie du dit Grenelle et estre en une bonne et paisible possession de jouir des droits de Seigneurie sur les dites Terres, et par le dit Seigneur Abbé estoit soutenu au contraire et divisé formellement la dite possession, sur touttes lesquelles contestations auroit esté passé un compromis aveeq le dit Sieur Pellisson au dit nom, dès le vingtiesme juin Mil six cens quatre vingt huit, qu'ils auroient renouvellé le vingt un Juillet et l'unze décembre au dit an, et encore les quinze may et dix sept décembre mil six cens quatre vingt neuf qui n'auroient point eu leur exécution les arbitres ne s'étans point assemblés et les parties n'ayant eu le temps de s'estre communiqué leur titres.

En suite de quoy le Roy ayant pourveu son Altesse Eminantissime mon dit Seigneur le cardinal de Furstemberg de la dite Abbaye de Saint Germain des Prés, les dits Sieurs de Sainte Geneviève estoient en voye de reprendre la dite instance pendante au grand Conseil, au raport du dit Sieur Lefebure de Caumartin avecq le dit Seigneur Cardinal. L'affaire ayant esté communiquée à sa dite Altesse Eminantissime Elle auroit bien voulu par les voyes de douceur et d'honnesteté la terminer. Et en effet elle l'auroit renvoyée à son Conseil ou les partyes après plusieurs Conférences communiquations respectives de leurs titres écrits, notes productions et avoir vu les plants des dits lieux contentieux, mesme avoir remarqué suivant les dits plants des dits Seigneurs de Saint Germain et de Sainte Genevièsve quelles sont fort meslées de tout temps et pourroient donner matière dans la suite à plusieurs procès entre les dites deux Abbayes. Pour nourir paix et concorde entre les dites partyes ainsy qu'il convient aux personnes de leur profession sont convenues de bonne foy de ce qui ensuit.

Premièrement : Que les Pallais du grand et petit Luxembourg ainsy qu'ils se poursuivent et comportent à présent sans en rien retenir ny réserver. Tous les bastimens scis rue d'Enfer et de Vaugirard deppendans et faisant partie des dits pallais du grand et petit Luxembourg, ainsy qu'en jouissent à présent leurs Altesses royalles Mademoiselle Anne Marie Louise d'Orléans et Madame Elizabeth d'Orléans duchesse de Guise et haut et puissant Prince Monseigneur le duc de Bourbon seront et demeureront de la Censive et Seigneurie du dit Seigneur Abbé de Saint Germain et de la dite abbaye de Sainte Geneviève par indivis et chacune par moitié également. En sorte que les Cens en seront payés aus deux abbayes à chacune par moitié, Ensemble les proffits des lods et ventes eschus et qui n'ont encore esté payés et ceux qui escheront à l'advenir seront partagés par moitié entr'Elles, sans préjudice de ce qui a esté receu du passé dont il ne sera fait aucune repetition ny demande l'un à l'autre des dits droits demeurans à ceux qui les auront reçus, et généralement appartiendront aus dites deux abbayes, et chacune par moitié, tous autres droits Seigneuriaux, et seront les Contracts ensaisinés quand besoin sera par les dites deux abbayes conjointement.

2° Que les maisons du sieur Lemarié Greffier en chef de la Prevosté de Paris, scize rue d'Enfer, tenant l'une et l'autre sans en rien réserver ny retenir et dont les dits Sieurs de Sainte Genevieve estoient en possession de la Censive et Seigneurie tant en leur nom que comme exerçans les droits des Sieurs Administrateurs de l'hostel Dieu de Paris suivant la cession qui en avoit esté faite aus dits Sieurs Abbé et religieux de Sainte Genesvesve, le dixième jour d'avril Mil six cens cinquante trois, seront et demeureront du jour des présentes en la Censive des dites deux abbayes par indivis et par moitié comme les susdits pallais du grand et petit Luxembourg sans que la présente Transaction puisse nuire ny préjudicier aux propriétaires des dites deux maisons pour le droit de paroisse et jouiront les dites deux abbayes de tous les droits de cens lods et ventes *Indemnités et autres* proffits seigneuriaux par Indivis, sans répétition du passé attendu que les dites deux maisons estoient comme dit coté de la seigneurie et censive des dits Sieurs de Sainte Genevesve.

3° Que la maison des révérends Pères de L'oratoire de Saint Magloire scize susdite rue d'Enfer tenant d'une part au dit sieur Lemarié cy devant nommé, et d'autre part et derrière aux bastiments et Enclos qui sont des deppendances du grand Luxembourg, et par devant sur la dite rue d'Enfer, laquelle maison a pour Enseigne l'*Image Saint Bernard* cy devant appartenant au sieur Eugène Bernard et sa femme, qui en ont fait donnation aus dits révérends pères de l'oratoire de Saint Magloire sera et demeurera pareillement par indivis dans la censive des deux abbayes de Saint Germain et de Sainte Genevieve sur à chacune par moitié sans néantmoins que le dit Seigneur abbé de Saint Germain ni ses receveurs puissent rien prétendre aux droits de lods et Ventes cy devant perçues par les dits Sieurs de Sainte Genevesve, mais, seulement pour l'avenir, Et aura le dit sieur Abbé de Saint Germain moitié au droit d'indemnité que les dits Pères de Saint Magloire sont obligés de payer pour la donation qui leur a esté faite par les dits sieurs Eugène Bernard et sa femme de la susdite maison. En cas qu'elle leur demeure pendant deux années suivant le traité fait, sous seing privé entre le procureur de la dite abbaye de Sainte Genevieve et celuy de la dite maison de Saint Magloire, Et à tous les droits seigneuriaux de cens proffits de lods et ventes saisines et amandes et autres droits qui pourroient estre deus à cause de la susdite maison pour l'avenir.

4° Que le Monastère du Calvaire appartenances et deppendances dans l'état qu'il est aujourd'huy, tenant d'un côté au pallais du petit Luxembourg et d'un bout en pointe au grand Clos du grand Luxembourg, sera et demeurera comme il a toujours esté de la Censive et Seigneurie des dits sieurs Abbé et Religieux de Sainte Genevesve seullement et tous les proffits qui pourroient en estre deus dans la suite pour raison du dit monastère et de ses deppendances seront et demeureront au dits Abbé et Religieux de Sainte Geneviève comme ils en ont cy devant jouy.

5° Pour les maisons terres et héritages scitués et assis derrière l'enclos du dit grand Luxembourg et des Chartreux entre les Quatre premières Bornes marquées dans le bornage de mil six cens soixante cinq et dont les dits sieurs de Sainte Genevievsve avoient abandonné la dixme de ce qui leur appartenoit au Sieur Abbé de Saint Germain, et dont les dits Abbé et Religieux de Sainte Genevesve prétendoient qu'on leur avoit abandonné le droit de Censive et Seigneurie, et le dit Seigneur abbé de Saint Germain au contraire disoit que l'on avait fait une réserve expresse pour le procès verbal de bornage de Mil six cens soixante Cinq au proffit des dites deux Abbayes Egallement du droit de Censive et Seigneurie sur les dites maisons et héritages entre les Quatre sus dites bornes, ce qui estoit toujours à reigler entre les parties et avoit fait une des choses de la contestation attendu que le meslange des droits de Seigneurs et de Censives des dites deux abbayes sur les maisons et héritages scitués entre les dites quatre bornes. Il a esté convenu que le total des dites maisons terres et héritages généralement quelconques scitués entre les dites quatre bornes sera et demeurera pour le tout de la censive terre Seigneurie et dixme du dit Seigneur Abbé de Saint Germain, Et mesme la troisième des dites quatre bornes qui seroit plantée pour regarder la quatrième qui est sur le chemin de Vaugirard sera tournée d'un autre sens pour regarder une cinquième borne qui sera placée doresenavant sur le dit Chemin de Vaugirard, à l'entrée du chemin des Fourneaux non loing du moulin de la pointe dans lequel espace compris entre le Chemin de Vanves eutrement appellé le chemin d'Issy, ainsy que le dit Seigneur Abbé de Saint Germain le prétend et les dits Sieurs Abbé et Religieux de Sainte Genevesve au contraire, La première, seconde troisième et quatrième Bornes qui resteront où Elles sont, il en sera, plantée une Cinquième à l'entrée du chemin des Fourneaux vis à vis la pointe du dit chemin et de Vaugirard et tout l'espace et terrain triangulaire qui est entre la susdite troisième quatrième et cinquième bornes, sera de la dixme de Sainte Genevesve, comme il a esté dit cy devant, et de la Censive et Seigneurie de Saint Germain ainsi que touttes les maisons terres et héritages qui sont entre les quatre sus dites bornes mentionnées dans le dit bornage de Mil six cens soixante cinq dont sera donné aus dits Abbé et Religieux de Sainte Genevesve l'équivalent près Grenelle Et à l'esgard des arrérages des cens et des lods et ventes seullement des maisons et héritages scitués entre les Quatre sus dites bornes receues ou eschues depuis la transaction de Mil six cens soixante cinq, Jusques au premier Janvier Mil six cens quatre vingt dix, les dits Sieurs Abbé et religieux de Sainte Genevesve se pourvoiront ainsi qu'ils aviseront bon estre pour le payement des dits lods ventes et arrérages de cens eschues durant le dit temps Et à l'esgard des Droits d'indemnités des dites maisons et héritages ils demeureront totallement à ceux des dittes Abbayes qui les ont reçus, sans aucune répétition ny recours l'une à l'encontre de l'autre.

6° Que le Monastère des Révérends Pères Chartreux en tout ce qui est du dit Antien Monastère et Enclos compris entre les murs du parc de Luxembourg rue d'Enfer, à un mur faisant coude sur la dite rue se pourchassant le long du mur du clos de la Forge jusques à la rencontre d'un autre mur passant au travers de la première court devant lantien portail et passant aussi derrière la chapelle des femmes et se continuant avec deux angles doux jusques à lantienne porte bouchée du dit grand clos des Chartreux qui a son issue sur ledit grand chemin de Vanves, le tout comme il est marqué de rouge sur le plan qui en a esté dressé double qui sera paraphé des partyes et des Notaires soussignés, sera et demeurera de la Censive et Seigneurie de Saint Germain des Prés et mesmes touttes les terres et héritages qui faisoient autres fois partie du climat du clos aux bourgeois ou Vigneray et Pouligny, et qui pouvoient estre de la Censive et Seigneurie de la dite Abbaye de Sainte Geneviesve, compris dans l'emplacement cy dessus désigné, seront et demeureront de la Censive et Seigneurie de la dite Abbaye Saint Germain, et tous les batimens, terres et héritages scitués au costé gauche du dit chemin en entrant par la rue d'Enfer, à prendre depuis le dit coude de la rue d'Enfer allant à la dite seconde porte des dits Pères Chartreux et de là passant au travers de leur grand clos tirant à cette antienne porte cy devant marquée qui regarde le chemin de Vanves, seront et demeureront de la censive et Seigneurie de Sainte Geneviesve.

7° Demeureront toutes les maisons terres et héritages scitués par de là, les dites cinq bornes allant à Vanves et Vaugirard cy devant marquées de la Censive seigneurie et dixme de Sainte Geneviesve ainsy quelles ont toujours esté suivant le mesme bornage de Mil six cens soixante cinq.

8° Demeurera la borne plantée sur le chemin de Paris à Vaugirard à droite au climat dit les Marinaux et celle plantée au coing d'en haut de l'enclos de la Folie dans les endroits où elles ont esté posées suivant le dit bornage de Mil six cens soixante cinq pour jouir des mesmes droits par les dites deux Abbayes y mentionnées.

9° Quant à la borne posée près de la Rivière près Grenelle, elle demeurera dans l'Endroit où elle est seullement pour marquer la séparation du dixmage de Saint Germain d'avecq celui de Sainte Geneviesve à cause de Grenelle, et pour la Seigneurerie et Censive, il en sera posée une de nouveau sur le bord d'une pièce de terre appartenant à... de là, tirant à droite le long des marais de la Seigneurie du dit Saint Germain, il en sera posée une seconde sur le bord du chemin des Vaches, et de là suivant le dit chemin des Vaches allant du costé de Paris, il en sera posée une troisième sur le dit Chemin au coing d'une Pièce de terre estant des appartenances de la ferme de Grenelle nommée la grande forrest. Et de là montant le long de la dite pièce de la Grande Forrest, il en sera posé une Quatrième à l'autre coing de la dite pièce sur le bord du chemin dit des Marais, de là suivant le dit Chemin des Marais, autrement dit le chemin de la Justice, il en sera posée, une Cinquième sur le dit chemin de la justice au coing d'une pièce de terre appartenante en propre à la dite Abbaye de Sainte Geneviesve et qui répond à la sus dite borne plantée près du coing d'entrant du Jardin de la Folie cy devant marquée, et à la borne des Marinaux, Et toutte l'estendue des terres estant dans l'espace des dites six bornes sera doresnavant savoir de la Censive et Seigneurie de Sainté Geneviesve pour la récompense et valeur de ce que les dits Abbé et Religieux de Sainte Geneviesve abandonnent par ces présentes à la dite abbaye de Saint Germain entre les dites Quatre bornes derrière le Luxembourg et à l'esgard du dixmage en lestendue de l'espace d'entre les dites six bornes, il appartiendra et demeurera à la dite Abbaye de Saint Germain des Prés.

10° Que les autres bornes mentionnées au susdit bornage de mil six cens soixante cinq qui font séparation des Seigneuries d'Issy et de Vaugirard appartenants aus dits Seigneurs Abbé et religieux de Saint Germain des Prés avecq Seigneurerie de Grenelle Vanves terroir de Sainte Geneviesve demeureront en l'état quelles sont, et en tant que besoin est les dites parties confirment le dit bornage de Mil six cens soixante cinq en ce qui sépare les Seigneuries d'Issy et de Vaugirard, de celles de Vanves, Grenelle et terroir de Sainte Geneviesve.

11° Qu'aux lieux où il conviendra mettre des bornes suivant la présente transaction, elles seront posées à frais communs en présence des dites partyes, pour cet effet qui en sera fait joint à la minutte des présentes pour y avoir recours, et au moyen des présentes tous procès pendans entre les partyes tant aux requestes du pallais qu'au Chastelet et par Evoquation au Grand Conseil sont et demeurent terminés et assoupis comme non advenus et tous despens compensés entr'Elles, lesquelles consentent que la présente Transaction soit omolguée au grand Conseil et partout ailleurs où besoin sera à frais communs à l'effet de quoy ont constitué leur procureur la personne de M. Royer procureur au grand Conseil luy donnant respectivement pouvoir de ce faire, Et promet sa dite Altesse Emminentissime faire ratifier la présente transaction par les prieur et religieux de sa ditte abbaye incessamment, car ainsy a esté convenu et accordé entre les dites partyes, et pour l'exécution des présentes ont esleu leurs domicilles savoir sa dite Altesse mon dit Seigneur le Cardinal Abbé en sa Maison et pallais abbatial, et les Sieurs Abbé et Religieux de Sainte Geneviesve en leur maison et communauté à Paris voullant nonobstant Promettre obliger, renonçant. Fait et passé à Paris à savoir par mon dit Seigneur le Cardinal Abbé en son Chasteau de Berny près Paris, le Quatre Novembre, et par les dits Abbé et religieux de Sainte Geneviesve en leur maison et Communauté de Paris, le lendemain cinquième du dit mois le tout de l'année Mil six cens quatre vingt Unze, et ont signé la minutte des présentes demeurée au dit Carnot Notaire.

VÉRANI, CARNOT.

Et le douzième décembre avant midy au dit an mil six Cens quatre vingt unze sont comparus par devant les Conseillers du Roy Notaires au Chastelet de Paris soubsignés doms Arnoul de Loo prieur, Jean Gellé sous prieur, Jean Barré, Daniel Deaubonne, Rémy Foy, Jacques du Friche, Nicolas Lenoury, Michel Germain, Nicolas Descrots, Nicolas de Villemaine, Placide Porcheron, Henry Charlier, Gaspard de la Porte, Pierre Constant, Pierre Lesenier, Jean Martianay, Antoine Poujet, Jacques Loppin, Thiéry Ruinard, François Sabin, Bernard de Montfaucon, Pierre Cordier, Simon François Langellé prestres, frères, René Duhamel, Paul Briois, Michel Philipes, Jacques Bouillard, Michel de la Chasse, Michel Demonceaux, Lucien de Noroy, Jean Daret, Benoist Boucicault, François Hersaut, et Eustache Lesieur, tous religieux profés de la dite Abbaye royalle de Saint Germain des Prés ordre de Saint Benoist, Congrégation de Saint Maur assemblés en leur Chapitre au son de la clooche en la manière accoustumée pour délibérer de leurs affaires Lesquels après avoir pris communication et que lecture leur à esté faite par Carnot un des Notaires soussignés en présence de son confrère du Contrat de transaction cy devant et des autres part ils l'ont dit avoir bien entendu. Ont déclaré avoir le dit Contrat de transaction pour agréable. L'ont rattifié et approuvé par ces présentes pour sortir son effet selon sa forme et teneur sans y contrevenir à peine promettant obligeans renonçans.

Fait et passé au dit Chapitre de la dite Abbaye de Saint Germain des Prés, les dits jour et an derniers dits, et ont signé la minutte des présentes estant ensuite de celle du dit Contrat de transaction cy dessus demeurée au dit Carnot Notaire (1).

VÉRANY, CARNOT.

TRANSACTION du 24 mars 1700 entre les abbayes de Saint-Germain des Prés, Sainte-Geneviève et Saint-Benoît pour terminer le procès pendant entre elles au sujet des droits qu'elles prétendaient sur le Luxembourg.

Par devant les Conseillers du Roy Notaires au Chatelet de Paris soussignés furent présens très hant très puistant Et Ementissime prince Monseigneur Guillaume Egon Landgrave de Furstemberg Cardinal de la Sainte Eglise Romaine, Evesque et Prince de Strasbourg, Abbé Commandataire de L'abbaïe Royalle de Saint Germain des Prés d'une part :

Reverendissime Père En DIEV Jean Baptiste Hubert Abbé de Sainte Geneviève, Et Supérieur Général des Chanoines Réguliers de la Congrégation de France, Jean de Montenax premier assistant, Pierre Buisset second assistant, Thomas Le Berger troisième assistant; Antoine Chartonnet prieur, Estienne Bauduis sous prieur, Philippes du Chesne procureur, Jean Brice, aussy Procureur, et Jean Pierre Deshayes aussy procureur; tous Relligieux de L'abbaye de Sainte Geneviève du Mont de Paris, assemblés en leur Chapitre en la manière accoustumée pour délibérer de leurs affaires d'autres parts :

Et Maitre Medart Colletet, et Jacques Durant Chanoines de l'Eglise Collégiale de Saint Benoist à Paris par procuration passée par devant Bobusse Et Richer Notaires à Paris, le treize du présent mois, demeurée annexée à la minutte des présentes ; Encore d'autre part :

Disant les dites parties ; savoir sa dite Altesse Eminentissime Et les dits Abbé et Religieux de Sainte Geneviève que par Exploit de Huvellier, huissier du trente unicame Aoust Mil six cent quatre vingt dix neuf. Ils ont fait assigner au Grand Conseil les dits sieurs de Saint Benoit; en vertu de L'évocation Generalle de la ditte Altesse Eminentissime pour apporter titre en vertu des quels ils prétendent droits de Censive et Seigneurie foncière sur palais d'Orléans ; cour et parc en dépendant avec defenses des dits Seigneurs Censiers dans l'Etendûe des dittes Seigneuries appartenantes aux dittes deux Abbayes particulièrement du dit Palais, parc et dépendances d'Orléans, ny de les y troubler.

Et de la part des dits sieurs Chanoines et Chapitre de Saint Benoist estoit repondu qu'estant en possession Immémorialle de percevoir dix sols de Censive foncière et Seigneurialle et quelques rentes foncières sur le dit Palais de Luxembourg et dépendances; c'est mal à propos qu'on les a inquiétés dans leurs possessions; ainsy qu'ils l'ont fait connoistre par les defenses qu'ils ont fournies par Acte du neuf décembre dernier Mil six cens quatre vingt dix neuf, ce qui auroit donné lieu à l'appointement en droit prononcé par arrest du Grand Conseil du...

Sur quoy les parties s'estant assemblées à diffé-

---

(1) JEAN CARNOT fut notaire du 30 décembre 1665 au 28 octobre 1710. Le titulaire actuel de l'étude est M⁰ Louis André Crémery.

JEAN MICHEL VÉRANY fut notaire du 5 octobre 1691 au 25 juillet 1729. Le titulaire actuel de l'étude est M⁰ Augustin Edmond Breuillaud.

rentes fois et s'estant, assemblées, entrecommuniquées leurs titres de part et d'autre; et attendu la difficulté qu'il y auroit de fixer l'emplacement de la Censive des dites deux Abbayes, et Chapitre de Saint Benoist, attendu les changements survenues sur la superficie de l'emplacement du dit Palais d'Orléans, dont la Discution, et Eclaircissements pourroient causer de grands frais; et après avoir pris conseil pour nourrir paix et amitié entr'eux sont demeurés d'accord de ce qui Ensuit :

C'est à savoir que distraction faitte de ce qui pourra appartenir à la Grande Confrairie des Francs-Bourgeois sur quelques arpens d'héritages scitués du costé de l'orangerie suivant les Bornes servant de séparation de leur censive d'avec celle de Saint Germain suivant le procès verbal de bornage fait Entr'eux en conséquence de l'arrest du Grand Conseil du . . . .

La Liquidation du surplus de ce qui est, et sera deub de cens, lods et ventes, et d'Indemnités sur le dit Palais d'Orléans, cour, parc et dépendances, seullement non compris le petit Luxembourg relevans des dittes deux Abbayes sera poursuivie à frais communs à proportion de ce que chacun en amandera.

Et il en appartiendra; sçavoir; à L'abbaye de Saint Germain deux sixiesmes et demy ; à l'abbaye de Sainte Geneviève Deux sixiesme et demy ; et aux Chanoines et Chapitre de Saint Benoit un sixiesme ; ce qui sera observé à toutes les Mutations qui pourront survenir par la suitte du. dit Palais, Cour et Parc d'Orléans.

Et après la ditte Liquidation réglée il sera Loisible aux Parties de disposer de leur part et portion de la maniere et ainsy qu'ils le jugeront à propos.

Au moyen des présentes les parties se sont mises hors de Cours, et de procès sans dépens; et pour homologuer ces présentes par Arrest du Grand Conseil ; les parties ont constitué Leur procureur le porteur des présentes auquel elles en donnent pouvoir et d'en requérir tous actes nécessaires Car ainsy Et pour l'Exécution des présentes et dépendances ; les parties ont Esleu leurs domiciles; savoir sa ditte Altesse Eminentissime; en son Chateau Abbatial; les Sieurs de Sainte Geneviève ; en leur Abbaye ; et les Sieurs Colletet et Durant ès dit noms; en leur chapitre de la ditte Eglise Collégiale de Saint Benoist ; Auxquels Lieux nonobt. Promettant. Obligeant chacun en droit soy Ren.

Fait et passé ; savoir pour la ditte A. E. en son dit Chateau Abbatial, pour les dits sieurs de Sainte Geneviève, en leur dit Chapitre ; et pour les dits Sieurs Colletet et Durant en l'Étude de Carnot Notaire ; L'an mil sept cens, le Vingt quatre Mars avant midy et ont signé la minutte des présentes demeurée au dit Carnot Notaire.

Et plus est Ecrit En suit la teneur de la dite Procuration ; et encore est Ecrit :

Par devant les Conseillers du Roy Notaires à Paris soussignés furent présents Venérables et discretes personnes Maitre Bernard Collon ; Alphonse Le Moyne, Louis Charton ; et Tony Le Grain ; Chanoines du Chapitre de l'Eglise Collégialle de Saint Benoist de cette Ville de Paris ; assemblés en leur Chapitre en la manière accoutumée ; Lesquels ont fait et constitué Leurs procureurs généraux et spéciaux, Venérables et discretes personnes ; Mr Médard Colletet et Jacques Durant ; Aussy Chanoines de la dite Eglise de Saint Benoist, auxquels ils donnent pouvoir, et puissancés de pour et aux noms de tous les Chanoines du dit Chapitre ; passer et signer conjointement avec son Emminence Monseigneur le Cardinal de Furstemberg, en qualité d'Abbé de Saint Germain des Prés ; Et les Vénérables Abbé et Religieux de l'Abbaye de Sainte Geneviève au mont de Paris ; une transaction sur les différends et contestations qui sont entre les dites Abbayes, et les dits Sieurs Chanoines de Saint Benoist ; au sujet des Censives, droits de lods et ventes ; et indemnités appartenans aux dites deux Abbayes, de Saint Germain des Prés et de Sainte Geneviève, sur le dit Chapitre de Saint Benoist, sur l'Etendue du dit Palais d'Orléans, parc et dépendances d'iceluy, tant pour les Ventes qui en ont esté faittes à Sa Majesté, que pour celles qui pourroient cy après estre faittes à l'avenir, Et par la dite transaction convenir et stipuler que dans tous les droits, de Lods et Ventes et d'Indemnités deues sur le dits Palais d'Orléans, parc et dépendances d'Iceluy, tant pour les Ventes qui en ont esté faittes par le passé à Sa Majesté que pourront celles qui en pourroient estre faittes à l'avenir, au proffit de qui que ce soit, il en appartiendra un sixiesme aux dits Chanoines du dit Chapitre de Saint Benoist, et les cinq autres sixiesmes aux dittes Abbayes de Saint Germain des Prés et de Sainte Geneviève, chacun par Moitié ; et sous telles autres charges, clauses, et conditions que les dits Sieurs procureurs aviseront bon estre.

Et encore à condition que ce qui reviendra et appartiendra aux dits Sieurs Chanoines du dit Chapitre de Saint Benoist dans tous les dits, droits de lods et ventes et indemnités du dit Palais d'Orléans parc et dépendances d'iceluy tant pour le passé que pour l'avenir sera employé en fond d'héritages ou rentes au proffit des dits Sieurs Chanoines du dit Chapitre ou à acquitter les dettes du dit Chapitre, Et généralement faire tout ce qui sera nécessaire Promettant, obligeant.

Fait et passé à Paris, en l'assemblée des dits Sieurs Chanoines en leur dit Chapitre, le Treisiesme jour de Mars Mil sept cens, avant midy, et ont signé la minutte des présentes; ainsy signé Collon, Le Moyne, Le Grain, Chartron, Bobusse et Richer Notaires ; en l'original des présentes demeuré annexé à la minutte de l'acte cy dessus transcrit. Le tout resté en la posession de Carnot, l'un des dits Notaires soussignés ; Signé Le Mercier, et Carnot Notaires avec paraphes. En marge est Ecrit scellé le dit jour avec paraphe.

Extrait des Registes du dit Conseil du Roy. Veu

par le conseil la transaction passée par devant Le Mercier et Carnot, Notaires au Chatelet de Paris, le vingt quatre Mars Mil sept cens; Entre Maître Guillaume Egon Landgrave De Furstemberg Cardinal de la Sainte Eglise Romaine Evesque et prince de Strasbourg, Abbé commandataire de l'abbaye royalle de Saint Germain des Prés, Lès Paris d'une part, Et les Abbé supérieur Général et Chanoines réguliers de l'ordre de Saint Augustin de L'abbaye de Sainte-Geneviève Congrégation de France, du Mont à Paris d'autre part, et les Chanoines et Chapitre de l'Eglise Collégialle de Saint Benoist, Paris, Encore d'autre part.

Par laquelle il a esté convenu que distraction seroit faitte de ce qui pourrait appartenir à la grande Confrairie des Francs Bourgeois, sur quelques héritages scitués du costé de l'orangerie suivant les Bornes servant de séparations de leur Censive d'avec celle de Saint Germain suivant le Procès Verbal et Bornage fait entr'eux en conséquence de l'arrest du Conseil du...... Et que du surplus des Cens Lods et Ventes des Idemnités deues sur le Parc et Palais du Luxembourg, il en appartiendra scavoir; à L'abbaye de Saint-Germain deux sixiesmes et demy à L'abbaye de Sainte Geneviève deux sixiesmes et demy, et aux Chanoines et Chapitre de Saint Benoist un sixiesme ce qui seroit observé à toutes les mutations qui pourroient survenir par la suitte du Palais, Cour, et Parc d'Orléans; au moyen de quoy les parties se seroient mises hors de Cours et de procès sans despens; Laquelle transaction seroit homolguée au Conseil; requeste presentée au Conseil par le dit Sieur Cardinal de Furstemberg. Les dits Abbé religieux de Sainte Geneviève du Mont à Paris, et les Chanoines et Chapitre de la dite Eglise de Saint Benoist à Paris, ce que la dite transaction du vingt quatre Mars Mil sept cens, soit homolguée; ce faisant il soit ordonné qu'elle seroit exécutée selon sa forme et teneur, Conclusions du procureur Général du Roy, Le Conseil ayant esgard à la dite Requeste a ordonné et Ordonne que la dite transaction du vingt quatre Mars Mil sept cens sera homolguée et Enregistrée ès Registres du Conseil pour estre executée selon sa forme et teneur. Fait au dit Conseil à Paris ce quatriesme May Mil sept cens; Collationné Signé le Morvand avec paraphe.

Collationné sur une Expédition en papier, et sur un Original en parchemin. Ce fait à l'instant rendu par les Notaires du Roy à Paris soussignés Ce vingtiesme Jour de septembre Mil sept cent dix sept.

DOYEN.

V

L'HOTEL-DIEU DE PARIS

LE GRAND PRESSOUER. Déclaracion et mesurage des terres applicquées à lad. ferme du Grand Pressouer (26 novembre 1529) (1)

Déclaracion des terres estans des appartenances de lostel du pressouer pres les Chartreux appartenant à lostel dieu de Paris mesurez par Jehan Remon mesureur juré demourant au Plessis paste parroisse de Bretigny à dix huit piedz pour perche et cent perches pour arpent du commandement de Messieurs les gouverneurs dudit hostel dieu es presences de frère Guillaume Stine maistre dudit hostel dieu Jehan Joly ayant de present la garde dudit pressouer et monstrés et enseignez par Laurent de Laulnoy demourant à Nostre dame des Champs lequel a esté longuement chartier audit pressouer le vendredi xxv° jour de novembre et autres jours ensuyvans lan mil cinq cens vingt neuf.

Et premièrement

Une pièce de terre assise oultre les Chartreux entre eulx et le prieur de Nostre Dame des Champs sur le chemin par lequel on va diceulx Chartreux a Chastillon et en retournant vers Paris contenant arpent et demy et xxy perches tenant d'une part vers Vodnez aud. prieur de Nostre dame des Champs et dautre à Jehan Gobelin, aboutissant de toutes parts aud. prieur de Notre dame des champs

           i arpent et demy et xxy perches

Et ne donnent aucun cens ne autres devoirs ainsi qu'il est déclaré en la vielle declaracion du répertoire en l'article vıı°.

Il doit avoir en lad. pièce sept quartiers.

Item demy arpent et une perche assis au terrouer de nostre dame des champs près des molins de Jehan Gobelin tenant d'une part aud. Gobelin et dautre à Guillaume Pomelle chaulderonnyer demourant à Nostre dame des champs aboutissant d'un bout audit Gobelin et dautre au grand chemin des carrerieres pour ce — demy arpent une perche

Ledit Laurens de Laulnoy dit qu'il y doit avoir demy arpent et demy quartier en lad. pièce.

(1) *Archives de l'Assistance Publique.* — Hôtel-Dieu. — Layette 77°. Liasse 13°, 1re partie.

Item demy arpent deux perches et demye assis oud. terrouer de notre dame des Champs entre les molins dud. Gobelin et le molin sainct Jehan de Latran tenant d'une part du cousté de Paris a maistre Jacques le Maistre procureur du Roy en son tresor et dautre part a

  aboutissant sur le grant chemin qui va de Paris au Bourg la Reyne et d'autre à une pièce de vigne appartenant à Claude Charriau laboureur demourant à sainct Marcel demy arpent deux perches

Item demy arpent et demy quartier assis oud. terrouer pres lorme au maire au dessus de la croix tenant d'une part aux heritiers de feue

  la Riche demourant près la croix du terouer et d'autre part au commandeur du Hault pas aboutissant par bas au chemin qui va de sainct Marcel au moulin de sainct Jehan de Latran et par hault aud. Claude Charriau.

          demy arpent et demy quartier

Item xxy perches et demye assises oud. terrouer de nostre dame des champs tenant d'une part à une vigne appartenant a   et aux heritiers de lad. feue   La Riche aboutissant par hault ausd. heritiers et par bas sur le grant chemin qui va de sainct Marcel au moulin

         xxy perches et demye

En la pièce doit avoir demy arpent.

Item deux arpens et demy et sept perches estant en hache assis oud terrouer au dessus de la vielle carriere, tenant d'une part au grant chemin qui va de nostre dame des champs au Bourg la Reyne et dautre aud. Gobelin et ausd. heritiers de la Riche aboutissant d'un bout vers nostre dame des champs a une petite piece de terre tenant a la vielle carriere appartenant ausd. heritiers de lad. Riche et dautre vers le molin de sainct Jehan de Latran a Jehan Molineau demourant à sainct Marcel

         u arp. et dem. et vıı perches

Item trois quartiers et demy et deux perches assis au dessus dud. moulin de St Jehan de Latran et de la nouvelle carriere tenant d'une part a un chemin de la carriere qui va de Paris à Montrouge et d'autre part au grant chemin de la chaussée qui va de Paris au Bourg la Reyne aboutissant d'un bout vers Paris sur les vidanges de lad. carriere et dautre bout vers Montrouge a Geoffrine demourant a Paris pres la croix du tirouer en la maison de la Riche

vıı quartiers et dem. et ıı perches

Ledit Laulnoy dit quil y en doit avoir cinq quartiers en comprenant ce qui est occupé par les carrières.

Et la laboure led. Laulnoy et en prent les fruitz disant que Andry Lerat luy a faict deffricher lad. terre.

Item sept quartiers trois perches assis sur le grant chemin qui va de Paris au Bourg la Reyne tenant d'une part du cousté de la Maladerie a Pierre Hune de Paris et dautre part a
aboutissant aud. grant chemin et d'autre bout a

vıı quartiers ııı perches

Le samedi xxvıı° jour ensuivant

Item demy arpent de terre assis oud. terrouer de nostre dame des Champs au lieudit les Perruchaulx tenant dune part a une plante de vigne appartenant aux héritiers de feu Pierre Sevyn et dautre aux Chartreux et aux heritiers feu Symon Barbe d'or aboutissant dun bout vers Baigneux aud. hostel dieu et d'autre a   cordonnyer demourant pres labrevoir poupin — demy arpent —

Item pres ce lieu trois quartiers et cinq perches de terre tenant d'une part vers Baigneux ausd. heretiers de Barbe d'or et dautre ausd. hostel dieu et ausd. heretiers de Pierre Sevyn aboutissant par bas au ausd. heretiers de Barbe d'or et d'autre par hault a maistre de lostel du barillet de nostre dame des champs

ııı quart^{ers} v perches

Item arpent et demy de terre assis audit terrouer de nostre dame des Champs au lieudit les Perruchaulx en allant à la croix du gort tenant d'une part a une piece de terre appartenant a lospital de nostre dame des champs et dautre part aux heretiers dudit Symon Barbedor et au prieur de nostre dame des champs aboutissant par hault aux heretiers de lad. Riche et par bas au grant chemin qui va des Chartreux a lad. croix du gort.   1 arpent et demy.

Item unze arpens ung quartier et trois perches assis pres le chemin des charbonnyers en la piece y a quatre haches tenant d'une part vers Paris a Jehan Gobelin et dautre part a la vefve Jehan Chervin demourant a nostre dame des champs aboutissant par hault aud. chemin et d'autre bout aux Chartreux, au prieur de nostre dame des champs et aud. Gobelin

xı arpens 1 quart. ııı perches.

Item douze arpens trois quartiers et quatre perches dont il y a une hache du cousté de Paris assis ou lieud. la croix du gort tenant d'une part du cousté vers Mont Rouge à Barnabé barbiie demourant a la porte sainct Jacques et dautre part vers Paris a Jacques Marchat demourant a sainct Marcel en partie et ausd. heretiers de Barbedor aboutissant par bas sur le chemin de lad. croix du gort à la Caulne et d'autre bout au chemin des charbonnyers

xıı arpens ııı quartiers ıııı perches

Item six arpens et demy quartier assis au dessus et pres la Justice saincte Genevieffve tenant dune part aux terres et plantes de vignes à saincte Genevieffve et dautre a ung chemin joignant ladite justice aboutissant par bas aune vigne appartenant a
                                              et par hault a des terres que laboure Yvonet Gaillard demourant a mont Rouge appartenant a

vı arpens et demy quartier

Item neuf arpens et trois quartiers de terre assis au dessus de la croix de vanves ou souloit estre lorme de la Garenne tenant d'une part a Pernet Touchart demourant à Icy et dautre part a une piece de terre appartenant a
que tient la vefve Jehan Ollyer de Vanves aboutissant par bas vers lad. croix a une piece de terre appartenant a Pierre Potier de Vanves que tient a present de luy a louage Jehan Denis et par hault a maistre Philippe Ferrand procureur ou Chastellet de Paris   ıx arpens ııı quartiers

Le lundi xxıx° septembre dud. moys de novembre aud. an

Item sept quartiers et demy de terre assis au dessus de lad. Croix de Vanves tenant d'une part du cousté de Vanves a Toussainct Vignot de Vanves et d'autre à   aboutissant des deux boutz a Pierre Potier dudit Vanves

vıı quartier et demy

Il en doit avoir deux arpens en la piece les Vignes qui sont joignant en ont prins ce quil s'en fault.

Item trois quartiers et sept perches et demye assis au terrouer de Vanves assis de lautre cousté du chemin ou passe la petite voye qui va a Vanves pres lad. croix tenant dune part à
et dautre a   aboutissant dung bout par hault au grant chemin de Vanves et dautre bout au chemin de la procession.

ııı quartiers une perche et demye

Item ung arpent trois perches et demye tenant dune part a Pierre Potier de Vanves et dautre a
aboutissant sur le grant chemin dudit Vanves et dautres a Jehan Nycolle de Paris ung petit chemin entre deulx

1 arp. ııı perches et demye

Item deux arpens vingt trois perches assis au terrouer de Vaugirart tenant dune part vers Vaugirart a Jehan Petit libraire demourant rue St Jacques et dautre a Monsr Buzelin de Paris aboutissant dun bout sur le chemin qui va de Paris a Vaugirart et dautre bout aux terres de l'abbaye Sainct Germain des Prez.

ij arpens xxiij perches

Item demy arpent assis oud terrouer tenant dune part au curé de Vaugirart et dautre a lesglise dudit Vaugirart aboutissant dun bout au chemin qui va de la carrière de Vaugirart au grant chemin et dautre aud. hostel dieu. demy arpent.

Item illec pres cinq quartiers et demy et six perches tenant en partie aud. demy arpent dessusd. aud. curé et a une piece de vigne et a Guillaume Fleurie de Sainct Germain des prez et dautre vers Paris a Monsr Dessas aboutissant d'un bout au chemin des carrières qui va a Vanves et dautre bout a Jehan Jehan de Vaugirart

v quart. et demy et vj perches

Cette piece doit contenir arpent et demy.

Item sept quartiers neuf perches assis oud terrouer de Vaugirard tenant dune part vers Vanves a maistre Nicolle Buzelin demourant a sainct Germain des Prez a lenseigne de la Croix d'Or et dautre a Monsr Bésançon de Paris aboutissant aud. Buzelin et dautre au chemin des carrieres de Vaugirard.

vij quart. ix perches

Item neuf arpens trois quartiers et demy, assis et plantes en plusieurs haches tenant d'une part du cousté de Vaugirard aud. maistre Nicolle de Buzelin dautre part a aboutissant par bas a Moisy de Sainct Germain des Prez et dautre aud. Buzelin.

ix arpens iij quart. et demy

Led. Laurent de Laulnoy dit quelle doit contenir unze arpens et demy.

Item ung arpent et unze perches en triangs assis oud. terrouer dud. Vaugirard pres la croix tenant dune part du cousté du chemin de Vaugirard a Pierre le Coustellier de sainct Germain des Prez et dautre à Symon Cresse orfevre demourant pres Sainct Denis de la Chartre aboutissant sur le chemin qui va de sainct Germain a la carriere de Vaugirard et dautre bout oud. Symon Cresse. j arpent xj perches

Item en ce lieu sept arpens et demy et deux perches en hache tenant dune part a Maistre Jehan Galloppe advocat en parlement demourant pres sainct Andry des arcs et dautre au chemin qui va a la carriere de Vaugirard aboutissant d'un bout par hault aud. Galloppe et a la vigne de la cure de Vaugirard et dautre bout en hache oud. hostel dieu

vij arpens et demy et ij perches

Item au dessus de lad. pièce cinq arpens et demy quartier de terre tenant dune part aud. Galloppe et dautre dune hache aud. Symon Cresse orfevre aboutissant dun bout audit Galoppe et aud. hostel dieu et a la vigne dud. curé de Vaugirard et d'autre bout a une piece de terre appartenant à
de Paris que laboure Pierre Mollet demourant a St Germain des prez ung petit chemin entre deux

v arpens demy quartier

Item trois arpens et demy quartier tenant dune part vers Vaugirard aud. Symon Cresse et dautre a plusieurs aboutissant dun bout par bas aud. Galoppe et par hault aux plantes de vignes appartenant a Saincte Geneviefve du mont.

iij arpens et demy quartier

Item pres dillec deux arpens ung quartier et vingt perches de terre tenant dune part aud. et dautre a aboutissant dun bout a une vigne appartenant a Cochu du sabot demourant a Sainct Germain des prez et dautre sur le chemin qui vient de Paris à Vaugirard

ij arp. j quart. xx perches,

Du MERCREDI premier jour de décembre oudit an v^d xxix

Item trois quartiers et vingt perches de terre assis au dessoulz du chemin qui va de sainct Germain des prez aux carrieres de Vaugirard tenant dune part a une piece de terre appartenant au colliége de Bourgoigne et dautre part a Jehan Poussart aboutissant dun bout au chemin qui va de Sainct Germain a Sevre et dautre bout aud. chemin qui va de Sainct Germain aud. carrieres

iij quart. xx perches

Item trois arpens ung quartier et demy assis au dessus du chemin qui va de Sainct Germain a Sevre tenant des deux costes a Jehan Petit libraire demourant rue Sainct Jacques aboutissant dun bout par hault au chemin qui va de Sainct Germain a Vaugirard et par bas au chemin qui va de Sainct Germain aux carrières de Vaugirard.

iij arpens j quart. et demy

Item six arpens ung quartier et dix perches assis au dessus dud. chemin qui va de Paris a Vaugirard tenant dune part en hache a une terre appartenant au curé de Sainct Supplice de Sainct Germain des prez et dautre part aux enffans de Andry Marie aboutissant dun bout aux Chartreux et dautre ausd. enffans de Andry Marie.

v arp. j quart. x perches

Item deux arpens quatre perches assis au dessoulz de Polligny tenant d'une part ausd. enffans de Andry Marie demourant a Sainct Germain des prez et dautre aud. hostel dieu et ausd. enffans dud. Marie aboutissant par bas a Pierre Roussellet et par hault

a   patenostrier demourant rue
de la Juyfrie   ij arp. iij perches

Item en ce lieu de Polligny au dessus de la piece dessus dung quartier et deux perches de terre tenant dune part vers les Chartreux ausd. Chartreux dautre part au curé de Vaugirard aboutissant dun bout a Lunet   demourant au bout du pont Sainct Michel et dautre bout aud. curé de Vaugirard.   I quart. ij perches

Item cinq arpens ung quartier et cinq perches en trois haches assis aud. Polligny tenant d'une part par hault a   procureur du Roy et dautre part du cousté de Vaugirard a Moisy   de St Germain des prez aboutissant dun bout aud. hostel dieu et d'autre bout a   v arp. I quart. v perches

Item ung arpent de terre assis au dessoulz dud. Polligny tenant dune part ausd. Chartreux et dautre part aux enffans Guillaume Laigneau de Sainct Germain des prez aboutissant par bas ausd. Chartreux et par hault a La Riche   1 arpent

Item vingt quatre arpens et trois quartiers assis au dessus des Chartreux au lieud. en la butte en plusieurs haches tenant dune part vers Vanves aux heretiers de feu Marc Duval en partie et à   cordonnyer demourant a labrevoir poupin et aud. hostel dieu et dautre en plusieurs haches aux chartreux aboutissant d'un bout au chemin qui va des Chartreux a Vanves et dautre aux vignes appartenant a Guillot Tiersot demourant a Vaugirard aud. hostel dieu et autres
           xxiiij arpens iij perches

Item ung arpent quatre perches assis au terrouer Sainct Germain des prez pres la Roue des messiers tenant dune part a Jehan Morin de Vaugirard et dautre aud. patenostrier de la rue de la Juyfrie aboutissant a   1 arp. iiij perches

Le jeudi second jour de décembre oud. an.

Item dix sept arpens trois quartiers en plusieurs haches assis en ce lieu tenant dune part a   cordonnyer demourant pres labrevoir poupin audit hostel dieu et plusieurs autres et dautre part aud. Galoppe et aud. patenostrier aboutissant a une plante de vigne appartenant a labaye Saincte Genevievfe et a Guillaume Laigneau
              xvij arpens iij quartiers

Item trois arpens trois quartiers et vingt perches assis au dessus de lad. Roue aux messiers tenant dune part a une vigne appartenant a monsr maistre Jehan Guelin conseiller en parlement demourant a Sainct Andry des arcs et dautre part aux heretiers de feu   Bizart aboutissant par bas audit Guelin   iij arpens iij quartier xx perches

Item six arpens ung quartier et demy assis sur le chemin de Vanves tenant dune part aux heretiers dud. Bizart et dautre a   aboutissant dun bout a Pierre Rousseau demourant a Issy et dautre bout au chemin de Vanves
          vj arpens 1 quart et demy

Item vingt cinq arpens et demy quartier assis près la croix du gort tenant dune part vers lad. croix a Jehan Brics demourant a   et dautre a lad. Riche aboutissant per bas au chemin qui va de Paris a lad. croix du Gort et par hault au chemin qui va de Paris a Vanves
          xxv arp. et demy quart.

Item quatre arpens et demy et seize perches en hache tenant dune part aud. chemin qui va de Paris a lad. croix du gort et dautre a lad. Riche aboutissant par bas a lad. Riche et aud. hostel dieu et dautre bout a la vielle   Gobeline
          iiij arp. et demy et xvj perc.

Item cinq arpens quarante deux perches de terre assis et enclos entre les deux murailles du grand et petit pressouer qui souloient estre en vignes arrachez depuis trois ans en ça   v arpens xlij perches

Item ung arpent de terre assis entre le moulin et la justice de Sainct Germain des prez appellé la Sablonnyere que lon dit estre baillé par ledit hostel dieu a Tristand Moreau paveur et a présent le tient Denys   paveur   1 arpent
Fault scavoir a quel tiltre
     T. ix^{xx}xviij arpens vj perches et demie

S'ENSUIVENT AUTRES TERRES

baillez a ferme a Jacques Foilleux demourant a Sainct Germain des prez qui souloient estre labourees et le grain amené par les chartiers de ladicte maison du pressouer qui ont esté mesurez par ledict Jehan Remon

Premierement

Une pièce de terre contenant demy arpent assis entre la riviere de Seyne et le grand pré au clercs tenant dune part au curé de Sainct Supplice et dautre a Jehan Petit libraire demourant à Paris rue Sainct Jacques aboutissant par bas aud. curé et dautre par hault a   la Marcelle demourant à
                 demy arpent

Item trois quartiers assis entre le moulin a vent et la justice de Sainct Germain des prez tenant dune part au chemin qui va de Sainct Germain au port de Garnelles et dautre a   Baillay aboutissant par hault aux terres de labbaye Sainct Germain des prez et dautre aud. hostel dieu   iij quartiers

Item trois arpens assis entre la maladerie et la justice dud. Sainct Germain tenant dune part vers

Paris aud. Galoppe et dautre audit Baillay aboutissant a lad. abbaye de Sainct Germain et eautre audit chemin qui va de Sainct Germain a Garnelles
iij arpens

Item quatorze arpens et demy assis au dessus de la maladerie de Sainct Germain des prez tenant dune part a Guillaume Laigneau et dautre part aux terres de lad. abbaye aboutissant dun bout au chemin qui va de Sainct Germain a Garnelles et dautre au chemin qui va de Paris a Sevre xiiij arpens et demy

Item ung arpent dix huict perches assis pres dillec tenant dune part a maistre Pitore Meresse grant bedeau de la nacion de France et dautre audit Baillay aboutissant d'un bout a lad. abbaye et dautre aud. chemin qui va de Paris a Vaugirard
1 arp. xviij perches

Item deux arpens trois perches assis pres dillec tenant dune part a lesglise Sainct Supplice et dautre, audit bedeau aboutissant dun bout au chemin de Sainct Germain qui va a Sevre et dautre aud. chemin qui va de Paris a Vaugirard ij arpens iij perches
Somme des terres que tient led. Feilleux. — xxij arpens moins quatre perches —

AUTRES TERRES MESURÉES COMME DESSUS par ledit Remon que lon vouloit appliccquer a lospital de la Charité. Acquises de nouvel, appartenantes audit hostel dieu assises au terrouer Sainct Germain des prez

Et premierement
Une pièce de terre contenant huict arpens vingt perches ou envyron en ce comprins ce qui avoit esté encommencé a édiffier pour faire lad. Charité et aussi les fossez tenant dune part vers Garnelles a la vefve et heretiers de feu Guillaume Marceau demourant a la vielle monnoye que tient a present deulx Guillaume Moisy demourant a Sainct Germain des prez et dautre au chemin creux pres led. edifices de lad. Charité aboutissant dun bout a la rivière de Seyne et d'autre au grand pré aux clercs
viij arpens xx perches

Item arpent et demy et quinze perches tenant dune part au chemin du port vers la tour de nelle et dautre oud. chemin creux aboutissant sur lad. rivière de Seyne et dautre bout au petit pré aux clers.
1 arpent et demy et xv perches

Ceste pièce a esté baillée par messrs les gouverneurs dudit hostel dieu a louage a Nycolas Maretz poullalier demourant a Sainct Germain des prez.

Item demy arpent et demy quartier et trois perches en poincte assis pres dillec tenant dune part aud. petit pré aux clercs et dautre aud. hostel dieu aboutissant aux terres de laulmosne de Sainct Germain des prez et dautre aud. chemin creux.
demy arpent demy quart. iij perches

Item cinq arpens ung quartier et vingt perches tenant dune part audit chemin du port et dautre aux fossez de la ville aboutissant dun bout a lad. rivière de Seyne et dautre a la terre de lad. aulmosne de Sainct Germain des prez.
v arpens i quartier xx perches

De lad. piece messrs lesd. gouverneurs en ont baillé ung arpent a Guillaume Moisy demourant a Sainct Germain des prez au lieu de demy arpent demy quartier et huit perches qui sont empeschez des pierres de taille qui sont sur lad. terre.

AUTRES TERRES ASSISES A BAIGNEUX les sainct erblanc mesurées comme dessus icy mises pour ce que les charretiers dudit hostel du pressouer les vont labourer et en ameynent audit pressouer les grains.

Et premierement

Trois arpens et ung quartier et dix huit perches tenant dune part au curé de Baigneux et dautre a Bellot de Chastillon aboutissant par bas au chemin de Bièvre et dautre par hault aux heretiers de feu Jehan Guyot
iij arpens 1 quart. xviij perches

Item trois quartiers dix huit perches tenant dune part au chemin de Bievre et drutre a Guillot Le Bon aboutissant par le hault a labbaye saincte Geneviefve et par bas a Pierre Maulchaussé
iij quart. xviij perches.

Icy doit avoir ung arpent et a esté vandu pour autant par Gervaiz Donys depuis cinq an en ça.

Item trois quartiers vingt une perches tenant dune part a labbaye Saincte Geneviefve et dautre a Guillaume, Caigneux a cause de sa femme et autres aboutissant par hault a Chappre de Paris et par bas aux masuriers demourant en la paroisse Sainct Andry des Arcs
iij quart. xxi perches

Il y doit avoir ung arpent

Item ung arpent assis entre les vignes prez de la baulne tenant dune part a . . . . et dautre aux plantes darcueil aboutissant par hault ausd. masuriers et par bas a . . . .
1 arpent

Item ung autre arpent assis au dessus en allant a la croix vers le Bourg la Reyne, tenant dune part ausd. plantes darcueil et dautre a . . . . aboutissant par hault ausd. masuriers et par bas à Nycolas Bellebouche
1 arpent

Item cinq quartiers trois perches assis ou lieud. la Rappée tenant dune part aux hoirs Yvon Darry et dautre a Monsr Magista aboutissant par hault a la voye de la Rappee et dautre a Guillaume Cregneux a cause de sa femme et autres
v quartiers iij perches

Item sept quartiers quatre perches en hache assis entre ledit Baigneux et la croix tenant dune part a Pierre Boutet et dautre a Jehan la Couste et autres aboutissant par bas aux chemins aux messiers et par hault a Jacques la Couste et autres
vii quartiers iiii perches

Item pres dilleo ung quartior neuf perches et demye tenant dune part a Jaquet Pelerin et dautre aux hoirs Jehan Bleure aboutissant par bas a lad. abbaye de Saincte Geneviefve et par hault a Mathurin Garnier 1 quartier ix perches et demye
AUTRES TERRES ASSISES AUDIT BAIGNEULX que tient le fermier avec la maison dudit lieu mesureez par ledit Jehan Remon.

Et premierement

Une piece assise devant lad. maison dudit Baigneulx contenant demy arpent et quinze perches tenant dune part a Guilloy Bon et dautre au grand arpent dudit hostel dieu aboutissant par hault aux vignes dud. hostel dieu dict larpent de messire Symon et par bas au chemin de Paris
demy arpent xv perches

Item sept quartiers et demy assis au bout de lad. maison tenant dune part au chemin qui va a Paris et dautre a maistre Pierre Guyot et autres aboutissant par bas au jardin dud. hostel dieu et par hault a Pierre Chausse et autres vii quartiers et demy

Item demy arpent et vingt deux perches assis devant la maison dudit hostel dieu tenant dune part a Jaquet de la Coste et dautre a la voye de Paris aboutissant par bas a la voye qui vient du gué en Gallende et par hault au chemin qui va rendre a la voye de Paris.
demy arpent xxii perches.

Item demy arpent trois perches, pres dilleo en comprenant les fossez assis derriere la maison et au jardin despyne et dautre a Guillot le Bon aboutissant par hault aux vignes dudit hostel dieu et par bas au chemin de Paris
demy arpent iii perches
Total xxix arpens et iii perches et demie

Jehan Ramond mesureur jure en la chastellenie de Montlhery demourant a Plessis paste paroisse de Bretigny certifie le mesuraige declaire en ces parties estre vray lequel il a faict pour les maistres freres seurs et commis au gouvernement de lostel dieu de Paris faict le lundi sixieme jour de décembre lan mil cinq cens vingt neuf

(Illisible)   MONTIGNE

Totalité desd. terres ixxlix arpens et demy moins demye perche.

OBSERVATIONS DES ADMINISTRATEURS (1)

Il est vray que feu mons' maistre Guillaume Boisratier en son vivant arcevesque de Bourges avoit tres parfaite et singuliere devotion a lostel dieu de Paris.

Item et pour ce ledict arcevesque lui estant a Paris visitoit tres souventes fois led. hostel dieu comme par chacun dimenche se grant occupacion ne lui survenoit et aucunes fois celebroit luy mesme oud. hostel dieu la grant messe aud. jour du dimenche y venoit chacune sepmaine deux ou trois fois veoir lestat dudit hostel dieu (*déchiré*) les malades estoient traictez et gouvernez et de ce prenoit grant cure et sollicitude et illec fist faire et ordonna estre faict aucunes choses qui lui sembloient estre necessaires pour le sauvement diceulx malades.

Item et lequel mons. larcevesque et comme il le declaira aux religieux dudit hostel dieu avoit propos et entention faire aud. hostel dieu une certaine fondation pourquoy iceluy arcevesque acheta de ses deniers un petit hostel et pressouer couvert de tuille et une granche ou foulerie couverte de chaume quatre arpens et demy et demy quartier de vigne assis hors Paris pres et devant la porte Sainct Michel dun prestre appellé Messire Roulland Bellier.

(1) Arch. de l'*Assistance publique* — *Hôtel-Dieu.* — Layette 76, liasse 482, n° 2065 de l'inventaire.

Item et lequel hostel et vignes led. mons' larcevesque acheta pour ce qu'ils estoient situez et assis pres Paris et tantost hors de la porte et particulierement en lieu tres propre pour faire et accomplir son bon propos et devotion et avoit entention de le faire admortir tant par le Roy comme par les seigneurs fonciers et puis y faire faire les ediffices quil avoit en propos.

Item et or avant depuis que led. mons' larcevesque ala au saint consille a Constances et cependant les choses changerent et muerent tellement quil ne put faire ne accomplir aud. hostel dieu ce qu'il avoit propose. dont led. mons' larcevesque comme il fut depuis rapporté ausd. de lostel dieu faisoit souvent grans lamentations en blasmant et reprenant soy mesmes disant quil avoit fait grosse faulte de ce quil navoit executé diligemment ce quil avoit proposé faire aud. hostel dieu et tandis quil avoit eu loisir et disoit que ce avoit esté le diable qui lavoit empesché et de ce ne se povoit excuser a lui mesme.

Item et pour ce que lesd. de lostel dieu qui savoient certainement le bon propos et voulouer dud. arcevesque et aussy le grant amour et devotion quil avoit aud. hostel dieu veirent led. hostel cheoir et aller a ruine et les vignes demourer en friche esperant que par bonne disposition et ordonnance led.

monsr larcevesque pourroit venir a Paris et accomplir son bon propos et devotion affin quil trouvast son hostel et vigne en bon estat et la terre affin quil fust content desd. de lostel dieu et que par ce iceulx de lostel dieu fussent et demourassent tousiours en sa benevolence sil trouvoit que par eulx son hostel et vignes eussent esté soustenuz et maintenuz en bon estat tinrent conseil et avis dicellui hostel reparer et soustenir et remettre les vignes en labeur qui estoient en friche silz pouvoient obtenir commission pour ce faire.

Item et pour ces causes lesd. de lostel dieu se trouverent pardevant les commissaires sur le fait des confiscations baillerent leur requeste contenant comme lesd. hostel et vignes fussent en savart et en friche pourquoy les passans se boutoient dedans et iceulx de lostel dieu eussent heritaiges joignant et configus, qui par ce pourroient estre dommaigez et interessez ilz fussent commis a reparer et soustenir led. hostel et labourer lesd. vignes ils preteroient les deniers pour ce faire sauf a iceulx recouvrer sur le lieu et les fermes en rendant compte, et laquelle chose leur fust voulentement octroyée pour ce que lesd. hostel et vignes estoient en si poure estat que personne nen avoit cure.

Item et on voit lesd. de lostel dieu ne requirent pas avoir lad. commission pour prouffit que led. hostel et vignes leur peussent apporter mais pour les causes dessus douchées car comme on peut concepvoir led. hostel et appartenances ne vault pas les charges quil doit car il doit sept livres quatre solz parisis de rente avec ce cens qui est de ɪɪɪ ou ᴠɪ deniers et la disme car il ny a chose qui puisse apporter prouffit que le pressouer et les vignes qui contiennent un arpent et demy de vigne ou environ. Et quant est du pressouer il y a petit apport de gens qui y facent leurs vendanges sil nest grant année pour ce quil y a assez pressouers a Sainct Germain et notre dame des Champs et dedans Paris pres de la porte St Jacques et quant il gaigne une queue ou deux poinçons de vin au plus ce est une grant gaigne et sil est petite ou foible année de vins il ny vient personne.

Item et quant est des vignes qui contiennent quatre arpens et demy et demy quartier elles sont merveilleusement subjettes a la gellée car il ne sest venu si peu de gellée en la saison des bourgons que elles nen soient ateintes et en verité depuis que lesd. de lostel dieu en ont eu la commission elles ont esté gellées par cinq fois premierement en lan ɪɪɪᶜxxɪɪɪ quelles furent gellées en boys et ny eust en icelle année que deux queues et un poinçon de vin et se navoient pas esté es premieres années precedentes cest assavoir xx xxɪ et xxɪɪ que lesd. de lostel dieu les avaient despouillées moult fructueuses mays avoient peu apporté pour ce car comme dit est dessus ilz les avoient prinses comme en friche et mal labourez et y avoient faict grosse despense a les entretenir et mettre sus par force de labeur.

Item secondement aussy furent gellées en lan ɪɪɪᶜxxᴠɪɪ et ny ot en icelle que ᴠ queues de vin.

Item tiercement furent gellées en lan ensuivant ɪɪɪᶜxxᴠɪɪɪ et y ot encores ᴠ queues de vin.

Item quartement en lan ɪɪɪᶜxxɪx et ny ot que ɪɪɪɪ queues de vin.

Item et derrenierement en lan ɪɪɪᶜxxx le xɪɪɪᵉ jour de may quelles furent gellées tout a bout et ny ot en lannée que une queue et un poinçon.

Item et toutes voyes non obstant les fortunes des gellées et le petit apport lesd. de lostel dieu nont point cessé a les bien faire labourer et cultiver de toutes façons et en saison et fait faire tout le vin quon y povoit faire et comme en leurs meilleurs heritaiges comme il peut apparoir a veue deuil et aussy a paiɪr les charges que led. hostel et vignes doivent et ne les a pas meu a ce faire le prouffit qui vient dud. heritaige mais ce quilz ont entendu que led. feu monsr larcevesque en avoit ordonné en son testament au prouffit dud. hostel dieu par quoy ilz nont pas voulu delaisser ne laisser cheoir en ruine ledit heritaige ayant tousiours esperance de vin.

Item et avec ce que lesd. vignes ont en plusieurs années peu apporté est il vrey que le vin que elles apportent nest pas moult bon mais est tres petit car ou une queue de vin commun vauldra x ou xɪɪ fr. le vin desd. vignes nen sera pas prisé ᴠɪ et nest pas merveille car lesd. vignes sont sur les fosses de Paris ny a que le chemin entre deux et au que gravois qui ne pourroient pas apporter moult bon vin et si a eu led. vin quasi par chacune année moult estrange gout dont les buveurs a qui on le faisoit passer par chacune année disoient que si on le gardoit gueres quil deviendroit puant et le falloit tantost boire et despenser.

Item et ainsy par ce que dit est il appert que ledit heritaige na pas esté ausd. de lostel dieu de grant prouffit mais leur a esté de grant dommaige car com ne il apperra par leur compte des despenses quilz y ont faites depuis leur commission qui fut donnée le xɪɪᵉ janvier ɪɪɪᶜ dix-neuf jusques apres vendanges ɪɪɪɪᶜ xxxɪ tant en reparations solutions daneraiges des rentes et aussy en labours de vignes et autres choses monte a plus de ɪxˣˣ livres toura. et toutesfois la recepte ne monte pas a ᴠɪɪˣˣ livres ainsy et comme il seroist beaucoup et largement deu.

Et au regard de lannée ɪɪɪᶜxxxᴠɪ ou il y a eu xᴠɪɪɪ queues de vin qui a esté le plus bel et le plus gros apport que lesd. vignes aient point fait depuis que lesd. de lostel dieu y ont esté commis et lannée ou le vin a esté meilleur la despense faicte en icelle aurait monté a ɪɪɪᶜᵛ livres ᴠɪɪ sols et la recepte tant de la vente desd. vins comme de la gaigne du pressouer monte a ᴠɪɪˣˣᴠɪɪɪ l. xɪɪɪ sols ainsy y avoit de gaingne ʟxɪɪɪ livres ᴠɪɪ sols parisis qui ne souffiroit ne souffist pas a les paier de ce qui leur est vraiment deu.

VI

L'HOTEL CHAMPRENARD

CONTRAT DE MARIAGE entre Philippe de Biencour et Françoise d'Ardre (1).

A tous ceux qui ces présentes lettres verront, Claude Bail, bourgeois de la ville d'Abbeville, garde du scel royal mis et establyde par le Roy nostre sire en la prevosté de Vimeu, pour seller et firmer tous contractz, convenances, marchez, obligations et recongnoissances qui se font et passent en ladicte prévosté entre parties, salut. Savoir faisons que, par devant François de Hodenq, notaire royal en ladicte prévosté de Vimeu, résident au bourg de Hornoy, ès présences de Me Michel le Grand, vice-gérent de la paroisse de Saint-Aulbin en Amiennois, Martin Ferrant, domestique du seigneur de Pouttrincourt, Jehan de Belleguise, Robert Becq, escuier, seigneur de Fisencourt et autres lieux, furent présens en leurs personnes messires Philippe de Biencourt, chevalier, seigneur de Pouttrincourt, Saint-Maulvis, Fressenneville, Espaumesnil, Chauvincourt, Nœufville lès Chauvincourt et autres lieux, qu'il a dict luy appartenir de la succession de ses père et mère, demourant audict lieu de Chauvincourt, paroisse dudict lieu assisté de Anibal le Plais, escuier, seigneur de Chantemerle, lieutenant de la grande fauconnerie du Roy, demeurant à Estomemil, d'une part; et hault et puissant seigneur messire Anthoine d'Ardre, chevalier, baron et seigneur de Crézèques et de Lincheux, le Bourguet, Vercourt, Belloy et autres lieux, bailly de la ville d'Ardre, demourant audict village de Lincheux, et damoiselle Françoise d'Ardre, sa fille à marier, assistée de damoiselle Loïse d'Ardre, fille aisnée dudit seigneur, d'autre part, et ont reconnu lesdictes parties que, pour parvenir au mariage ce jourd'huy accordé, et lequel, au plaisir de Dieu, se solennisera devant et en face de sainte Église entre le sieur de Pouttrincourt et ladicte damoiselle Françoise d'Ardre, ilz avoient et ont par ces présentes faict et font réciproquement les déclarations des promesses et conventions qui ensuivent, sans lesquelles ledit mariage n'auroit lieu.

Premièrement, de la part dudit Phlippe de Biencourt, il a dict et déclaré luy appartenir de la succession de ses père et mère et dont il est jouissant et possessant, ledict lieu de Pouttrincourt, Saint-Maulvis, Fressenneville, Espaumesnil, Chauvincourt et leurs deppendances; et de la part de ladicte damoiselle Françoise d'Ardre, icelluy seigneur de Crezèques, son père, pour le bon amour qu'il luy porte, et en faveur et contemplation dudict mariage, luy a donné et donne pour et au lieu du devict successif paternel et maternel qu'elle pourroit cy après prétendre et demander, une maison manable, chambre, pourprins et tènement, ainsy que le tout se comporte et estend, assis aux faulxbourgs de Paris, hors la porte de Saint-Germain des Prés, nommé communément l'hostel de Champrenard, tenant d'un costé à l'hostel de Luxembourg, et par devant sur rue, tenu de, par les cens, rentes et redevances ordinaires que ledit seigneur donnataire n'a peu pour le présent déclarer ny spécifier. Sy a ledict seigneur de Crezèques donné et donne à ladicte damoiselle Françoise, sa fille, ce acceptant comme dessus, la somme de trois mil livres de rente à prendre, recevoir et avoir par chacun an d'huy en avant et à tous jours sur les gabelles des greniers à scel de ce roiaulme que ledict seigneur a dict et déclaré avoir droict de prendre, percevoir et avoir par chacun an, suivant le transport que luy en avoit faict à présent deffunct messire Imbert de Marsilly, vivant chevalier, seigneur de Sipierre, traictant le mariage dudict seigneur de Crezèques et de à présent deffuncte dame Marguerite de Marsilly, mère de ladicte Françoise; de laquelle maison, chambre, estable, court, jardin et pourprins, ainsy que le tout se comporte et estend, ensemble de ladicte somme de trois mil livres de rente, s'est ledit seigneur de Crézèques comparant dessaisy du tout au prouffict desdicts futurs marians, pour en jouir par eux, leurs hoirs, d'huy en avant, héritablement et à tous jours, accordant qu'ils ne puissent disposer de et faire vente quand bon leur samblera, sans qu'il y puisse ny les siens, donner aulcun trouble ny empeschement; sans touteffois que ledict seigneur de Crezèques soit tenu d'autre guarantie desdictes trois mil livres de rente, sinon que de ses faicts et promesses desdictes trois mil livres, desquelles il s'est dessaisy au prouffict desdicts marians, pour en jouir à leurs périls et fortunes, et selon que ledit seigneur de Sipierre en a faict le transport audict seigneur contractant. Par le traicté duquel mariage a esté convenu que les deniers provenans de la vente de ladicte maison cy-dessus reprinse, soient remploiés en héritages, et sortiront à ladicte damoiselle Françoise et les siens

(1). *Archives de la Somme*, BB 77 fol. CLXIX.

nature de propre et héritage, pour sortir sa cotte et lignée. Et advenant le décès dudit seigneur de Pouttrincourt auparavant ledit remploy estre faict, les deniers seront prins par ladicte damoiselle ou ses héritiers, sur tous les plus clers et apparens biens dudit seigneur de Pouttrincourt qu'il a de présent et aura à l'advenir, qu'il a par ces présentes asservi, affecté et ypotecqué à cest effect. Aura ladicte damoiselle, au cas que ledict seigneur décedde auparavant elle, soit qu'il y ait enffans ou non dudict mariage, la somme de sept cens livres de rente par douaire préfix sur les biens dudict seigneur son mary, sy mieux elle n'aime se tenir à son douaire coustumier. Sy a ledict seigneur de Crezèques promis fournir et livrer à ladicte damoiselle sa fille une robbe de thoille d'or, ung lict garny de coulleur aurange, une robbe nœufve et une cotte pour le jour du mariage; lesquels meubles, lict et bagues quelconques, qui se trouveront luy servir en cas susdict que son dict futur mary le prétende, elle aura, et emportera franchement avant part et pour charges de debtes. Et pour tout ce que dessus est dict passer et recognoistre en tout (?) et partout que besoing sera, lesdictes parties ont faict et institué leur procureur M° Noël Phlippe, auquel, pour chacun d'eux, ils ont donné pouvoir absollut et procuration et général pouvoir d'aultant faire, dire, procurer et négocier que sy tous les comparans y estoient jaffait que le cas requict mandement plus spécial. Et à ce tenir, entretenir, faire juir, guarandtir, furnir et remplir, lesdites parties ont obligé et obligent par devers eulx tous leurs biens et héritages et ceux de leurs hoirs présens et advenir, sauf que pour ladicte somme de trois mil livres de rente à prendre sur les greniers à seel doné par ledit seigneur de Crézèques, il n'entend estre tenu de guarantir, sinon de ses faict (?) et promesse seullement, comme dessus est dict, promettant ce que dessus leur entretenir, renonçant à toutes choses à ce contraires. En temoing de ce, nous avons faict mettre à ces présentes le scel royal de ladicte prévosté, qui furent faictes et passées audict Lincheux, au chasteau dudict lieu après midy, le premier jour de décembre MVI° et unze. La minutte originalle signée par ledict notaire royal, laquelle est demeurée vers ledict de Hodencq.

Signé :

De Hodencq, Roussel, (nom illisible).

TABLE DES MATIÈRES

Avant-Propos. VII

CHAPITRE PREMIER
L'îlot du Luxembourg pendant la période gallo-romaine.

Caylus, Dulaure, Jollois, y placent un camp romain. — Les édifices des rues Soufflot et Gay-Lussac. — Caserne, magasin militaire, quartier de cavalerie ou temple? — Le champ de manœuvres mentionné dans le récit que fait Ammien Marcellin de la proclamation de Julien comme Auguste. — Ch. Le Beau place ce champ de manœuvres rue Saint-Victor. — Ce que nous apprennent les fouilles. — Sentiers romains. — Murs, mosaïques, vases, poteries, objets domestiques et d'équipement. — Figurines. — Les médailles et les trésors. — Les dépôts d'immondices. — Un emplacement prédestiné 1

CHAPITRE II
Du Ve siècle à la fin du XVIe. — Les seigneurs ecclésiastiques.

Les invasions. — La culture de la vigne et du figuier. — Le vin du clos de l'Hôtel-Dieu au quinzième siècle. — Le clos Vigneray. — Le manoir de Vauvert. — Les Chartreux. — Les seigneurs ecclésiastiques et leurs accensements. — La Grande Confrérie de Notre-Dame aux Prêtres et Bourgeois de Paris. — Le bornage du 17 novembre 1616. — Contestations entre les abbayes de Saint-Germain-des-Prés et de Sainte-Geneviève. — Transaction de 1691. — Transaction de 1700 avec le Chapitre de Saint-Benoît. — Règlement des droits arriérés et des indemnités pour suppression des directes. — La censive du Chapitre de Notre-Dame de Paris 41

CHAPITRE III
La rue de Vaugirard et les rues adjacentes.

Un bout de la rue de Vaugirard, d'après un dessin de Martellange. — Les rues du Pot-de-Fer, Férou, des Fossoyeurs et Garancière. — Le marché aux chevaux du *Pré-Crotté*. — La rue de Tournon, ses hôtels, ses habitants en 1581, leur protestation contre le projet d'en diminuer la largeur. — La requête au Parlement du cardinal de Bourbon. — Un plan de 1581. — L'hôtel de Gondi, rue de Condé. — Ce qu'on voit de la contrescarpe. 57

CHAPITRE IV

L'Hôtel de François de Luxembourg.

Sa construction par A. de La Tourette. — Il est saisi et adjugé à la veuve de Robert de Harlay. — François de Luxembourg l'achète en 1570. — Ce qu'était François de Luxembourg. — Ses ambassades à Rome. — Louis XIII enfant chasse dans son parc. — A la demande de la reine, il héberge l'ambassadeur d'Angleterre. — Description de l'Hôtel. — Les preuves qu'il n'a pas été démoli. — Ce qui subsiste. — Les figurations fantaisistes des auteurs des anciens plans de Paris. — Reconstitution de l'Hôtel. — Le parterre, d'après Quesnel. — Le parc et ses agrandissements de 1571 à 1611. — Les acquisitions en haut de la rue Garancière. — La mort de François de Luxembourg. — Où il a été inhumé 67

CHAPITRE V

A l'Est de l'Hôtel de Luxembourg.

L'hôtel Champrenard. — Qui était « Léonard de Champregnard ». — Madame de Cipierre. — La Famille des Biencourt. — Les maisons Cloppin. — Le restaurant italien de la *Ville de Bresce*, tenu par Stornato. — La propriété de Paul de Tournemine. — La verrerie. — Marie de Corbie et la petite chienne de Louis XIII. — Les jardins d'Antoine Arnauld. — La maison de Jean Patru. — Les *tripots* ou Jeux de paume du quartier. — Madame Buffet, M. Courtin et le savetier Belliard . . 87

CHAPITRE VI

La Contrescarpe des Fossés, aujourd'hui rue Monsieur-le-Prince.

De la rue de Vaugirard à la rue d'Enfer. — Les maisons à la tête du pont de la Porte Saint-Michel. — Le manoir de la Confrérie aux Bourgeois traversé par l'enceinte fortifiée. — L'hôtel de l'archevêque de Bourges. — Le lotissement du domaine de François Roger. — Les maisons de la Contrescarpe et leurs habitants en 1611 99

CHAPITRE VII

Sur la rue d'Enfer.

La *Via Inferior*. — L'ormaie et les vignes du manoir de Vauvert. — Le chemin de Vanves. — La poste aux chevaux. — La propriété de Brusquet, fou du roi. — Son morcellement. — La ferme du Pressoir ou de l'Hôtel-Dieu. — Ses 83 hectares. — Arpentage de 1529. — Autour du Clos des Chartreux 105

CHAPITRE VIII

Au Midi. — L'enclos des Chartreux.

Les dix-neuf hectares des Chartreux. — Le Petit Clos. — Les diverses parties du monastère des Chartreux. — L'église. — Le cloître. — Le puits. — Le cimetière. — Les jardins. — L'exploitation des carrières 113

CHAPITRE IX

Retour rue de Vaugirard.

Les maisons à l'image de *Sainte-Geneviève* et des *Trois Rois*. — L'hôtel Montherbu. — La maison de Saint-Nicolas. — La propriété de Cossy. — Retour à l'Hôtel de Luxembourg 134

PIÈCES JUSTIFICATIVES

GÉNÉALOGIE de la Branche de la maison de Luxembourg établie en France. 141
DESCENDANCE de François de Luxembourg, duc de Piney. 142
FRANÇOIS DE LUXEMBOURG. — NOTES GÉNÉALOGIQUES. — TITRES DE PROPRIÉTÉ DE
    L'HOTEL DE LUXEMBOURG, RUE DE VAUGIRARD. 143
    I.   François de Luxembourg 143
    II. Descendance. 144
    III. Bail à réméré entre Mlle de Morinvilliers et le président de La Tourette
        (15 Novembre 1564) 145
    IV. Echange avec les Chartreux (26 Septembre 1573) 146
    V. Acquisition d'une terre de l'Hôtel-Dieu (18 Mars 1586). 148
    VI. Inventaire des titres de propriété délivrés par François de Luxembourg à Marie
        de Médicis (23 Décembre 1612) 149
GRANDE CONFRÉRIE AUX BOURGEOIS. 153
    I.   Procès-verbal de plantement de bornes au fief du Clos aux Bourgeois (22 Octobre 1616). 153
    II. Déclaration fournie au papier terrier du Roi et fiefs appartenant à la grande
        confrérie de Notre-Dame 157
    III. Fief du Clos aux Bourgeois 157
ABBAYE DE SAINTE-GENEVIÈVE. 169
    I.   Inventaire de pièces et titres remis par l'abbaye de Sainte-Geneviève aux arbitres
        nommés par le compromis du 12 Juin 1668. 169
    II. Extraits des registres d'ensaisinement des contrats de vente des maisons et héritages
        de la Seigneurie de Sainte-Geneviève situés au Clos aux Bourgeois ou Vigneray . 179
    III. Suite des possesseurs de la maison de l'Image Sainte-Geneviève 183
    IV. Extrait de la déclaration du temporel de l'abbaye de Sainte-Geneviève au papier
        terrier du Roi (10 Juin 1587): 184
    V. Maison des Trois Rois. Déclaration de 1608 185
    VI. Achat de la maison de Saint-Nicolas 185
    VII. Requête de Sainte-Geneviève 188
    VIII. Mémoire pour justifier du droit de Seigneurie et Censive de l'abbaye sur
        l'emplacement du grand et petit Luxembourg pour partie, l'autre partie étant
        de la Censive de l'abbaye de Saint-Germain 190
TRANSACTIONS 197
    I.   Transaction entre les abbayes de Sainte-Geneviève et de Saint-Germain-des-Prés
        (4 et 5 Novembre 1691) 197
    II. Transaction entre les abbayes de Saint-Germain, Sainte-Geneviève et Saint-Benoît
        (24 Mars 1700) 201
L'HOTEL-DIEU DE PARIS 204
    I.   Arpentage de Jehan Remon (26 Novembre 1529) 204
    II. Observations des Administrateurs 209
L'HOTEL CHAMPRENARD 211
    I.   Contrat de mariage de Philippe de Biencour et Françoise d'Ardre 211

PLANS, CARTES ET GRAVURES

CARTES ET PLANS

Plan de Quesnel et Claude Vellefaux X
Plan du fief de la Grande Confrérie aux Bourgeois tiré des archives de Sainte-Geneviève. . . . XIII
Plan de la Chartreuse en 1617 XVI
Parcellaire de Saint-Germain-des-Prés au delà des Chartreux XIX
Plan du quartier du Luxembourg indiquant le lieu des découvertes gallo-romaines. 25
Mur romain entre le grand et le petit Luxembourg . . . . 30 et 31
Plan de la Délimitation des censives (1691) 51
Plan de Truschet et Hoyau (1562) 60
Plan de la rue de Tournon en 1581 63
Plan de Quesnel (1609) 69
Plan de Vassalieu (1609) 72
Plan du premier étage du petit Luxembourg au XVIIIe siècle. 77
Plan cavalier de la Chartreuse. 114
Plan de ladite chapelle repérée sur la disposition actuelle du jardin 116
Carte de l'îlot du Luxembourg (1611-1910) XXIV
Carte de l'îlot du Luxembourg en 1611 seulement 137

PORTRAITS

François Quesnel peint par lui-même, gravé par Michel Lasne IX
François de Luxembourg, d'après le portrait du château de Brienne. 66
François de Luxembourg, d'après le dessin à l'encre de Chine de la collection Clairambault. . 70
Marguerite de Lorraine, deuxième femme de François de Luxembourg. Gravure de Thomas de Leu 71
Louise de Hallnin, dame de Cipierre. 89

GRAVURES

Vase gallo-romain trouvé dans le jardin du Luxembourg XXIII
Objets trouvés dans le jardin du Luxembourg de 1801 à 1807, d'après Grivaud, 22 planches, de la
    page 2 à la page 22. . . . . 2 A 22
Le Mercure trouvé en 1616 34
Le Mercure trouvé en 1867 35
Objets trouvés dans la cour d'honneur en 1903 37
Laraire trouvé en 1866 38
Fragment de tuile avec empreinte de patte d'animal. 39
La Porte Saint-Michel, lithographie de Pernot. 44
Sceau de la Grande Confrérie aux Bourgeois 47
La rue de Vaugirard en 1634, dessin de Martellange 58
L'Hôtel de François de Luxembourg, d'après Quesnel. 78
L'Hôtel de François de Luxembourg, d'après Mérian 79
L'Hôtel de François de Luxembourg, d'après Vassalieu. 79

L'Hôtel de François de Luxembourg, d'après les parties encore apparentes et les plans de Chantilly	80
Tombeau de René Potier	83
Tombeau de sa femme, Marguerite de Luxembourg	84
Armes de François de Luxembourg	85
Les maisons de la Contrescarpe des Fossés, d'après le plan de Quesnel et Vellefaux	101
Les maisons de la rue d'Enfer, d'après le plan de Quesnel et Vellefaux	109
Le chœur de la chapelle des Chartreux	115
Eglise des Chartreux, d'après la gravure de Marot	118
Autre vue, d'après la gravure de Marot	119
La chapelle des Femmes	120
Péristyle mauresque	121
Détails de son ornementation	122
Objets divers de l'église	124 et 125
Vue d'ensemble des bâtiments de la Chartreuse	126
Le bâtiment de la Pompe	127
Médaille de la Chartreuse de 1574	129
L'Hôtel de Montherbu	133

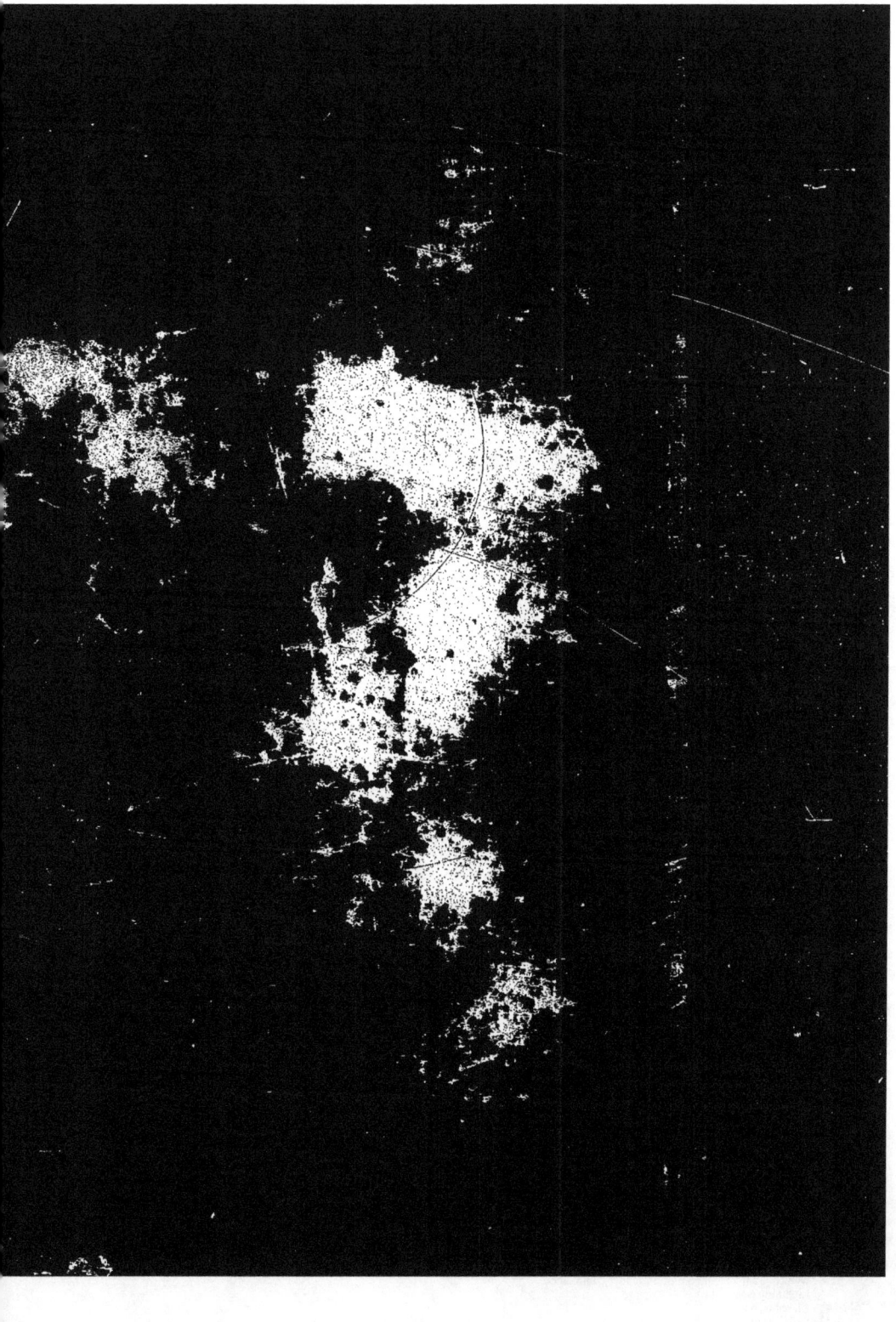

www.ingramcontent.com/pod-product-compliance
Lightning Source LLC
Chambersburg PA
CBHW060133170426
43198CB00010B/1143